위대한 도전, 사회적 회계

자본 중심에서 이해관계자 관점으로

로리 무크 외 지음
유종오 옮김

한국스마트협동조합

What counts
by Laurie Mook, Jack Quarter, Betty Jane Richmond
First edition published by Prentice Hall, a division of Pearson Education, Inc., Upper Saddle River, New Jersey, 07458, USA, Copyright ©2003
Second edition published by Sigel Press, London, England, E17 6RD, Copyright ©2007
Korean Translation Copyright ©2022 by Smart Cooparative Publishers
Published by arrangement with Sigel Press through Korea Copyright Center, Seoul
이 책의 한국어판 저작권은 한국저작권센터를 통한 Sigel Press사와의 독점 계약으로 스마트협동조합에 있습니다. 저작권법에 의해 한국 내에서 보호를 받는 저작물이므로 무단전재와 복제를 금합니다.

비영리조직과 협동조합의 수많은 회원과 조합원, 헌신적인 직원과 자원봉사자분들께 이책을 바칩니다.

목차

한국어판 저자 서문 · 12
저자 서문 · 14

제1장 들어가는 말 · 25

1. 비영리조직과 협동조합 · 30
2. 회계 환경의 변화 · 38
3. 이 책의 개요 · 43
4. 토론 주제 · 46

제2장 사회적 경제 · 49

1. 경제적 영향 · 50
2. 사회적 경제의 분류 · 56
   공공부문 비영리조직 · 58
   시장기반 협회(Market-Based Associations) · · · · · · · · · · · · · · · 61
   시민사회조직(Civil Society Organizations) · · · · · · · · · · · · · · · 62
   분류 요약 · 66
   사회적 경제와 다른 부문의 상호관계 · · · · · · · · · · · · · · · · · · · 67
3. 고유한 특징 · 69
   사회적 목적 · 69
   사회적 소유 · 75
   자원봉사와 사회적 참여 · 79

시민 참여 ··· 85
　4. 결론 ··· 91
　5. 토론 주제 ·· 93

제3장 사회적 회계의 이론과 실제 적용 ············· 95

　1. 사회적 회계에 대한 정의 ··· 96
　2. 체계적 분석 ··· 100
　3. 조직의 영향 ··· 103
　　　자원봉사 활동의 시장가치 추정 ······························· 105
　　　기타 비현금성 산출물의 시장가치 추정 ···················· 109
　　　사회적 지표의 필요성 ··· 114
　　　조직의 영향 요약 ·· 118
　4. 이해관계자들의 공동체 ·· 118
　5. 이해관계자 정보 ·· 122
　　　사회적 감사냐 사회적 회계냐 ·································· 125
　　　객관성과 주관성 ·· 127
　　　다른 쟁점들 ··· 129
　6. 사회적 회계에 대한 통합적 접근법 ·························· 131
　　　사회경제운영보고서 ·· 132
　　　사회영향보고서와 평가 ·· 134
　　　사회영향보고서의 변형 ·· 136
　　　협동조합의 사회적 재무상태표 ································· 137
　　　사회·재무통합 재무상태표와 손익계산서 ··················· 138
　7. 결론 ··· 140
　8. 토론 주제 ··· 141

제4장 사회투자수익 접근법 · 143

1. 사회투자수익 모델-로버츠 벤슨 접근법 · · · · · · · · · · · · · · · · · 144
2. 공동체투자수익 모델 · 148
3. 방법론 · 151
4. 공동체투자수익 보고서 작성 · 153
   환경 조건 · 154
   산출 자원 · 161
   공동체사회투자수익보고서 작성 · 167
   추가적인 공시 · 168
   보고서 요약 · 172
5. 두 가지 쟁점 · 172
6. 토론 주제 · 177

제5장 사회경제영향보고서와 사회경제자원보고서 · · · 179

1. 로체스터 청소년 방과후프로그램(이하 '로체스터J.A.') · · · · · · · · · · · · 180
2. 사회경제영향보고서 · 185
   로체스터 J.A.의 사회경제영향보고서 · 187
   사회적 경제의 영향 · 189
   민간부문에 대한 영향 · 190
   공공부문에 대한 영향 · 191
   잉여(손실) · 192
   결론 · 192
3. 캘리포니아 통근자 프로그램 · 194
4. 사회경제자원보고서 · 198
   자본 · 199
   지적 자본 · 200
   로체스터J.A.(방과후 프로그램) · 202

사용가능한 자원·· 202
　　지적 자본·· 202
　　경제 자본·· 207
　　조직의 의무··· 208
　　지적 관련 의무·· 209
　　경제적 자본 관련 의무·· 209
　　순자원(또는 순의무)··· 210
5. 결론·· 211
6. 토론 주제·· 212

제6장 통합부가가치보고서························· 215

1. 부가가치란 무엇인가?··· 218
2. 통합부가가치보고서의 이론적 근거···························· 221
3. 워터루주거협동조합·· 223
4. 통합부가가치보고서 작성하기··································· 225
　　1차 산출물·· 228
　　2차 산출물·· 232
　　3차 산출물·· 236
　　총 산출물··· 236
　　외부매입액 차감·· 237
　　외부 매입액 대비 부가가치 비율······························ 238
5. 부가가치의 배분··· 238
　　직원들··· 240
　　입주자··· 240
　　지역사회·· 241
　　자본 제공자··· 242
　　조직 자신·· 242
　　부가가치 분배 요약··· 242

6. 시사점 · 243
7. 결론 · 249
8. 토론 주제 · 251

제7장 사례분석 · 254

1. 첫번째 사례: 제인핀치 공동체/가족 센터 · 257
   인적 자원 · 258
   통합부가가치보고서(EVAS) 작성을 위한 정보 수집 · 260
   1차 산출물 · 261
   2차 산출물 · 263
   개인의 성장과 발전에 대한 시장가치의 추정 · 264
   자원봉사활동의 부가가치 계산 · 265
   부가가치의 분배 · 267
2. 두번째 사례: 캐나다적십자사 토론토지부 · 270
   자원봉사 시간의 추정 · 271
   비교 시장가치 결정 · 272
   자원봉사자의 자부담 비용 · 273
   개인 편익의 시장가치 추정 · 274
   자원봉사자 부가가치 계산 · 275
   부가가치의 배분 · 276
3. 세번째 사례: 캐나다 국제교차로 · 277
   1차 산출물 · 280
   2차 산출물: 자원봉사자 개인이 얻은 편익 · 283
   자원봉사자의 부가가치 계산 · 283
   부가가치의 배분 · 286
4. 네 번째 사례: 캐나다 유방암재단-온타리오지부 · 289
   자원봉사 시간의 비교 시장가치 · 291
   자기부담 비용 지출 · 293

          2차 산출물 (개인이 얻은 혜택) · 294
          자원봉사자의 부가가치 계산 · 294
          부가가치의 분배 · 295
          기금 조성: 또 하나의 시각 · 298
    5. 다섯 번째 사례: 로체스터 청소년 방과후 프로그램(이하 '로체스터J.A.') 299
    6. 요약과 결론 · 303
    7. 토론 주제 · 306

제8장 사회적 회계보고서 작성 요령 · · · · · · · · · · · · · · · · · 308

    1. 자원봉사활동의 회계처리 · 310
          제1단계 자원봉사 업무의 구분과 시간 계산 · 311
          제2단계 자원봉사 는 비율 계산 · 315
          제3단계 자원봉사 시간의 시장가치 추정 · 318
          제4단계 자원봉사 자원이 전체 자원에서 차지하는 비율 계산 · · · · · · · · · · · · 321
          추가 계산: 자원봉사자의 자기부담 비용 · 323
          자원봉사자가 얻는 편익의 가치 · 326
    2. 사회적 산출물의 인식과 가치 평가 · 331
          사회적 산출물의 인식 · 331
          산출물을 인식하는 절차 · 334
          산출물에 가치 부여하기 · 337
          요약 · 340
    3. 배경 정보의 수집 · 340
          요약 · 348
    4. 결론 · 349
    5. 토론 주제 · 350

제9장
향후 고려할 사항 ··· 352

1. 범위의 확장 ··· 352
2. 다중이해관계자를 고려한 회계 제도 ······················ 360
3. 사회적 회계의 토대 구축 ································ 365
4. 가치에 대한 재해석 ····································· 369
   국민계정(GDP) 재정립 운동 ····························· 369
   사회책임투자운동 ······································· 375
5. 결론 ··· 378
6. 토론 주제 ·· 387

역자 후기 ··· 389
추천사 ·· 397
세계 각국의 찬사 ·· 399
실제 사용자 후기 ·· 407
표.그림 목차 ·· 411
참고자료(References) 목록 ································· 413

한국어판 저자 서문

우리 책(원제:What Counts)의 한국어판 출간에 부쳐 이 서문을 쓸 기회를 갖게 되어 기쁘게 생각합니다. 이 책에서 우리는 사회적 경제의 개념을 비영리조직과 협동조합, 사회적 기업 등 사회적 목적을 가진 조직을 연구하기 위한 틀로 소개한 바 있습니다. 우리는 사회적 경제를 다루면서 민간(기업)과 정부 부문 사이의 관계에 관심을 집중하였습니다. 이 책은 사회적, 환경적 성과와 재무적 성과를 통합하는 사회적 회계의 몇 가지 모델을 포함하고 있습니다. 이러한 유형의 회계 모델은 기존 재무회계가 종종 사회적 경제의 실제 성과의 많은 부분을 제대로 보고하지 못하기 때문에 비영리조직과 협동조합, 사회적 기업에 특히 중요합니다. 예를 들어 자원봉사 노동은 재무회계가 일반적으로 무시하지만 사회적 회계에 포함되는 중요한 자원 중 하나입니다.

캐나다에서 이 책이 처음 발간된 이후로 저자는 이 책의 개념을 바탕으로 몇 가지 다른 사회적 회계 모델을 개발했습니다. 그 중 하나가 (1) 재무 및 사회적 자원/자본, (2) 가치 창출, (3) 내부 시스템 및 프로세스, (4) 학습, 성장 및 혁신 등 네 가지 차원을 포함하도록 BSC 접근방식(Balanced Score Card Approach)을 적용한 통합 사회 회계 모델입니다. 2020년에 발표한 논문[1]과 같은 후속 작업에서 저자는 이른바 사회적 회계의 제4의 물결을 대표하면서 유엔 지속가능개발목표의 렌즈를 통해 이 모델을 제시하였습니다. 사회적 경제 조직을 효과적으로 관리하고 이끄는 것은 새로운 기술과 접근 방식을 요구합니다. 재무적 목표와 사회적 목표 사이를 탐색하는 능력도 그 중 하나라고 할 수 있습니다.

우리는 이 책에서 제시된 아이디어들이 한국의 비영리조직과 협동조합, 사회적 기업들의 기존 회계 관행을 바꾸고, 그들의 운영에 통합되도록 하는 통찰이 되었으면 하는 바람입니다. 사회적 경제와 사회적 회계의 개념을 실무와 고등교육 커리큘럼에 도입하는 것도 중요합니다.

한국의 사회적 경제조직의 건투를 빕니다.

2023.3

로리 무크

애리조나 주립대학교

---

[1] 로리 무크Mook, L. (2020). 〈성과관리와 영향 측정 그리고 지속가능한 개발목표들:통합 사회적 회계의 제4물결(Performance management, impact measurement and the sustainable development goals: The fourth wave of integrated social accounting)〉, 캐나다 비영리사회적경제연구 저널 Canadian Journal of Nonprofit and Social Economy Research, 11(2), 20-34. https://doi.org/10.29173/cjnser.2020v11n2a353 참조. 이 논문에서 통합 사회적 회계는 재무적 성과와 사회 및 환경적 성과를 대등하게 고려한다. 이는 재무보고서와 별개로 마케팅 및 홍보 장치로 자주 사용되는 보충적 사회적 회계보고(소위 윤리적 회계) 방식과는 다르다. 사회적 회계는 1970년대의 제1의 물결, 1990년대의 제2의 물결, 2000년대의 제3의 물결 등 각기 다른 단계를 거쳐왔다. 오늘날 유엔 지속가능개발목표 2030 의제의 대중화와 함께, 우리는 통합 사회적 회계의 제4의 물결에 접어들고 있는지도 모른다. 지속가능개발목표(SDGs)는 네트워크, 조직 유형 및 지리적 수준에 걸쳐 다수의 행위자에게 공통 언어와 공유 목적을 제공한다. 이 논문은 SDGs라는 렌즈를 통해 조직 활동의 내부 및 외부 영향에 대한 관심을 집중시키는 통합 사회적 회계 모델을 제안한다.

저자 서문

이번 두 번째 판은 비영리조직이나 지역단체가 자원봉사자들에 대한 기록을 집계할 수 있도록 온라인 소프트웨어 프로그램 <응답자들이 중요함(Responsors Count)>의 발매에 맞추어 나왔다. 이 온라인프로그램은 자원봉사활동의 가치를 계산하고, 자원봉사활동 내역을 인적자원과 재무적 자원으로 구분하여 사회적 회계보고서를 작성해준다. 또 기존의 부가가치보고서를 바탕으로 통합부가가치보고서를 작성하는데, 그 내용은 이 책에서 자세히 설명한다.

최근 비영리조직에 대한 자금제공자들의 압력이 증가하는 가운데 그들에게 자금지출의 성과가 합당하다는 것을 제시하거나 조직에 대한 자원봉사활동의 기록을 유지 관리하는 일이 중요해졌다. 비록 많은 비영리조직이 자원봉사활동 내역을 기록하지만, 대부분 수작업으로 이 일을 행하고 있다. 2004년 캐나다의 전국 비영리조직 활동가 661명을 대상으로 실시한 설문조사에 따르면 41%가 자원봉사자 활동을 기록하고 있었는데, 그 그룹의 약 80%는 컴퓨터시스템 없이 수작업을 하는 것으로 보고되었다. <자원봉사자가 중요함(VolunteersCount)>이라는 소프트웨어 프로그램이 이런 조직에 도움이 된다. 오픈 소스 프로그램이라 무료로 이용할 수 있기 때문에 더욱 그렇다.

<자원봉사자가 중요함 (VolunteersCount)> 이라는 소프트웨어 프로그램은 사회적 회계에 대해 쉬운 용어로 설명하고 사회적 회계시스템

에 자원봉사의 가치를 반영해주는 디지털작업장이다. 이 작업장은 참여자들이 보고서를 작성하거나 사회적 회계에 대한 이해를 더 쉽게 할 수 있도록 도와준다. 사회적 회계에 대한 연구와 저술이 증가하고 있지만, 대부분은 전통 회계에 대한 비판에 머물러 있다. 그 중 일부는 대안적인 회계 체계를 제시하고는 있으나, 그것을 비영리조직이나 협동조합 또는 사회적 경제에 적용하는 경우는 아주 적다.

현재 사회적 경제 조직이 작성하는 재무제표는 영리기업에서 작성하는 재무제표와 동일하다. 따라서 현행 비영리조직과 협동조합의 회계보고서는 자기 활동의 중요한 특징을 빠뜨리고 있다. 이 조직들은 사회적 사명이 있기에 사회적 파급효과가 어떠했는지가 조직의 성과를 평가할 때 핵심적이다. 더구나 비영리조직은 다양한 수준에서 자원봉사자들에 의존하는데, 역설적이게도 이 봉사활동의 가치가 회계보고서에서 공식적으로 배제되고 있다. 다시 말해 전통 회계는 사회적 사명을 갖는 조직에 대해 그들 활동의 핵심적인 부분을 제외한다. 이 책은 회계보고서에 자원봉사자들은 물론 다른 형태의 기부노동(협동조합과 비영리상호협회 회원들의 기부활동), 그리고 시장에서 거래되지 않는 사회적 성과를 포함시킴으로써 그 결함을 바로잡는 일을 시작한다. 이것은 쉬운 일이 아니다. 왜냐하면 보통 시장에서 일어나지 않는 거래의 적정 가격을 측정해야 하기 때문이다. 우리는 이 일을 새롭게 부상하는 사회적 회계 분야의 하나로 생각하고, 사회와 자연환경에 미치는 영향을 분석하는 데까지 회계 영역을 확장하고자 한다.

우리는 사회적 회계를 다음과 같이 정의한다.

"사회적 회계란, 조직의 이해관계자 정보를 회계보고서의 필수 항목으로 간주하고, 그 조직이 이해관계자 공동체에 미치는 영향을 체계적으로 분석, 공시하는 일이다."

이 정의는 제3장에서 상세하게 다룬다.

지금까지 사회적 회계의 주된 방식은 한 조직이 자신의 사명(mission)을 얼마나 잘 수행하고 있는지 이해관계자들이 체계적으로 이해할 수 있도록 질적 보고서를 작성하는 것이었다.

기존의 사회적 회계보고서에는 재무보고서를 생략하거나 이를 보충적 보고서 정도로 다루어왔다. 그래서 이를 사회적 감사(social audits) 또는 윤리적 감사(ethic audits)라고 부르기도 한다. 우리는 이러한 전통과 달리 기존 회계보고서를 활용하되, 다른 방식으로 작성하려고 한다. 회계영역을 확장하고, 한 조직의 성과에 대한 좀 더 완전한 이야기를 담아내는 보고서를 작성하려는 것이다.

이를 위해서 여기서는 세 가지 종류의 사회적 회계보고서를 제시하려 한다.

1) 사회경제영향보고서(Socioeconomic Impact Statement)
   -손익계산서의 변형
2) 사회경제자원보고서 (Socioeconomic Resource Statement)
   -재무상태표의 변형
3) 통합부가가치보고서(Expanded Value Added Statement)
   -부가가치보고서의 변형

더 나아가 비영리조직의 사회적 영향을 측정하기 위해 네 번째 접근, 즉 공동체사회투자수익모델(Community Social Return on Investment Model)을 개발하였다.

이들은 공식적인 회계보고서와 동일한 것은 아니지만 사회조직이 자신의 사회적 영향을 측정하기 위해 사용할 수 있는 비교적 단순한 보고양식이 될 것이다.

이들 보고서에는 자원봉사활동이나 다른 형태의 기부노동이 포함되고, 시장에서 거래되지 않는 몇몇 사회적 산출물도 포함된다. 이 접근법을 6개의 비영리조직과 하나의 학생주거협동조합 등 7개의 서로 다른 조직에 적용해본다. 이때 수치의 계산이 어떻게 이뤄졌는지에 대한 상세한 설명과 도표들도 제시된다. 또 제8장에서는 책에서 사용한 자료수집도구를 소개한다. 이들은 사회적 회계보고서를 작성하거나 그 조직이 자원봉사자 와 사회적 영향에 대해 체계적으로 기록하거나 그에 대한 시장가격을 부여하기를 원하는 조직에 유용할 것이다.

이 두번째 판은 <응답자가 중요함(ResponsorsCount)>이라는 프로그램에 대한 설명서 역할을 하며 이 작업에 대한 이론적 근거도 제시한다. 우리는 이 책이 기본적으로 비영리조직의 운영과 협동조합의 경영, 회계 업무에 종사하는 사람들을 위한 보충교재라고 생각한다. 하지만 동시에 아래와 같은 활동을 하는 비영리조직과 협동조합 경영진들에게 유용한 방식으로 집필하였다.

1) 조직의 후원자와 회원, 기부자, 기타 이해관계자에게 그 조직이 지역사회에 제공하는 가치를 더 정확하게 보여주는 연차보고서 작성

2) 그 조직에 재능기부를 하는 자원봉사자들과 그 조직의 수혜자들에게 보여줄 자원봉사활동 인식 프로그램 개발
3) 자원봉사자의 노력으로 자금지출 효과가 어떻게 지역사회에 전달되는지를 보여주는, 자금제공자에 대한 기금제안서 및 보고서 작성
4) 정책입안자들에게 지역사회 조직에 대한 투자 가치 보여주기

이 책은 상호 관련된 저자들의 다양한 경험의 산물이다.

베티 제인 리치몬드는 경영에 종사했고, 다양한 비영리조직의 이사로 활동했다. 이러한 경험을 통해 그녀는 비영리조직이 얼마나 잘 운영되고 있는지를 평가하는 방법에 제약이 있고, 비영리조직이 낮게 평가되고 있음을 깨닫기 시작했다. 비영리조직의 비용에 대해서는 지나칠 정도로 증빙이 잘 갖추어져 있으나 그들이 지역사회에 제공하는 기여는 충분하게 평가되지 않았다. 그녀는 비영리조직에 대한 평가시스템(회계시스템을 포함하여)이 핵심을 놓치고 있다고 결론지었다. 비영리조직이 수혜자와 지역사회에 제공하는 공헌의 효과가 빠져있다.

박사학위 논문(온타리오 소재 토론토대학 잭퀴터 교수의 지도)을 위해 그녀는 공동체투자수익모델을 개발하고, 이를 지역의 사회부조대상 장애인 직업훈련센터에 적용하였다. 그 모델은 조직이 만들어내는 사회적 수익 부분에 주목하였다. 나중에 그녀는 이 모델을 다섯 개의 지역사회 기반 훈련센터에 대한 연구에 적용했다. 이 프로젝트는 온타리오 직업능력훈련프로젝트(ONESTEP)가 설계하고, 캐나다인력개발원에서 자금을 제공했다. 이 연구에서 리치몬드는 서구에서 발전되고 잭 퀴터

가 캐나다 상황에 맞게 적용한 그의 책 <캐나다의 사회적 경제>와 후속 연구에서 소개한 '사회적 경제'라는 개념체계를 이용하였다. 비영리조직에 대한 대부분의 분석틀과 달리 사회적 경제라는 틀은 포괄 범위가 넓고, 사회적 목적을 위해 설립된 모든 형태의 조직들을 포함한다. 공공 지향 또는 자선형 비영리조직과 회원에 봉사하는 상호협회, 협동조합 등을 포함하여 이 모두를 사회적 경제조직이라 부른다. 리치몬드는 1999년 '비영리조직 및 자원봉사자연합에 대한 연구협회'(ARNOVA)로부터 우수논문상을 수상했다. 위 협회는 인디애나주립대학에 사무소를 두고 있는 비영리조직 연구자들을 위한 중요한 국제협회이다.

우연한 기회에 리치몬드는 로리 무크를 만나 함께 이 연구를 확장하기 시작했다. 그들은 온타리오주 캐나다협동조합협의회(CCA)의 자금 지원을 받아 학생들이 운영하는 협동조합이 어떻게 그 지역사회 경제 활동에 참여하였는지에 대한 연구를 수행했다. 이 연구에서 그들은 협동조합 조합원들이 행한 사회적 노동과 조합이 이해관계자들에게 미친 영향을 설명하기 위해 부가가치보고서를 이용했다. '통합부가가치보고서'로 이름 붙인 보고서는 무크가 처음 설계했는데, 그는 공인회계사 과정을 수료한 뒤, 사회문제에 대한 관심을 갖고 국제개발(International Development)과 교육정책연구(Education Policy Studies)분야 학위를 취득했다. 그녀는 현재 캐나다 사회과학/인문연구기금(SSHRC)에서 주는 유명한 장학금을 받으며 토론토대학에서 박사과정을 밟고 있다. 그녀 역시 잭 퀴터와 함께 작업하면서 비영리조직을 위한 사회적 회계연구를 확장하려는 계획을 갖고 있다.

2000년 학생주거협동조합 프로젝트를 마친 후 우리 셋은 운 좋게도 캐나다 최고의 비영리조직인 '캐나다 인적자원개발 및 자선센터'[1]로부터 '국제자원봉사자의 해(International Year of the Volunteer)' 보조금을 받게 되었다. 캐나다적십자사 토론토지부, 캐나다유방암재단 온타리오지부, 캐나다 국제교차로협회 그리고 제인핀치 공동체 가족센터가 함께 진행한 국제자원봉사자의 해 프로젝트는 뉴욕 로체스터 청소년 방과후 프로그램(J.A.)의 관련 프로젝트와 더불어 서로 다른 맥락에서 통합부가가치보고서를 채택할 수 있게 해주었다. 그 프로젝트는 또 보고서 안에서 자원봉사자의 노동과 같은 비화폐 항목들에 시장가격을 부여하는 쟁점을 더욱 특별하게 다루도록 해주었다. 로체스터청소년성취재단과 함께 한 연구의 일부로서 손익계산서는 사회경제영향보고서로 변형되었고, 재무상태표는 사회경제자원보고서로 대체되었다. 이들 응용보고서들은 조직의 사회적 목적에 더 잘 부합하고, 지적(知的)자본이라는 중요한 자산을 고려한다.

이 책을 집필하면서 우리는 비영리조직과 협동조합 회계에 맞는 접근방법과 이용가능한 지식을 현재 및 미래의 경영자 또는 이사들에게 제공하는 것이 똑같이 중요하다고 생각했다. '국제자원봉사의 해' 프로젝트를 통해 우리는 비영리조직들이 자원봉사자들의 업무와 투입시간, 자부담 비용에 대해 추적, 기록하는 것을 돕고, 자원봉사활동을 통해서 자기개발되는 능력을 연구하는 방법에 대한 실무경험을 발전시켰다. 또한 700명 이상의 직원과 비영리조직 및 협동조합 이사회 이사들과 함께 사

---

1 '캐나다를 상상하라'Imagine Canada의 전신이자, 캐나다비영리단체 최상위조직

회적 회계에 관한 워크숍을 진행했다. 사회적 회계보고서 작성 절차를 설명하는 지침과 사례는 이 책의 실제 사용 방법을 소개하는 제8장에서 확인할 수 있다.

이 책은 현재까지의 우리 연구를 대변한다. 하지만 여기 소개하는 모델은 최종적인 것이 아니라 출발점에 서 있다. 앞으로 이어질 논의에서 분명히 밝히겠지만 사회적 조직에 맞는 회계시스템을 개발하는 것은 사회를 포함한 핵심 이해관계자들에 대한 조직의 성과를 측정하는 실제적이고, 해결 가능한 절차를 새로 만드는 일도 포함된다. 이를 위해서는 해석의 기준이 되는 적절한 벤치마크 또는 사회적 지표의 개발을 위해 많은 시간의 연구가 필요하고, 동시에 사회조직의 운영성과를 회계 처리하는 전문가들 사이에서도 일반적인 동의를 얻어야 한다. 예를 들어 자원봉사자의 기여를 측정하는 것은 복잡한 노동집약적 과정인데, 이는 인적 자원이 부족한 사회조직들로서는 감당하기 힘든 일이다. 그 해결책은 부분적으로는 노하우를 쌓는 실제적인 일이지만, 정치적인 것이기도 하다. 특정한 자원봉사 업무의 화폐가치를 측정하기 위해 채택할 기준에 대해 전문가의 동의를 얻어내야 하기 때문이다.

퀸즈대학정책연구소는 재정지원뿐 아니라 이 원고에 포함된 일부 연구에 캐허노프Kahanoff 재단의 보조금을 받을 수 있도록 해주었다. 덕분에 우리는 사회경제분석틀을 개발할 수 있었다. 또 최근에 우리는 자원봉사자 관리 및 관련 지침서 개발을 포함하는 공공 아웃리치Outreach 보조금을 포함하여 캐나다 사회과학/인문연구위원회(SSHRC)의 보조금을 지원받았다. 이 작업을 위해 우리는 캐나다의 비영리조직인 '캐나다를 상상하라(Imagine Canada)'와 긴밀히 협력하고 있다.

우리는 또 이 모델개발에 함께 일했던 많은 사람에게 은혜를 입고 있다. 워터루주거협동조합(Waterloo Cooperative Residence Incorporated)의 직원 및 이사회, 캐나다 협동조합의 전 온타리오 지역 이사인 캐씨 랭, 전 직원 및 자원봉사 자원 관리자인 커늘애킹볼러, 토론토 지역 캐나다 적십자사의 서비스 지원 및 개발 서비스 이사인 마리아 할릭, 전무 이사인 마가리타 멘데즈, 자원봉사 조정자인 클라라 블리, 제인/핀치 공동체 가족센터, 캐나다 크로스로즈 인터내셔널의 전무 이사, 이안 맥닐 재무 이사, 마리오 가뇽 국가 프로그램 매니저, 샤론 우드 온타리오 지부 전무, 베스 이스턴 캐나다 유방암 재단의 커뮤니티 프로그램 이사, 뉴욕 로체스터 주니어 어치브먼트 프로그램의 앤드류 포르타노바 사장, 레베카 셔먼 프로그램 매니저 등이 그들이다.

이 연구를 수행하기 위해 우리는 높은 수준으로 훈련되고 동기부여가 명확한 졸업생들의 도움을 받는 행운을 누렸다. 도로시 아아론, 난네디 미토, 미셸 해밀톤페이지, 조르쥬사우사, 샤논월등. 조르쥬는 또 이 책의 색인작업을 함께 해주었고, 틀을 잡는 일을 기꺼이 도와주었다. 원고를 완성할 때 그의 도움은 매우 값진 것이었다.

다니엘 슈그렌스키 교수는 우리를 도와 각 장의 말미에 토론할 주제를 정리해주었고, 휴고 올리버는 용어사용에서 자신의 고유한 능력을 선사해주었다. 우리는 이 원고의 초판에 의견을 주신 분들께 감사드리며, 그렇게 함으로써 우리가 아이디어를 진전시키는 데 도움을 받았다. 조지

메이슨대학의 비영리조직경영연구소의 토마시나 보크만, 패트리샤 루이스 교수 그리고 웨스트버지니아대학의 로져 로흐만 교수, 빅토리아대학의 이안 맥퍼슨 교수, 성 마운트빈센트 대학의 레슬리 브라운 교수, 온타리오교육연구소의 에메리터스 휴고 올리버 교수, 지역사회 대학 파트너십 프로젝트 책임자인 빌 베네트. 안젤라 엘리스와 캐씨 개스킨은 '자발적 투자와 가치 감사(VIVA: Voluntary Investment and Value Audit)'에 대한 작업을 진행하는 데 도움을 주었다.

특히 캐나다 사회과학/인문연구위원회 SSHRC가 후원한 연구에 협력하고 우리의 작업을 발전시키고 알리는 데 큰 힘이 되어준 페미다 핸디 교수(펜실베이니아 대학과 요크 대학)에게 감사의 말씀을 드린다. <캐나다를 상상하라Imagine Canada> 연구소 부사장인 마이클 홀은 우리의 연구에 지속적인 지원을 해주었다. 우리의 작업을 믿어준 프렌티스 홀의 전 인수편집자(회계)인 토마스 시겔에게 특별한 감사의 말씀을 드린다. 아마도 판권 표시에서 분명히 알 수 있듯이, 토마스는 현재 우리의 출판사 대표이다.

개인적으로 우리 모두는 로리가 원고 작업을 하는 동안 부모 역할 이상을 도맡아 해준 다니엘 슈구렌스키와, 많은 연구업무를 행하던 비제이를 지지해 준 가족과 친구들, 로버트 파스코프에게, 그리고 잭을 위해 항상 함께 해준 데일 윌로우에게 감사를 표하고 싶다.

잭 쿼터, 로리 무크, 베타 제인 리치먼드

제1장

들어가는 말

유엔인류발전보고서(1995)에 따르면 시장에서 거래되지 않는 노동(즉, 무급노동)은 세계적으로 16조 달러 정도에 달하며, 공식적으로 전 세계 총 생산액인 23조 달러[1]의 70%에 이른다고 추정했다. 이 추정치는 넓은 범위의 활동을 포함하고 있고, 특히 임금 면에서 불평등한 성차별에 대해 초점을 맞추고 있다. 이는 이 책의 핵심 이슈와 서로 통한다. 회계는 일정한 유형의 노동에 대해서만 계산과 분석을 행하고, 기타의 것들은 배제한다. 이 책은 많은 유형의 경제적 기여가 인식되지 않고 무시되는 현실을 언급한다.

이 책의 초점은 어떤 조직이 미치는 사회적 영향을 모두 표시할 수 있도록 비영리조직과 협동조합의 회계보고서 체계를 새로 만들어, 기존 재무제표에 누락된 항목까지 공시의 범위를 넓히는 데 있다. 제2장에서 논의하겠지만 이 조직들은 몇몇 뚜렷한 특징을 갖고 있다. 예를 들면 자원봉사 노동과 그들의 중요한 산출물이 공시되지 않는다. 즉, 비화폐 거래는 배제된다. 그 결과 이들 항목은 해당 조직의 사명에 핵심적인 역할을 하고 있음에도 불구하고 공식적인 회계보고서에는 표시되지 않는다. 36개국에 대한 국제 연구에서 샐러먼Lester Salamon과 존 홉킨스대

---

[1] 1990년 기준 세계 총생산액 세계은행통계

비교비영리프로젝트Johns Hopkins Comparative Nonprofit Sector Project(Salamon, Sokolowski, and List 2004)의 연구동료들은 자원봉사자들이 2,020만 명의 정규직원에 해당하는 노동을 기여했으며, 이 기여분의 부가가치는 3,160억 달러에 달한다고 추정하였다. 이러한 활동은 이들 국가의 지역 사회에 대한 매우 귀중하고 지속적인 기여를 나타낸다. 그러나 이러한 기여나 추가적인 사회적 영향은 기존의 회계보고서에는 나타나지 않는다.

존스홉킨스대학의 연구는 국가 차원의 분석이지만 이는 비영리조직 회계에 대해서도 직접적인 함의를 갖는다. 이 조직들도 정도의 차이는 있지만 자원봉사자의 기부노동에 의존하고 있다. 하지만 자원봉사 노동은 유상 거래가 아니라 정규 회계보고서에 나타나지 않는다.

협동조합도 동일하다. 협동조합 조합원들은 재화와 서비스의 원가를 절감하는 노동을 제공하며, 동시에 각종 위원회 또는 이사회에 참여함으로써 지배구조에 대해 무급노동을 제공한다. 이들 노동이 없다면 조합운영비는 더 커질 것이다.

이 책의 주제인 사회적 회계는 회계보고서에 포함해야 할 기부 노동과 그 산출물의 인식 범위를 넓히기 위해 노력한다. 이 분야에는 이미 잘 확립된 재무회계와 관련된 관리회계 및 정부회계가 존재한다. 하지만 사회적 회계는 훨씬 최근의 연구이고, 아직 실제로 활용되는 모델이 부족한 상태이다. 제3장에서 논의하겠지만 사회적 회계는 재무회계의 한계에 대한 비판에서 시작한다. 특히 재무회계가 고려하는 제한된 범위의 항목들, 시장 거래로 귀결되지 않는(비화폐거래) 항목들의 배제 그리고 주주와 기타 자금제공자 등 자본투자자에만 집중하는 특성이 주된 비판의 대상이다.

이 책은 재무보고서에 포함되는 항목의 범위를 넓혀서 비영리조직과 협동조합들이 자신의 얘기를 더 충실하게 표현할 수 있도록 할 것이다. 이 점이 이 책과 재무회계[2], 관리회계[3], 정부 및 비영리회계[4] 등 다른 회계 관련 저서들이 서로 구별되는 지점이다. 회계보고 대상을 넓히기 위해 시장거래를 수반하지 않는 항목에 대해 적절한 가치를 부여하는 논쟁적인 이슈들을 소개할 필요가 있다. 제2장에서 다루겠지만 자원봉사활동에 대해 유사한 시장거래와 비교하는 예가 있긴 하다. 하지만 이는 자원봉사에 대한 조사활동[5]과 관련된 것이지 회계보고서와 관련된 것은 아니다. 우리의 일차적 목적은 재무보고서 안에 시장 거래가 아닌 자원봉사활동과 사회적 산출물을 통합 반영하기 위한 방법을 소개하는 것이다. 중요한 비화폐성 거래를 실제 회계보고서에 통합 반영하는 사회적 회계보고서를 작성하는 것이 바로 이 책의 고유한 목표다.

인적자원회계도 제한된 항목만 고려하는 기존 재무보고서 방식을 비판한다. 그 내용은 사회적 회계의 비판과 유사하다.[6] 인적자원회계에서는 재무보고서에 직원에 대한 처우 등 인적자본 관련한 총원가를 포함해야 한다고 주장한다. 가령 직원 해고로 인한 총원가를 보고하자는 것이다. 그러한 원가는 인력 대체 및 훈련 관련 지출 등 명백한 것뿐 아니

---

2 Larson 외 2003; Meigs, Lam, and Mallouk 2002; Larsen and Jensen 2005
3 Garrison, Chesley, and Carroll 2006;Kaplan and Atkinson 1989
4 Finkler 2005; Garner 1991; Razek, Hosch, and Ives 2004
5 Hall, McKeown, and Roberts 2001; Independent Sector 2001a
6 Flamholtz 1985

라 근로자의 사기나 동기 부여에 미치는 영향도 포함한다. 인적자원 원가에 대한 완전한 보고라는 점에서 사회적 회계와 양립 가능하지만, 사회적 회계는 그보다 더 나아가 조직의 외부효과까지 고려한다. 해고의 예를 들어 설명하자면, 사회가 해고 노동자들을 지원하기 위해 지출해야 할 원가를 사회적 회계 체계 속에 포함하는 것이다.

이 책에서 사용하는 사회적 회계에 대한 정의는 다음과 같다.

"한 조직의 이해관계자와 관련된 정보를 회계 정보의 일부로 인식하고, 그 조직이 이해관계자 또는 이해관계자 공동체에 미치는 영향에 대한 체계적 분석."

이러한 정의는 제3장에서 상세하게 다룰 예정인데, 다른 학자들의 그것과 유사하다.[7] 왜냐하면 이들 모두 전통 회계보다 더 폭넓은 변수들을 고려하기 때문이다. 전통적 회계보고서는 하나의 이해관계자, 즉 주주에 초점을 두는 반면 사회적 회계는 직원, 서비스 이용자 또는 소비자, 자금제공자, 사회, 정부 등 여러 이해관계자들에 미치는 조직의 영향에 주목한다. 비영리조직의 자원봉사자들은 이해관계자 중 하나이며, 협동조합이나 비영리조직에서 조합원이나 회원도 중요한 이해관계자이다.

사회적 회계는 또 주된 관심을 자연환경에 미치는 조직의 영향을 고려한다는 점에서 사회적 환경회계로 부르기도 한다.[8] 사회적 회계의 초기 저작은 환경회계로 불렸는데 점차 그 관심이 여러 사회적 쟁점을 포함하는 방향으로 넓어졌다. 보통 그러한 영향들은 기업회계보고서에서는

---

7 Estes, 1976; Gray, Owen, and Adams, 1996; Gray, Owen, and Maunders, 1987; Institute of Social and Ethical AccountAbility 2001; Mathews and Perera 1995; Ramanathan 1976; Traidcraft 2000
8 Bebbington, Gray, and Owen 1999; Gray, Owen, and Adams 1996; Mathews 1997

배제된다. 왜냐하면 대부분 화폐거래를 수반하지 않는 사건들이고, 설사 포함되더라도 대체로 순이익을 감소시키는 거래에 속하기 때문이다. 이 책이 환경 영향에 집중하는 것은 아니지만 제5장에서는 환경 영향을 설명하기 위해 캘리포니아에서 행한 환경프로그램의 정보를 이용한 사회경제영향보고서(손익계산서의 변형)를 소개한다.

이 책에 소개된 사회적 회계는 사회경제적 정보를 통합하기 위해 회계보고서를 이용하는 반면 대부분의 사회적 회계 모델은 그와 같은 통합을 꾀하지 않는다. 보통 사회적 감사 또는 윤리적 감사로 불리는 사회적 회계는 질적 정보와 통계수치를 이용하여 해당 조직이 자신의 사명을 수행하면서 이해관계자의 기대를 얼마나 충족시키는지를 서술적으로 표현한다.[9] 문헌에서는 이러한 접근을 사회적 회계보다는 사회적 감사로 언급하는 경우가 훨씬 많은데[10] 우리는 이것도 사회적 회계, 특히 '질적 사회적 회계'로 부르기로 한다.

그러나 질적 사회적 회계는 재무보고서에 첨부되는 부차적인 지위를 갖는다는 점에서 한계가 있다. 기껏해야 재무보고의 주석으로 간주될 뿐이다. 전통 회계체계 안에서 추가 정보를 보고하거나 공시하는 일은 흔하다. 그러나 그것은 회계보고서를 보충하는 정도이다.[11] 이 책에서 사용된 사회적 회계에 대한 통합적 접근법은 재무회계를 확장하여 '사회적'인 것으로 간주되는 전형적인 변수들을 포함하되, 재무보고가 어떻게 공시되어야 하는지를 고려한다. 그러나 전통 회계의 실무가 비(非)사회적이거나

---

9 Co-operative Union of Canada 1985; New Economics Foundation 1998; Sillanpää 1998; Zadek 1998
10 Gray 1998; Zadek, Pruzan, and Evans 1997
11 Financial Accounting Standards Board 1978

사회적으로 중립적이라 신뢰한다는 암묵적 전제가 있기때문에 우리 접근법에 사회적이라는 이름표를 붙이는 데 대한 우려도 있다. 그런 관점에서는 이익이나 손실과 같은 개념은 현실을 구성하는 특정한 방식이라기보다는 현실 자체로 간주된다.[12] 비록 모두가 그런 특징을 가지고 있음에도 우리가 특수한 회계적 현상들에만 사회적이라는 이름표를 붙이는 것 아닌가 하는 문제가 있긴 하지만, 우리가 사회적 회계라는 용어를 굳이 사용하는 이유는 사회적 산출물과 자원봉사활동과 같은 사회적 변수를 포함한다는 점에 방점을 두기 때문이다.

1. 비영리조직과 협동조합

사회적 회계는 비영리조직과 협동조합뿐만 아니라 모든 조직에 적용할 수 있다. 하지만 이 책은 비영리조직과 협동조합 등 사회적 경제 조직에 초점을 둔다. 그들의 사회적 영향을 전통 회계가 대부분 경시하고 있기 때문이다. 마찬가지로 사회적 회계에 대한 책도 비영리조직과 협동조합에 관한 것은 상대적으로 드물다. 하지만 사회적 경제의 틀에서 보면 비영리조직과 협동조합은 사회적 회계를 적용하는 중요한 대상이다. 제2장에서 더 상세히 다루겠지만 비영리조직과 협동조합은 공공부문 및 민간부문과 다른 특징을 갖고 있다.[13] 사회적 경제는 20세기 초 프랑스에서 유래하였다. 사회적 경제 조직들은 경제활동에 참여하긴 하지만 사회적 사명을 강조한다는 점에서 다른 두 부문의 조직과 구별된다. 이러한 틀 안에서 비영리조직과 협동조합은 주주를 위한 이윤 획득보다는

---
12 Tinker 1985
13 Defourny and Monzon Campos 1992; Quarter 1992; Snaith 1991

특정한 사회적 목적에 복무하기 위해 설립된다. 따라서 이윤추구 기업에 적용하는 회계 실제는 비영리조직과 협동조합의 이상(理想)에 맞지 않는다. 이러한 사회적 조직들은 자신의 고유한 회계 모델을 필요로 한다.

20세기 대부분의 시기에 회계이론과 회계기준은 사회적 경제 조직을 대체로 무시해왔다.[14] 회계업계에서는 이윤추구 기업을 위해 만들어진 재무보고서를 사회적 조직에 적용하는 것의 한계를 어느 정도 인식하긴 했으나 다른 접근방법을 개발하지는 않았다. 그나마도 대부분의 관심은 비영리조직, 특히 시장에서 자신의 서비스를 팔지 않는 자선 조직에 쏟아왔다.[15] 회계에 대한 전통적 접근법은 그와 같은 특수한 유형의 조직에서 가장 많은 문제를 일으킨다. 하지만 모든 사회적 조직은(자신의 서비스를 시장에 팔거나 자신의 수익을 회원으로부터 얻는 조직 포함) 사회적 사명을 갖고 있고, 그들의 사회적 영향을 측정할 회계체계를 필요로 한다. 회계의 지배적인 추세는 이윤추구 기업의 보고서를 이들 조직에게까지 확장하는 것이었다.

이러한 흐름에 대한 초기의 비판 중의 하나는[16] "대부분의 비영리조직을 위한 재무보고는 수입이 어디서 왔고, 뭘 위해 지출했고, 자산 취득과 지출이 예산에 어느정도 맞게 썼는지 등을 보여주는데 머문다."는 것이었다. 이윤추구 기업을 위해 만들어진 손익계산서는 회계기간 동안의 순이익 또는 순손실을 보여준다. 이 정보는 이들 기업의 소유자들에게 유용하다. 왜냐하면 거기서 그들의 투자수익을 살펴볼 수 있기 때문이다.

---

14 Skinner 1987
15 Macintosh 1995, 2000
16 Henke 1972, 53

그러나 이윤추구 기업과 달리 지분소유자를 갖지 않은 조직에게 손익계산서는 훨씬 제한된 역할에 그친다.

회계업계에서는 어느 정도까지는 이런 한계를 인식하고, 손익계산서의 변형을 고려해왔다. 그러나 기존 손익계산서 양식에서 이탈하는 걸 꺼려 사회적 조직의 고유한 특징을 인정하는 접근법은 무시해왔다. 1980년 미국회계기준위원회(FASB)는 개념보고서 4호(비영리조직의 재무보고 목적)에서 민간 비영리조직의 성과측정은 다른 성격을 가져야 한다고 언급했다.[17] 미국회계기준위원회는 비영리조직의 성과 측정은 해당 조직의 서비스활동(service efforts)과 성과에 관한 정보와 함께 순자원의 양과 성격에 관한 정보도 필요로 한다고 결론지었다. 그러면서 "재무보고는 그 안에 서비스활동, 즉 다양한 서비스를 제공하기 위해 자원을 어떻게 사용하고 있는지에 대한 정보[18]를 제공해야 한다"라고 덧붙였다. 또 이상적으로는 비영리조직이 자신의 성과를 보고할 때 서비스활동의 결과에 대한 정보도 재무보고의 일부로 포함되어야 한다고 선언했다. 이 선언은 비영리조직이 수행하는 프로젝트의 측정과 보고에서 겪는 어려움을 인정한 것일 뿐 아니라, 해당 조직의 특성에 맞게 서비스활동과 성과 측정을 재무보고에 포함될 수 있도록 재무보고양식을 개발할지 여부를 결정하기 위해 더 많은 연구가 필요함을 인정한 것이다.

FASB의 결정은 미국공인회계사협회의 1978년 보고서의 영향을 받았다. 협회는 그 보고서에서 자원봉사 기부활동이 인식될 수 있고, 재무

---

17 Financial Accounting Standards Board 1980
18 cited in Fountain 2001, 2

보고서에 포함될 수 있는 요건에 대한 첨예한 이슈를 소개했다.[19]

그 보고서는 이를 위한 네 가지 기준을 언급했다.
- 양적으로 측정 가능할 것.
- 조직이 자원봉사자를 직원과 똑같이 관리할 것.
- 서비스가 해당 조직의 정상적인 업무의 일부이고, 만약 자원봉사자가 없다면 외주를 주는 것일 것.
- 조직의 서비스는 회원을 위한 것이기보다는 공중을 위한 것일 것.

이 기준은 꽤 엄격한 것이었다. 이에 따르면 종교조직이나 클럽, 전문가협회 또는 동업조합(trade association), 노동조합, 정당, 공제조직처럼 회원(또는 교인)들이 직접 비영리조직에 봉사하는 활동은 위 요건에 맞지 않는다. 그럼에도 불구하고 그 기준은 자원봉사 노동이 재무보고서에 포함되어도 될 정도의 가치를 갖고 있다는 점을 어느정도 인정한 것이다. 1993년에 보완된 FASB 116 문헌에서도 제한적이긴 하지만 동일한 내용을 담고 있다. "기부 서비스는 (1) 해당 서비스가 비금융 자산을 만들거나 개선하는 경우 (2) 특정 기능이 필요한데 그 기능을 갖고 있는 사람들로부터 기부 받지 않으면 구매를 해야 하는 경우에만 재무제표에 인식된다.[20] 캐나다공인회계사협회(CICA)는 FASB가 확립한 기준에 따라 1980년에 동일한 제약조건 하에서만 자원봉사노동이 재무보고서에 인식되어야 한다고 제안했다.

---

19 Gross and Warshauer 1979
20 Financial Accounting Standards Board 1993,1

그러나 다양한 이유 때문에, 특히 자원봉사 시간을 추적하여 공정한 가치를 부여하는 일의 어려움 때문에 대부분의 자원봉사자 기여는 여전히 재무보고서에 포함되지 못하고, 기껏해야 주석에 반영되는 정도에 머물고 있다.[21] 자원봉사 노동이 기록되는 곳은 다름 아닌 기존 재무제표의 주석에 있는 '중요한 회계정책 요약'이라는 부분이다. 예를 들면 미국은퇴자협회(AARP)는 자신의 재무보고서 주석에 이렇게 기술하고 있다. "본 협회와 그 회원들은 많은 자원봉사자들의 활동에 혜택을 입고 있다. 자원봉사자들의 비현금성 기부활동은 연결재무제표에 기록되지 않았는데, 그들이 일반적으로 인정된 회계기준 상 인식요건을 충족하지 못하기 때문이다.[22, 23]

FASB와 CICA의 위 언급이 나온 때는 이미 많은 비용효익 분석사례들이 나왔을 때였다. 그 분석은 비화폐적 사회적 성과물에 시장가치를 부여한 경제학자들에 의해 이뤄졌다. (제3장 논의 참조) 그리고 이 쟁점에 대한 주요 회계조직의 보고서들도 나온 때였다.[24] FASB 결정에 대한 해석에서 그로스와 워쇼워(1979, 309)는 "비영리보고서는 점점 더 이윤추구기업의 보고서와 외양이 유사해질 것이다."고 얘기했다. 이러한

---

21 Canadian Institute of Chartered Accountants 1980; Cornell Cooperative Extension 1995
22 AARP 2000, 9
23 다른 사례에 대해서는 위스콘신주 매디슨가에 있는 백포치라디오방송국(Back Porch Radio Broadcasting,Inc.), 즉 비상업적, 청취자관리, 회원통제조직 라디오 방송국과 www.netphoria.com/wort/about/finances/FY99audit.pdf, 미국신장기금회사(American Kidney Fund Inc), www.akfinc.org/AboutAKF/2000/AboutAKFFinancial8.htm 참조. 캐나다 공원과 들판회(the Canadian Parks and Wilderness Society, www.cpaws.org/aboutus/cpaws-statements-2001-0331.pdf) 참조. 미국회계기준 116호 요건을 충족할 때 자원봉사 활동이 어떻게 회계처리되는지에 대한 사례로는 미국 국경없는 의사들의 연례보고서 참조 www.doctorswithoutborders.org/publibations/ar/us2000.pdf.참조.
24 The American Accounting Association report of the Committee on Non-Financial Measures of Effectiveness[1971]를 참조하라

기술은 어떤 일이 벌어지고 있었는지에 대한 예언적인 언급이다. 예를 들면 1996년 3월 캐나다공인회계사협회는 비영리조직을 위한 특별회계기준서를 배포했다.[25] 이 기준서는 1997년 4월 1일 이후 시작하는 회계연도부터 적용되는 것이었다. 이 기준은 이익과 손실에 초점을 맞추는 일반기업에 적용되는 것들을 대부분 차용한 것으로 사회적 조직들의 고유성을 무시했다. 그 기준은 사회적 조직들이 자신의 사명을 얼마나 잘 수행하는지 그리고 그들이 서비스를 제공하는 이해관계자에 대해 미칠 영향에 대해 조명하는 회계기준을 만들 필요성을 무시는 것이었다.

주요 회계기구들이 비영리조직을 이윤추구기업과 동일하게 취급하고 있었다는 증거는 비영리조직을 관리하는 법규에서 분명하게 나타난다. 거기서는 비영리조직을 영리목적이 아닌 조직으로 더 많이 언급한다. 캠벨Campbel(1998, 28)이 강조한 점은 아래와 같다.

> 옛날 옛적에 우리는 서비스 제공이 이윤 축적보다 우선이라는 점을 강조하기 위해 비영리조직(nonprofit)이라 불렸다. 손익제로 철학이 지배적인 경영윤리였고, 공적기금을 정해진대로 지출하면서 그 윤리를 지키기 위해 정직하고 성실한 경영을 요구받았다. 지금 대학들은 미래의 지출을 위해 그리고 미래 모금의 불확실성을 대비하기 위한 잉여금(즉 이윤)을 보유할 필요성을 보여주기 위해 '영리를 위한 것이 아닌(not-for-profit)'이라 부른다. 이러한 새로운 명명법의 함의는 비영리 손익제로 철학의 포기이다. 손익제로 철학이란 당기에

---

25 Sections 4400 - 4460

공공에 대해 돌리는 혜택을 극대화하기 위한 재무적 윤리적 책임성을 뜻하는 것이다. 만약 경영이 손익제로 철학에 내재하는 공적 의무에서 이탈하면 과도한 자원(잉여) 축적을 방지하기 위해 어떤 대안적 윤리가 등장할까? '이윤 유보(축적)도 괜찮다'고 암묵적으로 용인하면 궁극적으로는 변경 불가능한 이윤추구 상황이 도래하지 않을까?

캠벨의 언급에서 나타나듯 사회적 조직과 이윤추구 기업 사이에는 근본적인 차이가 존재한다. 그리고 그것은 회계실무에서도 견지되어야 할 차이이다. 우선 영리기업 재무보고서의 일차적 보고대상은 투자자와 채권자인 반면, 사회적 조직 보고서의 일차적 보고대상은 회원, 자금제공자, 수혜자 그리고 지역사회이다.[26] 둘째, 사회적 조직의 주된 목적은 이윤극대화가 아니라 수탁책임(또는 신탁책임), 활동의 질, 사회적 성과이다. 사회적 조직은 그들이 사회적 목적을 성취하는 정도 그리고 지역사회에 공헌하는 정도에 의해 평가되어야 한다. 만약 한 조직의 서비스가 시장에서 거래되지 않는다면 해당 서비스를 평가하고 회계보고서에 포함시킬 수 있는 창조적인 방법이 만들어져야 한다. 셋째, 일반적으로 사회적 조직은 자원봉사 노동이나 회원들의 공헌 형식의 사회적 노동에 매우 많이 의존한다.

전통 회계의 한계는 기부를 받는 비영리조직에 적용할 때 특히 많이 나타난다. 즉, 시장에서 그들은 자체 수익을 내기보다는 정부와 같은 외부 원천의 보조금이나 기부금 또는 개인이나 회사, 재단 등으로부터 기

---

26 Richmond 1999

부에 많이 의존한다. 이런 조직들에 대해 전통 회계는 그들이 제공하는 편익은 평가하지 않고 발생한 지출만 기록한다.[27] 이들 조직은 사회 서비스 제공을 통한 가치의 창조자라기보다는 자원의 소비자로 묘사된다. 그들의 재무 계정과목은 일면적이고, 그 조직 및 그들이 봉사하는 지역에 영향을 미치는 결정의 근거가 될 만한 정보를 담아내기에 부족하다. 해당 부문 전체는 물론 개개 비영리조직의 사회적 영향을 평가하기 위해서는 추가적인 정보가 필요하다.

비영리조직이 공시한 비용과 측정되지 않은 효익 사이의 불균형을 바로잡기 위해 새로운 분석틀이 만들어져야 한다. 평가와 관련된 현행의 시도들은 사회적 조직의 분류와 관련된 표준적 정의가 없다는 점 등 몇 가지 요소들 때문에 막혀 있다.[28] 기록관리와 보고방법 사이의 불일치,[29] 결과물과 그들의 평가에 관한 합의의 결여,[30] 그리고 비화폐적 기부활동 및 산출물을 평가하는 데 도움이 되는 사회적 지표의 필요성 등.[31] 상황은 비영리조직을 연구하기 위한 개념적 이론적 체계의 결여 때문에 복잡하다.[32]

게다가 사회적 조직이라는 넓은 틀에서 분석하는 새로운 방법도 개발되어야 한다. 밀로프스키Milofsky1987의 '지역 기반 조직의 상황 분석' 같은 견해가 사회적 조직 일반을 아우르기 위해 채택될 수 있다. 필요한 것은 조직을 상황 속에서 살펴보는 것이라고 그는 얘기했다. 즉 조직간

---

27 Anthony and Young 1988; Henke, 1989
28 Quarter 1992
29 Cherny, Gordon, and Herson 1992
30 Henke 1989
31 Land 1996
32 Hirshhorn 1997; Salamon 1995

시스템의 일부로서 또는 회원들이 서로에 대해 강한 요구를 하는 생태계(환경)를 살펴야 한다는 것이다.(1987, 278) 노직Nozick(1992, 74)은 공동체를 이해하기 위한 생태학적 관점을 요구한다. "다양성 속의 통일이라는 것은, 아무리 작은 부분이라도 더 큰 전체의 일부이자 스스로 자율적으로 살아 움직이는 체계가 된다는 점에서 중요한 생태학적 개념이다."

사회적 조직들은 그들이 속한 공동체에 영향을 주고받는 유기체라는 상황에서 연구될 때 훨씬 풍부하게 이해될 수 있다. 그런 상황 안에 있을 때 회계담당자들은 실제를 형성하는 능동적인 참여자가 되고, 이는 회계 담당자를 정보의 수동적 기록자로 보는 기존 인식에 도전하는 관점이다.

2. 회계 환경의 변화

최근 회계업계는 지식경제로의 이행과 관련된 다양한 쟁점들과 씨름하고 있다.[33] 회계의 지배적인 접근방법은 '산업 패러다임(Industrial paradigm)' 또는 '역사적 원가주의(historical cost accounting)'로 알려져 있다. 이러한 접근법은 제조기업을 위해 20세기 초에 개발된 회계적 가정이다. 비록 그 근본적인 전제와 가정의 일부에 대해 회계 이론가들이 문제제기를 해왔지만(가령 감가상각이나 재고자산, 영업권을 둘러싼 쟁점들), 이 패러다임은 1930년대 이래 비교적 온전한 상태로 유지되

---

33 Canadian Institute of Chartered Accountants 2000; Financial Accounting Standards Board 2002; McLean 1995; Upton, Jr. 2001

어 왔다.[34]

상업활동이 점차 국제화됨에 따라 회계업계는 재무적 결과들이 보고되는 방식에서 일관성과 비교가능성을 갖추도록 '일반적으로 인정된 회계 원칙'(GAAP)에 의존했다. 이 원칙들은 나라마다 다양하게 표현될 수 있으나 이론적으로 그것들은 "최상의 회계이론과 그 실제적 적용에 따른 집합적 판단을 표현한다."[35] 따라서 GAAP 적용 여부는 반드시 재무제표 주석에 명시적으로 공시되어야 한다.

GAAP의 발전은 양날의 검과 같다. 한편으로는 지침과 재무적 거래에 대한 여러 가지 규칙을 제공한다. 다른 한편으로 이러한 규칙들은 보통 사회적 환경적 고려를 일반적으로 제약하는 산업 패러다임에 기초한 것이다. 사실 GAAP 신봉자 또는 전통 회계교과서에서는 '회계적 사건들'이 중립적이지 않고 사회적으로 결정되는 경우를 거의 인정하지 않는다. GAAP과 회계기준은 거래 식별 시점과 회계처리 방법에 대한 선택을 포함한다. 하지만 그 선택은 기업의 의사결정에 영향을 미칠 뿐 아니라 사회적 실제를 형성하기도 한다.[36] 예를 들면 기업은 특정 제품을 최저원가로 생산하거나 서비스를 제공하는 방법을 발견함으로써 주식 가치가 상승하거나 시장 지배력이 커지는 것으로 보상받는다. 이러한 보상 구조는 기업들의 임금 저하 시도로 이어지고 결과적으로 생산은 저임금 시장, 즉 여성노동자나 아동노동자에게, 서구 기준으로 보면 시혜적 수준으로 임금을 지급하는 시장으로 이동하게 된다. 몇몇 스포츠 신발이

---

34 Skinner 1987
35 Skinner 1987, 665
36 Gray, Owen, and Adams 1996; Hines 1988; Morgan 1988

나 기타 주요 의류제조업체들은 이런 전략을 채택해왔다. 이윤을 강조하다보면 기업들은 생산이 환경에 미치는 영향을 무시하거나 알면서도 환경을 악화시키는 방식을 선택하게 한다.

전통 회계모델에 대한 비판적 시각은 회계가 객관적이고 중립적이며, 가치판단 없는 그리고 현실을 단순히 포착하는 기술적 업무라는 관념에 대한 도전이다. 회계를 마치 사건현장을 찍는 무심한 사진사와 같이 보는 관점에 대한 도전인 것이다. 전통적 회계에 대한 비판적 시각은 회계에 포함하는 것과 배제하는 것의 기준에 의문을 제기하고, 그 이유와 그로 인한 결과를 찾는다.[37] 더 나아가 논점의 범위를 넓히는 대안적 양식에 대한 관심을 촉구하고, 그렇게 함으로써 회사들이 사회적 환경적 목표(더 나은 사회를 건설하는 것 포함)를 이루기 위해 어느 정도 기여하는 지를 평가하는 여러가지 새로운 계획들을 촉구해왔다.[38] 또 전통회계는 이윤추구 보상구조를 중시할 뿐 아니라 그러한 구조에 능동적으로 기여하고 있다고 비판한다. 역사적 원가주의에 기초하여 이윤을 강조함으로써 전통회계는 노동자와 환경의 희생을 통해 주주(지분소유자)와 회사 경영자들에게 혜택을 제공하고 있다는 것이다.[39]

미국공인회계사협회(ACAUS)와 같은 주류 회계전문가들은 비판적인 회계이론가들에게 겉으로는 동의하지 않지만 회계업계가 경제발전에 적극적으로 기여해왔다는 점을 인정함으로써 이러한 비판에 속으로 동의한다. "왜냐하면 현대의 기업이 성장하고, 번영하고, 자신의 소유자

---

37 Morgan 1988
38 Boyce 1998; Gray 1992
39 Greider 1997

및 공공의 요청에 반응할 수 있었던 것은 바로 더 정확한 회계방법을 통해서 뿐이기 때문이다."[40] 그레이Gray와 베빙턴Bebbington1998은 이 주장에서 더 나아가 회계가 없었더라면 국제경제를 지배하는 초국적기업은 진화하지 못하였을 것이라고 얘기한다. 비록 추정에 의한 주장이긴 하지만 자본주의 팽창과 회계 사이에는 상호 관계가 있다는 많은 증거가 있다. 즉 회계는 초국적기업의 발전에 기여해왔고, 초국적기업은 회계 발전에 기여해왔다.

게다가 회계는 특정한 것을 '중시'하고, 다른 것을 배제함으로써 사회적 실재에 대한 특정한 해석을 취하는데, 그것은 결국 정치적 의미를 갖는다.[41] 이윤과 같이 사회적으로 형성된 범주의 측정에 초점을 맞춤으로써 회계사들은 경제와 지역사회, 환경문제를 별개로 간주할 뿐 아니라 서로 배타적인 것처럼 보면서 복잡한 현실을 무시하고 정해진 방식대로 회계처리를 한다. 이러한 관점에서 보면 회계사들은 단순한 기술자가 아니라 특정한 현실을 만드는 데 봉사하는 적극적인 참여자인 셈이다.[42]

지식기반 경제로 이행하면서 회계실무에 대한 재인식과 새로운 패러다임이 모색되고 있다. 이러한 모색은 비판자들뿐 아니라 주류 회계기관들도 수행한다. 지식기반 회사가 늘어나면서 회계업계는 지식기반 자산 또는 지적 자본에 대한 회계처리 방법을 고안해야 하는 압력에 놓였다. 현행 회계모델이 지적 자본의 중요성을 반영하기에 적절치 못하다는 인식 속에서 캐나다공인회계사협회는 1996년에 '캐나다 성과 보고 계

---

40 ACAUS 1999, 1
41 Hines 1988
42 Morgan 1988

획'을 수립했다. 이 계획은 결과적으로 정보와 환경문제, 사회윤리적 책임, 종업원 복지와 같은 다른 영역에 대한 보고 필요성을 다루는 것으로 확대되었다.[43] 자본 유지와 이익 측정에 기초한 과거의 재무보고와 달리 '캐나다 성과 보고 계획'은 성과보고서가 기업이 만들어낸 모든 가치에 기초해야 한다는 점을 제안하고 있다. 이러한 변화가 일어나고 있다는 걸 전제로 최근 캐나다회계사협회의 보고서에 따르면 이러한 새로운 회계 패러다임은 기존의 산업 패러다임을 만드는 데 걸린 기간이 대략 60년이었던 걸 감안하면[44] 앞으로 10년에서 15년 사이에 개발될 것으로 예측한다.

회계분야에서 변화의 또다른 흐름은 '새로운 국제보고계획'(Global Reporting Initiative)인데, 이 계획에는 1997년 시작된 이래 조직이 경제와 환경, 사회적 성과를 보고할 때 사용할 수 있는 지침 및 국제적 지표를 만드는 데 관여한 그룹과 주요 회계협회를 포함한다.[45] 그 가운데 영국공인회계사협회, 캐나다공인회계사협회, 경제우선평의회, 환경책임경제를 위한 연대, 제너럴모터스 등이 대표적이다. '새로운 국제보고계획'은 질적 양적 측정방법을 논의하고, 조직들이 따를 수 있는 표준보고양식을 개발한다.

회계업계가 이윤추구기업의 사회적 영향(부정적 또는 긍정적)을 평가하는 쪽으로 움직이는 몇몇 지표가 있기는 하지만 대부분 이런 활동은 비영리조직과 협동조합을 경시해 왔다. 오히려 그 조직들을 이윤추구기

43　CICA 2000
44　McLean 1995
45　Global Reporting Initiative 2000

업에 적용하는 회계체계로 끌어오려는 경향이 증가하고 있다. 보조금이나 기부금에 의존하는 비영리조직에게 더 큰 회계책임을 부여하는 압력이 증가하고 있다.[46] 이러한 조직들은 정부기금에 상당부분 의존하고 있고, 점차 자금모금보다는 프로젝트 수행 쪽으로 활동의 중심이 바뀌고 있다.[47] 프로젝트 자금은 단기 계약인데, 자금지출과 그 결과에 대한 엄격한 보고를 요구하는 경우가 많다. 그때문에 정부에 의존하는 비영리조직은 자신의 성과를 정당화하기 위해 더 큰 회계책임에 대한 압력을 받고 있다. 그들의 주된 성과물이 시장거래 대상이 아니라는 것을 생각하면 그렇게 만들어진 가치를 적절하게 설명할 회계 패러다임이 필요한 것이다. 이 책 제4장부터 제7장에서 소개할 회계방법은 이러한 필요를 다루기 위해 고안된 것이다.

3. 이 책의 개요

이 책의 구성은 다음과 같다. 제2장은 사회적 경제의 개념과 그 바탕을 이루는 내용을 정리한다. 또 사회적 경제에 속하는 조직을 분류·소개한다. 또 비영리조직과 협동조합의 일반적인 특징을 정리하고, 사회적 조직이 민간 및 공공부문과 관련하여 일정한 위치를 차지하고 있음을 얘기한다. 이 장은 모든 후속 논의의 기초를 이룬다.

제3장은 지난 30년간의 사회적 회계이론과 실제를 다룬다. 제2장에서 소개한 사회적 회계 정의에 따라 좀 더 상세하게 설명하고 그 속에 담긴 요소들을 논의한다. 여기서는 사회적 회계와 사회적 감사, 사회적 보

---

46 Cutt and Murray 2000; Hall and Banting 2000
47 Akingbola 2002; Smith and Lipsky 1993

고, 기업의 사회적 책임과 회계책임을 비교하여 살펴본다. 또 초기 사회적 회계 모델을 논의하면서 경제적 사회적 요인들을 회계보고서에서 구축하는 통합접근법을 사용하는 모델도 소개한다.

제4장은 사회투자수익을 측정하는 몇 개의 서로 다른 접근법을 소개하고, 공동체투자수익모델에 초점을 맞춘다. 공동체투자수익모델은 1999년 B.J. 리치몬드에 의해 처음 개발되었다. 이는 그녀의 토론토대학 박사학위 논문의 일부이기도 하다.[48] 이 모델은 공동체 기반 비영리장애인훈련프로그램에 적용하고, 산출 자원에 대한 투입 자원의 비율을 설명한다.

제5장은 뉴욕의 로체스터 청소년방과후프로그램(Rochester Juniore Achievement Program. 이하로체스터 J.A.)에 기초한 사회경제영향보고서와 사회경제자원보고서를 소개한다. 사회경제영향보고서는 이 조직의 이해관계자 집단과 세 가지 사회 부문(공공부문, 민간부문, 사회적 경제 부문)과 관련하여 이 조직이 미치는 사회경제적 영향을 분석한다. 사회경제자원보고서는 재무상태표의 변형 양식으로 재무적 자본과 실물 자본, 지적 자본을 포함한다. 이러한 보고서는 앱트와 동료들(1974), 벨카위(1984), 에스테스(1976), 플램홀츠(1985), 리노웨스(1972), 세이들러(1973)의 논문에 기초한 것이다. 또 사회경제영향보고서는 무료 주차와, 같은 수준의 현금보상 사이의 선택권을 제공받은 캘리포니아 통근자들의 출퇴근 습관의 변화에서 나타난 환경적 영향을 검토할 때도 사

---

[48] 〈Counting on each other〉이란 논문으로 1999년 가브리엘 루드니상(최우수논문상)받음. 시상단체는 비영리조직과 자원봉사활동연구협회 (ARNOVA:the Association for Research on Nonprofit Organization and Voluntary Action)

용된다.

  제6장은 워터루학생주거협동조합에 대한 통합부가가치보고서를 다룬다. 이 모델은 원래 무크가 개발한 것으로, 이를 리치몬드와 무크가 학생들이 운영하는 협동조합의 하나인 대학주거복합건물에 적용하였다. 이 장에서는 기존 재무제표에 의해 작성된 부가가치보고서를 이용하되, 여기에 협동조합 조합원들이 기여한 사회적 노동의 가치를 포함하는 것으로 확장한다. 이렇게 만든 통합부가가치보고서는 또 조합원들의 역량 훈련과 개인적 성장과 같은 조직의 간접적인 성과와 다른 협동조합에 제공한 자문서비스도 그 안에서 설명한다.

  제7장은 자원봉사자들이 부가한 가치를 다룬다. 자원봉사활동은 많은 비영리조직에서 중요한 요소이다. 그리고 이 정보를 5개의 비영리조직에 대한 통합부가가치보고서에서 다룬다. 이 장은 또 해당 조직이 창출한 부가가치에 대해 자원봉사자들의 공헌이 미친 영향을 포함하고, 자원봉사활동이 자원봉사자들 자신에게 미친 효과가 무엇인지 보여준다. 각 비영리조직에 고유한 특수한 쟁점도 다룬다.

  제8장은 조직이 재무제표에 포함하거나 별도로 사용할만한 성과나 기타 사회적 변수를 평가하는 법을 설명하는 사회적 회계의 도구를 소개한다. 이 장은 비영리조직과 협동조합 경영자들을 대상으로 하고 있고, 자원봉사자의 역할, 봉사 시간, 또 거기에 시장가격을 부여하는 방법 그리고 자기부담비용을 추계하는 방법에 대한 상세한 사례를 소개한다. 사회적 회계의 도구는 또 경영자들이 조직의 산출물을 식별하고, 그들에 가격을 부여하는 방법을 설명한다.

제9장은 제4장에서 제7장까지 소개한 모델을 전통 회계보고서와 비교하고, 사회경제적 정보를 통합한 모델의 장점을 논의한다. 그리고 이 작업을 진전시킬 다음 단계로서 사회적 조직에 대해 더 완전한 사회적 회계로 이끌어줄 기준을 만드는 지원 환경을 만들 것을 제안한다. 또 국내총생산(GDP)과 사회적 윤리적 투자를 재정의하는 운동뿐 아니라 더 큰 공적 회계책임을 위한 운동이라는 맥락에서 이 쟁점들을 살펴본다.

4. 토론 주제

1. 재무회계와 사회적 회계의 주된 차이는 무엇인가? 이들 차이를 설명하기 위해 두 가지 사례를 제시하라.
2. 재무회계의 주된 보고 대상은 주주이다. 당신은 이러한 주장에 동의하는가 그렇지 않은가, 그 이유는?
3. 전통 회계에 비판적인 회계학자들의 주된 주장을 설명하고, 당신이 그에 동의하는지 여부를 설명해보라.
4. 저자는 왜 사회적 회계가 비영리조직과 협동조합에 특히 중요하다고 주장하는가?
5. 영리기업과 마찬가지로 비영리조직이나 협동조합도 동일한 회계보고서를 사용하는 것이 적절한가?
6. 기부활동에 대해 미국회계기준위원회(FASB)가 내린 1993년 결정(No.116)의 한계는 무엇인가? 이것이 비영리조직과 협동조합에 대해 갖는 의미는 무엇인가?
7. 회계는 한 조직의 사회적 영향을 어느 수준까지 반영해야 할까? 이

로 인한 잠재적 곤란과 위험은 무엇인가?

8. 이른바 새로운 경제가 회계에 대한 새로운 접근방법을 정당화한다고 생각하는가? 이유는? 그렇지 않다고 생각하면 그 이유는?

9. 사회적 회계 분야가 왜 재무회계 분야만큼 발전하지 못한다고 생각하는가?

10. 사회적 회계에 대한 보조적 접근법과 통합적 접근법의 장점과 단점은 무엇인가?

제2장

사회적 경제

    비영리조직과 협동조합은 흔히 사회적 목적을 갖는 조직으로 간주된다. 하지만 그들이 주는 경제적 영향은 자주 무시되거나 사소한 것으로 치부된다. 특히 비영리조직 중에서도 수익의 대부분을 보조금 등에 의존하는 조직에게 이런 평가는 사실이다. 국제협동조합연맹[1]이 1998년 협동조합에 대해서 "공동으로 소유하고 민주적으로 통제하는 기업을 통해서 조합원의 경제적 사회적 문화적 필요와 열망을 충족시키기 위해 자발적으로 결합한 개인들의 자유로운 결사체"라고 정의[2]하고 있는 것처럼, 협동조합은 그 경제적 역할이 훨씬 폭넓게 인정받고 있다. 그럼에도 불구하고, 경제적 효과면에서 비영리조직이나 협동조합보다 민간부문(기업)을 더 높게 평가하는 경향이 있다.

    이 장의 일차적 목적은 비영리조직과 협동조합이 이윤추구기업이나 공공부문과는 다른 회계방식이 필요한 근거가 되는 특징을 조명하는 데 있다.

    이 특징에 대해 다음 세 가지 쟁점을 중심으로 다룬다.

---

1 2021년말 현재 전세계 100개국 이상에서 3백만 개의 협동조합과 12억명 이상의 조합원을 대변하는 최상위 조직(역자주)
2 International Co-operative Alliance 1998, Article 5

- 조직의 경제적 영향
- 조직을 분류하는 메카니즘으로서의 사회적 경제
- 사회적 경제조직의 공통 특징

이 장은 사회적 회계에 대한 제3장의 논의를 뒷받침하고, 비영리조직과 협동조합을 위한 적절한 회계 틀(Frame work)을 개발하기 위한 기초를 닦는 데 그 목적이 있다.

1. 경제적 영향

비영리조직과 협동조합의 경제적 영향을 설명하기 위해, 간단한 사례로 시작한다. 많은 나라들에서 자원봉사자들은 취약계층 사람들 집에 음식을 배달해준다. 이러한 프로그램의 하나로 밀즈온휠즈Meals on Wheels라는 음식배달 자원봉사활동이 2차세계대전 중에 영국에서 시작되었다. 이것은 흔히 '블리츠Blitz'라 부르는 독일군에 의한 런던 대공습기간동안 집을 잃고, 취사시설을 잃은 사람들에게 제공하는 서비스의 일종이었다. 원래 이 프로그램은 민방위 여성봉사단[3]이 조직한 것으로, 집을 잃은 이웃에게 음식을 배달할 뿐 아니라 군에서 생활하는 사람들의 막사에 신선한 음식을 제공하는 일도 하였다. 바로 이러한 서비스가 국제적으로 확산된 음식배달 자원봉사활동의 시초였다.

미국에서의 첫 음식배달프로그램은 1954년 필라델피아에서 이동장애노인 및 자폐장애인들을 위해 시작되었다.[4] 음식은 처음에 '접시천사

---

3 Women's Volunteer Service for Civil Defence
4 Meals on Wheels Association of America 2001

들'로 불린 고등학교 학생들이 배달했고, 일부는 자선가들, 또 일부는 헨리에타타워우르츠Henrietta Tower Wurtz재단 보조금으로 비용을 충당했다. 이 필라델피아 모델을 미국 전역의 다른 도시들이 뒤를 따랐다. 1972년 미국 의회에서 지금은 노인급식프로그램이라 불리는 법을 제정하여 소수의 저소득 층에 대한 특별 배려로 집단적인 가정배달 음식을 위한 주 및 지역사회 프로그램에 기금을 보조한다. 1998년까지 이 프로그램에 대한 기금총액은 다양한 수준의 정부와 참여자들의 추가보조금을 포함하여 4억 8,600만 달러에 달했다.

캐나다에서는 첫 음식배달프로그램이 1964년 제국의 독립수녀회와 캐나다적십자사에 의해 온타리오의 브랜트포드에 도입되었다.[5] 1997년에 행해진 캐나다공동체돌봄협회의 한 조사에 따르면 음식배달서비스에 대한 분석이 잘 나타난다.[6] 그 조사에 따르면 캐나다에 매달 100만, 일년에 거의 1,200만 끼니에 달하는 서비스를 행하는 대략 800여 개 프로그램이 있는 걸로 알려졌다. 공동 음식제공프로그램은 수혜자들이 자신의 집이 아닌 센터에서 급식을 먹는 프로그램인데, 1997년에 제공된 총 음식의 16퍼센트를 차지했다. 가정배달음식서비스는 노인들 뿐 아니라 장애인들, 병원에서 조기 퇴원 조치된 환자들, 에이즈(HIV)환자들, 그리고 위기에 처한 산전산후모들에게도 제공되었다. 그 프로그램들은 거의 대부분(99%) 많은 수의 자원봉사자(프로그램당 150명)와 적은 수의 직원(프로그램당 10명의 정직원과 비슷한 규모의 파트타임 직원)이 결합된 비영리활동이었다. 이를 총괄하자면 16,000명 가량의 직

---

5 Ontario Community Support Association 1993
6 Goodman 1997

원(정규 및 비정규 포함)과 함께 125,000명의 자원봉사자들이 함께 활동하고 있었다.

이러한 음식배달서비스를 경제적 실체로 보는 사람은 별로 없는 것 같다. 이들 프로그램은 취약계층을 지원하는 사회적 목적을 위해 마련된 것이었고, 따라서 그들은 사회적 조직으로 보는 것이 당연했다. 이들은 비영리조직(즉, 소유 지분 없는 조직)이므로, 그들 수입은 지분소유자들에게 배당으로 전혀 분배되지 않는다. 대신 그들 수입은 모두 해당 서비스를 유지하고, 확대하는 데 사용된다. 그러나 일반기업과 마찬가지로, 음식배달프로그램도 시장에서 재화를 구매하고, 사람을 고용하며, 그 대가로 세금을 내고, 그들의 소득 소비를 통해 경제에 참여한다.

보고서에 따르면 캐나다에서 진행되는 음식배달프로그램의 비용은 5,300만 달러 가량인데,[7] 이 속에는 수혜자들이 지불하는 수수료(한 끼니당 평균 4달러)와 부족한 비용을 충당하기 위해 정부와 자선조직으로부터 받는 매 끼니당 1.5달러의 보조금이 포함되어 있다. 그러나 추정 비용에는 125,000명의 자원봉사자들의 기부활동은 포함되어 있지 않다. 이들은 음식을 배달하고, 준비하고, 그 프로그램의 행정업무를 보조하기도 한다. 자원봉사자들은 정규직 노동을 지원하고, 그럼으로써 더 많은 수혜자들에게, 직원들로만 했을 때보다 더 적은 비용으로 그 서비스를 제공할 수 있게 한다. 분명한 것은 자원봉사활동이 있건 없건 간에 음식배달서비스는 중요한 경제적 효과를 갖는다는 점이다.

물론 음식배달서비스 같은 것만 있는 것은 아니다. 제1장에서도 얘기

---

7 Goodman 1997

했듯이 존스홉킨스 비영리조직 부문 비교 프로젝트[8]는 22개 나라에 대한 조사를 포함하고 있다. 종교조직을 제외한 1995년 비영리조직은 수입 총액이 1.1조 달러로 국내총생산의 평균 4.6%를 차지했다고 밝힌 바 있다(1999, 9). 그 연구는 비영리조직의 경제적 효과를 다음과 같이 생생하게 요약한다.

"만약 이들 나라의 비영리부문이 개별 국가 경제실체라고 가정하면 브라질과 러시아, 캐나다, 스페인을 앞지르는 세계 여덟 번째 규모의 경제실체에 해당한다."

이들 비영리조직이 창출한 부가가치(그들의 총수입에서 외부구매금액을 뺀 금액)는 8,400억 달러였다. 이와 동일한 연구에서도 비영리조직이 거의 1천 9백만 명의 정규직과 동등한 급여를 받는 사람들을 고용하고 있음을 발견했는데, 이는 비농업분야 고용 인원의 5%에 해당했다. 만약 자원봉사자들의 봉사시간 상당액을 추가하면 비영리조직 노동력은 비농업분야 노동력의 7%까지 증가한다.

1998년 미국에서만 1천 6백만 개의 비영리조직이 있었는데(이는 총 조직 수의 5.8%에 해당한다) 그 지출액은 국민소득의 6.7%에 해당하고 (약 5천억 달러) 거기 근무하던 1억 9십만 명의 정규직들은 총 노동력의 7.1%를 차지했다.[9] 독립부문(미국 비영리조직 상위그룹)에서 나타난 숫자들은 소콜로스키Sokolowski와 샐러먼Salamon(1999)의 숫자와 유사한데, 이들은 종교조직을 제외한 비영리조직의 소득이 국내총생산의 6.9%를 차지하고, 비농업분야 고용 인원의 8.8%에 해당하는 노동력을

---

8 Salamon 외. 1999
9 Independent Sector 2002a

고용하고 있고, 서비스직 고용 인원의 18.5%라고 추정한다. 자원봉사자들의 봉사시간 상당액을 정규직으로 환산하면 570만 명의 고용효과가 생긴다.

샐러먼 등에 따르면 미국의 비영리조직은 노동자의 7.1%를 고용하고 있는데, 이는 다른 나라에 비하면 상대적으로 큰 비중을 차지한다. 네덜란드가 12.6%로 가장 비중이 크고, 아일랜드는 11.5%, 벨기에는 10.5%, 이스라엘은 9.2%, 루마니아, 슬로바키아, 헝가리, 체코 등 동유럽 국가들이 0.6%에서 1.7% 규모로 가장 하위 그룹에 속한다[10]. 다른 백인 국가들(영국, 호주, 캐나다 등)은 미국과 유사하다. 영국의 비영리조직은 1990년대 초반에 그 수가 가파르게 증가하면서 예전에는 정부가 수행하던 교육, 건강돌봄, 주택, 노령자에 대한 보조활동과 같은 서비스를 맡아서 하였다. 정부보조금 증대에 따라 749억 달러의 총수입 또는 국내총생산의 6.6%, 147만 명의 노동력과 고용인구의 6.2%에 이르는 성장의 대부분을 견인했다.[11] 존스홉킨스 프로젝트의 일부는 아니었지만 캐나다에는 2004년에 자선조직으로 등록된 80,000개의 비영리조직이 있었다.[12] 홀Hall 등에 따르면 이는 법인 아닌 조직을 제외한 161,000개로 추정되는 더 큰 범주의 비영리부분에 속해 있다. 자선활동을 하는 비영리조직은 캐나다 달러로 1,120억 달러의 수입과 200만 명의 노동자(그 중 54%는 정규직) 그리고 1백만 명의 정규직에 상당하는 자원봉사자들을 포괄하고 있었다.[13] 비영리조직의 경제적 영향이 자주 무시되지만

---

10 Salamon 외 1999
11 Kendall and Almond 1999
12 Hall 외 2005
13 Hall 외 2006

협동조합에 대해서는 덜한 편이다. 그럼에도 불구하고 소규모이고 경제적으로도 중요하지 않다는 이 고정관념은 실제와는 다르다. 협동조합의 경제적 성과에 대한 캐나다 정부 협동조합사무국의 2005년 문서가 이를 잘 보여준다. 캐나다에서는 2003년에 대략 9,200개 협동조합이 358억 달러의 수입과 약 15만 5,000명의 종업원을 고용했다. 농업협동조합은, 비록 가장 큰 협동조합 중 일부가 주식회사로 전환하면서 중요성이 감소하긴 했지만, 특히 가금류와 낙농, 돼지 등에서 농업생산의 많은 부분을 판매·가공하고 있다. 캐나다의 식음료 제조업 분야 상위 12개 기업에는 두 개의 협동조합이 있다. 또한 8개의 비금융협동조합이 캐나다 500대 기업에 속하며, 이 중 두 군데는 100대 기업에 속한다.[14] 프랑스어권 캐나다 신용협동조합(서민금고)의 상급조직인 데자르딩 금고운동(Le Mouvement des caisses Desjardins)은 39,000명 이상의 노동력을 가진 퀘벡에서 가장 큰 고용조직이며, 2005년에 1,180억 달러의 자산을 가진 캐나다에서 여섯 번 째로 큰 금융기관이다.

  이들 수치를 통해 우리 사회의 척추에 해당하는 많은 사회적 조직들이 경제적으로도 중요함을 보여준다. 그럼에도 경제적 중요성이 과소평가되는 것은 부분적으로 수입의 일부가 보조 및 기부형태로 정부나 기부자들에게서 조달(이전)된다는 이유 때문이다. 하지만 기부금을 통해 제공되는 서비스는 너무 중요한 역할을 한다. 만약 그러한 서비스가 사회적 조직에 의해 제공되지 않는다면 대안적인 메카니즘이 있어야 하기 때문이다. 만약 그런 조직이 영리추구기업이라면 그 경제적 가치에 대해

---

14 Co-operatives Secretariat 2005

의문을 제기하지 않을 것이다. 하지만 해당 서비스가 사회적 조직에서 일어날 때 특히 보조금 단체에서 일어날 때 그 경제적 중요성을 무시하는 경향이 있다. 이는 적십자 조직이 재난 구제활동을 제공하면 그것은 사회적 활동이 되는데, 이윤추구 기업이 동일한 활동을 하면 그것은 비즈니스가 되는 것과 같다. 마찬가지로 건강돌봄서비스가 비영리병원을 통해 이뤄지면 사회 서비스이지만 동일한 서비스가 영리기업에서 일어나면 그것은 비즈니스가 된다.

우리는 어떤 서비스가 사회적 목적을 위해 설립된 조직에 의해 공급된다 할지라도 그들의 경제적 영향은 더 넓은 사회 및 해당 조직 안에서 똑같이 고려되어야 한다는 전제에 따라 진행한다. 게다가 회계는 정규직 노동뿐 아니라 중요한 자원봉사노동도 포함해야 한다. 그들이 사회적 조직의 가치를 증대시켜주기 때문이다. 마찬가지로 회계는 조직의 영향을 반영하여야 한다. 단지 그들의 지출을 분류하거나 그 적정성 여부에만 신경써서는 안된다.

2. 사회적 경제의 분류

이 책에서 사회적 경제라는 명칭은 사회경제적 파급효과를 중시하는 비영리조직과 협동조합을 지칭한다. 사회적 경제는 프랑스와 벨기에, 캐나다 퀘벡과 같은 프랑스어권 지역에서 널리 사용되는 용어이다.[15] 하지만 최근에는 서유럽과 북미지역의 영어권 사용지역에서 더 많이 통용되

---

15 Defourny 1999; Defourny and Monzon Campos 1992; Jeantet 1991; Lévesque 16 What Counts: Social Accounting for Nonprofits and Cooperatives and Mendell 2004; Snaith 1991; Vaillancourt 2002

고 있다.[16]

사회적 경제에 대한 다양한 정의가 있지만, 우리는 사회적 사명을 가진 모든 조직을 넓게 포괄한다. 그들의 사명과 실천의 중심에 사회적 목표를 두거나 그들이 제공하는 서비스와 그들이 수행하는 구매를 통해 명시적인 경제적 목표를 구현하거나 경제적 가치를 창출하는 조직들을 연결하는 개념이다.

사회적 경제라는 용어는 사회적 조직의 경제적 가치를 앞에 내세운다. 그들은 제품을 생산하고, 용역을 제공하고, 사람들을 고용하고, 가치 있는 자산을 소유하거나 사회적 가치를 만들어 낼 수도 있다. 그렇지만 지배적인 담론에서는 사적 부문(private sector)과 그들의 산출물만이 '경제'와 동일시된다. 정부는 사적 부문의 보조자로 간주되고 더 심하게는 정부에 세금을 내느라 기업의 순소득이 줄어든다는 점에서 정부를 걸림돌로 보기도 한다. 더욱이 신보수주의가 사회안전망을 위해 재정지원을 하는 정부 역할을 다양한 이유로 공격하면서 대중들의 마음 속에는 사적 부문이 곧 경제라는 관념이 훨씬 더 강화되어 왔다. 사적 부문과 공공부문에 포함되지 않는 많은 조직들은 그들 눈에 안보이거나 그냥 "제3부문"이라 불린다.

사회적 경제는 때때로 사적 부문이나 공공부문이 아닌 경제조직을 칭할 때 사용되기도 한다. 앞으로도 계속해서 설명하겠지만 그렇게 개념화하는 것은 적절치 않다. 사회적 조직과 사적 부문이 겹치거나 다른 조직과 공적 부문이 서로 겹치기 때문이다. 우리는 사회적 조직을 최소한 세

---

16 Policy Research Initiative 2005; Quarter 1992; Quarter 외 2001a; Quarter et al, 2003; Shragge and Fontain 2000

가지 기본그룹으로 나눌 것을 제안한다. 공공부분 비영리조직, 시장기반 사회조직, 시민사회조직으로 이제 이들 각각에 대해 차례대로 논의한다.

공공부문 비영리조직

일부 사람들은 공공부문 비영리조직을 형용모순으로 보기도 하는데, 비영리조직의 전형은 정부와 별개의 조직을 말하기 때문이다. 하지만 압도적 비중을 차지하는 비영리자선조직이 있는데, 이들은 정부 대행조직처럼 공공 서비스를 제공한다. 이러한 조직들은 정부 보조금에 크게 의존한다. 어떤 경우는 그들이 제공하는 핵심적인 서비스 비용을 지원하는 보조금 형태로, 또는 제공하는 서비스에 대해 정부 프로그램에 청구하는 방식으로(예를 들면 병원들이 건강보험료를 청구하듯이) 재정을 해결한다. 특정 서비스에 대한 대가를 청구하는 조직은 자기 수입을 '번다'는 의미에서는 시장기반 기업들과 유사하다. 그러한 조직이 공공부문 비영리조직인지 시장기반 사회적 조직인지에 대해 판단이 필요하다. 우리 생각으로는 그러한 조직은 어느정도 정부 정책에 영향을 받기 때문에 전자라고 본다. 그들이 비록 정부로부터 일정한 거리를 두고 활동하긴 하지만 공공부문 비영리조직은 정부와 "협력관계"에 있거나[17] 심지어는 정부의 연장으로도 볼 수 있기 때문이다.[18]

나중에 소개할 <그림 2.1>에서 보듯이 이들 조직은 사회적 경제와 공공부문 사이의 교집합에 속한다. 이러한 중첩 때문에 그들이 정부와 별개의 조직으로 볼 만큼 충분히 독립적인 조직이냐에 대한 논쟁이 있다.

---
17 Salamon 1987, 1995
18 Smith and Lipsky 1993

하지만 그들은 또다른 원천에서 기부금을 받는다. 이들은 자선조직이라는 지위 덕분에 기부자들이 소득공제 혜택을 받을 수 있기 때문이다.

모든 공공부문 비영리조직은 회원들보다는 조직 외부 고객들에게 봉사한다. 따라서 정부 보조금에 의존하는 한편 그들의 외부 지향은 제2의 특징이다. 외부 지향의 범주에 두 가지 하위 분류가 있다. 크게 보아 대중에게 봉사하는 그룹과 대체로 특정 사람들에 봉사하는 그룹(예를 들어 다양한 형태의 장애를 갖거나 음식이나 주거에서 특정한 어려움을 갖는 저소득계층 등)이 있다. 대체로 일반 대중에게 봉사하는 조직에는 사회적 유산을 관리하는 조직이나 자연공원, 박물관, 미술관, 사적지, 천문대, 동물원, 식물원, 역사기록관 등이 있다. 비록 그 중 몇몇 조직은 직접 정부 수준에서 관리하기도 하지만 대부분은 종교단체나 역사협회, 고등교육기관 같은 비영리조직이 관리한다. 이렇게 분류되는 또 다른 유형의 조직으로 병원이나 교육기관, 연구소 등이 있다.

또 소득이 낮거나 일정한 장애가 있어서 도움이 필요한 사람들에게 봉사하는 광범위한 공공부문 비영리조직이 있다. 전통적인 '자선조직'의 정의에 부합하는 조직이다. 가난하거나 외부조직의 지원없이 살아가기 힘든 사람들을 돕는다는 점에서 단순 자선조직과는 다르다. 이에 해당하는 사례로 존하워드앤엘리자베스프라이협회(John Howard and Elizabeth Fry Societies)[19]와 빅브라더스앤빅시스터즈(Big Brothers and Big Sisters),[20] 아동지원협회(Children's aid societies), 그리고 많은 입양 및 상담, 가족봉사대행조직들(가톨릭가족서비스, 유대인가족서

---

19 법률적으로 어려움에 처한 사람들을 변호하거나 그들을 위해 봉사하는 조직
20 한부모가정 어린이와 지원관계를 맺는 자원봉사자들 모임

비스, 중국인가족서비스 등)이 있다.

최근에는 다음과 같은 조직도 많다. 푸드뱅크(음식제공서비스), 단기 체류자용 호스텔, 십대미혼모의 집, 그리고 학대아동이나 가정이탈아이들을 위한 시설들이 있다. 또 다른 종류의 도움이 필요한 수많은 가정들이 있다. 예컨대 원주민 센터, 남편이나 애인에게 학대받는 여성 쉼터, 정신장애인의 집, 어른 쉼터 또는 고령자의 집 등등.

또 그러한 조직을 지원하는 중간지원조직들이 있는데, 사회계획과 공동체협의회, 여러 서비스를 제공하는 마을정보센터, 일손이 필요한 조직에 자원봉사자들을 채용하거나 보내주는 자원봉사국이나 센터도 있다. 이들 중간지원 조직들은 정부보조금과 자선조직기부금 그리고 자원봉사자들을 결합하여 사회적 필요를 충족하기 위한 비영리조직이다. 그 결합방식은 다양할 수 있으나 그런 조직의 공통 특징은 수입이 주로 정부에서 온다는 점, 자원봉사자들이 직원을 보조한다는 점, 회원들보다는 외부사람들에게 봉사한다는 점이다.

크게 봐서 이들 조직은 가정, 특히 생필품이 부족한 저소득층 가정을 지원하는 제도적 토대가 된다. 공공부문 비영리조직은 현대 사회에서 더 큰 중요성을 갖는데, 가정이 과거에 비해 더 사회의존적이고, 이웃과의 연계도 약하기 때문이다.[21] 따라서 많은 비영리조직과 정부 프로그램들이 가족, 특히 아이를 가진 한부모가정과 같은 저소득가정이나 최취약계층이 겪는 추가적인 어려움을 보완하기 위해 개발되고 있다. 지역사회의 직접 지원이 감소하면서 그 공백을 공공 조직이 메꾸는 것이다. 게

---

21 Putnam 2000

다가 1990년대의 신보수주의 의제의 일부로서, 정부가 직접 전달자가 되기보다는 서비스 전달 비영리조직을 통하는 쪽으로 눈을 돌려왔다.

시장기반 협회(Market-Based Associations)

이 부류는 시장에서 매출을 올리기 위해 경쟁하는 협동조합과 비영리조직들로, 사회적 경제와 민간부문 사이의 연결역할을 한다. 시장기반 조직들은 일차적으로 지분을 가진 협동조합(예컨대 신용조합, 농협, 음식소매협동조합)과 지분이 없는 협동조합(아동보호협동조합 등)이 있다. 하지만 이 부류에는 주로 시장 수익에 의존하는 일부 비영리조직도 포함되며, 정신장애 같은 특수장애인을 고용하기 위해 설립된 사회적 기업도 포함될 수 있다.

자급적인 사회적 조직은 기존 관행에 저항하는 방식으로 운영된다. 대부분 협동조합이나 일부 비영리조직 가운데 강한 자급적인 전통이 있다.[22] 일반적으로 협동조합은 규모가 작은데, 농협이나 보험, 금융 분야의 일부협동조합은 규모가 크고, 포춘 대기업 순위에 들어가기도 한다.[23] 일반적이진 않으나 상업적 비영리조직의 몇몇 사례가 있긴 하다. 미국인 기반 큰 비영리프랜차이즈인 청십자사(Blue Cross), 컷츠여행사(Travel CUTS)[24] 그리고 대부분의 나라에서 볼 수 있는 자동차협회와 그 유사한 조직들이 그것이다. 좀 덜 상업적이면서도 여전히 시장을 통해 대부분 구매하는 비영리조직은 YMCA나 보이스카웃, 걸가이드와 같은 친목

---

22 Craig 1993; MacPherson 1979
23 Co-operatives Secretariat 2005
24 학생들이 비행기표를 싸게 구입하도록 돕는 캐나다학생연맹이 설립한 캐나다 경유 여행대행시스템

조직들, 스포츠경연조직, 그리고 많은 유형의 예술공연조직(극장, 음악, 춤, 오페라, 오케스트라 등)들이다.

시장기반 조직들은 그들 수입의 원천이 공공부문 비영리조직과 다르다. 이들은 제공하는 서비스에 대한 대가를 일차적으로 정부가 아니라 시장에서 얻는다. 또한 지향도 다르다. 모든 공공부문 비영리조직들이 조직 외부의 대중들(보통 일반 대중이거나 특정한 곤란을 겪는 사람들)에게 봉사하는 반면, 몇몇 시장기반 비영리조직들은 대중을 대상으로 하고, 일부 시장기반 협동조합은 조합원을 대상으로 한다.

시민사회조직(Civil Society Organizations)

시민사회조직은 중요한 세 번째 부류로, 순수한 의미의 사회조직이다. 다시 말해 앞서 설명한 두 부류와 달리 그들은 공공부문이나 시장과 중첩되지 않는다. 18세기 후반에 학자들은 사회적 공간을 국가와 달리, 전제정치를 막는 하나의 수단으로 인지했다.[25] 19세기 정치이론가들 중에 토크빌이 이 견해와 가장 자주 연결되어 있다. 미국 여행에서 그는 자발적인 협회와 시민사회조직이 정치적 민주주의를 지탱해 온 역할에 대해 크나큰 인상을 받았다.[26]

두 개의 하위 분류가 시민사회조직 범주에서 나온다. 첫째는 비영리 상호협회, 둘째는 자원봉사조직, 즉 대중에게 봉사하는 조직으로 전체적으로 기부자와 자원봉사자들에 의해 유지되는 조직이다.

---

25 Keane 1998
26 Tocqueville 1969

비영리상호협회

공공부문 비영리조직과 달리 비영리상호협회는 서비스에 대한 대가로 수수료를 내는 회원제 조직으로 구성원들은 총회에서 투표를 통해 의사결정에 참여할 수 있으며, 더 나아가 경영진으로 복무할 수도 있다. 회원기반 협회가 비영리조직으로 분류되어야 하는지에 대해서는 논란이 있다. 왜냐하면 비영리조직의 법적 정의는 '공중의 이해'에 초점이 맞춰져 있기 때문이다. 하지만 이론가들의 지배적 경향은 포함하는 쪽이다.[27] 우리 견해로는 회원제(특히 개방성이라는 기본적 인권 범주에 충실하다면)는 공중의 부분집합일 뿐이다. 가령 종교적인 모임은 특정 신념에 복무하고자 하는 모든 이들에게 언제나 개방적이다. 다른 말로 하자면 '상호협력(association)'이란 비영리조직,[28] 더 일반적으로는 사회조직의 중심적인 개념이며, 상호협회에서 가장 순수한 형태로 나타난다.

시장기반 협동조합과 마찬가지로 비영리상호협회 회원사들은 서비스에 대한 대가를 지불한다. 하지만 협동조합의 경우 조합원들은 보통 구매금액만큼 지불하는 반면 상호협회에서는 조직의 서비스 비용을 충당할 수 있는 회비제도를 둔다. 어떤 지역 회원들은 각각의 서비스에 대한 대가가 아니라 의무부담금을 지불한다. 특정 서비스에 대한 대가로 비용을 충당하기도 하지만 회비제나 부담금제 등 포괄적 비용을 부담하는 관행은 일반적인 비영리상호협회가 따르는 방식이다. 시장기반조직은 자선조직 성격이 매우 드물지만, 비영리상호협회 형태에서는 공공부문 비영리조직만큼은 아니지만 자선조직 성격이 존재한다.

---

27 Salamon and Anheier 1997; Salamon 외 1999
28 Lohmann 1992

가장 일상적인 상호협회는 공통의 신념을 가진 사람들이 상호서비스를 제공하기 위해 만든 종교적 모임이다. 종교 모임은 교육과 놀이, 장례와 종족문화보존모임과 같은 다른 목적을 위해 설립된 협회와의 교류를 위한 하위 단위를 갖고 있다. 수많은 민족문화보존협회에 대해서도 동일하다. 그들 역시 청년교육과 휴양, 기타 사회활동과 같은 목적을 위해 다른 협회와 교류하고 있다. 사회클럽이나 자조적인 조직들(인터넷상의 조직을 포함하여)은 또다른 지배적인 유형의 상호협회라 할 수 있다.[29] 일부에서는 대면 상호작용이 없다는 이유로 인터넷협회를 부인하기도 하지만 이 공간은 자조적 모임 또는 공통의 취미생활을 공유하는 사람들, 관심사가 같은 사람들을 위한 일상적인 공간이 되고 있다. 인터넷협회는 사회적 경제의 규모를 추정할 때 간과되기도 하는 새롭고 급성장하는 형태이다. 왜냐하면 그들은 공식구조를 가지고 있더라도 보통 법인으로 묶여 있지 않기 때문이다. 연구에 따르면 야후그룹안에 건강과 웰빙 부문에 거의 25,000개의 온라인 지원 그룹이 있다.[30]

많은 상호협회들은 그들의 사명이 매우 사회적이다. 일부 조직은 자신의 서비스를 경제활동에 연관시킨다. 이들 협회에는 노동조합이나 그들의 지부조직, 비공인직원협회, 관리자, 전문가, 소비자, 경영자협회 등을 포괄한다. 현대 사회에서 보통 사람들은 이런 종류의 협회 몇 개에는 가입되어 있다. 이들 협회는 또한 이해관계자 조직으로 간주되기도 하는데, 그들이 회원들을 위한 지원을 제공하기 때문이다. 다른 변종으로는 세입자협회나 지역모임, 납세자모임, 가정과 학교 모임들도 있다.

---

29 Baym 1996; Cooper 2000;Ferguson 1997
30 Eysenbach 2004

협동조합 또한 조합원에게 봉사한다는 점에서 일종의 상호협회의 하나이다. 우리는 협동조합은 시장기반조직으로 분류해왔는데, 그 이유는 그들은 흔히 민간부문과 경쟁하는 서비스를 제공하기 때문이다. 그러나 협동조합이 민간부문과 경쟁하지 않는 영역에서는(조합주택 분야 등) 시민사회조직으로 분류될 수도 있을 것이다.

자원봉사조직

대중에게 봉사하는 비영리조직 중에 비용을 전적으로 기부금이나 회비, 모금행사로 충당하고, 자원봉사자들이 인력의 대부분을 충당하는 작은 하위 조직들이 있다. 이들은 지향 자체가 회원들을 대상으로 하는 게 아니라 일반 대중을 대상으로 한다는 점에서 상호협회가 아니지만, 그렇다고 공공부문이나 민간부문도 아니다. 그들은 시민사회조직과 매우 유사하여 대부분 자원봉사자들에 의존한다. 정부가 비영리조직에 보조금을 지원하는 일이 증가하면서 이들 조직은 점차 사라져가는 중이다. 그러나 국제앰네스티와 같은 인권분야와 해비타트운동과 같은 기초서비스제공분야, 그리고 유방암이나 심장병과 같은 의학연구에 대한 모금활동을 하는 수많은 건강돌봄재단 등에서 몇몇 특별한 조직들이 존재한다.

많은 인권과 환경보호조직들이 이 범주에 속한다. 그들은 비록 자원봉사자로 활동하기도 하는 회원들이 비용을 충당하지만 그들의 지향은 일반대중을 향하고, 공공정책의 변화를 꾀하는 데 있다. 환경문제, 여성문제, 인권, 평화와 관련된 조직들이 여기에 속한다. 그런 조직들은 공식

선거제도의 밖에서 사회적 변화를 위해 압력을 행사하는 더 넓은 사회운동과 대부분 연결되어 있다.

분류 요약

<표2.1>에서는 사회적 경제에서 조직을 세 그룹으로 분류하여, 각 범주의 특징을 두 차원에서 요약하였다. 1) 자금의 주요 원천 2) 그들의 서비스대상이 일반대중인지 회원들인지 등.

표에서 본 것처럼 공공부문 비영리조직은 그들의 일차적 자금 원천이 정부보조금이고, 활동은 공적 지향, 즉 일반대중을 상대하거나 취약계층을 대상으로 활동한다. 시장기반조직은 그들 수입 대부분이 협동조합 조합원들의 서비스수수료 또는 일반 대중(비영리조직인 경우)에게서 온다. 시민사회조직은 회원들의 회비 또는 기부금이 자금의 일차적 원천이다. 시민사회조직 내에서 상호협회는 회원사를 대상으로 활동하는 반면 자원봉사조직은 대중을 상대로 활동한다.

〈표 2.1〉 자금의 원천과 및 활동의 지향에 의한 분류

분류	공공부문조직	시장기반조직	시민사회조직
자금원천	• 주로 정부보조금 • 보조적으로 기부금	• 비영리조직: 수혜자로부터 수입 • 협동조합: 조합원 수수료	• 상호협회: 회비 • 자원봉사조직: 주로 기부금
활동지향	• 광범위한 대중 또는 특정 취약계층	• 비영리조직: 광범위한 대중 • 협동조합: 조합원	• 상호협회: 회원 • 자원봉사조직: 대중

이런 분류체계는 사회적 경제 내의 다른 유형의 조직을 살펴볼 때도 유용한데, 일부 조직은 몇 개의 범주에 걸쳐 있는 경우도 있다. 예컨대

앞에서 예로 든 음식배달서비스(밀즈온휠즈)는 서비스이용자들에게서 수입의 많은 부분을 얻지만 경쟁 시장에서 영업활동을 하지 않는다. 오히려 그들은 취약계층에 서비스를 제공하면서 부족한 비용을 자원봉사자들이나 정부보조금의 기여로 대부분 충당한다. 음식배달서비스는 분류가 단순하지 않은데, 우리 분류체계를 이용하면 자원봉사조직으로 시민사회조직 범주에 주로 속할 것이다. 이와 유사하게 특히 어려운 계층의 고용을 중심 목적으로 조직된 사회적 협동조합은 수익의 일부를 시장에서 벌어들이지만, 정부나 기금 보조금에 의존하기 때문에 분류가 단순하지 않다.

사회적 경제와 다른 부문의 상호관계

<그림 2.1>은 민간부분 및 공공부문과 사회적 경제의 상호관계를 보여준다. 그림은 사회적 경제와 민간부문, 공공부문의 역동적인 상호관계를 나타내고 있다.

그림에서 보듯 민간부문은 정부 규제와 조세정책의 영향을 받는다는 점에서 공공부문과 상호작용한다. 기업활동의 중요 부문에 정부계약이 포함된다. 몇몇 공공부문 영업활동은 시장에서 경쟁한다. 살펴본 바와 같이 공공부문 비영리조직은 공공부문과 겹친다. 그들은 예산의 대부분을 정부보조금으로 충당하므로, 정부정책의 영향을 받지만 자기 이사회를 갖고 중요한 정책을 결정한다.

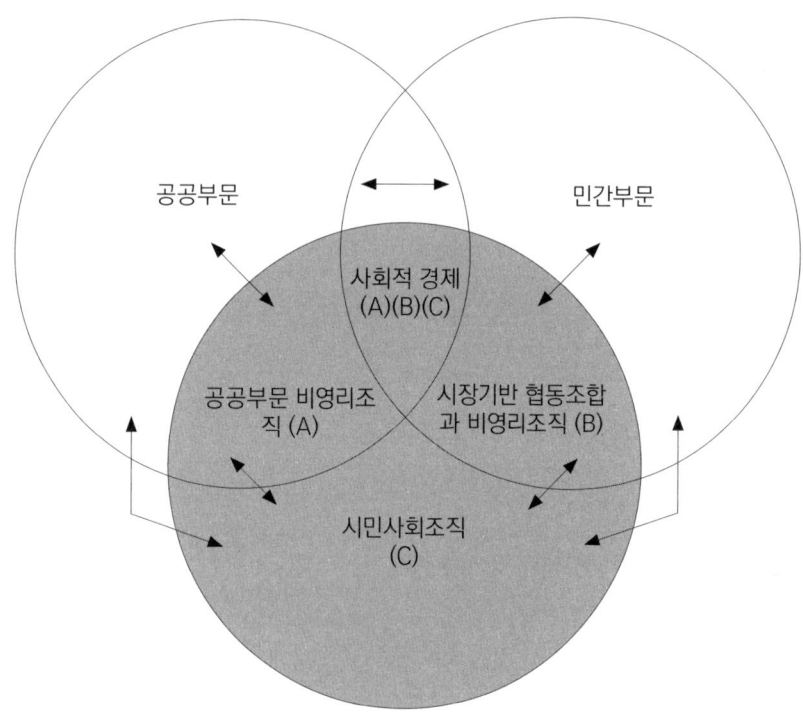

<그림 2.1> 민간부문과 및 공공부문, 사회적 경제의 관계

　시장기반조직들은 민간부문과 영업활동이 겹친다. 얘기한 대로 그들은 시장에서 경쟁하고, 서비스를 이용하는 소비자들에게서 수입을 얻는다. 여기서 다시 민간부문과 사회적 경제의 경계가 어디인가에 대한 논점이 있긴 하다. 일부 시장기반 협동조합과 상호보험회사들은 강한 영리성을 갖고 있어서 그들을 사회적 경제로 포함시켜야 한다는 주장은 지나치다. 게다가 사회적 사명을 강조하는 일부 이윤추구 기업들도 있다. 이러한 점이 사회적 경제의 특징을 정의하는 장에서 더 논의해야 할 부분이다.

시민사회협회는 민간부문이나 공공부문에 의해 거의 영향을 받지 않는 사회적 경제 조직의 연합이다. 그럼에도 이 조직들은 민간부문과 공공부문 모두를 지원하고 동시에 경제의 해당 부문에서 재정적 지원과 자원봉사자의 지원을 끌어낸다. 시민사회는 나중에 논의하겠지만 대부분 상호협회에서 시작된다.

3. 고유한 특징

사회적 경제 조직은 다음 네 가지 범주에서 특징을 공유한다. 사회적 목적과 사회적 소유, 자발적 사회적 참여, 시민참여. 우리는 다음과 같은 점을 명확히 하면서 이야기를 시작한다. 우리의 기준은 공식적으로 통합된 조직보다 범위가 더 넓고 적절하게 구성된 비기업협회(노동조합 지부, 가정, 학교, 입주자모임 등)를 포함한다. 모든 조직은 자치적이고(정부 보조금이나 후원금 등 외부자금조달을 받는 제약을 고려하더라도), 공식 체계를 갖고 있다. 따라서 그들의 정관은 특정 개인들의 참여 여부에 영향을 받지 않는다. 알다시피 일부 조직은 자치와 외부통제 사이의 경계가 모호하고, 정반대로 공식체계를 갖추기 위한 엄격한 기준을 세우는 게 문제가 된다. 이러한 우려는 심각한 고려사항이 아니라, 그냥 언급해 두는 것이다. 우리 논의는 넓게, 포괄하는 방식으로 진행할 것이다.

사회적 목적

사회적 경제 조직은 대체로 조직의 정관에 명시된 사회적 목적을 실현하기 위해 설립된다. 사회적 조직의 목적은 취약계층에 봉사하는지 여부

(자선 목적), 회원의 요구를 충족하는지 여부(상호성) 또는 수입을 위해 시장에서 경쟁하는 지 여부에 따라 다른 형태를 취한다.

자선 목적

자선조직은 중세시대에 영국에서 종교적인 뿌리를 갖고 시작된 이래 사회적 공헌을 해 온 오랜 전통을 갖고 있다.[31] 종교단체의 회원들은 가난한 사람을 돕는 일이 자신의 종교적 믿음을 심화할 것이라고 생각했다. 자선활동이 교회를 통한 좁은 범위에서 넓어짐에 따라 1601년 영국 사회는 그 허용 범위를 정하기 위해 자선활동 부조상(浮彫像)(엘리자베드상(像)으로 불리는)이라고 불리는 곳에 다음과 같이 새겼다.

고령노인, 허약하고 가난한 사람들의 구제. 병자와 장애병사 및 수병들에 대한 보호관리, 훈련학교, 대학에서의 자유학제나 장학제도. 교량이나 항구, 도로, 항만, 둑방길, 교회, 해구 및 고가도로 보수. 고아 교육 및 양육. 소년교도소의 유지관리, 원조, 재고관리. 가난한 하녀들의 혼인. 어린 숙련공, 기능공, 노인들에 대한 지원, 보조, 부조. 죄수나 포로들에 대한 구제 및 재활. 군인 보조 및 15파운드 수준으로 사는 빈민들에 대한 보조와 빈곤 완화 그리고 기타 세금.[32]

부조상(浮彫像)에 새겨진 내용은 세속에서의 자선행위가 종교적 이유로 시작되었음을 보여준다. 그리고 가난 구제에 많은 초점을 두고 있었

---

31 Hopkins 1987
32 cited in Monahan and Roth 2000, 28

다. 사회서비스의 전문화는 자선목적 서비스가 세속화한 결과로 나타난 것 같다.

자선이라는 개념은 가난 구제라는 원래의 관념에서 확장되어 이제는 교육의 보급, 종교의 전파, 기타 공동체에 호혜적인 사회적 목적을 포함하게 되었다. 이러한 목적들은 국제 원조, 교육, 청소년프로그램, 건강관리, 가족서비스, 문화와 예술, 유물과 환경보호 같은 기능을 하는 조직들도 자선적 지위를 허용받게 되었다. 따라서 아주 가난한 사람들에 대한 공동체의 대응으로서의 자선행위와, 더 확장된 자선목적을 가진 조직들의 자선행위(기부자들에게 세액공제를 허용하는 세법상의 기부금 조직에 요구되는 기준을 충족하는)를 서로 구별할 수 있다. 현대의 자선행위는 두 가지 형태를 모두 갖지만 더 넓은 기준을 충족하는 조직들이 더 일반적이다. 이러한 변화를 자선의 보편화라고 부를 수 있다.

상호 부조(Mutual Aid)

자선조직들이 흔히 중위 이상 사람들이 불우한 사람들에게 도움을 전달하는 활동을 포함하는 반면 회원에 대한 서비스를 제공하는 비영리조직(공제조합)이나 협동조합들은 자조 또는 상호의 원리에 따라 설립되고 있다.[33] 이들 조직의 회원 또는 조합원들은 공동의 유산(공동 유물, 직업, 또는 지역)를 바탕으로 스스로에 대한 서비스 제공을 통해서 협동할 필요를 공유한다. 이러한 조직들은 사회에서 소외된 계층 속에 그 뿌리를 갖는다.[34] 그러나 자선의 수혜자들과 달리 그들은 스스로를 도울

---

33 Craig 1993
34 MacPherson 1979

충분한 역량을 갖고 있다. 미 대륙에서 가장 오래된 어떤 협회는 보통 회원들이 같은 종교나 같은 종족문화, 또는 같은 지역 출신(또는 출생 도시)인 사람들이 회원들을 위한 보험 또는 장례서비스를 제공하는 공제조합이었다. 농촌 지역에서 농부들은 큰 행사를 치르는 데 어려움을 겪기 때문에 저축을 하거나 사고에 대비하는 보험을 만들었다. 마찬가지로 신용협동조합들은 독일에서 19세기 후반에 시작되었는데, 20세기 초에는 퀘벡에서 가톨릭교구를 통해서 소비자대출을 못 받거나 또는 고리대금이자율 때문에 어려운 사람들을 위해 시작되었다.[35] 같은 시기에 농산물판매협동조합이 조합원들로 하여금 자기가 생산한 농산물을 적정가격에 판매하고, 동시에 필요한 기초 생필품을 충당할 목적으로 시작되었다.[36]

오랜 기간에 걸쳐 같은 작업장이나 전문성, 영업활동, 종교 또는 종족적 유대를 가진 사람들이 다양한 수준의 비영리공제조합과 협동조합을 설립하여 활동해왔다. 이들 중 일부(노동조합 지역 또는 직장 협회)는 소외된 계층 주변에서 조직되는 전통에 뿌리를 내리는 반면 다른 일부는 단지 공통의 사회적 관심사(동시대의 사회적 관심사), 공유된 경험(어떤 전쟁에서 같이 싸운 부대원들), 같은 전문성을 공유하고, 또다른 일부는 골프클럽이나 동업자협회 같은 유사한 사회적 지위를 기반으로 한다. 각기 유대의 속성은 다를 수 있으나 그러한 조직들은 사회·문화적 목적을 이루기 위해 설립된다.

---

35 Kenyon 1976
36 MacPherson 1979

사회적 목적과 영리적 목적

　이윤추구 기업도 소비자를 만족시킴으로써 사회적 목적에 부응하지 않느냐고 주장할 수도 있다. 이러한 주장은 특히 서비스 분야에서는 일리가 있지만, 이윤추구 기업, 특히 소규모 자영업자와 대응되는 대기업들에 투자된 자본에 대해서는 설득력을 갖기 어렵다. 특정 이웃에 연계된 몇몇 자영업기업이나 생산(천연자원 추출 등)을 위해 특정 지역에 의존하는 몇몇 대기업들을 제외하면 이윤추구 기업은 오직 경쟁적인 수익률을 얻을 수 있을 때만 어떤 공동체에 충성한다. 다른 투자자 또는 다른 지역에서의 제조판매로부터 더 큰 수익을 얻을 수 있을 때 이윤추구 기업은 미련 없이 그들에 대한 충성을 거둘 것이다. 반면 사회적 조직은 서비스를 최우선으로 할 뿐 아니라 한정된 지역사회 또는 한정된 회원들에게 충성한다. 어떤 의류생산업체는 임금이 낮은 나라로 생산을 옮길 수 있다. 반면 어떤 종교조직(또는 사회적 조직)도 중요한 결정을 내릴 때는 사회적 목적과 공동체 지역을 따라갈 것이다. 그런 점에서 사회적 조직은 뿌리 없고 비인간적인 대규모 영리기업과 다르다.

　사회적 경제조직의 모습과 매우 닮은 사회투자 기준을 가진 이윤추구 업체들이 있다. 예를 들어 몇몇 이윤추구 기업들은 자기 지분을 트러스트(신탁기구)에서 소유한다는 점에서, 그리고 비영리조직처럼 특정 개인이 소유하지 않는다는 점에서 비영리조직의 소유관계와 유사하다.[37] 독일기업 자이쓰Zeiss는 영국의 몇몇 기업들(John Lewis Partnership, Scott Bader)처럼 이런 방식으로 회사를 운영한다. 그리고 네덜란드

37　Quarter 2000

기업들(Endenburg Electric)은 사회적 사명을 내세운다. 뉴먼스오운 Newman's Own이라는 미국 식품기업은 세후 이익(20년 간 1억 2,500만원 달러) 모두를 자선 목적에 기부하는데, 그런 사례 중의 하나이다.[38] 영국 기업 트레이드크래프트Traidcraft는 협동조합기업들과 빈곤국가의 생산자들을 도와 그들의 제품이 공정한 가격으로 판매될 수 있도록 돕는다.[39] 정신 장애인과 같은 집단을 위한 사회적 목적 비즈니스도 또 다른 예입니다.(Trainor and Tremblay 1992). 그런 기업들은 시장기반 사회적 조직들과 유사하다. <그림 2.1>에서 보자면 민간부문과 사회적 경제 사이에 겹치는 곳에 위치하는 조직들이다. 그러나 사회적 경제 조직들에 대한 원칙은 이윤추구 기업들에게는 적용되지 않는다.

그럼에도 불구하고 심지어는 사회적 조직들에도 사회적 목적과 영리 목적 사이에 갈등이 존재하는데, 공공기금의 삭감이라는 신자유주의적 의제 때문에 고조되기도 한다. 시장에서 수익활동을 하는 조직은 경쟁력이 필요하고, 이윤추구 기업의 기준을 충족해야 한다. 정부 보조금에 의존하는 조직들이 계약을 위해 경쟁하고, 그들 수입의 많은 부분을 다른 원천에서 구해야 하는 압력이 높다는 것을 뜻한다.[40] 기업가정신 entrepreneurship이라는 용어가 비영리 문화에 자리를 잡고, 이들 조직이 운영되는 방식에 영향을 미친다.[41]

사회적 조직이 핵심적인 자기 사명을 달성하기 위해서는 영리적 목표가 사회적 목적 안에 들어와야 한다. 그런데 반대로 그 목적이 영리적 성

---

38 Newman's Own 2002
39 Evans 1997
40 Akingbola 2002; Smith and Lipsky 1993
41 Dees 1998

공을 위해 희생되고 있다면 그 조직은 사회적 경제에서 멀어진다. 사회적 조직이 적정한 균형을 달성하고 있는지를 결정하는 명확한 운영기준을 세우는 건 쉽지 않다. 이중적 범주에 있는 조직들은 시장기반 협동조합과 상호보험회사들이 될 것이다.

사회적 소유

이윤추구 기업들은 그들의 소유자, 보통은 주주들에게 속하므로 개인적 이득을 위해 사고 팔 수 있다. 주주들은 기업 이익의 우선 수혜자들(배당금 형태로 수취함)이고, 동시에 회사에 재투자된 이익의 수혜자들이다. 왜냐하면 유보잉여금이 기업 가치를 증가시킬 것이기 때문이다. 개인 소유 여부는 사회적 경제의 특별한 소유형태의 중요성을 이해하는 데 핵심이다. 자선 조직을 포함해서 모든 형태의 비영리조직들은 지분 소유자를 갖지 않는다. 미국에서는 보통 비영리조직을 '사적(private)'이라고도[42] 부르는데, 이는 그들 조직이 정부와 독립된 조직이라는 것을 뜻한다. 용어는 오해를 불러일으킬 수도 있는데, 비영리조직이 마치 민간기업과 같은 것이라는 느낌을 주기 때문이다. 이 책에서 비영리조직은 사적 부문이나 공적 부문과 차이가 있다는 점에서 사회적이라는 용어를 사용하고 있다. 비록 지분 형태를 띠고 있다고 하더라도 조직이 해산되지 않는 이상 그들의 자산이 누구에게도 귀속되지 않기 때문이다. 자선 조직 지위를 갖는 조직이 해산할 때 일반적인 관행은 보유 자산을 유사한 목적을 가진 다른 자선 조직에 이관하는 것이다. 예컨대 한 종교단체

---

42 Independent Sector 1997; Salamon and Anheier 1997

가 문을 닫으면 그 자산은 보통 상급 단체에 귀속된다. 지분 없는 협동조합(주택이나 아동보호, 건강관리 목적 협동조합 등)을 포함한 비영리조직의 경우에도 유사하다. 예외적으로 자산을 회원들에게 되돌려주는 몇몇 사회적 조직이 있기는 하다. 지분을 가진 협동조합(음식소매, 농산물 유통조직, 신용협동조합 등)도 해산 시 잔여순자산이 구성원들에게 배분되는 특수성을 갖는다. 어떤 협동조합이나 조직이 해산할 때 그리고 자산이 구성원들에게 분배될 때 그 조직은 영리추구 기업과의 차별성을 잃는다. 보통 협동조합은 비분할유보금(indivisible reserve)을 갖고 있는데, 이 금액은 미래의 조합원들을 위해 유보한 사회적 자산을 의미한다고 할 수 있다.

하지만 사회적 조직은 재정 상의 부도가 아닌 이유로 해산되는 경우가 아주 드물다. 그런 조직은 자산을 갖고 있다 할지라도 구성원의 개인적 부를 증대시키기 위한 것은 아니다. 개인적 이득은 민간 부문에서는 소유권의 표상이고 지분가치는 미래 처분에 있어서 1차적 고려사항이지만, 사회적 경제 조직의 명확한 특징은 사회를 위한 서비스 제공이다. 사회적 조직의 목적은 구성원들 또는 공중에게 특정한 서비스를 제공하는 데 있다. 그리고 조직의 운영은 그 목적을 고려하여 이뤄질 뿐 개인적 이득은 배제한다.

대부분의 협동조합처럼 지분을 보유하는 곳에서도 그 지분은 이윤추구 기업에서의 그것과 같은 것이 아니다. 그들의 지분은 투기자들이 주식 시장에 투자하여 지불받는 이득이나 그 조직의 가치 변동을 반영하기보다는 비교적 안정된 가치를 표시하거나 회원 자격 같은 것을 표시한다.[43] 그들 지분은 협동조합이 재무적으로 어려움에 처할 때 가치가 하락할 수 있긴 하다. 하지만 일반적으로 그들 지분가치는 어떤 수준(아니면 인플레수준을 반영한 초기 출자금 수준)에 고정되어 있다. 조합원이 탈퇴할 때 환급금은 보통 출자금에 조합이 정한 적정한 수준의 이자를 가산하여 지급한다.

마찬가지로 사회적 조직은 잉여금이 발생할 때 해당 금액은 해당 조직이 제공하는 서비스의 유용성을 개선하거나 확대하는 목적으로 사용된다. 지분을 갖는 협동조합에서 잉여금을 배당하기도 하는데, 이는 사기업과 달리 지분에 따라 배당하지 않고 조합원들의 서비스 이용금액 또는 평등주의 원칙에 따른다. 사회적 경제조직이 적자가 날 때는 그 손실이 유보금을 통해서 충당된다고 하더라도 제공하는 서비스가 감소되거나 후원자에 대한 청구비용이 증가한다. 손실이 지나치게 커지면 조직은 문을 닫을 수도 있다.

따라서 사회적 조직의 재무적 메카니즘은 이윤추구 기업과 다르다. 일부 사회적 조직이 재산적 가치가 있는 자산을 보유하고 있다 하더라도 사기업에서와 같은 소유권 개념은 적용될 수 없다. 오히려 사회적 조직의 자산은 세대를 건너 이전되는 사회적 배당과 같은 것이다. 이들 사회적 배당금은 개인들이나 정부의 자산이 아닌 사회의 기초자산 같은 것이다. 사적 개인들은 자신의 재산 기부를 통해서 이들 기초를 튼튼히 하는 데 기여할 수 있다. 또 어떤 기부행위는 엄청난 거액일 수도 있다. 앤드류 카네기나 존 디 록펠러, 윌 켈로그, 조지 소로스, 로버트 보쉬, 퓨와

---

43 Ellerman 1990

맥아더 가족과 같은. 그러한 기부금은 사적 재산을 사회적 재산으로 환원하는 것으로 나타나거나 사회적 경제의 벽돌쌓기로 표현된다. 그러나 일차적으로 사회적 재산을 만드는 사람들은 소액기부나 자원봉사, 세금 등을 통한 일반 대중들이다. 이 재산은 사회적 조직에 대한 정부 보조금의 마중물이 된다.

사회적 조직에서 소유 관계는 사기업의 그것과 다른 반면 공공 부문과의 차이는 그렇게 명확하지 않다. 정부 자산도 공공선을 제공하기 위한 사회적 자산의 형태라 할 수 있다. 이들 자산은 시민에 대한 서비스를 위한 것이고, 정부기업을 통해서 독립적으로 보유할 수도 있다. 이들 기업들은 정부가 정책에 대한 영향력을 원하거나 사기업이 이익을 내기 어려운 분야라는 동일한 이유로 공중에 대한 서비스를 제공하는 것을 목적으로 설립된다. 그러한 기업에서 정부는 일정한 지분을 보유하며 이윤추구기업에서의 주주와 같은 권리를 갖는다. 그러나 정부기업은 사기업과 중요한 점에서 다르다. 그 일차적인 목적은 일반적인 정부 부문과 마찬가지로 공중에게 봉사하는 것일 뿐 투자수익을 추구하는 데 있지 않다. 잉여 또는 자산가치 증가에 따른 이익의 수혜자는 일반 대중을 대표하는 정부이다. 어떤 정부기업을 민영화할 때에는 공중의 이해와 비개인적 이득이 일차적 동기가 되어야 한다. 따라서 공공 부문의 소유권은 사회적 경제의 그것과 동일한 성격을 갖는다.

아무도 사회적 경제조직을 소유하지 않는다는 견해는 소유권은 재산권과 같다는 협소한 정의에 기초한 것이라 할 수 있다. 달Dahl(1970)이 제안하듯이 소유권은 권리 묶음으로 볼 수 있고, 사회적 조직 구성원들의 권리는 사기업의 주주들의 그것과 다르다. 사회적 경제에서 구성원들은 그들이 속한 조직을 관리할 권리를 갖는다. 그러나 사기업의 소유자와 달리 그들은 재무적으로 자산의 처분을 통해 이익을 얻지는 못한다. 사회적 조직의 구성원들은 이사회에서 그들의 대표를 통해서 자산이 조직의 목적에 부합하는 방식으로 사용되는지 감시할 책임을 가진 수탁자의 역할과 유사하다. 다시 말해 사회적 조직은 세대를 통해 이전되는 신뢰 자산으로 사회 구성원들에게 계속해서 봉사할 수 있게 된다.

자원봉사와 사회적 참여

자발적이라는 말은 흔히 사회적 경제 조직에 적용된다. 왜냐하면 서비스 제공을 위해 자원봉사자들의 자발적 헌신에 의지하고 있기 때문이다. 비영리상호협회나 협동조합에서 자발적 요소는 조합원들을 위한 서비스를 향상시키는 데 초점이 맞추어져 있다. 그 때문에 우리는 이러한 형태의 보상 없는 서비스를 사회적 노동이라 부른다. 그것은 자원봉사 서비스 성격을 갖긴 하지만 조직 외부의 공중이나 집단을 대상으로 하기보다는 조직 안에서 이뤄지는 서비스이다. 자원봉사 서비스와 사회적 노동의 이런 차이는 제6장에서 다루게 될 통합부가가치보고서에서 사용되고, 이 책의 다른 곳에서 계속해서 언급될 것이다. 전국적 조사에서는 모든 형태의 자원봉사를 뭉뚱그려 놓는 경향이 있기 때문에 그 차이가 항상 다뤄지는 것은 아니다.

2003년 캐나다 통계국이 수행한 비영리조직과 자원봉사조직에 대한 전국조사에 따르면 "사실상 모든 비영리 및 자원봉사조직들은 어느 정도 자원봉사자들에 의존하고 있고, 그 중 절반 이상은 자신의 사명을 수행하기 위해 자원봉사자에게만 의존하고 있다.[44]

"이사회에서 무보수로 일하는 것 외의 업무에 대해 샤프 Sharpe(1994)는 자선조직 성격의 비영리조직 중 약 70% 정도가 자원봉사자들을 활용(한 조직당 63명 정도의 자원봉사자들)한 것으로 밝혔다. 다시 말해서 모든 자선조직은 자원봉사자 이사들이 있고, 또 대부분은 다른 형태의 업무에서도 자원봉사자들을 활용하고 있다. 일부 조직은 자원봉사자에게 매우 크게 의존하고 있다. 앞에서도 언급한 것처럼 자원봉사는 자선조직에 국한되지 않는다. 자원봉사 활동은 경제의 모든 부문에서 발생하고, 자선조직 여부를 가리지 않는다. 유급노동과 자원봉사 노동을 결합하여 서비스를 제공하는 것을 협력생산이라 한다.[45] 협력생산에 참여하는 조직들 가운데 자원봉사 사회적 조직이 가장 큰 수혜를 누린다.

2000년 미국 자료에 따르면 21세 이상 성인의 44퍼센트(약 8,390만 명)에 해당하는 사람들이 공식 조직들에서 총 155억 시간의 자원봉사활동을 행하는 것으로 나타난다. 그렇게 수행된 서비스의 양은 9백만 개 정규직 노동 이상에 해당한다.[46] 영국에서는 1995년 1,630만 명의 자원봉사자들이 활동하여 정규직 노동 147만 개 또는 정규직 노동력의 6.3퍼센트에 해당하는 역할을 해오고 있다.[47] 캐나다에서 2000년 ~2004년에 행한 조사에서 1,200만 명의 자원봉사자들(15세 이상 성

---

44 Hall 외 2005, 32
45 Brudney 1990
46 Independent Sector 2001a
47 Kendall and Almond 1999

인 인구의 45%)이 1백만 명의 정규직 노동시간에 해당하는 20억 시간을 기여한 것으로 추정하였다.[48] 이러한 양상은 샐러먼(1999) 등에 의해 진행된 22개국 연구에서 밝혀진 것과 유사하다. 인구의 28퍼센트 또는 1,060만 개의 정규직 일자리에 버금가는 자원봉사활동이 있었다. 이들 나라에서 자원봉사자들은 비영리조직의 정규 노동력의 56퍼센트에 해당한다. 즉 비영리법인에서 일하는 정규직 노동자 노동시간의 2시간 중 한 시간 이상을 자원봉사자가 수행하는 셈이다. 이들 연구는 자원봉사자들의 헌신이 종교와 교육, 사회서비스, 재활, 운동과 사회적 모임, 건강 관리조직 등에서 중요하다는 것을 보여준다. 비공식 자원봉사활동(공식적인 조직체계 외부에서 행하는) 또한 주요한 서비스 유형이다.

거대한 규모의 자원봉사활동에도 불구하고 자원봉사자를 사용하는 조직을 '자발적 조직'이라고 하는 것은 오해의 소지가 있다. 왜냐하면 자발적 조직이란 경직된 행정조직이나 유급 직원이 없는 풀뿌리 모임 같은 것을 뜻하기 때문이다. 그러한 느낌은 상당히 잘못된 것이다. 오히려 대부분의 자원봉사자들은 체계화되고 성숙한 사회적 조직들에 적합하다. 그런 조직들은 많은 현장에 걸쳐 있어서 자원봉사자들에게 개인들의 기대와는 무관한 특정 업무를 하도록 하기 때문이다. 다시 말해 자원봉사자들이 하는 일들은 자원봉사자들이 스스로 만들어내는 자리가 아니라 오히려 자원봉사자들을 위해 직원들이 사전에 정의한 자리라는 점에서 비자발적이라는 것이다. 자원봉사자들은 이들 역할에 개인적 정서를 투사하고, 일부 사람들은 다른 사람들보다 더 나은 성과를 내보이기도

---

48 Hall 외 2006

한다. 하지만 일반적으로 각 자리와 관련된 기대치들은 특정한 자원봉사자들의 요구와는 별개다. 게다가 자원봉사자들이 일하는 조직들은 특정한 개인에게 의존하지 않아도 될 만큼 충분히 안정된 조직체이다. 자원봉사자들은 해당 조직이 충분한 서비스를 제공하는 데 필요하지만 이들 업무를 수행하는 개인들 사이의 임무교체가 반드시 조직의 성격을 변화시키지는 않는다.

자원봉사자들은 참여 정도에 따라 차이가 날 수도 있다. 몇몇은 중요한 시간과 강한 조직적 연계(예를 들어 보이스카웃 대장 같이)를 포함하는 업무를 수행하기도 하고, 다른 이들은 형식적인 멤버십 같은 소극적 참여를 하는데 그치기도 한다. 퍼트넘Putnam(1995)은 그와 같은 소극적 역할을 '3차적'이라 불렀는데, 조직에 대해 오직 약한 연결을 하고 있다는 점 때문이다. 가령 회비 같은 금전적 기부만 하는 경우가 그것이다. 하지만 이러한 명목상의 참여 형식이라도 조직에게는 중요한데, 그들이 재정적으로 도움이 될 뿐 아니라 조직의 영향력을 향상시키는 데도 유용하기 때문이다. 특정한 쟁점이나 모임을 위해 활동하는 사회운동조직이 대규모 회원을 가지면 대중들이 그들의 영향력에 대해 좋은 인식을 갖기 때문이다. 예를 들어 국제앰네스티조직은 후원자들을 동원하는 데 놀랄 만큼 성공적인데, 그들은 지금 세계적으로 160개 국 이상의 나라에서 2백만 명 이상에 이른다.[49] 캐나다 국제앰네스티의 기준을 사용하자면 후원자들의 약 10퍼센트는 적극적인 회원이고, 인권에 대한 앰네

---

49 Amnesty International 2001

스티의 캠페인을 조직할 때 정규적인 역할을 갖고 있다.[50] 게다가 한 조직의 소극적 회원이라도 편지쓰기, 청원, 시위와 같은 특정 캠페인에 동원될 수 있다. 인터넷이나 다른 형태의 현대적 소통방식의 등장과 함께 그러한 동원은 더욱 쉬워지고 있다.[51]

심지어 상대적으로 비정치적인 역할을 하는 사회적 조직에게도 많은 자원봉사자 간부단을 보유하는 것은 그들이 적극적이든 소극적이든 조직의 위상을 높이기 때문이다. 미국 적십자사는 연례보고서에서 "3만 5,000명 이상의 유급 직원과 거의 82만 5,000명의 자원봉사자를 보유하고 있으며, 우리는 즉시 응답할 준비가 되어 있다." 고 정당하게 주장한다.[52]

자발적 참여와 자발적 협의체

적십자와 국제앰네스티는 대규모의 간부급 자원봉사자들을 동원할 수 있는 체계화된 사회적 조직으로서 상근직원들에 의해 운영된다. 체계화된 사회조직들 뿐 아니라 자생적인 협의체도 있다. 스미드 Smith(1997, 115)는 자생적인 협의체조직을 '풀뿌리조직'이라 부르고 '지역에 근거를 두고, 자율을 중시하며, 자원봉사자가 운영하는 공식적이고 비영리적인 조직으로서 회원제도를 갖고 있으며, 자발적인 이타심을 중시한다는 점을 내건 조직'으로 정의한다. 풀뿌리 조직에 대한 스미드의 강조는 체계화된 사회조직과 같은 행정적 관료적 질서가 아닌 비영

---

50 This information was obtained through a phone interview with the head office of Amnesty International in Ottawa, Canada, on July 19, 2006.
51 Brunsting and Postmes 2002; Deibert 2000
52 American Red Cross 2005, 6

리공제조합과 협동조합에 한정되어 있다.(예를 들어 지역사회 조직, 세입자협의체, 가정과 학교, 사회 모임 등) 자발적 협의체는 자신의 활동이나 비교적 단순한 조직체계를 유지하는 일을 자원봉사자들에 의존한다.

밀로프스키(1987, 278)는 자발적 협의체를 '이웃에 기반한 조직'이라 부르고, 그들은 '더 큰 사회조직인 공동체의 보조적 단위로 다뤄져야 한다'고 주장한다. 사회의 근대화와 함께 공동체의 성격에 커다란 변화가 있었는데, 주민들의 다양한 삶을 포함한 포괄적인 인간상호유대 조직에서 사회관계망 조직, 즉 비교적 비개성적이며 특정한 이해관계를 공유하고, 가능한한 특정 지역과 연관이 없는 조직으로의 변화가 그것이다.[53] 공동체의 변화된 성격 중 하나는 사회적 경제조직, 특히 공공부문 비영리조직을 지원하기 위한 정부의 역할 증대이다.[54] 사실 많은 대규모의 비영리조직(병원이나 대학과 같은)들은 설립 당시에 종교조직과 같은 후원자의 후원을 받았는데, 이제는 정부 보조금에 크게 의존하고 있고, 그에 따라 정부 정책의 영향을 받게 되었다. 그런 조직들이 자율적이 되는 것을 이제 거의 주장하기 어렵다. 하지만 대부분의 비영리조직의 경우와 마찬가지로 그들은 일반적으로 자원봉사자들을 보유한다. 다시 말해 현대적 공동체는 개인들이 자발적으로 모여 지역 이웃을 중심으로 활동하기보다는 정부대행조직을 포함하는 더 큰 사회에서 활동한다. 이들 조직은 공중에게 봉사하고, 정부와 독립적으로 운영되는 사회조직을 지원한다.[55]

---

53 Christenson 1994; Wilkinson, 1994
54 Hall and Banting 2000; Martin 1985; Salamon 1995; Salamon and Anheier 1997; Salamon 외 1999; Sharpe 1994; Smith and Lipsky 1993
55 Salamon 1995

따라서 현대사회에서 지리적인 지역에 기반한 공동체가 약화되면서 자원봉사자들의 참여도 자생적 협의체에서 체계화된 조직으로 이동하는 중이다. 그러나 근대화는 동시에 그 반대의 경향도 자극해왔다. 인터넷과 같은 소통의 현대적 형태가 자생적 협의체를 만들 기회를 증가시키고 있다. 비록 매우 취약한 유대관계에 기초한 것이긴 하지만, 이들 중에는 육체적 정신적 건강과 약물중독과 같은 사회문제와 관련된 관심사에 대한 논의그룹이나 온라인 자조그룹이 포함된다.[56] 따라서 인터넷은 자생적 협의체라는 개념을, 안정된 이웃관계에 뿌리는 둔 본래의 조직에서 지리적 공간이 아닌 사이버공간에 근거를 둔 조직으로 전환시키고 있다고 할 수 있다. 이러한 상호작용이 공동체의 의미를 충족시키는지 여부는 의문이다. 그러나 그들은 지리적 지역에 기반을 둔 자생적 협의체가 쇠퇴하고, 자원봉사활동이 체계화된 사회조직에서 중요해진 이 시대에 부상하고 있는 자생적 협의체를 대변하고 있다. 이들 체계화된 사회조직들은 새롭게 등장한 공동체의 사회적 토대가 되었고, 지역 이웃에 기반하기보다는 명확한 경계가 없는 공간에 더 많이 그 뿌리를 두고 있다.

시민 참여

로버트 퍼트넘Robert Putnam(1993, 1995, 1996, 2000)은 <미국 사회 비평>에서 사회적 또는 시민적 참여가 쇠퇴하는 사회적 자본의 핵심 요소라고 주장한다. 그의 주된 관심은 쇠퇴 이유를 분석하는 것인데, 상

---

56 Baym 1996; Cooper 2000; Eysenbach 외 2004; Ferguson 1997

호협회의 중요한 역할은 바로 사람들을 서로 참여시키는 데 있다고 설명한다. 퍼트넘(2000, 384-85)그는 상호협회를 역사적으로 추적하면서 다음과 같이 정리하고 있다.

1879년부터 1920년 사이에 시민적 창의성이 미국의 역사에서 비교할 수 없을 만큼 높아졌다. 클럽의 숫자만이 아니라 새로 설립된 조직들의 범위와 지속성에서도. 적십자사에서 전미 유색인종 지위향상협회(NAACP: National Association for the Advancement of Colored People)에 이르기까지, 콜럼버스기사단(Knights of Columbus)에서 유대인여성자선조직까지, 보이스카웃에서 로타리클럽까지, 학부모교사연합회(PTA: Parents and Teachers Association)에서 시에라클럽(Sierra Club)까지, 기드온협회에서 오드번(Audubon)협회까지, 미국바협회(the American Bar Association)에서 농장뷰로연합회(Farm Bureau Federation)까지, 빅브라더스회에서 여성유권자연맹까지, 팀스터스유니온에서 캠파이어걸스까지, 오늘날의 미국 삶에서 주요 주류 시민조직은 최근 수십년 사이에 설립되었다.

퍼트넘은 20세기 최근 30년 동안 시민 참여의 쇠퇴가 진행되고 있다고 밝혔다. 기업협회나 다른 이해관계자 조직 등 새로 생기는 협회는 더 세분화되고 있고, 회원들을 적극적으로 끌어들이거나 유지하려 노력하지 않는다. 1990년대 인터넷의 출현이 이러한 현상을 대변한다. 사회적 상호작용 방식이 변화하고, 직접 참여가 쇠퇴하고, 공공부문 비영리조직을 지원하는 정부에 대한 의존이 증가함에도 불구하고, 사회적 경제조직은 시민참여를 위한 사회적 토대로 남아 있다. 비록 조합의 방식이 과거보다 훨씬 덜 개인적이거나 자발적이긴 하지만 한 공동체의 구성원들이 서로 연결되는 것은 이러한 종류의 조직을 통해서이다.

시민사회의 지지자들도 자발적 결사의 가치를 강조한다. 시민사회에 대한 관심이 동유럽 공산주의 붕괴와 폴란드자유노조와 같은 시민운동의 강력한 역할에 의해 대부분 촉발되었다고 하더라도 말이다. 그와 마찬가지로 시민사회에 대한 이론은 반정부적이거나, 홀Hall(1995, 2)의 표현을 빌리자면 "국가에 맞서는 사회적 자주조직으로서의 특징을 갖고 있다." 그런 견해가 폭압적 정부를 가진 사회나 사회조직이 정부 지원을 거의 받지 못하는 나라에서는 유효하긴 하지만 적어도 부의 재분배와 사회 구성원을 돕는 사회적 조직을 유지하는 데서 국가 사회 프로그램들이 중요한 역할을 하는 곳에서는 적절하지 않다. 시민사회를 반국가적이라고 보는 관점은 분명 낡은 것이다. 가령 그린Green(1993)은 영국에서의 대처주의적 보수주의를 연상시키는 시민자본주의를 주장한다.

우선 시민사회 지지자들은 국가나 시장과 구별되는 어떤 공간을 찾고 있다. 그 공간은 건설적인 시민참여를 위한 활동 공간을 제공한다. 초국적기업들이나 국가 제도가 거대한 권력을 틀어쥔 세계에서 역동적인 사회조직들은 민주사회의 특징인 다원주의를 반영한다. 사람들이 자신의 견해에 따라 조직을 만들 수 있는 문화와 다양한 견해를 갖는다는 것은 시민사회의 중요한 특징이자 활성화된 시민사회의 반영이다. 사회적 조직들은 사회 구성원들이 서로 연결되는 체계를 만듦으로써, 강한 지역 공동체 사회에서 훨씬 자연발생적인 유대를 새로 형성할 수 있게 해준다. 이러한 역할은 민주주의에서 매우 중요하고, 시민참여에서 핵심적이다. 비록 사회적 조직들이 파괴적인 경우도 있을 수 있지만[57] 압도적 다수의 사회적 조직은 인본주의 활동[58]에 참여하여 사회생활의 질을 개선하고 있다. 인본주의 활동으로는 인류애의 기초가 되는 교육과 문화, 종교, 재활, 노동권, 건강관리, 정치적 결사 등이 있다.

사회적 조직의 시민참여 방식은 다양한 모습을 띤다. 일부 적극적인 회원제도를 갖고 있는 경우 시민참여는 조직 문화의 핵심이 된다. 그러한 조직은 협동조합, 특히 노동자협동조합, 주택협동조합, 농업협동조합과 많은 공제조합, 친목조직, 사교모임 등을 포함한다. 이들 조직은 공유서비스를 매개로 구성원들이 서로 참여하는 더 넓은 사회의 하위 공동체가 된다. 그리고 구성원들은 거기서 정책이나 계획을 수립하는 지배구조에 참여할 수도 있다. 즉, 위원회에 참여하고, 이사회가 있을 경우 회원 투표 원리에 따라 이사들을 선출한다. 이들 조직은 정파로서의 사회민주주의가 아니라 사회제도 내의 민주주의라는 의미에서 사회적 민주주의 시스템이라 할 수 있다. 조직에서 투표권은 주식회사와 같이 1주1표가 아니라 1인 1표의 원리에 따른다.[59]

종종 공동사업체라 불리는 공제조합은 규모가 작고 매우 친밀한 풀뿌리조직이라는 점에서 참여는 훨씬 강해질 수 있다. 그런 조직들은 보통

---

57 Barber 1998; Seligman 1998
58 to borrow Samuel Martin's [1985] label
59 Ellerman 1990

회사 형태를 취하지 않는다. 참여자는 법적 대표자로서 이사회보다 더 폭넓은 참여를 담보하는 덜 공식적인 의사결정체계가 있다.[60] 이처럼 작은 규모는 페미니스트조직과 같이, 흔히 직접민주주의 형태로 이어진다. 사회적 관계는 매우 개인적이고, 역할은 유연하며 상호변화가 가능하고, 의사결정은 완전한 합의에 의해 이뤄지며, 운영은 흔히 책임을 공유하는 방식으로 행한다. 의사결정이 정서적으로 책임성과 충돌할 여지가 있을 수 있으므로,[61] 그런 체계가 반드시 조화롭다고 할 수는 없으나 높은 수준의 회원 참여를 담보하는 직접 시민참여를 반영한다.

비슷한 유형의 강한 시민 참여는 강간위기센터나 푸드뱅크 같이 폐쇄된 회원제도를 가진 공공부문 비영리조직에서도 볼 수 있다. 그곳에서는 종사자나 자원봉사자들, 어떤 경우에는 더 많은 구성원들까지 쟁점에 대한 합의에 도달하기 위해 노력한다. 이들 조직은 자신을 공동체로 생각하며 회원제가 폐쇄적이라 하더라도 내적으로는 민주주의를 구현하기 위해 노력한다.

하지만 이와 정반대로, 회원들이 잘 참여하지 않거나 소극적인 시민사회조직(상호협회나 자원봉사조직에서도)이 적지 않다. 조직이 제공하는 서비스가 회원들에게 그리 중요하지 않거나, 쿠르트 레윈Kurt Lewin(1935)의 용어로 얘기하자면 그들의 삶에서 매우 작은 역할에 그치기 때문이다. 소극적 회원제는 신용협동조합이나 소비자협동조합, 전문가, 노동, 기업협의회 같은 회원 기반 조직에서 전형적으로 나타난다. 특히 이사회 또는 이사회의 의장 같은 기관은 더 큰 단위의 암묵적 동의

---

60 Rothschild-Whitt 1982
61 Mansbridge 1982

또는 양해 하에 조직을 운영한다. 때때로 경영자들이 회원들의 참여를 요구하는 정관의 규정 때문에 대리인에 의한 투표를 하기도 한다. 이런 일은 회원들이 널리 분산되어 있는 조직에서 대부분 발생한다. 이와 같이 소극적인 회원제는 일찍이 제3회원제[62]라 불리던 것으로 근대에 들어와 시민참여가 쇠퇴하면서 생긴 현상이다. 바람직하진 않지만 그럼에도 이런 조직들은 여전히 동질감을 갖는 회원들의 사회적 지위를 대변한다. 더욱이 이런 유형의 조직 분위기라도 때때로 회원들이 참여를 선택할 수도 있다. 예를 들어 그들이 여유시간을 더 많이 갖고 있어서 특정 의사결정에 화가 날 때 재정관리가 투명하지 못하다고 의심하거나 조직에 대한 어떤 외적 위협이 있을 경우에 특히 참여율이 높아진다. 이러한 조직 체계와, 필요할 때 언제든 유권자들의 참여 기회를 보장하는 정치적 민주주의 사이에는 어떤 면에서 유사한 점이 있다.

심지어 이사회만으로 이뤄진 닫힌 회원제 구조의 병원이나 사회서비스대행조직 등 공공부문 비영리조직 가운데서도, 자원봉사자 이사들이 신중한 합의에 도달하기 위해 많은 시간을 할애하여 관여하기도 한다. 그런 조직에서는 서비스를 제공하는 자원봉사자들 끼리 서로 연결되고, 더 넓은 목적으로 이어진다.

비록 이상적인 것과는 다르지만 사회적 경제 조직들은 회원들에게 다양한 참여의 기회를 제공하고 있는 것 같다. 그들은 민주 사회의 상징인 다원주의에 기여할 뿐 아니라, 회원들에게 의사결정 방식이나 정치분야에서 일반적으로 적용되는 조직이론을 습득하게 한다. 시민 참여가 쇠

---

62 Putnam 1995

락해가는 세계에서 가장 중요한 것은 사회적 경제 조직이 보통 시민들이 건설적인 활동에 함께 참여할 수 있는 공간이 된다는 점이다.

4. 결론

사회적 경제라는 용어는 사회적 목적을 위해 설립된 조직도 경제적 가치를 갖는다는 전제에 기초한다. 비록 이들 조직이 경제의 주류는 아니지만 그들은 사람을 고용하고, 시장에서 재화와 서비스를 구매하고, 자산을 소유한다. 게다가 그들은 전통 회계에서는 그 가치를 인식하지 않는 대규모 자원봉사자를 동원한다. 이 장에서 우리는 사회적 조직의 네 가지 특징에 대해 얘기했다.

첫째, 이들 조직은 이상적으로는 이윤추구보다는 사회적 목적에서 출발한다. 둘째, 이들 조직의 실물 자산은 개인의 것이 아닌 사회적 자산이다. 그 조직에는 주식회사의 주주와 같은 소유자가 없거나 (협동조합에서처럼) 조직에 대한 대여금[63]이라고 할 수 있는 출자지분을 갖는다. 셋째, 사회적 경제조직에서는 일반적으로 이사회뿐 아니라 다른 활동에서도 높은 수준의 자발적 참여가 있다. 상호협회나 협동조합 안에서 회원(조합원)들의 자원봉사적 참여, 즉 더 큰 공동체에 대한 공헌이 아니라 조직 내에서의 기부활동도 사회적 노동이라 불린다. 넷째, 사회적 조직은 시민참여의 통로이다. 이들 조직은 높은 수준의 민주적 의사결정을 하는데, 조합원 참여를 통하거나 간부와 자원봉사자, 이사회가 상호 책임을 공유하면서 이뤄진다.

---

[63] 조합원은 협동조합을 탈퇴할 경우 출자금을 환급받을 수 있기때문에 대여금 성격이 강하다.

이 장의 앞부분에서 우리는 사회적 조직을 세 종류로 분류하였다. 공공부문 비영리조직, 시장기반조직, 시민사회조직(상호협회와 자원봉사조직 등). 이들 세 가지 그룹 중에서 시민사회조직이 가장 강하고 명료한 특징을 갖는다. 그들은 강한 사회적 목적을 갖고 있고, 사회적 소유를 추구하며, 자원봉사자들에 크게 의존한다. 그리고 시민사회 조직은 민주적 의사결정을 포함한 시민참여의 중요한 근거지이다.

시장기반조직은 사회적 목적과 영리적 목적 간에 균형을 추구한다는 점에서 고유한 특징을 정의하기가 어렵긴 하다. 그리고 그들 중 일부는 주식회사로 전환될 수도 있고, 그에 따라 이념적으로 사회적 소유를 대표하지 못할지도 모른다. 비록 그들이 시민사회조직과 같이 자원봉사자들에게 크게 의존하지는 않지만 위원회 활동에 투입되는 사회적 노동은 협동조합의 중요한 특징이다. 또 이런 종류의 조직 대부분은 그들의 지배기구를 선출할 때 대의민주주의를 활용한다. 비록 조합원 참여율이 항상 높은 것은 아니지만.

공공부문 조직은 시민사회조직과 시장기반조직 사이에 있다. 자선조직 같이 강한 사회적 목적을 갖고 있고, 사회적 소유를 강하게 대변하고, 필요 노동의 중요 부분을 자원봉사 노동이 담당하고, 자원봉사자들을 인본주의적 서비스활동에 동원하면서 시민참여를 끌어내거나 이사회에 참여한다는 점에서 그렇다. 하지만 그들 이사회는 폐쇄적인 경향이 있고, 민주적 이상을 반영하지는 못한다.

사회적 조직들의 고유한 특징은 앞으로 제4장에서 제7장에 걸쳐 설명하게 될 기존과 다른 사회적 회계 모델을 설계하는 근거가 된다. 회계 활동이 순이익과 같은 협소한 재무적 고려를 넘어 그동안 배제되어 왔던 사회적 투입 및 사회적 산출을 포함하는 좀 더 폭넓은 고려사항을 다루는 방향으로 나아가는 것이 중요하다. 왜냐하면 시민사회와 공공부문 조직의 회계시스템에는 자원봉사자들이 필요 노동의 중요한 부분을 차지하며 그들의 성과 중 많은 부분이 시장을 통해서 거래되지 않는다는 점을 반영하는 것이 중요하기 때문이다.

이 장은 우선 이론적인 측면과 앞으로 적용할 작업 모델을 제시함으로써 사회적 회계에 초점을 둔 다음 장의 토대를 제공한다. 사회적 조직의 특징을 이해함으로써 우리는 기존과 다른 회계 체계가 필요하다는 사실을 올바로 인식하게 된다.

5. 토론 주제

1. 밀즈온휠즈(Meals on Wheels)와 같은 조직들이 명확한 경제적 효과를 발휘하고, 경제활동을 담당하고 있음에도 보통 경제적 실체로 인식되지 않는 이유는 무엇인가?
2. 비영리조직의 경제적 공헌을 평가하기 위해 어떤 요소들을 고려해야 한다고 생각하는가 그리고 그 이유는 무엇인가?
3. 사회적 경제는 비영리조직과 협동조합을 사회적 조직이라는 이름의 공통의 범주로 포함시키려 한다. 이것이 적정하다고 생각하는지, 이유는 무엇인지 또는 그렇지 않은 이유는 무엇인가?
4. 저자들이 구분한 세 가지 유형의 주된 사회적 조직형태는 무엇이고, 그들 사이의 차이는 무엇인가?

5. 공공부문 비영리조직은 사회적 경제의 일부로 고려해야 한다고 주장하는 사람들이 있다. 또 다른 사람들은 그들은 단지 공공 부문의 일부일 뿐이라는 이유로 그렇게 분류하는 게 적절치 않다고 주장한다. 각 주장의 장단점은 무엇인가?

6. 마찬가지로, 일부는 비영리조직과 협동조합은 시장에서 수익활동을 하기때문에 시장기반 사회적 조직으로 분류해야 한다고 하고, 다른 이들은 민간부문의 일부로 보아야 한다고 주장한다. 각 주장의 장단점은 무엇인가?

7. 이 장에서 소개된 사회적 조직의 주된 특징은 무엇인가? 그 외 어떤 다른 특징이 있다고 생각하는가?

8. "사회적 목적은 그 조직이 취약계층에 봉사하는지, 회원들의 필요에 부응하는지, 아니면 수익창출을 위해 시장에서 경쟁하는지에 따라 다른 조직형태를 취한다." 이 말에 대하여 토론하시오.

9. 사회적 소유권은 일종의 형용모순이라고 비판받을 수 있다. 왜냐하면 재산이 사회적이라면 그것은 누구에게도 소유된 것이 아니기 때문이다. 사회적 조직이 아무에게도 속하지 않는 사회적 재산이라는 제안은 합리적인가? 찬성 또는 반대의 이유를 설명하시오.

10. 당신 생각에 시민참여는 사회적 경제의 명백한 특징 중의 하나로 유용한가? 이 장에서 소개된 시민참여의 정의가 만족스러운가? 그렇지 않다면 어떻게 바꾸고 싶은가?

제3장

사회적 회계의 이론과 실제 적용

　이 장에서 우리는 사회적 회계를 정의하고, 회계책임(accountability)이나 사회적 감사, 사회적 보고, 사회적 책임 등 다른 관련 개념과의 관계를 다룬다. 사회적 회계에 대해서는 이미 광범위한 문헌이 존재하나 일차적으로는 영리추구기업과 관련된 것들이 대부분이다. 우리의 관심은 사회적 조직, 즉 비영리조직 및 협동조합에 있고, 거기에서 작동하는 모델에 있다. 이를 위해 시장가격이 형성되지 않는 사회적 사건을 측정하는 도전적인 과제를 설명할 필요가 있다. 그럼에도 사회적 회계에 대한 기존 문헌들은 꽤 유용하다. 즉 전통회계에 대한 비판과 이윤추구기업용으로 개발된 몇몇 초기 사회적 회계 모델들에 관한 문헌 등 기존 문헌은 이 장에서 소개하는 사회적 회계를 개념화할 때 기초가 된다. 또 제4장부터 제7장에 소개할 모델의 기초이기도 하다.
　여기서는 사회적 회계를 정의하고 그 핵심 요소들을 상세하게 논의한다. 그 일부로 사회적 감사(Social Audit)로 알려진 사회적 회계의 지배적인 모델을 소개할 것이다. 이 모델은 경제적인 것과 사회적인 것을 분리하려는 경향이 있다. 이 장의 결론에서는 사회적 가치와 관련된 항목을 포함하여 재무보고의 폭을 넓히는 사회적 회계에 대한 통합적 접근법에 대해서 설명한다.

1. 사회적 회계에 대한 정의

전문 분야로서의 회계는 최소한 19세 중엽부터 시작된 긴 역사[1]를 갖고 있음에도, 사회적 회계는 좀 더 최근인 1970년대 초에 등장했다.[2] 기업회계영역을 확대 적용하는 것을 옹호했던 초기 학자들[3]이 앞으로 가야 할 분야의 기초를 다졌다. 이들은 모두 기업의 책임이라는 주제와 씨름하고 있었고, 기업이 사회적으로 더 책임질 수 있는 메카니즘이 자리 잡도록 노력했다.

고이더Goyder(1961)는 자신의 <책임기업>이라는 저서에서 직설적으로 사회적 감사를 요구했다. "대기업 경제에서는 재무감사 못지 않게 사회적 감사가 훨씬 필요하다는 것은 명확하다."(1961, 109)

같은 맥락에서 보우엔Bowen(1953, 48-49)은 다음과 같이 언급했다.

"기업의 이사들은 수탁자이다. 주주와 소유자들을 위해서만이 아니라 직원과 거래처, 소비자, 이웃하는 지역사회 및 일반 대중을 위해서. 이런 견해에 따라 이사회는 중재자로서 역할을 해야 한다. 기업의 몇몇 중요 이해당사자들의 적절한 이해관계를 공정하게 균형 잡는 중재자!"

이들 초기 사회적 회계 옹호자들은 현대기업의 점증하는 힘과 주주

---

[1] Tinker 1985
[2] Mathews 1997
[3] Blum (1958), Bowen (1953), and Goyder (1961)

이외의 이해관계자들에 대한 책임성 결여에 우려를 갖고 있었다. 그리고 이러한 우려를 설명할 수 있는 더 넓은 개념의 회계와 사회적 책임제도의 필요성을 제시했다.

사회적 회계가 그 이후 발전시켜온 다양한 주제와 관행들을 포괄하고 있었음에도 보우엔과 블룸, 고이더가 제기한 아래로부터의 호소는 별 진전이 없었다. 사회적 회계는 여전히 회계업계에서는 비주류였고, 적용가능한 모델을 제시하기보다는 기존 회계를 학문적으로 비판하는 데 초점을 맞추고 있었다.

사회적 회계라는 용어는 사회적이지 않은 회계 형태를 전제로 한다. 그러나 '재무회계'나 '이윤'과 같은 용어는 사회적 용어이다. 회계는 우선 이윤추구기업의 소유자와 경영자의 요구를 반영한다.[4] 그러나 이해관계자들의 범위를 제약하는 내용은 회계 속성에는 없다. 사회적 회계는 회계의 지향을 더 넓은 사회적 요소 및 이해관계자들로 재정립하려는 시도를 해왔다. 현대의 문헌은 이러한 전통 위에서 쓰여졌고, 사회적 회계라는 용어도 그런 맥락에서 사용한다. 물론 팅커Tinker(1985)나 다른 학자들이 지적해왔듯이 모든 회계는 사회적으로 해석될 수 있다.

사회적 회계는 사회적 환경회계라 불리기도 한다. 왜냐하면 형성기에 환경운동이 그에 영향을 미쳤기 때문이다. 때때로 환경 이슈들이 그 분야를 지배했고, 최근에 그 이슈는 더 커졌다.[5] 사회적 회계라는 용어를 선택한다고 해서 우리가 환경적 관심사를 줄이는 것은 아니다.

사회적 회계에 대해서 다양한 정의가 존재한다. 그것들은 성과를 평가

---

4 Hines 1988; Morgan 1988; Tinker 1985
5 Bebbington, Gray, and Owen 1999

하거나 주위 환경(사회적이건 자연적이건)과 조직의 관계를 생각할 때 고려해야 할 일련의 기준을 확장하려는 공통점을 갖고 있다. 또 사회적 회계 수요자의 폭이 넓고, 기존 회계의 수요자와 다를 수 있다는 공통점도 있다. 여기서 몇몇 정의를 소개한다.

라마나단Ramanathan(1976, 519)
기업수준에서 사회적 성과 변수와 측정, 측정절차를 선택하는 과정. 기업의 사회적 성과를 평가하는 데 유용한 정보를 체계적으로 개발하고, 그러한 정보를 내부 또는 외부의 관련 사회그룹과 소통하는 과정.

에스테스Estes(1976, 3):
조직과 그 조직이 사회에 미치는 영향과 관련된 내외부 정보의 측정과 보고

그레이Grey, 오우엔Owen, 몬더스Maunders(1987, ix)와 그레이, 오우엔, 애덤스Adams(1996, 3)
한 조직이 행하는 경제활동의 사회적 환경적 영향을 사회의 특정 이해관계자 그룹 및 사회 일반에 전달하는 과정. 이와 같이 사회적 회계는 조직(특정 기업들)의 책임을 확장하여 자본 소유자, 특히 주주에게 재무보고를 제공하는 전통적인 역할을 넘어설 것을 주장한다. 그런 확장은 기업은 단지 주주를 위해 돈을 버는 것 이상으로 더 넓은 책임을 갖고 있다는 가정에 근거한다.

매튜스Mathews와 페레라Perera(1995, 364):

사회적 회계는 최소한 공시의 범위를 직원과 제품, 공동체서비스, 오염의 방지 또는 저감과 같은 비전통적 분야로 확대하는 것을 의미한다. 그러나 사회적 회계라는 용어는 또한 외부성을 고려하는 포괄적 형태의 회계를 기술하는 데 사용되기도 한다.

트래드크래프트Traidcraft(2000, 1)

사회적 회계는 한 조직의 사회적 영향을 설명하는 체계적 수단이다. 그것은 재무회계가 조직의 재무적 성과를 설명하는 수단을 제공하는 것에 비견할 만하다.

사회·윤리 책임연구소 Insitute of social and ethical accountability(2000, 1)

사회윤리적 회계는 한 조직이 사회에 미치는 영향과, 조직과 모든 범위의 이해관계자들 간의 관계를 이해하는 데 관심을 갖는다. 이들 이해관계자들이란 그 조직이나 그 조직의 활동에 영향을 미치거나 영향을 받는 모든 그룹을 말한다.

이러한 정의들은 회계 영역을 확장한다는 공통적인 특징을 갖는다. 폭넓은 이해관계자들에게 회계정보를 제공하고, 그렇게 함으로써 사회적으로 좀 더 책임을 지는 회사의 설립에 영향을 미치려는 노력이다. 블럼Blum이나 보우엔, 고이더와 같이 현재의 사회적 회계 옹호론자들은 사회적 조직보다는 우선은 이윤추구기업에 초점을 맞추었기 때문에 나중에 소개하겠지만, 비영리조직과 신용협동조합과 관련된 연구는 적다.[6] 이 책은 사회적 조직을 대상으로 하지만 우리는 좀 더 일반적인 수준에서 정의를 하려한다.

우리가 제안하는 사회적 회계에 대한 정의는 다음과 같다.

사회적 회계란 이해관계자를 회계보고서에 포함되는 정보의 일부로 인식하여, 한 조직이 이해관계자 공동체에 미치는 영향을 체계적으로 분석하는 일이다.

이 정의에 쓰인 다음 네 가지 요소는 앞으로 차례대로 논의할 것이다.
- 체계적 분석
- 조직의 영향
- 이해관계자 공동체
- 이해관계자 정보

2. 체계적 분석

회계교과서나 회계협회의 많은 회계 정의에 따르면 정보 생산의 역할이 강조된다. 예를 들어 미국공인회계사회 회계기준위원회는 1970년대 이래 회계에 대해 다음과 같이 정의해오고 있다.

> 회계란 서비스 활동이다. 그 기능은 경제적 의사결정(대안적인 행동과정에서 합리적 선택)을 하는 데 유용하도록 고안된 경제적 실

---
6 Brown 2001; Zadek, Pruzan, and Evans 1997

체에 대한 양적 정보(일차적으로는 재무적인)를 제공하는 데 있다 (1970, Section 1023).

비슷한 맥락에서 라슨Larson(1999, 10)은 "유용한 정보"를 강조한다. 다른 주요 연구도 비슷한 강조를 하긴 하지만 "정보 제공"에 초점을 맞추는 걸 넘어 해석을 강조한다. 예를 들어 파일Pyle과 라슨, 진Zin(1984, 26)은 "한 조직의 재무정보를 기록하고, 분류하고, 보고하고 해석하는 기술"이라는 정의를 제안한다. 마찬가지로 마익스Meigs와 램Lam(1988, 4)은 '경제활동에 대한 해석'이라 얘기하고, 캐플런Kaplan과 애킨슨Atkinson(1989, 1)은 정보와 관련하여 '분류, 절차, 분석'이라는 표현을 사용한다. 우리의 정의는 회계가 단순한 정보 보고 이상이라는 견해로 조직에 대한 정보를 체계적으로 분석하는 것을 포함한다.

조직의 수준에서 회계는 일반적으로 인정되고(일반적으로 인정된 회계 기준 또는 GAAP)[7], 전문가들(비록 비전문가에 의해서는 이해되지 않더라도) 전체에게 이해되는 원칙을 따르는 경향이 있다. 따라서 회계사들이 손익계산서를 작성할 때 그들은 정보 분석에 관여할 뿐 아니라 다른 이들이 사용하는 원칙을 따르고 있는 셈이다.

그렇다고 해서 상급 회계단체가 정한 양식과 사전에 합의된 기준만이 적법한 회계라는 얘기는 아니다. 마익스(1988, 4) 등이 지적한 것처럼 "거의 모든 사람들이 거의 매일 이런 저런 회계를 하고 있다. 당신이 가계부를 작성하거나 수표책의 수지를 맞추거나 소득세 환급서류를 작성하

---

7 GAAP: Generally Accepted Accounting Principles

거나 큰 기업을 운영할 때 회계 개념 및 회계정보로 작업을 하고 있는 것이다."

그 점이 사회적 회계에서 중요하다. 왜냐하면 회계는 회계협회가 정한 체계보다 훨씬 폭이 넓고, 기업이나 지역사회 조직에서와 마찬가지로 개인이나 가정에서도 적용될 수 있기 때문이다. 게다가 그 얘기들은 모든 회계가 논리규칙을 공유하면서도 다양한 관행을 취할 수 있음을 의미한다. 회계협회가 승인한 절차 없이도 사회적 회계가 해온 것처럼 회계는 혁신될 필요가 있다는 것이다.

많은 사람들이 사회적 보고 또는 사회적 감사를 얘기하면서도 이상하게 회계라는 용어를 회피하고 있다. 이러한 경향은 아마도 회계업계로부터의 비판을 피하려는 의도를 반영하는 듯 싶다. 또 사회적 회계가 새롭고 실험적이기에 회계가 아닌 다른 이름을 사용하는 것이 덜 위협적으로 보이기 때문인지도 모른다. 그럼에도 사회적 회계는 시작되어야 한다. 회계협회의 승인이 결여된 분석체계라고 해서 회계가 아닌 것은 아니다.

사회적 보고와 사회적 회계는 분명 다르다. 사회적 회계는 정보를 보고하는 것을 넘어 해석을 하고, 더 나아가 그것을 분석한다. 따라서 기업 보고서에서 시간 경과에 따른 노동자 내 소수자의 비율을 노동력 백분율(a percentage of the workforce)로 표시하는 것은 분석을 포함하지만 회계기준의 필요충분조건보다는 덜 복잡하다고 할 수 있다. 더욱이 그러한 보고서는 재무회계보고서와 같은 회계기준의 양식을 따르지 않는다. 오히려 논리적으로 보이는 직설적인 설명방식을 이용하기 때문에 거기에 회계라는 이름을 붙이는 것을 주저하는 것이다. 따라서 우리는 사회적 회계가 단지 해석이 아니라 체계적인 분석을 포함한다고 앞서 얘기했던 것이다. 사회적 회계에 맞는 양식을 개발하는 일에 회계전문가의 참여가 없으므로 이런 절차에 참가하는 사람들은 혁신가여야 하고, 이러한 분석들을 통해 생산된 정보가 논리적이고 유의하다는 것을 청중들에게 납득시켜야 한다. 맨 마지막 장에서 다시 언급하겠지만 일반적으로 인정되는 회계체계를 개발하는 일은 큰 틀에서는 회계를 둘러싼 정치에 의해 이뤄진다.

3. 조직의 영향

이윤추구 기업이든 사회적 조직이든 간에 조직은 내적 외적으로 다양한 이해관계자에게 영향을 미친다. 이윤추구 기업에서 조직이 제공하는 서비스는 시장에서 매출수치로 나타난다. 구매자들의 복지 또는 자연환경에 대한 기업의 영향과 같은 파급효과는 보통 공식 회계보고서에서는 무시된다. 비록 이러한 부수적인 영향이 공공에 부정적인 결과로 나타나거나 매출에 부정적인 영향을 줄 지라도. 가령 담배 제조기업은 시장에서는 매우 성공적이지만 사회나 소비자가 받아들이기엔 너무 큰 사회적 비용 즉, 크나큰 건강문제를 야기한다. 회계보고서는 주주에게 매출과 투자수익은 보고하지만 이 기업의 제품이 야기하는 건강 비용은 다루지 않는다.

이는 이윤추구기업에 일반적인 현상으로, 물론 이 중에는 더 크고 긍정적인 사회적 영향을 미치는 기업도 있다. 예를 들어 제약업체의 의약품들은 환자들의 통증을 완화시켜줌으로써 그것 없이는 좋은 직장을 구하지 못했을 사람들에게 상대적 만족감을 준다. 어떤 면에서 이런 기업에게 매출은 제품의 영향을 반영하긴 하지만, 의약품 이용자들의 생활능력 제고, 건강비용의 절감, 정부에 대한 세금혜택처럼 매출보다 더 큰 영향을 미치기도 한다. 통상 회계는 넓은 범위의 영향을 보고하지는 않는다. 회계는 기업의 시장거래와 관련된 지출만 보고하는 데 그친다. 더 넓은 사회적 영향에 대한 분석은 연례보고서나 기업의 사회적 보고 형식 등 보충적 보고서에 포함될 수 있으나 그것은 보통 전통적인 재무제표와는 별개이다.

어떤 사회적 조직에게는 시장거래 요건 충족이라는 회계적 제약이 두드러지게 나타나는데, 시장에서의 수익보다 정부보조나 후원금에 의존하는 경우에 특히 그렇다. 전통 회계상 그들이 제공하는 서비스의 효과를 측정할 시장기반 기준이 없다. 그것은 영리기업에서 판매가 미치는 직접적인 영향 뿐 아니라 사회적 회계 영역이 도입하려는 더 넓은 사회적 영향도 마찬가지다.

비영리조직과 협동조합의 사회적 영향을 평가하는 것은 그들이 사회적 사명에 기초하여 활동하기 때문에 특히 중요하다. 제2장에서 설명한 것처럼 그들의 존재 이유는 공동체에 서비스를 제공하는 데 있다. 여기서 공동체란 조직에서 제공하는 서비스의 수혜자들이나 회원들을 말한다. 자선조직 등 인적 서비스 조직의 수혜자들은 대부분 사회적 보조 없이는 살아가기 어려운 사람들로서 저소득층 또는 건강문제가 있는 사람들이다. 보통 그러한 서비스와 관련된 시장거래가 없거나 회계보고서에 포함될 그 서비스의 시장가격이 없다.

제2장에서 논의한 사회적 조직의 또 다른 뚜렷한 특징은 바로 다른 형태의 회계 양식이 요구된다는 것이다. 많은 사회적 조직들은 서비스를 제공하기 위해 자원봉사자들 또는 부불노동(unpaid labor)에 의존한다. 이 서비스는 어떤 시장 거래도 포함하지 않기 때문에 그 내용이 회계보고서에 정상적으로 나타나지 않는다. 이 때문에 자원봉사 노동의 비중이 큰 자원봉사 조직에서는 많은 활동이 누락된다. 자원봉사 노동을 배제하면 조직이 제공하는 서비스의 수준은 극히 작게 표시되며, 어떤 경우엔 아무런 일도 하지 않은 것처럼 보일 수도 있다.

이런 모든 이유 때문에 사회적 조직에는 새로운 회계 체계가 필요하다. 그 이유는 전통적인 기업회계 비판자들이 제시한 것과 유사하고, 또 사회적 조직의 특징과 관련되어 있다.

이 문제를 다루는 핵심 쟁점은 비시장거래 또는 비화폐적 거래의 가치를 평가하는 것으로, 에스테스(1976)는 다음과 같이 강조한 바 있다. "사회적 회계에 대한 가장 큰 장애물은 유효하고 신뢰할 만한 측정수단이 없다는 것이다. 회계사나 기업가들은 기업의 사회적 회계 일반 개념을 수용할 의사가 있다고 하지만 사회적 영향에 대해 적절한 수치를 부여할 수 있을지에 대해서는 신뢰가 없다." 이러한 쟁점이 제4장부터 제7장에 걸쳐 소개될 것이며, 거기에서 실제적인 회계모델이 소개될 것이다. 논의도 훨씬 일반화될 것이다.

자원봉사 활동의 시장가치 추정

사회적 조직의 회계 체계는 자원봉사 노동의 시장가치를 측정할 수 있어야 한다. 이에 대한 두 가지의 이론적 흐름이 있다. 첫째는 경제학자들이 기회비용이라고 얘기하는 것에 근거한다. 이 흐름은 '자원봉사활동의 원가'는 '그게 아니었다면 다른 방식으로 사용되었을 시간'이라는 가정에서 출발한다. 물론 거기에는 필요한 재화와 서비스에 소비될 세후 소득을 얻는 것도 포함된다.[8] 시간이란 소득을 얻기 위해 소비되므로, 기회비용은 자원봉사자들이 그들이 할 수 있는 유급노동에서 정상적으로 받게 될 시간 보상과 관련된다. 하지만 이런 절차는 자원봉사 노동과 관련된 기술(skills)과 급여를 받는 기술이 상당히 다를 수 있기 때문에 문제가 될 수 있다.[9] 빌게이츠가 그의 노동에 대한 대가로 마이크로소프트 회사에서 받는 시간당 임금은 그가 지역 푸드뱅크에서 자원봉사하면서 하루를 보낼 경우 받는 적정한 기준이 되기는 어렵다. 만약 푸드뱅크 자원봉사자들이 실업상태여서 시간급이 없을 경우 정반대의 문제가 발생할 수 있다. 그렇다고 그 서비스가 아무런 가치가 없다고 가정하는 것은 옳지 않다. 기회비용을 측정하는 문제의 복잡성을 고려하되, 과세되는 유급노동자의 시간당 임금을 포함하고, 몇몇 복리후생급여(fringe benefit)을 가감한다. 브라운은 자원봉사노동의 시간당 임금은 대략 평균적인 시간당 임금의 1/2에서 6/7에 달한다고 추정한다. 그녀의 견해(1999, 11)에 따르면 자원봉사자들이 그들의 유급 업무에 비해 상대적으로 책임이 늘어날 때는 더 높은 가치가 적용되어야 하고, 반대의 환경에서는 더 낮은 가치가 적용되어야 한다.

자원봉사 노동에 대한 브라운Brown(1999)의 기회비용 측정 절차를

---

8 Brown 1999, 10
9 Brown 1999

변형한 방식이 울프Wolfe 등[10]에 의해 도출되었다. 울프 등은 자원봉사자들에게 그들이 급여 노동을 했다면 받았을 금액이 얼마인지를 질문하여 한계기회비용을 측정했다. 노동시장에 있지 않은 자원봉사자들(은퇴자거나 학생, 실업자인 경우)에 대해서는 만약 그들이 유급일자리를 찾을 경우 벌 수 있다고 생각하는 금액이 얼마인지 질문했다.(1993, 31) 핸디Handy와 스리니바산Srinivasan(2002)은 또 자원봉사자들에게 그들의 업무가 얼마의 가치가 있는지 측정하도록 했고, 그 결과 한계기회비용보다 낮은 수치에 도달했다.

측정 절차는 다양하지만 자원봉사자의 관점에서 자원봉사 노동의 가치를 살피고, 개별 자원봉사자에게 한 시간의 가치가 얼마인지를 추정한다는 점에서 유사하다.

그것은 '대체원가' 접근법, 즉 조직의 관점에서 자원봉사 노동의 원가를 평가하는 방법과는 다르다. 우리 작업도 그렇지만 자원봉사자들의 가치를 측정하는 조사연구의 대부분은 대체원가 방법을 이용한다. 자원봉사자들이 실비변상되는 일을 함으로써 유급노동을 대체하는지 아니면 그들이 유급 노동을 보완하는지에 대한 논란이 있다.[11] 그러나 대체원가 접근법은 그 쟁점을 피하면서, 자원봉사자들의 역할은 노동시장에서 유사 노동의 가치로 계산되어야 한다고 가정한다.

대체원가는 다양한 방법을 이용하여 측정된다. 자원봉사자들의 가치를 측정하는 많은 조직들은 단순히 특정 분야의 시간당 평균임금에 기초하여 대략적인 평균치로 계산한다. 예를 들어 독립부문(미국의 변호

---

10 Wolfe, Weisbrod, and Bird (1993) and Handy and Srinivasan (2002)
11 Brudney 1990; Ferris 1984

사비영리조직 같은)은 대통령경제보고서에 실린 비농업 분야 노동자들의 시간당 평균임금에 12%의 복리후생급여를 더한 금액을 이용한다.[12] 캐나다에서는 로스Ross(1994)가 캐나다 통계청의 고용소득자료에 기초한 시간당 임금의 가중평균을 제안했다. 그는 전국 및 지방 평균치를 모두 계산했다.

그러나 대체원가접근법의 지배적인 추세는 서비스 유형에 따라 계산을 하는 것이다.[13] 예를 들어 온타리오지역 '문해능력 훈련조직'은 문해능력 있는 자원봉사자들의 시간당 임금을, 훈련을 제공하는 94개의 지역사회 조직의 정규직 직원들의 연평균 임금 자료를 이용하여 계산한다. 영국에서 개발된 '자원봉사 투자와 가치 감사(VIVA: the Volunteer Invest and Value Audit)[14]는 일자리와 그 일자리의 구성 요소들에 근거한 시장 비교치를 사용한다.[15]

대체원가 사용에 대한 비판 중 하나는 자원봉사노동은 유급노동보다 생산성이 떨어지고 따라서 대체원가는 그들의 실제 원가를 과대평가할 수 있다는 점이다.[16] 또 다른 비판은 자원봉사자들을 활용하는 조직이 대체로 자금제약 하에 있고, 자원봉사자들을 이용하지 않으면 제공 서비스 수준이 떨어진다는 점이다.[17] 또한 유사한 직무에 대한 시장요율은 자원봉사에 필요한 기술보다 더 높은 수준의 기술을 가져올 수

---

12 Independent Sector 2001, 2002b
13 Brudney 1990; Community Literacy Ontario 1998; Gaskin 1999; Gaskin and Dobson 1997; Karn 1983
14 자원봉사 활동의 경제적 가치를 입증하고, 조직이 자원봉사자에게 지출하는 총 금액을 평가하며, 이 두 변수 사이의 관계를 결정하는 접근법을 말한다.
15 Gaskin 1999; Gaskin and Dobson 1997
16 Brown 1999
17 Handy and Srinivasan 2002

있기 때문에 자원봉사의 기여도를 제대로 평가하지 못할 수 있습니다(Brown 1999). 게다가 자원봉사조직들이 가치 있는 서비스를 제공한다고 해도 그들 또한 훈련과 감독 비용을 감당한다는 점이다. 이 점은 앞의 비바(VIVA)에서 강조하고 있는데, 거기서는 자원봉사활동의 비교시장가치(대체원가법을 이용해서 측정한)를 그들에 대한 조직의 지출로 나누고, 그 비율로 비용편익 분석을 한다.[18]

우리의 접근법은 자원봉사자들의 가치를 측정할 때 대체원가법을 이용한다. 그러나 우리는 조직의 특성을 감안하고, 앞서의 비판을 고려하여 측정할 것이다.

기타 비현금성 산출물의 시장가치 추정

자원봉사 노동에 대한 적정 가치 산출이 사회적 조직을 위한 회계제도 정립의 주된 요소이긴 하지만 또 다른 문제도 있다. 시장거래를 하지 않은 산출물에 대한 측정, 따라서 이를 위해 요구되는 창의적 접근법이 그것이다. 사회적 회계의 초기 저작 중의 하나에서 에스테스(1976)는 이런 쟁점과 씨름하면서 여러 가지 창의적 기법을 제안했다. 그의 사례는 대부분 이윤추구 기업과 관련된 것이긴 하지만 사회적 조직에도 마찬가지로 중요하다.

대용가치평가법(Surrogate Valuation)

"요구되는 가치를 직접 계산할 수 없을 때 우리는 그 대용물의 가치를

---

18 Gaskin 1999; Gaskin and Dobson 1997

측정한다. 우리의 측정대상과 동일한 효용 또는 원가에 매우 가까운 것으로 기대되는 대상이나 현상을 대신 측정하는 방법이다."[19] 에스테스는 시민조직에 제공되는 건물의 가치를 측정하는 사례를 제시하고, 유사한 성격을 갖는 상업용 건물에 지불하는 임차료를 대용가치로 제안한다. 또 다른 사례는 우리도 사용하는 것으로 비영리조직에 참여함으로써 자원봉사자들의 개인적인 성장과 역량 개발에 해당하는 대용가치를 찾는 것이다. 그 대용가치의 하나로 우리가 사용한 것은 개인적 역량 개발을 위해 지역사회 대학학부과정에 지출하는 수업료이다.

설문조사기법(Survey Techniques)

이 방법은 참여자들에게 어떤 서비스가 그들에게 어느정도 가치가 있는지 질문하는 걸 포함한다. 정확한 측정값을 찾기 위해 에스테스(1976)는 가격이나 소비자품목리스트를 사용하되, 응답자들에게 그 서비스가 그 리스트상의 다른 가격(품목)들과 관련되어 있는지 질문할 것을 제안한다.

원상회복 또는 회피원가(Restoration or Avoidance Cost)

"어떤 사회적 비용은 손실(피해)을 막거나 예방하는 데 필요한 금전적 지출을 평가함으로써 가치를 측정할 수 있다."[20] 도로의 염분이 자동차를 부식시키지만 자주 씻어내면 그 피해를 막을 수 있고, 그것을 측정하는 것은 쉽다. 마찬가지로 산업이나 거주용도로 사용할 수 있도록 오염

---

19 Estes 1976, 110
20 Estes 1976, 115

된 토양을 회복하는 비용을 측정하는 것도 가능한 일이다. 공장폐쇄와 같은 사건에서 많은 정부에서는 공장을 거주지 수준으로 원상회복할 것을 요구한다.

이러한 유형의 원가 측정은 보통 환경오염과 관련하여 이뤄진다. 예를 들어 카네기-멜론 대학은 1963년 피츠버그의 오염과 관련한 비용이 20억 달러였다고 추정했다. 그 추정에는 오염으로 인한 호흡기 질환의 증가와 관련된 의료기관 또는 치료의사 보수를 포함했다.[21] 유사한 연구에서는 대기오염이 재산가치에 미치는 영향을 측정하고, 공기 질의 저하는 주택 판매가격에 부정적으로 영향을 미친다는 사실을 발견했다. 1965년에 재산 가치가 85개 미국 도시에서 총 6억 1500만 달러 감소한 것으로 측정되었다.[22] 공공이 이용가능한 실외 휴게시설의 손상 또는 오염의 가치는 그 시설을 대체하는 데 필요한 비용으로 측정되었다.[23]

분석

정부 대행기관들은 흔히 정교한 정보은행과 통계분석 자료를 갖고 있어서 사회적 산출물의 가치를 측정하는 데 이용할 수 있다. 예를 들어 그 정보를 이용해서 자원봉사활동과 관련된 소득 증가액을 측정할 수도 있다.[24] 연구 결과 자원봉사자들은 그들의 경험을 통해 약 6%에서 11% 이상의 소득이 증가한 것으로 측정된다.

사회적 회계에 참여한 사람들이 인정하듯이 비현금성 항목에 대한 시

---

21 Rose 1970
22 Estes 1972
23 Crutchfield 1962
24 Day and Devlin 1996, 1998; Devlin 2000, 2001

장가치를 찾는 일은 창의성과 유연성을 필요로 한다. 흔히 회계전문가 조직들이 그 방법을 인정하지 않기 때문에 그런 절차를 취하는 것을 꺼린다. 이에 대한 이유 하나는 어느 정도가 적정한 것인가에 대한 회계전문가들 사이에서의 불확실성이다. 회계전문가조직은 환경이나 폭넓은 사회적 문제와 관련된 쟁점을 연구하고 있긴 하지만[25] 실무관행에서의 변화는 더디다.[26]

그럼에도 회계사들이 추정을 하는 몇몇 경우가 있다. 인적자원회계는 비현금성 항목에 대해 가치를 부여한다.[27] 그리고 재무회계 안에서도 정확성이 문제가 되는 추정치들로 재고자산 측정과 유형자산 감가상각이 있다. 하지만 일반적으로 전통회계는 비현금성 항목에 대해 시장가치를 부여하는 것을 피한다. 관심과 중요성에 불구하고, 관행 때문에 조직의 가치 또는 명확한 부채 등 분명한 영역을 무시하는 것은 적절하지 않다. 일반적으로 받아들여지는 대안적 사례나 지표가 있으면 이러한 유형의 작업은 더 쉽게 이뤄질 것이다. 이를 위해 조직을 평가할 회계보고책임 관련 국제적 법령이나 기준을 개발하기 위해 사회윤리회계책임협회가 영국에 설립되었다.[28]

제4장부터 제7장까지 비현금성 사회적 산출물에 시장가치를 부여할 때 우리는 대용가치접근법을 채택하였다.

---

25 American Accounting Association 1972a, 1972b, 1973, 1989; American Institute of Certified Public Accountants 1977; Canadian Institute of Chartered Accountants 1993a; Institute of Chartered Accountants in England and Wales 1992
26 For a discussion of this issue Internationally, see Ahmed Belkaoui, Socio-economic accounting, Westport, CT.: Quorum, 178-182 [1984]
27 Flamholtz 1985
28 Institute of Ethical and Social Accountability 2000; Zadek 외 1997

가중치 부여

조직의 영향을 측정할 때 또 하나의 문제는 가중치를 부여하는 일이다. 즉 결과에 영향을 미치는 여러 가지 요소들에 각각 어느 정도 비중을 부여할 것인가를 결정해야 한다. 비교그룹과 종단 연구(관련 특성을 결정하는 전통적인 방법)는 대부분 사회적 조직들의 역량 범위를 넘어서는 자료를 요구한다. 예를 들어 노인들의 식단을 개선하기 위한 영양프로그램은 수혜자의 건강에서 긍정적인 개선효과와 관련될 수 있다. 하지만 동시에 진행되는 의학적인 치료 등 다른 요소들을 통제하여 그 프로그램이 건강 개선을 가져온 것인지에 대해 결정하는 것은 어렵다. 메인Mein(1999, 5)은 어떤 정부 프로그램이 특정한 결과에 기여하는 정도를 명확하게 결정하는 것은 불가능하다는 것을 관찰하고, "공공부문에서의 측정은 정확성에 관한 것이라기보다는 이해와 지식을 증진시키는 것"이라고 얘기한다. 이러한 분석은 사회적 프로그램에도 동일하게 적용할 수 있다. 메인은 어떤 프로그램이 어떤 결과에 미치는 영향을 분명히 하기 위해 다음과 같은 단계를 제안한다.

- 프로그램의 논리 정리하기
- 행동변화를 식별하고 문서화하기
- 명확한 지표 사용하기
- 시간 경과에 따른 성과 추적하기
- 토론하고, 가능하면 대안적인 설명을 시험해보기
- 여러 수준의 증거 수집하기[29]

---

29 Mayne 1999

메인(1999)에 따르면 프로그램의 효과를 측정하기 위해 합리적인 사례가 만들어질 수 있다. 그러려면 정부 프로그램이나 정부가 보조하는 많은 사회적 조직들이 현재 수집하는 것보다 더 많은 정보를 필요로 한다.

사회적 지표의 필요성

1969년 미국보건교육복지성이 대통령에게 보고한 문서에서 올슨 Olson(1969)은 사회적 지표의 필요성을 강조했다. 올슨(1969, xi)은 해당 문서 서문에서, 국가는 사회적 진보 또는 퇴보를 반영하는 어떤 포괄적인 통계도 갖고 있지 않으며, 사회 건강에 대한 정기적인 실태조사 절차가 정부차원에서 존재하지 않는다고 하면서 그 필요성을 강조했다. 더 나아가 경제적 지표의 과잉을 탄식하며 국민 복지에 대한 국민소득의 방정식이 통하지 않는다는 것을 지적했다. "경제적 지표는 보통 지속적인 진보를 보여준다. 증가하는 소득, 실업률 저하 등. 그럼에도 시장과 신문에는 온통 불만이 늘고 있다는 증거들이 가득한 것은 모순처럼 보인다."(1969, xi)

올슨은 건강과 질병, 사회적 이동성, 물리적 환경, 소득과 빈곤, 공공질서와 안정 등의 쟁점에 대한 창의적인 사회적 지표 목록을 만들었다. 그런 쟁점들을 위한 지표가 사회적 회계에 소중할 수 있다. 비록 올슨의 분석 도구가 조직보다는 국가수준의 지표와 관련된 것이긴 하지만. 두 사례에서 정보는 사회적 조건에 대한 판단 또는 해석을 위해 분석된다. 사회적 지표 연구가 효과적인 사회적 회계의 중요한 측면이긴 해도 일반적으로 이들이 연관된 분야는 서로 평행선을 달리며 진행된다.

사회적 지표 연구는 두 유형이 있다. 첫째, 어떤 현상과 관련된 사회적 비용은 흔히 무시된다는 것을 증명하는 유형, 둘째, 사회 진보에 대한 국가나 국제적 기준을 확립하는 연구유형(가령, 인류발전지수와 기타 유엔 보고서[30] 또는 더 나은 삶의 질로 가는 진보가 있는지 여부를 평가하기 위해 시도하는 오레곤Oregon주 복지부의 기준척도)[31] 회계 제도가 중요한 사회적 비용에 대해 전혀 관심을 갖지 않고 있다는 점을 보여주는 연구도 이 장의 특별한 관심사이다. 결국 이러한 연구들은 폭넓은 참고자료를 바탕으로 비용효익 분석을 행하지만 동시에 사회적 회계 제도가 이용하게 될 사회적 지표를 생산한다. 매우 많은 연구들이 존재하므로, 우리의 사례는 불가피하게 선택적일 수밖에 없다.

그러한 연구의 고전적인 사례로 미국의회의 합동경제위원회(위원장 휴버트 험프리 상원의원)에서 1976년 채택한 것이 있다. 존스홉킨스대학의 하비 브레너Harvey Brenner에 의한 이 선험적인 연구는 '브레너 보고서'[32]라 부르는 것으로 1935년경부터 1974년까지(각 범주별로 일정정도 다른 시간 프레임이 있음) 자살이나 주(州)정신병원 입원, 주 교도소 입원, 살인, 간경화나 심장질환에 의한 사망 등 스트레스 지수를 조사함으로써 실업증가라는 사회적 비용을 추계하고자 했다. 이 연구는 실업증가와 스트레스 지수 사이의 인과관계를 주장하지는 않았으나 이 변수들 사이의 상관관계의 증거를 제공했다. 즉, 실업 증가는 스트레스

---

30 United Nations Human Development Report 2002
31 Oregon Department of Human Services 2002; Stein 1996
32 Brenner 1976

지수 악화와 관련되어 있다. 예를 들어 브레너는 실업률의 1% 증가는 다음과 같은 지수의 변화로 이어진다는 것을 추정했다.

- 자살 4.1% 증가
- 주 정신병원입원자 수 3.4% 증가
- 주 교도소입소자 수 4% 증가
- 살인사건 수 5.7% 증가
- 간경화와 심장질환에 의한 사망자 수 1.9% 증가
- 총 사망자 수 1.9% 증가

연구 결과를 요약하면서 험프리 상원의원은 다음과 같이 얘기했다.

"1970년대 실업율이 1.4% 증가한 것은 우리 사회에 70억달러 소득손실을 초래하였는데, 그로 인한 질병과 자살, 그리고 주 교도소 및 정신병원 입소 등 때문이다. 여기에 1970년에서 1975년에 걸쳐 실업이 발생하고, 실업율이 매년 1.4% 씩 지속적으로 상승하면서 투입된 년간 28억 달러의 공공 부문 지출을 더해야 한다. 또한 연방제도 수준의 돌봄 비용도 포함되지 않았다. 후자의 지출을 제외하더라도 1970년대 실업률 증가분이 1.4%로 지속됨으로써 최소한 210억 달러의 비용이 들었다. 그리고 앞서 말한 것처럼 이것은 1970년 이후에 증가한 실업율의 영향은 완전히 빠져 있다."(1976, ix)

브레너 보고서는 단순히 실업 증가에 따른 비용효익 분석을 했을 뿐 아니라 회계제도가 적용할 기준을 만들어냈다. 한 회사가 조직을 축소할 때 해고와 실업으로 이어지고, 그에 따라 사회에서는 회사의 회계에 잡히지 않는 비용이 발생한다. 그것은 회사 이외의 문제로 간주되기 때문에 회계에 반영하지 못한다. 그러나 그러한 비용은 포함해야 했다. 브레너 보고서는 그 비용에 대한 사회적 지수를 제공한 것이다.

다른 연구도 이와 유사한데, 차이가 있다면 대상이 되는 사회적 문제가 다를 뿐이다. 가령 라이스와 밀러(1995)는 정서 장애에 기인한 경제적 비용문제, 존슨과 로젠바움(1993)은 경기침체에 의한 경제적 비용문제, 클리브랜드와 크라신스키 등은 아동보호에 대한 투자의 경제적 효익문제[33] 그리고 그레이와 오웬, 아담스 등은 1980년 중반 영국에서 발생한 공장폐쇄의 잠재적 비용문제 등을 다루었다.[34]

이와 같은 연구들은 평가를 위한 사회적 기준을 확장함으로써 또다른 그림이 나타난다는 것을 보여준다. 예를 들어 아동보호 지출에 대한 전통적인 입장은 사회에 부과되는 비용으로 간주되지만, 연구 결과 그것은 여성들이 노동 시장에 더 많이 참여할 수 있는 효익이 되며, 그 아이들은 학교에서 더 잘 적응하고, 결국 사회의 더 생산적인 구성원이 된다는 것을 보여준다. 클리브랜드와 크래신스키(1998)의 연구는 아동 보호에 투자된 공공 지출의 증분 효익은 투자금액의 2배라고 추정한다.

---

33 Cleveland and Krashinsky 1998; Cohen and Fraser 1991; Townson 1986; Verry 1990
34 Gray, Owen, and Adams 1996; Harte and Owen 1987

조직의 영향 요약

만약 사회적 회계제도가 조직의 영향을 적절하게 평가하려면 자원봉사노동이나 일반적으로 현금으로 계산되기 어려운 산출물의 변수를 측정할 필요가 있다. 이들 산출물을 평가하기 위한 확립된 기준이나 지표가 없을 때 혁신이 필요하다. 사회적 지표에 대한 연구는 비현금성 변수가 어떻게 계산될 수 있는지에 대한 절차를 만들고, 동시에 적용할 수 있는 기준을 제안하는 것이다. 그럼에도 불구하고, 사회적 요소들 중에는 쉽게 계량하기 어려운 것들이 있다. 그런 요소들은 묘사를 하거나 질적 표현이 가능하다고 블레이크Blake, 프레데릭Frederick과 마이어Myers (1976, 41):등이 강조한다. "많은 사회적 요소들은 단순히 수량으로만 표시하거나 측정할 수 없다. 이러한 딜레마를 해결하기 위해 비교 가능하면서도 유의미한 비수량 측정방식을 고안하는 것이 필요하다." 비록 '회계'가 '계산'이라는 말에서 출발하고 회계보고가 보통 경제 정보의 수량을 표현하긴 하지만 회계는 정보의 전달을 포함하기도 한다.[35] 정보보고를 꼭 수량화할 필요는 없다. 우리가 앞으로 소개하려는 모델에서도 사회적 요소들에 대한 시장수준의 비교가 이뤄지고, 재무보고서 차원에서 분석된다. 하지만 이것이 사회적 회계를 수행 하는 유일한 접근법은 아니라는 것이다.

4. 이해관계자들의 공동체

어떤 조직의 영향을 분석하는 사회적 회계제도에서는 대상이 있어야

---

35 Garrison, Chesley, and Carroll 1993; Kaplan and Atkinson 1989; Larson 외 1999

한다. 즉 무엇에 대한 영향인가? 일반적으로 그 대상은 사회이고, 사회가 단순하다면 그것으로 충분할 수 있다. 하지만 현대 세계에서 사회는 복잡하고 특정 결정체가 아니다. 그리고 그 외연은 매우 넓다. 따라서 조직에 의해 직접적으로 영향을 받는 이해관계자들의 공동체 또는 집단이라는 것으로 사회를 정의하는 것이 더 논리적이다. 똑같은 주장이 조직 그 자체에 대해 제기될 수 있다. 특히 그것이 크고 복잡한 조직일 경우 라마나단Ramanathan(1976, 523)은 이러한 이해관계자 공동체를 '사회의 구성요소'라고 하면서 이를 "한 기업이 사회적 계약을 맺으리라 추정되는 서로 구별되는 사회적 그룹"이라 정의한다. 그가 사회적 계약이라는 용어를 어떤 맥락에서 사용하는지는 불분명하다. 아마도 지속적인 사회적 관계라는 뜻으로 사용하는 것 같다. 조직의 문서에서 이해관계자 공동체는 이해관계자들로 나타나고, 그들이 조직의 결과물에 대해 이해관계를 갖고 있다는 의미를 뜻한다.

프리먼Freeman(1984, 46)은 이해관계자에 대해 가장 널리 사용되는 정의를 제시한다. "조직의 목적 달성에 영향을 미치거나 영향을 받을 수 있는 어떤 집단이나 개인." 이러한 정의는 구멍이 넓은 그물과 같이 헐렁해서 클락슨Clarkson(1995)은 이를 좀더 좁혀 이해관계자를 1차집단과 2차집단으로 구분하였다. 그는 "1차 이해관계자 집단이란 그들의 지속적인 관여 없이는 회사가 계속기업으로 살아갈 수 없는 사람들"이라고 정의하였다.[36] 그는 1차 이해관계자의 예로, 직원과 소비자, 공급자와 투자자 그리고 법과 제도, 하부구조와 시장을 제공하는 정부와 지역사

---

36 Clarkson 1995, 106

회로 본다. 클락슨의 분류는 이윤추구기업에 맞춰져 있는데, 사회적 조직에 적용해도 될 것이다. 예를 들어 이윤추구 기업에서와 같은 의미의 투자자는 아니지만 사회적 조직에도 자금 제공자가 있을 수 있다. 마찬가지로 자원봉사자들이나 회원들이 항상 더 중요한 역할을 하게 될 것이다.

클락슨은 2차 이해관계자를 "회사에 영향을 미치거나 영향을 받기는 하지만 회사와의 거래에 참여하지 않고, 회사의 생존에 필수적이지 않는 사람들"이라고 정의한다(1995, 107). 그 사례로 언론매체나 환경조직을 들고 있다. 클락슨은 자연환경 자체를 이해관계자로 언급하지 않고, 환경조직에 포함되는 것으로 보는 것 같다. 개념상 자연환경은 조직이나 사회적 회계제도 양자에 중요한 의미를 갖는 1차 이해관계자로 분류해야 한다.

클락슨은 1차 이해관계자 모두의 요구를 충족하는 것이 조직의 생존에 핵심이라고 주장한다. 자와하르Jawahar와 맥 로글린McLaughlin(2001, 402)은 그의 주장을 비판하면서 1차 이해관계자 가운데 "어떤 시점에서는 일부 집단이 다른 집단보다 더 중요해질 것"이라고 말한다. 이윤추구 기업에서 "주주와 채권자들은 중요한 스타트업 자금의 1차공급자가 되는 것과 같다"라고 주장한다.[37] 따라서 설립 초기에 그들은 가장 중요한 이해관계자이다. 사회적 조직에서 지배적인 이해관계자는 그리 분명하지 않다. 보통 하나의 지배적인 회원 집단을 지향하는 비영리조직과 협동조합을 제외하면 사회적 조직은 흔히 지배구조에 다양

---

37 Jawahar and McLaughlin 2001, 406

한 이해관계자들의 대표가 포함된다.

하지만 한 이해관계자가 어떤 조직의 지배구조에서 정의된 권리를 갖는지와 영향을 받는지는 서로 다르다. 이윤추구기업은 그들의 지배구조에서 보통 주주나 경영자들 외의 이해관계자들의 권리를 제약한다.[38] 하지만 기업은 서비스이용자(소비자)들, 직원들, 지역사회, 자연환경 같은 다른 집단에 영향을 미친다. 만약 어떤 공장이 거대한 양의 독가스를 배출하면 영향을 받는 집단은 범위가 꽤 넓어질 수 있다.

따라서 사회적 회계가 이해관계자와의 관계에서 조직의 영향을 살펴야 한다고 할 때 지배구조에서 해당 이해관계자의 법적 권리 문제가 꼭 중요한 것은 아니다. 예를 들어 직원들은 한 기업 내에서 제한된 권리를 갖는다. 하지만 그들은 삶을 위해 기업에 의존하고 또 제공하는 서비스의 질 면에서 그들의 역할은 중요하다. 결과적으로 회계보고서는 직원들에 대한 회사의 영향을 기술해야 한다. 비영리조직에서 자원봉사자는 흔히 노동력의 중요한 구성요소이고, 조직의 산출물에 영향을 미친다. 자연환경은 조직이 사용하는 에너지와 내뿜는 독가스를 통해 영향을 받고, 공기나 물의 질은 직원들의 업무수행능력에 영향을 미친다는 점에서 상호 영향을 미친다.

조직의 영향을 살펴야 하는 실제 이유는 사회보다는 이해관계자와의 관계에서 훨씬 일반적으로 나타난다. 이해관계자들은 조직이 그들에게 영향을 미치는 방식에 대해 의견을 낼 수 있는 특정 집단이다. 자연환경을 위해 대신 얘기해줄 수 있는 집단이 있다. 또한 앞에서 정의한 대로,

---

38 Gray, Owen, and Adams 1997; Jordan 1989

사회적 회계는 이해관계자를 재무제표 작성에 필요한 정보와 같은 투입 요소에 포함하고, 계속기업의 변화 과정에 이해관계자들을 참여시키는 것이 바람직하다.[39] 달리 말하자면 이해관계자들은 그 과정의 적극적인 참여자가 된다. 이해관계 집단을 정의하면 이 과업이 단순해진다.

5. 이해관계자 정보

사회적 회계의 지배적 모델은 이해관계자 모델이다. 이는 조직활동의 피드백이나 검증을 할 때 조직의 주요 이해관계자 대표들을 참여시키는 모델이다. 이 모델의 출발은 블럼Blum(1958)과 보웬Bowen(1953), 고이더Goyder(1961)에서 비롯되었는데, 이들은 기업의 사회적 책임과 더 큰 회계보고책임의 필요성을 강조했다. 그 모델의 세부사항으로 절차적 감사[40] 혹은 사회 절차 감사가 제시되었다. 하지만 이 모든 분석이 전체 조직으로 확장되지 못하고 특정 프로젝트에 국한되었다.

이 모델의 변형판이 영국의 신경제학재단(New Economics Foundation)에 의해 개발되었다.[41] 또다른 변형 모델들이 다른 곳에서 개발되었다. 최초의 응용은 이윤추구기업에서 시작되었으나 사회적 조직에도 적용되었다.[42]

이 모델은 사회적 감사 또는 윤리적 감사로 가장 자주 언급된다. 신경제학재단은 사회적 감사에 대해 "조직의 목적과 이해관계자들과의 관

---

39 Gray, Owen, and Adams 1997; Henriques 2001
40 Bauer and Fenn 1973
41 see Zadek 외 1997
42 Brown 2000, 2001; Heritage Credit Union 1998; Metro Credit Union 1996, 1997, 2000; VanCity 1998, 2000; Zadek 외 1997)

계 속에서 조직의 사회적 영향과 윤리적 활동을 평가한다."고 얘기한다.[43] 이러한 접근법은 이해관계자 정보를 조직의 사회적 성과 보고서에 포함시키려는 시도이다. 그래서 해당 조직은 이해관계자들의 기대를 충족시키기 위해 조사연구에서 나온 질적 피드백과 설명적 정보를 이용한다. 국제바디샵협회(The Body Shop International)가 행한 평가가 가장 훌륭한 사례라 할 수 있다. 이 조직은 민간부문 다국적 프랜차이즈로서 동물권과 자연보호, 인권, 공정무역실천과 같은 쟁점을 다룬다.[44] 동 조직은 사회적 회계를 '윤리 감사'로 부르며 그 이름으로 한 부서를 유지하면서 관련 노력을 하고 있다. 사회적 영향을 고려하여 평가하는 것은 해당 조직에서 중요하다. 왜냐하면 마케팅 전략에서 중요한 요소가 사회적으로 의식 있는 소비자들에게 다가가는 것이기 때문이다. 동 조직은 공공행사부서를 통해 사회적 쟁점에 대한 캠페인을 조직할 때 자주 비영리조직들과 연대한다. 이들 캠페인은 임시적이고 부차적인 행사가 아니라 조직의 얼굴이자 영업활동에서 중심적인 역할을 수행한다.

이 조직의 회계절차에서 인상적인 것은 규모에도 불구하고 공개 회합이나 인터뷰, 신뢰할 핵심그룹 의견조사 및 조사연구 등 포괄적인 방식으로 핵심 이해관계자들의 의견을 체계적으로 수렴한다는 점이다. 단 조직의 윤리적 감사는 외연이 넓다. 1995년 수행된 초기 인터뷰는 134쪽 분량[45]이었는데, '가치 보고서'라 불리는 1997년의 보고서는 218쪽이었다.[46] 방법은 유사했지만 1997년 보고서에서도 1995년 문서에서 제

---

43 Pearce, Raynard, and Zadek 1995, 1
44 Sillanpää 1997, 1998; Quarter 2000; Wheeler and Sillanpää 2000
45 The Body Shop 1996
46 The Body Shop 1998

기한 쟁점을 다루었다.

자문절차에 참여한 이해관계자 집단에는 직원과 가맹점주, 소비자, 공급자, 회사의 협력업체 대표들, 지역사회 대표들 그리고 주주들이 포함되어 있다. 그들은 회사 사명의 다양한 측면과 특정한 이해관계자 집단과 관련된 목표에 관해, 그리고 그들을 충족하는 데 성공했는지 여부에 대해 자문을 받는다. 마찬가지로 응답자들은 회사의 사회적 목표를 한 단계 더 진전시키는 제안을 했다.

영국의 리틀햄튼(국제바디샵협회 본부 소재지) 대표자들로부터 피드백을 수취함으로써 사회적 성과와 관련된 지역사회 만족도가 평가되었다. 직접 고용된 직원들의 약 절반이 그곳에 근거를 두고 있다.[47] 특별 주민총회가 열릴 때는 바디샵의 10명의 대표들과 50명의 주민 대표들, 기타 관심 있는 개인들, 그리고 감사부서(신경제학재단 등)가 참여한다. 마을 모임은 회사의 여러 측면을 분석하였다. 결과 보고서는 회사가 그 지역에서 가장 규모가 큰 고용주 중의 하나이므로, 지역 사회에 자원봉사자로 참여하거나 지역 개발 쟁점들에 대해 더 잘 소통할 필요성에 대해서 언급했다. 마찬가지로 보고서는 회사의 다음 단계를 제시하면서, 자원봉사활동에 대한 새로운 접근을 시작하고, 그를 통한 광범위한 참여 가능성을 시사하고 있다.[48] 사회적 회계의 중요한 특징은 조직 활동을 변화시키는 것이다.[49] 그런 점에서 사회적 회계는 조직에 대한 사회적 구성원으로부터의 피드백시스템이라 할 수 있다.

---

47 The Body Shop, 1996
48 The Body Shop 1996
49 Brown 2001

사회적 감사냐 사회적 회계냐

위 바디샵의 사회적 보고서는 내부적으로 작성된 후 외부조직인 신경제학재단에 의해 검증되거나 감사된다. 앞서의 정의에 따르면 이들 초기 보고서는 조직 내부에서 핵심 이해관계자가 그 조직의 사회적 성과에 미친 영향을 분석한다는 점에서 사회적 회계를 반영한다고 볼 수 있다. 따라서 우리는 이러한 접근법을, 회계 기준에 따라 인증절차 또는 '회계 기록에 대한 독립적인 조사'로 정의되는 '감사'와 구분한다.[50] 마찬가지로 파워Power(1997, 17)는 "시간이 흐름에 따라 이 일반적인 정의는 다양한 방식으로 보완되고, 수정된다. 하지만 독립적인 조사라는 핵심 개념은 남아 있다." 다음 사례에서 보듯 이 모델을 사용하는 많은 조직들은 회계와 감사의 기능 차이를 명확하게 구분하지 못하고 있다. 어떤 경우 사회적 감사라는 용어는 적절하지만 다른 경우에는 조직에 대한 평가가 사회적 회계가 되거나 사회적 회계나 감사의 변종처럼 보이기도 한다.

또 다른 사례는 벤앤제리홈메이드회사(Ben & Jerry's Homemade Inc), 즉 버몬트 기반의 아이스크림 회사이다. 1989년 이 회사는 하나의 프로그램에 대해서가 아니라, 기업 전체에 대해 사회적 성과를 평가하는 모델을 새로 만든 선구자였다.[51] 이러한 평가 작업을 하기 위해 벤앤제리는 미국 '경제우선위원회the (Council on Economic Priorities)'의 존테퍼 말린John Tepper Marlin을 고용하였다. 이 조직은 회사의 협조를 다 받은 것은 아니지만 사회적 성과를 바탕으로 회사를 평가하였다.

---

50 Meigs 외 1988, 31
51 Lager 1994; Parker 1997

사실 말린은 감사를 한 것이었을 수 있다. 보고서는 다섯 개의 이해관계자 집단(지역사회, 근로자, 소비자, 공급자, 투자자 등)에 대한 회사의 영향을 평가했다.

벤앤제리의 1989년 보고서는 대체로 긍정적이긴 하지만 회사가 노동력 구성에서 소수자들이 부족하다는 비판에 대해 솔직히 인정했다. 그에 따라 벤앤제리는 외부감사로 있던 정보관리회사 윌리엄 노리스와 함께 근로자들의 자체위원회로 하여금 보고서를 작성하게 하였다. 그 때부터 벤앤제리는 외부감사가 그 절차를 이끄는 방향으로 선회했다.[52] 벤앤제리는 이러한 사회적 평가를 매년 계속하고 있고, 매우 놀랍게도 결론과 비판 등 모든 것을 있는 그대로 출판하고, 단점을 보완하기 위해 노력하고 있다.[53] 벤앤제리의 이러한 사회적 성과 평가는 전통적인 재무보고서에 소개되는 경제적 쟁점보다는 사회적 쟁점에 초점을 둔다는 점에서 뚜렷이 구별된다.

바디샵의 사회적 평가는 기본적으로 외부 감사를 받은 내부에서의 사회적 회계이다. 벤앤제리는 약간 망설임이 있었지만 주요한 내용에서 외부에 의한 사회적 회계와 감사를 포함한다. 또다른 사회적 감사 사례로 회사의 사회적 문제(공장폐쇄나 환경에 대한 회사의 영향과 같은)에 대해 외부 독립적인 조직에서 조사를 행한 경우이다. 이 경우 흔히 대상 회사의 동의를 얻지 않고 진행된다.[54] 이러한 경우 평가자와 대상 조직 사이의 관계는 적대적일 수 있다.

---

52 Parker 1997
53 Parker 1997
54 for example, the work of the Public Interest Research Centre in the United Kingdom; see Medawar 1976

남쪽의 소기업과 농협의 생산물을 공정한 가격으로 구매하는 영국 회사 트레이드크래프트가 수행한 절차를 보면 회계와 감사의 차이에 대한 인식이 더 커지고 있음을 알 수 있다.[55] 신경제학재단의 시몬 자덱이 1993년 최초로 사회적 회계를 시작한 이후 그 조직은 자신의 사회적 회계보고서를 작성하기 위해 내부 회계사를 활용했다. 그때부터 신경제학재단은 내부작성 보고서에 대한 감사인으로 활동했고, 그 분야의 독립적 전문가와 실천가들로 이뤄진 감사검토 집단의 도움을 받았다. 감사보고서는 사회적 회계보고서 책자에 포함되어 있는데, 상투적이지 않고, 대개는 개선이 필요한 부분이 어디인지를 알려준다. 회계 기능과 감사 기능을 분리함으로써 초기 사회적 감사보다 진전되었다는 뜻이다.[56]

객관성과 주관성

벤앤제리사가 사회적 가치평가를 시작하던 바로 그 시기에 덴마크의 에스비엔Sbn은행도 유사한 과정을 진행했는데, 그것은 '윤리적 회계보고서'라는 형태로 나타났다.[57] 벤앤제리사와 같이 에스비엔은행의 접근법도 이해관계자 기반 보고서인데, 다만 초점이 매우 주관적이었다는 점이 다르다. "윤리적 회계보고서는 한 조직이 자신이 수행한 공유가치에 얼마나 충실하게 활동하는지에 대한 평가를 제공한다. 그것은 객관적인 것은 아니어서 어떤 검증절차도 없었지만 이해관계자들이 조직과의 관계를 어떻게 느끼는지에 대하여 풍부한 정보에 기초한 그림을 제공한다."[58]

---

55 Evans 1997
56 Gray 1998
57 Pruzan 1997
58 Pruzan 1997, 69

이 접근에 깔려 있는 철학은 포스트모던이라 할 수 있는데, 객관적 실재를 부정하는 경향때문이다.[59] 이 관점에서 보자면 조직은 이해관계자들의 공유된 인식 자체이다. 이 접근법의 명백한 한계라면 이들 사회적 보고서가 어떤 기준 또는 외부 비교대상을 제시하지 않고 단지 다양한 관점을 가진 집단의 주관적 정보를 제공할 뿐이라는 점이다. 이 방식이 뭔가 도움이 되기야 하겠지만 회계제도나 조직의 변화를 추동하기에는 충분하지 않은 것 같다.

트레이드크래프트의 사회적 회계 보고서도 이해관계자들의 주관적 인식과 객관적 기준 또는 지표 사이에 균형을 찾는 데 애를 먹는다. 하지만 에스비엔은행과 달리 객관적 기준이 필요하다는 점을 인정한다. 그에 따라 트레이드크래프트는 "회사에 속하는 모든 사람들이 그들이 제공한 기여분에 대해 공정하게 보상받고 있다는 것을 어느 정도 믿게 하면서 제3세계의 소규모 제조업체들을 위한 시장 거래를 개선하기 위해" 노력하고 있었다.[60] 트레이드크래프트에 대해 평가자들이 씨름하는 주요 쟁점은 '공정가격'이란 어떤 것이냐 하는 것이다. 공정무역조직에 의해 기준가격이 책정되긴 하지만 상인들은 이것을 비현실적으로 높다고 생각한다. 트레이드크래프트의 평가자들이 사용하려는 기준은 공급자들에게 가격정보를 요청한 뒤 이를 다른 구매자들의 그것과 비교하는 방식에 근거하고 있다.

사회적 회계가 객관성과 주관성 사이의 균형을 유지하는 데 애를 쓰고 있지만 이 작업은 단순 주관적 보고를 넘어선다. 예를 들어 앞의 바디

---

59 Guba and Lincoln 1989
60 Evans 1997, 85

샵협회와 같은 조직은 공정무역과 동물권 보호정책에 대한 비판자들과 맞서면서 스스로가 사회적 사명에 따라 활동하고 있다는 견해를 지지하는 확실한 자료를 제공해야 했다.[61]

다른 쟁점들

사회적 회계를 표준화하기 위해 사회윤리책임연구소는 2001년 일련의 지침(그리고 그와 관련된 AA1000 기준 지침[62])을 만들기 위해 노력했다. 이 지침은 사회윤리회계 기준에 7가지 핵심 요소가 포함되어야 한다고 제안했다.

- 계획(사명과 가치에 대한 이해)
- 이해관계자의 참여와 소통
- 측정
- 보고와 공시
- 감사와 입증
- 성과 개선을 위한 약속
- 조직내 절차의 구현

점차 여러 사회적 조직이 기업활동의 일부로 사회적 회계보고서를 작성하고 있다. 그를 통해 AA1000의 원리 중 하나인 '구현'요건, 즉 사회·윤리회계를 주된 활동과 제도, 정책수립 과정에 포함시키라는 요건을

---

61 Quarter 2000
62 영국의 회계책임연구소인 Accountability가 처음 선보인 기준으로 기업의 사회, 환경 및 경제 성과보고, 프로세스 등에 대한 신뢰도와 질을 인증하기 위한 포괄적인 표준이다.

충족하는 것이다. 이렇듯 지난 10년 사이에 사회적 회계 정립 절차의 전문화와 표준화가 과거보다 훨씬 더 많이 진전되었다. AA1000 지침은 해당 계정들에 대한 별도의 감사가 중요함을 강조하고 있기도 하다.[63] '새로운 국제보고계획'(GRI: Gloval Reporting Initiative)은 2005년 많은 이해관계자가 참여하는 합의추구 절차를 이용하여, 또 다른 체계와 일련의 지속가능성 보고 지침을 개발하였다. 이 지침의 목적은 조직의 지속가능성 성과를 균형 있게 보고하는 동시에 비교가능성을 높이는 것이다.

위에서 설명한 사회적 회계 절차를 제시하면 기업은 참여에 대한 압박을 받게 된다. 예를 들어 <기업윤리Business Ethics>라는 잡지는 기업의 사회적 책임보고서를 발행하는데, 거기서는 보스턴KLD(Kinder, Lydenberg, Domini)조사분석팀[64]이 만든 '주주 수익과 순위'에서 추출한 8가지 주주 서비스 범주(주주, 지역사회, 거버넌스, 다양성, 직원, 환경, 인권 및 제품)에 따라 최고의 기업 100곳의 순위를 매긴다.[65] KLD는 일반적으로 기업윤리에서 사용하는 것과 유사한 기준으로 기업의 윤리 또는 사회투자 자금을 선별한다.

기업의 사회적 책임보고서가 비록 외부의 지시에 따른 사회적 회계이긴 하지만 KLD조사를 완료한 참여조직들의 협력의 결과물이다. 이 보고서에서 높은 순위를 차지한 기업들은 보통 그 결과를 광고에 이용한다. 인텔 웹사이트의 헤드라인은 이렇다. "인텔은 2002 기업윤리 100개

---

63 Institute of Ethical and Social Accountability 2000
64 Business Ethics 2006
65 Kinder and Domini 1997

최상위 기업 중 11위에 올랐습니다."[66] IBM은 "미국 650개 선도 공익기업 최상위 차지"라는 걸 알리는 특별 신문을 발행했다.[67] 이처럼 회사들 간 비교는 분명 이상적이라기보다는 규범적인 것으로, 다른 경쟁자에 대한 상대적인 성과를 반영할 뿐이다. 하지만 이러한 관행들은 사회적 회계와 사회적 책임의 형식을 만들어내려는 노력이 커지고 있음을 보여준다.

6. 사회적 회계에 대한 통합적 접근법

사회적 회계에서 지배적 전통의 특징은 경제적 쟁점에 초점을 맞추는 재무보고서와는 별개의 보고서라는 것이다. 대부분의 조직에서 사회적 회계는 재무회계에 부수적으로 표시되고, 일반적으로 전체에서 비중이 작게 다뤄진다. 이상하게도 이윤추구기업에서만 그런 것이 아니라 사회적 조직에서도 그렇다. 하지만 제2장에서 제안한 바 있듯이 사회적인 것과 경제적인 것을 떼어놓고 생각하는 것은 부자연스럽다. 사회경제제도는 사회적인 것과 경제적인 것이 불가분으로 연결되어 있고, 이는 대안경제학 분야에서 강조하는 점이기도 한다.[68]

사회적 회계의 지배적 전통 안에서 사회적인 것과 정치적인 것 사이의 구분은 필요하다. 사실 이 장의 서두에서 얘기한 것처럼 사회적 회계라는 용어는 이러한 구분을 잠정적으로 허용한다. 왜냐하면 그것은 사회적 현상을 위해 유보된 회계의 한 분야라는 것을 의미하기 때문이다. 따라서 우리의 접근 방법을 사회적 회계라고 부르는 것이 훨씬 더 적절하다.

---

66 Intel 2002
67 IBM 2002
68 Daly and Cobb 1994; Ekins 1986; Mies 1986; Schumacher 1973; Waring 1996, 1999

하지만 우리는 전통 위에 그것을 쌓고, 그에 영향을 미치고자 했다. 이를 위해 전통의 언어를 일부 수용하는 게 필요하다. 더욱이 사회적 회계 내에 사회적인 것과 경제적인 것을 통합하려는 모델이 있다. 초기 개념적 문서 중 하나에서 그로저Grojer와 스타크Stark(1977, 350)는 이렇게 얘기한다. "우리는 재무회계를 사회적 회계의 부분집합으로 평가한다. 왜냐하면 사회적 요소에서 경제적 요소를 분리하는 것은 불가능하고, 바람직하지도 않다고 생각하기 때문이다." 우리가 열정적으로 옹호하는 이 철학이 제4장부터 제7장까지 소개할 모델들을 뒷받침할 것이다. 그러나 그러기 전에 우리는 경제와 사회를 통합하는 사회적 회계보고서를 만드는 작업의 일부를 선보인다.

앞으로 우리는 아래 다섯가지 모델을 다룰 것이다.

- 사회경제운영보고서(a Socio-Economic Operating Statement)
- 사회영향보고서와 평가(Social Impact Statements and Assessments)
- 사회영향보고서 변형(an Elaborated Social Impact Statement)
- 협동조합의 사회재무상태표(a Cooperative Social Balance)
- 통합 사회 재무상태표와 손익계산서(an Integrated Social and Financial Balance Sheet and Income Statement)

사회경제운영보고서

리노웨스Linowes(1972, 1973)는 사회경제운영보고서를 제안했는데,

기존의 손익계산서와 재무상태표에 추가하는 보고서이다. 이 보고서는 "근로자와 일반대중의 복지, 제품의 안전성 그리고 환경의 개선을 목표로 한 기업의 자발적 지출"을 담아냈다(1973, 40). "자발적 지출을 강조한 이유는 법이나 계약에 의해 요구되는 지출은 기업활동의 필수적인 비용으로 간주되기 때문이었다."(1973, 40)

사회경제운영보고서는 '긍정활동(improvements)'과 '부정활동(detriments)'을 구분한다. 부정활동은 기업이 관심을 갖고 적극적으로 작용을 해야 할 문제들에 대해 기업이 제대로 대응하지 않은 것으로 정의된다. 안전장치나 오염감소장치 설치를 무시하는 것 등이 여기에 속한다. 긍정활동은 법적 사회적으로 유익한 행동의 조기 실행(예를 들어 오염저감장치 등), 계약서에 명시되지 않았지만 근로자들에게 제공하는 유형의 복지혜택, 그리고 사회적 조직이나 근로자들을 위한 현금 기부 등이다. '해당 회계연도의 총 사회경제적 기여 또는 손실표'를 작성할 때 '부정활동'에 대한 추정 시장가격 수치를 '긍정활동' 수치에서 차감하여, 결과적으로 재무상태표에 긍정적 또는 부정적인 수치를 반영하는 것이다. 사회경제운영보고서는 사람과 환경, 제품이라는 세 가지 범주와 관련한 '긍정활동'과 '부정활동'을 관찰한다. 이러한 범주에 이해관계자의 특성은 빠져 있다.

리노웨스는 해당 보고서는 회계사가 주도하는 부서간 혼성팀이 작성하고, 다른 팀이 감사하는 것으로 설계했다. 리노웨스가 이 제도를 고안할 당시에 그는 국제회계법인의 이사이자 전임 콜럼비아공인회계사회 회장이었다. 따라서 그는 전문 회계사들이 제기할 실제적 문제들을 알고 있었다. 그가 회계업계에서 인상적인 신뢰를 갖고 있었음에도 사회경제운영보고서는 많이 수용되지 못했다.

사회영향보고서와 평가

에스테스(1976)는 사회경제운영보고서를 변형하여, 이를 사회영향보고서라 불렀다. 그는 조직에서 '사회적 효익'과 '사회적 비용'을 집계하고, 효익에서 비용을 빼서 '사회적 잉여 또는 손실'을 끌어냈다. 에스테스나 리노웨스의 접근법 모두 정교하게 만들어진 비용효익분석이다. 하지만 특정한 프로젝트나 행사를 평가하는 것이라기보다 비용효익분석이 보통 그러하듯 이들 분석은 다른 재무보고서와 연계하여 설명하는 조직의 정식 보고서로 구상되었다.

데이빗슨 등의 또다른 연구(1997)도 이와 같은 전통을 따른다. 연구자들은 인디애나 주 티피카누 카운티에 있는 가톨릭교회 지출의 파급 효과를 계산하기 위해 표준제곱계수(standard multiplier coefficient)[69]를 사용하여 비영리조직의 간접적 경제적 영향을 이해하는 데까지 확장하였다. 그들은 교구가 지불하는 급여가 재화와 서비스 구매 등을 하면서 몇차례 재사용되고 있음을 관찰했다. 예를 들어 지방기업과 은행들이 이러한 지출의 수혜자인데, 그 돈을 사용해서 더 많은 재화를 구매하고, 급여를 지불하고, 또다시 다른 재화 등을 구매하는 것이다.

연구자들은 이러한 관찰 결과를 미국 상무성, 미국 경제통계국이 경제 내에서 민간부문과 공공부문 자금의 재사용을 통한 지역 사회의 영

---

69 투자가 소득에 미치는 영향을 측정하는 계수

향을 측정하기 위해 사용하는 제곱계수와 비교했다. 데이빗슨(1997) 등은 교구 지출의 직접적인 효과를 계산하고, 공동체에 대한 간접적인 경제적 영향을 측정하기 위해 티피카누 지역을 위해 개발한 계수를 사용했다. 그들은 가톨릭 교회가 해당 카운티의 네 번째로 큰 고용주이고 노동력의 2%를 고용하고 있다는 결론을 내렸다. 경제에 대한 가톨릭 교회의 직접적인 기여금을 계산하면 8천2백만 달러가 넘었다. 그리고 그 지역에 대해 제곱계수를 사용해보니 교회의 총경제적 영향은 1억 9천 1백만 달러를 넘었는데, 지출의 직접적인 효과와 간접적인 효과의 비율은 약 3대1이었다. 다른 기업과 가톨릭 교회를 비교하면서 연구자들은 교구의 영향은 퍼듀대학의 1/4에 해당하는 규모이고, 지방항공사 효익의 6배에 달한다고 결론을 내렸다.[70] 리노웨스 및 에스테스와 마찬가지로 데이빗슨 등은 사회적 조직에서 사회적 영향을 어떻게 측정할 것인지에 대해 연구했다. 사회적 영향을 측정하는 데서 제곱계수의 적절성은 논쟁의 여지가 있긴 하지만,[71] 이 연구는 수입을 통해 조직에 투입되는 자원이 지출을 통해 공동체를 지속적으로 풍부하게 한다는 점을 입증한다. 연구는 수입을 유입 원천으로 기록하고, 지출을 공동체로 환류되는 원천으로 기록한다. 또한 그 연구는 지출의 효과가 수차례 되풀이된다는 것을 입증한다. 하지만 그 연구는 교구 프로그램의 사회경제적 효과 계산은 빠져 있다. 이상적으로 말하자면 회계제도는 공동체에 대한 지출의 경제적 영향만 기록하는 것이 아니라 프로그램을 통한 산출물의 직간접적인 효과도 계산하는 것이다.

---

70 Davidson 외 1997
71 Gunderson 2001

사회영향보고서의 변형

랜드Land(1996)는 앞에 소개한 사회영향보고서를 변형하여 성과(outcome)와 산출(output), 부수효과(side effect) 등 세 가지 구성요소를 구분하였다. 밀즈온휠즈 프로그램(음식배달서비스) 사례를 사용하여, 그는 산출 지표에 배달 음식 수량과 수혜자 수가 포함될 수 있으며, 성과 지표에는 고객만족과 함께 프로그램 수혜자의 특징에 초점을 둘 수 있고, 부수효과 지표에는 수혜자의 전반적인 복지 평가와 함께 음식 배달서비스가 영양 및 건강 상태에 미치는 영향을 평가할 수 있다고 하였다.

랜드(1996)는 수혜자에 대한 정보가 특정 조직의 맥락 내에서 수집되고 해석되어야 한다고 제안한다. 그는(1996, 17) "실제 이행이 어렵다 하더라도, 앞서 얘기한 모든 영향은 측정할 수 있다"고 얘기한다. 물론 그는 이러한 유형의 정보를 전국 차원에서 체계적으로 수집하는 것은 어렵다는 것을 인정한다. 만약 밀즈온휠즈에 대한 정보가 선택된 산출물이나 성과, 일부 부수효과 지표에 유용하다면 그에 상응하는 전국 수준의 지표를 추정하는 것이 가능할 것이라고 한다. 하지만 일반화된 특성에 대한 자료를 모으는 것은 특정 조직에 중요한 특정 정보를 모호하게 할 수도 있다. 그럼에도 랜드는 사회적 산출에 대한 기준이나 지표를 만들지 않고 사회적 회계제도를 진전시키는 것은 어렵다는 것을 중요하게 얘기한다. 제4장에서 설명할 사회투자수익 접근법이 바로 랜드(1996)가 권고한 제도에 기초하고 있다. 그 점에서 랜드(1996)는 사회적 회계에 중요한 기초를 만드는 데 기여하였다.

협동조합의 사회적 재무상태표

이탈리아는 강력한 협동조합 부문을 보유하고 있는데, 전국협동조합연맹에서는 매년 사회적 재무상태표 또는 협동조합의 사회적 재무상태표[72]를 공시하고 있다.[73] 이 보고서는 이탈리아 협동조합이 자신의 사회적 사명과 법적 의무를 어느 정도 이행하고 있는지를 공표하기 위한 것이다. 바카리Vaccari(1997)가 작성한 보고서는 2004년 현재 약 300만 명의 조합원을 가진 4억 5000만 파운드 매출의 차상위 320개 소비자협동조합의 보고서에 기초하고 있다. 사회적 재무상태표를 도출하는 절차는 사회적 회계에 대한 신경제학재단 모델과 같이 여러 단계를 거친다. 핵심 이해관계자 각각이 참여하고, 기준 지표가 만들어지고, 정보에 대한 질적 양적 표현 방식을 이용한다.

사회적 재무상태표 자체는 다섯 종류의 이해관계자 집단(조합원, 소비자, 직원, 시민사회, 협동조합운동 등)이 비용을 지불하고 다룰 수 있는 항목들을 이용한다. 수치는 당해연도와 전년도를 비교하는 방식으로 작성된다. 항목의 일부는 이윤추구기업의 그것과 같다. 가령 시민사회를 지원하는 것과 관련된 항목들은 단순한 기업 후원금이고, '직업훈련 및 양질의 작업환경을 유지하는 것과 관련된 비용'은 직원훈련비로 간주될 수 있다. 하지만 다른 수치들은 고유한 것이다. 협동조합운동과 관련된 비용은 협동조합의 비분할유보금 항목이다. 그것은 순자산의 일부로 누구에게도 속하지 않는 사회적 자산이다. 마찬가지로 협동조합의 총회 비

---

72 1977년 이래 프랑스는 750명 이상을 고용한 조직에 대해 건강과 안전, 보수와 부가급여, 산업관계와 같은 주제에 대한 정보를 공시하는 사회재무상태표를 만들도록 요구하고 있다. 1982년 이 법은 적용 조직의 범위를 300인 이상으로 확대하였다.(벨카우니 1984)
73 Vaccari 1997

용이나 이사회, 위원회에 참여하는 조합원대표들에 대한 투자는 사회적 재무상태표의 또다른 고유한 특징이다.

사회·재무통합 재무상태표와 손익계산서

'앱트와동료들(Abt and Associates)'이라는 회사의 클라크 앱트 Clark Abt가 1974년 만든 앱트 모델은 초기 사회적 회계의 시도 중의 하나였다. 앱트는 직원, 수혜자, 소유자, 이웃공동체, 일반대중 등의 이해관계자에 대한 조직의 영향을 추정하는 재무상태표를 만들었다. 사회경제운영보고서와 마찬가지로 그 영향은 달러로 표시하고, 매년 이월되는 계정잔액이 있다. 앞에서 말한 모델과 달리 이 재무상태표는 기존 재무제표에 부가하는 보고서를 만들지는 않고, 오히려 기존 보고서를 수정하는 방식을 취한다. 정기 보고서의 쟁점들을 확장하거나 이해관계자들에 따라 재무상태표를 나눈다. 예를 들어 이해관계자와 일반대중, 지역사회에 대해서 자산에는 '세금을 통해서 지불되는 공공서비스'를 포함하고, 부채에는 '소모된 환경 자원(종이,전기,교통 등)'이라는 비용을 포함한다.

앱트는 또 사회·재무통합 손익계산서를 만들었는데 이는 앞서의 통합 재무상태표와 같은 원리를 적용한다. 다양한 변수를 포함하여 시장 가격을 추정하고, 이해관계자 그룹별로 구분한다. 이해관계자인 지역사회에 대해서 그 효익은 '회사가 지불한 지방세' '새롭게 창출된 일자리로 인한 증세효과' '환경 개선' 그리고 '감소된 주차공간 등'이고, 이들은 지역사회의 효익으로 간주된다. 왜냐하면 이를 통해 차량으로 출퇴근하는 사람들이 줄고 회사는 오염을 감소하는 데 기여한 것이다. 앱트가 보고서에 포함시킨 또다른 사회적 쟁점들은 아래와 같다.

- 기회의 불균등: 직원에게는 비용으로 처리되고, 소수자 또는 여성과 비소수자 또는 남성 간의 소득 차이로 그 금액이 측정된다.
- 해고와 비자발적 실업: 직원에게는 사회적 비용으로 처리된다. 이 항목은 60일 이내 일자리를 찾은 사람들에게 대해서는 한달 분의 급여로 측정되고, 60일 경과하여 일자리를 찾은 사람에게는 두달 분의 급여로 측정된다.
- 무급연장근로시간: 지역사회와 고객들에게 직원이 제공하는 보조금
- 오염을 통해서 소모된 환경 자원: 지역사회에게는 사회적 비용으로 처리된다. 왜냐하면 회사가 지불하지 않은 생산의 결과물이기 때문이다.

일반 재무보고서에 빠져있는 사회적 변수에 재무적 가치를 측정, 부여하는 창의적 접근과 별개로 앱트 접근법의 인상적인 특징은 기존 재무보고서를 수정한다는 점이다. 앱트의 작업이 사회적 회계 연구문헌에서 언급되고 있음에도 불구하고, 상대적으로 이를 사용하는 조직은 거의 없는 것 같다. 이상하게 앱트 모델은 사회적 조직에 훨씬 큰 호소력을 가졌을 시기에 대부분 민간기업부문에 초점이 맞춰져 있었다. 사실 사회영향보고서를 이해하는 것은 그들의 활동에 대한 적절한 평가에 중요하고, 이해관계자 접근법이 그들 구조의 논리에 맞기 때문이다.

벨카우이Belkaoui는 1984년 전통적인 손익계산서의 일반적인 사항들과 사회적 효익/비용을 통합하는 모델로서, 회계법인 피트, 마윅, 미체앤컴퍼니 Peat, Marwick, Mitchell, & Co.의 리 사이들러가 수정한 대

학교용 손익계산서 모델을 제시했다. 사회적 효익 측면에서는 사회에 대한 교훈의 가치, 사회에 대한 연구의 가치가 있고, 사회적 비용 측면에서는 대학에 지불된 수업료와 연구비용, 주 정부보조금이 있다.

하지만 초기 시도들 가운데 사회적 조직에 초점을 맞춘 사회적 회계보고서는 드문 것 같다.

7. 결론

보통 기존의 사회적 회계보고서는 경제와 사회를 통합한 것이라기보다는 비재무적이고 정성적인 경향이 있다. 일부 특정한 문제들에 대한 태도를 평가할 때 서술적인 통계가 사용되지만 보통 이러한 보고서에는 재무적 계산은 포함되어 있지 않다. 재무정보가 사회적 보고서를 만들기 위해 사용되는 곳에서도 재무제표에 전형적으로 등장하는 항목들과 동떨어진 경향이 있다. 이들 사회적 회계계정들은 항상 경제적 변수를 다루는 재무제표의 보조부로 나타난다.

제4장부터 제7장에서는 조직의 사회경제적 효과를 통합하는 재무제표에 대해 설명한다. 우리 견해로는 통합적인 접근을 통해 사회적 회계가 경제적 문제를 다루는 수준이 될 때 장점을 갖는다. 일부 비용만 포함한 재무적 수치의 결과만으로 그게 진정한 이윤이 될 수 있는가 하는 의문이 제기될 수 있다. 이어지는 장에서 보듯 통합을 해보면 다른 모습의 회계가 나타난다.

앞서 든 많은 사례들은 이윤추구기업에서 가져온 것이다. 그들의 사회적 사명이 운영의 중요한 부분이라는 점에서 특이한 기업이긴 하지만,

이들 사례에서 배우는 것은 중요하다. 하지만 앞으로 소개할 모델들은 사회적 조직에 기초하고 있다. 즉 기본적으로 학생주거협동조합을 포함한 비영리조직이 대상이다.

8. 토론 주제

1. 사회적 회계에 대한 정의 가운데 어떤 것을 선호하는지 그 이유를 설명하시오.
2. '회계는 재무정보에 국한해야 한다.'에 대해 논의하시오.
3. 흡연과 관련된 사회적 비용이 담배제조회사의 재무제표에 포함되어야 하는가? 아니면 이유는? 그렇다면 이를 포함하기 위해 어떤 종류의 정보가 필요한가?
4. 사회적 보고, 사회적 감사, 사회적 회계는 서로 어떻게 다른가?
5. 자원봉사활동의 가치를 측정하기 위해 당신은 기회비용 접근법과 대체원가 접근법 중 어떤 것을 선호하는가? 각각의 절차가 갖는 장단점은 무엇이라 생각하는가?
6. 사회적 회계는 투입과 결과를 보고할 때 이해관계자 요소를 고려한다. 이해관계자 요소를 고려하는 효익이나 잠재적 위험은 무엇인가?
7. 사회적 회계에 대한 전형적인 접근법은 재무제표를 이용하지 않고 정성적으로 접근한다. 환경이나 건강, 개인 또는 지역사회 복지, 교육에 대한 영향과 같은 질적 조직적 효과를 양적 추정치로 전환하는 것에 대한 찬반 근거는 무엇인가?
8. 당신이 볼 때 사회적 회계 항목을 포함하기 위해 재무보고서를 확

장하려 했던 1970년대의 시도들이 회계업계에서 수용되지 않은 이유는 무엇인가?

9. 오늘날 회계업계에서 재무보고서에 더 많은 사회적 계정과목을 포함시키기 위해서는 어떤 변화가 필요할까?

10. 사회윤리책임연구소가 제안한 사회적 회계 표준화에 대한 7가지 안내지침에 대해 어떻게 생각하는가? 어떤 조직이 이러한 지침을 잘 따르고 있는지를 평가하기 위해 당신은 어떤 지표를 사용할 것인가?

제4장

사회투자수익 접근법

이 장에서 우리는 비영리활동의 가치를 검토하면서 사회투자수익 접근법(A social return on investment approach)을 소개한다. 이 접근법의 다양한 형태들을 소개하고, 그 중의 하나인 '공동체투자수익 모델'을 토론토의 컴퓨터훈련센터[1] 사례연구에 적용한다. 이곳은 다양한 형태의 장애로 인해 사회적 지원이 필요한 사람들에게 훈련을 제공하는 비영리조직이다. 공동체투자수익 모델은 비영리조직이 어떻게 지역사회 내에서 가치를 창출하는지를 보여주는 초기의 노력을 보여준다. 이 모델은 비영리조직의 산출물을 식별·계산하고, 거기에 비교가능한 경제적 가치를 배분하는 방법을 제시하였고 이는 제6장과 제7장에 소개한 통합부가가치보고서 모델을 만드는 촉매가 되었다. 비영리활동의 가치가 사회적 회계라는 관점에서 어떻게 계산되는지 설명하기 위해 공동체투자수익 모델의 논거와 절차를 소개한다. 이 장은 다음 네 가지 절로 구분된다.

- 두 가지 사회투자수익 모델 소개
- 공동체투자수익 모델

---

[1] 컴퓨터훈련센터는 가명임

- 공동체투자수익 모델에 대한 보고서 만들기
- 사회투자수익 접근법에 대한 다양한 시도

1. 사회투자수익 모델-로버츠 벤슨 접근법

사회투자수익 모델(보통 줄여서 SROI라고 한다)은 사회투자로서의 기업의 자선활동과 사회적 책임에 대한 대중의 관심 증가에 대응하여 개발된 것이다. 사회적 회계에 대한 다른 접근법과 마찬가지로 사회투자수익 모델은 사회적 영향을 포함하기 위해 수익 개념을 확대하고자 하였다.

사회투자수익 모델에는 몇 가지 유형이 있다. 가장 잘 알려져 있는 것이 로버츠기업개발기금(Roberts Enterprise Development Fund)에 의해 개발된 모델이다. 이 기금은 먼저 시작된 프로그램인 노숙자 경제개발기금[2]에 의해 1997년에 조성된 것이다. 1999년과 2000년 로버츠기업개발기금은 마약중독에서 회복 중에 있는 노숙자들과 정신 질환을 앓고 있던 이들을 고용한 비영리조직에 330만 달러를 투자하였다.

1997년 기금은 그들이 운영하던 23개의 사회적 기업들 가운데 샌프란시스코만 지역 7개 비영리조직에 대한 투자의 효과를 추적 조사하였다. 2000년까지 그 재단은 사회투자수익 모델을 개발하기 위해 135만 달러 이상을 투자했다.[3] 로버츠기업개발기금은 자신의 이름을 알이디에프REDF로 바꾸면서 사회투자수익 모델을 발전시키는 방식에서 참여기업의 특정한 요구에 맞는 사회적 영향 측정수단을 개발하는 방식으

---

2 1990년 샌프란시스코 만 지역에서 설립
3 결과보고서는 로버츠재단 웹사이트에서 이용가능함(www.redf.org)

로 작업의 중점을 바꾸었다.[4] 이 변화는 고용 프로그램에서 발생하는 모든 사회적 편익을 포착하거나, 고객의 산출물을 프로그램에 귀속시키는 일의 어려움, 사회투자수익 분석의 복잡성과 발생비용 등 이 접근법에 대해 제기된 모든 문제를 인지한 2002년 보고서(2005년 개정)에 따른 것이다. 이런 문제들 때문에 이 모델은 대부분의 비영리조직에 적용하는 게 불가능하였다.[5] 그런 문제에도 불구하고, 로버츠 모델이 중요한 이유는 다양한 사회적 결과를 혼합 투자 수익률 보고서에 반영하여 조직의 영향에 대한 보다 상세한 그림을 만드는 능력에 있다.

사회투자수익 모델은 세 가지 가치척도와 세 가지 수익척도를 제시한다. 가치척도는 다음과 같다.

기업 가치

조직이 초과현금흐름에 의해 창출해낼 것으로 기대하는 경제적 가치. 여기서 초과현금흐름은 훈련프로그램에 대한 정부보조금 수익에서 사회적 활동 원가를 뺀 금액이고, 사회적 활동 원가는 조직이 재활훈련센터를 운영할 때 직원의 추가 고용과 낮은 생산성으로 인해 발생하는 비용을 말한다.

사회적 목적 가치

한 조직이 만들어낸 사회적 가치로서 두 가지 요소로 구성된다. 즉 세출(稅出) 절약(복지수당의 절감, 범죄예방시스템 비용의 감소, 무상급

---
4 REDF 2006
5 REDF 2005

식 감소 등)과 훈련생들이 취업하여 버는 새로운 과세소득의 발생이다. 여기서 기업을 재활센터로 운영하는 데 드는 사회적 비용은 차감된다.

혼합 가치
조직의 경제사회적 가치 총계에서 장기채무 총계를 뺀 가치

이들 세 가지 가치척도에서 세 가지 수익척도를 산출한다.

기업 가치 수익 지수
기업 가치 총계를 현재까지 그 조직에 투입된 투자액으로 나눈 수치

사회적 목적 가치 수익 지수
사회적 목적 가치 총계를 현재까지 그 조직에 투입된 투자액으로 나눈 수치

혼합 가치 수익 지수
혼합 가치, 즉 기업 가치 총계와 사회적 목적 가치 총계를 합한 금액에서 장기채무 총액을 뺀 금액을 현재까지 그 조직에 투입된 투자액으로 나눈 수치

로버츠 모델에 덧붙여 위와 같은 세 가지 측정치를 사용하는 또 다른

사회투자수익모델을 데니스 K 벤슨[6]이 개발했다. 이 모델은 처음에는 직원 훈련 프로그램에 대한 수익성을 계산하기 위해 사용했는데, 건강과 용역 서비스에 대한 투자 수익을 계산하는 데까지 그 범위를 넓혔다. 벤슨 모델은 수익을 다음 세 가지의 다른 관점에서 바라본다.

납세자에 대한 투자 수익

직원 훈련 프로그램에 대한 투자로 발생하는, 납세자에 대한 환급 가치의 측정. 해당 프로그램 졸업자들의 소득 증가로 납부되는 추가 세금과 복지 및 무상급식 필요 감소로 절감되는 사회적 비용을 포함한다.

지역경제에 더해지는 새로운 가처분 소득에서 발생하는 투자 수익

증가된 소득을 통해 지역경제에 새로운 자금이 얼마나 추가 투입되는지 측정. 이 소득은 세금 증가와 복지 및 식품 스탬프 지급액 감소 효과를 뺀 금액이다.

사회적 프로그램의 경제적 효과에서 생겨나는 투자 수익

사회적 프로그램에서 발생하는 경제적 효익을 추가하여 그 경제에 대한 파급효과를 계산한 측정치. 경제적 효익에는 고용주와 피고용자가 납부한 세금과 사회보험료, 취업한 프로그램 졸업자들의 임금으로 지역경제에 추가된 새로운 가처분 소득과 프로그램 비용이 있다. 프로그램 비용(일차적으로는 직원 급여)은 프로그램을 운영하는 수탁조직이

6　Benson 1999

소비한 금액이다. 이 모델에서 프로그램 지출 비용은 수탁조직 직원들이 소비한 임금이 지역경제에서 순환하기 때문에 효익으로 간주된다. 이것은 제3장에서 소개한 데이빗슨Davidson과 코울Cole, 포골렉Pogorlec(1997)이 티피카노Tipicanoe 카운티의 가톨릭교회 예배에서 지출한 돈을 다룬 방식과 유사하다. 데이빗슨 등과 마찬가지로 벤슨은 미 상무국 승수효과 수치를 사용하는데, 이는 지역경제에 대한 조직의 소비지출이 만들어내는 파급효과를 측정한다.

로버츠와 벤슨 모델은 모두 전통 회계와는 다르게, 비영리조직의 경제적 효익을 세금과 유사한 성격으로 본다. 즉 수혜자들이 취업해 그들에 대한 무상급식 지원 등과 같은 사회적 비용이 감소됨으로써 세금 지출이 줄기 때문이다. 이 책에서 소개하는 사회적 회계 모델이 1년 기간을 사용하는 것과 달리 이 두 모델은 투자 수익을 시간경과에 따른 예측방식을 사용하여 측정한다.

두 모델의 주된 공헌은, 모두 전통적인 비영리회계에서는 포함하지 않았던 영역, 즉 비영리조직이 경제적으로 기여하는 분야에 대한 세심한 문서화와 보고대상 이해관계자의 폭을 넓힌 점이다. 하지만 그들은 사회적 조직의 회계에서 중요한 부분을 차지하는 자원봉사자의 기여와 다른 비화폐성 투입 및 산출을 포함하지는 않았다.

2. 공동체투자수익 모델

사회투자수익을 측정하는 또 다른 방법은 공동체투자수익 모델이다.

이 방법은 사회적 조직이 어떻게 공동체의 관점에서 가치를 만들어내는지를 조사하기 위해 개발되었다. 이 방법은 로버츠나 벤슨 모델보다 계산작업은 적지만 그들과 마찬가지로 사회적 변수를 측정하고, 거기에 대용가치를 할당하며, 재무정보와 사회정보를 통합한다. 여기에는 해당 프로그램을 이용하는 수혜자들에 대한 사회적 비용을 절감하는 내용이 포함되어 있다. 로버츠와 벤슨 모델에서처럼 공동체투자수익 모델은 취업에 심각한 장애를 가진 수혜자들을 위해 일하는 대행조직에 대한 투자의 사회적 수익을 평가하기 위해 사용되었다.[7] 하지만 공동체투자수익 모델은 아래와 같은 세 가지 점에서 로버츠와 벤슨 모델과 다르다.

- 조직의 생애주기 중 한 해를 검토하고, 경제적 효익을 예측하지 않는다.
- 사회적 산출물에 대한 비교 경제 가치를 개발한다.
- 자원봉사 기여분의 가치를 포함한다.

공동체투자수익 모델은 그 초점이 투자자인 후원자가 아니라 공동체에 맞춰져 있다. 이는 로버츠 모델과 마찬가지다. 사회적 프로그램의 경제적 효과를 통해 투자 수익을 측정하는 벤슨 모델(1999)과 같이 공동체투자수익 모델은 비영리조직에 의해 제공되는 서비스를 통해 공동체가 어떻게 효익을 얻는지에 초점이 맞춰져 있다.

사회적 조직은 공동체, 즉 일반대중이나 회원들을 대상으로 사회적 서비스를 제공하기 위해 설립된다. 따라서 공동체투자수익 모델은 사회적 조직과 공동체가 서로 만나는 지역가맹점에 초점을 맞춘다. 본사와 지

---

7 Richmond 1998

역 양쪽 경영진과 공동체에서 수용 가능하고, 그들에 의해 사용될 도구를 개발하는 것은 공통의 이해, 즉 효과적인 사회적 조직의 지속가능성이라는 이해관계를 필요로 한다. 이러한 이유로 공동체투자수익 모델은 사회적 조직을 공동자원의 수탁자로 간주하고, 그 목표의 달성 여부를 평가한다. 만약 사회적 조직이 자원을 효과적으로 이용하지 못하면 살아남기 어려울 것이다.[8]

공동체투자수익 모델에서 조직의 재무보고서는 1년동안 자원의 투입과 산출을 표시하는 방식으로 재구성된다. 이러한 개념은 또한 인적 서비스 프로그램들이 작동하는 방식을 이해하기 위한 시스템 모델(Systems model)[9]과 호환가능하다.[10] <그림 4.1>은 훈련프로그램에 투입되는 자원(또는 투입요소)이 산출되는 자원(산출)으로 흘러가는 모습을 보여주는 1년 주기 순환을 나타낸다.

<그림 4.1> 공동체사회투자수익의 연간흐름

투입되는 자원	산출되는 자원
수입	지출
자원봉사활동의 가치	자원봉사활동의 가치
	산출물의 가치 (1차, 2차, 3차)
합계	
투자수익: 투입되는 자원대비 산출되는 자원의 비율	

이 모델은 생산성에 대한 고전적인 정의(투입대비 산출)[11]를 이용하여 조직의 생산성과 자원관리에 대한 피드백을 제공하며, 이는 사회투자수

---
8 Milofsky 1987
9 어떤 대상을 유기체처럼 간주하고 설명하는 방법론
10 Henke 1989; Martin and Kettner 1996
11 Brinkirhoff and Dressler 1990

익율에 반영된다.(<그림 4.1> 참조) 이 정보는 조직의 다음 생산 사이클을 개선하는 데 사용될 수 있다.

<그림 4.1>에서 보듯 공동체투자수익 모델은 한 조직의 사회경제적인 특징을 활용하여 사회적 산출물의 경제적 비교가치를 만들어낸다. 이는 또한 자원봉사활동의 사회적 기여에 가치를 부여하고,[12] 비영리상호협회(nonprofit mutual associations)와 협동조합의 사회적 노동[13]에도 동일하게 가치를 부여한다.[14]

3. 방법론

전통적인 회계보고서 작성과 마찬가지로 먼저 조직의 활동분야와 사업 환경 그리고 조직 그 자체에 대한 정보를 얻어야 한다. 즉 컴퓨터훈련센터의 이용가능한 프로그램과 서비스, 그리고 해당 조직이 활동하는 사회경제적 환경에 대한 정보가 필요하다.

우리의 연구가 진행되고 있을 때 컴퓨터훈련센터는 캐나다의 유사한 지역기반 훈련조직 네트워크의 일부였다. 지역기반 훈련조직의 임무는 "심각한 고용 취약계층", 즉 고용에 대한 복합적이고 개인적인 어려움에 처한 사람들에게 참여자 중심의 고용 관련 훈련을 제공하는 것이었다.[15] 이들 조직의 고객은 최근에 온 이민자, 해고된 고령 근로자, 소득지원을 받는 무경력육아여성, 장애인, 고등학교 중퇴 청년, 특정 업종에 취업하

---

12 see Hodgkinson and Weitzman 1988; Ross and Shillington 1989, 1990
13 사회적 노동은 비영리상호협회 또는 협동조합 구성원들의 보상없는 기부활동(unpaied contributions)를 말함
14 see Richmond and Mook 2001
15 ONESTEP 2006; Rans 1989

려는 여성, 알코올 및 약물중독 회복자, 전과자 등이 포함되어 있었다.

2006년 지역사회 기반 교육기관의 산하 기관인 고용능력훈련센터연합(ONESTEP, 이하 원스텝)의 회원사들은 10만 명 이상의 고객들에게 훈련프로그램을 제공하였다. 원스텝의 산하 조직은 1992년에 결성된 캐나다 지역기반 고용능력훈련센터연합의 회원이다.[16] 평균적으로 원스텝 네트워크 내의 지역기반 교육조직은 약 130만 달러의 예산과 17명의 정규직 인력을 보유하며, 이들 대부분은 고객에게 직접 서비스를 제공한다.[17] 또한 원스텝 수익의 절반은 연방고용부(인적자원 및 사회개발부)의 보조금이다. 그리고 지방정부 부처, 다른 연방 부서, 자선 재단, 그리고 개인기부자들이 또 다른 후원자들이다.

공동체투자수익 모델을 1994~1995 회계연도의 컴퓨터훈련센터에 적용하였다. 구바Guba와 링컨Lincoln(1989)이 제안한 평가 접근법에 따라 수집된 정보는 다음과 같은 특징을 반영하고 있었다.

- 연구팀은 해당 조직과 협동적 관계를 형성하였다.
- 회의에는 모든 참여자들과 함께 했다. 사전 동의와 비밀유지의무를 위한 것이다. 매단계마다 승인 절차가 요구되고, 면접질문지는 집행이사에게 제출되었다.
- 현장업무를 시작하기에 앞서 연구 프로젝트에 익숙해지도록 직원과 수혜자들이 합동회의를 진행하였다.
- 해당 조직에 기초 결과물이 제공되었다.
- 최종 보고서에 피드백이 반영되었다.

---

16 ONESTEP 2006
17 ONESTEP 2006

정보는 다음 단계를 거치며 수집되었다.

- 전년도와 차년도 그리고 당 회계연도에 대한 중요한 내외부 자료들이 검토되었다. 여기엔 기존 재무제표와 사명선언문, 연례보고서, 프로그램 정의문, 기부자에 대한 보고서, 해당 회계연도 이전 5년 이내 이뤄진 평가, 수혜자의 탈퇴 및 추적 보고서가 수혜자의 동의 하에 포함되었다.
- 14명의 이해관계자들에 대한 반-구조화(semi-structured) 인터뷰가 이뤄졌다. 집행이사와 직원, 두 명의 이사와 자원봉사 위원, 네 명의 당해연도 졸업생, 네 명의 예비졸업생, 당해연도 졸업생을 채용한 두 명의 고용주들.

- 약 20군데 추천조직들이 참여하여, 직원과 자원봉사자, 집행이사와 해당 프로그램 졸업생들이 정보를 제공하고 질문에 답하는 두 시간의 조찬 모임을 겸한 관찰이 이루어졌다. 마찬가지로 컴퓨터훈련과정에 참가하는 동안 수혜자들에 대한 관찰이 이뤄지고, 그들의 참여를 끌어냈다.

4. 공동체투자수익 보고서 작성

수집된 정보로부터 공동체투자수익 보고서가 작성되었다. 이 보고서는 다섯 부분으로 이뤄지며, 각각 순서대로 논의한다.

- 조직이 운영되는 환경조건을 알 수 있는 관련 쟁점들
- 투입 자원에 대한 분석
- 조직이 산출하는 자원과 이 자원이 시장가치로 얼마인지에 대한 논의

- 공동체투자 정보를 공시하는 양식
- 추가적인 공시

환경 조건

상황(context)

이 부분에서는 조직이 활동하는 환경을 설명한다.

컴퓨터훈련센터는 약 250만 명의 인구를 가진 대도시 토론토에 위치하고 있다. 이 도시의 고용상태는 1990년대 초 경제침체기 때 제조업 일자리가 심각하게 사라지면서 크게 악화되었다. 서비스 부문의 성장도 이를 만회하지는 못했다. 전체 실업률이 10%까지 증가했고, 특정한 인구집단에서 특히 높았다. 청년층이 더 불리했다. 1992년 25세 이하 남녀실업률은 각각 24%와 15%에 이르렀다.[18]

연구가 진행될 때 장애를 가진 사람들은 추가적인 고용장벽에 직면하고 있었다. 전국 조사에 따르면 노동 가능 연령대의 캐나다인 중 장애인의 절반이 1990년 초에 직장을 잃었다.[19] 그리고 실업률은 비장애인에 비해 약 2배나 높았다. 마찬가지로 장애인들은 노동시장에 대한 지속적인 참여배제로 인해 일반 주민들보다 거의 두 배의 실업상태를 보였다. 차별이 문제로 드러난 것이다. 거의 7만 4,000명에 달하던 피고용 성인 장애인들이 먼저 정규직에서 배제된 것으로 추정되었다.[20] 이러한 상황

---

18 City of Toronto 1993; Committee of Planning and Co-ordinating Organizations 1992; Government of Ontario 1996
19 Roeher Institute 1992
20 이 상황은 현재까지도 개선되지 않고 있다. see Crawford 2004

에서 컴퓨터훈련센터는 이민자들이나 청년이면서 장애까지 가진 이유로 심각한 고용장벽에 부딪힌 사람들에게 고용관련 훈련을 제공했다.

사명선언문

그 보고서의 또다른 배경이 되는 부분은 조직의 사명에 대한 설명이었다. 사명선언문은 길 필요는 없고, 조직의 핵심사업만 정리되어 있으면 된다. 컴퓨터훈련센터의 사명은 신체적 장애를 가진 성인들이 컴퓨터 지식과 활용 능력을 포함하여 일자리를 얻고 유지하는 데 필요한 기술을 얻거나 향상시킬 수 있도록 하는 데 있었다.[21] 컴퓨터훈련센터는 양질의 장비와 교육과정, 학생들에 대한 지원 등을 목표로 하고 있었는데 이들은 모두 그들이 직면한 수많은 장벽을 넘어서기 위한 것이다. 전략의 핵심 요소 중 하나는 기업과 공공부문에서 온 실행이사들을 충원하는 일이었다. 이들은 일상 업무 이상의 멘토가 되어 프로그램에 참여하는 학생들을 직접 만날 수 있는 사람들이다. 또 다른 전략은 10명의 자원봉사자들로 이뤄진 기업자문위원회를 만드는 것이었다. 그들은 교육과정과 강사, 멘토를 자문하고, 학생들을 위한 작업공간을 구하는 일을 맡았다.

교육과정

마찬가지로 보고서에는 조직의 교육과정을 간단히 기술한다. 컴퓨터훈련센터는 세 가지 과정을 통해 직능훈련을 제공했다. 컴퓨터프로그래밍, 소형컴퓨터를 위한 지역네트워킹 그리고 사무자동화지원 과정이 그것이다. 센터의 교육과정은 또 직업탐색과 인터뷰기법, 생활력, 업무소통

---

21 Computer Training Center 1995

훈련 등과 같은 취업관련 능력 훈련을 포함했다.

조직

조직의 기본 구조와 역사에 대한 세부 사항이 보고서의 환경 부문에 포함되었다. 컴퓨터훈련센터는 비영리 자선단체로 설립되었으며 매년 약 10회 정도의 이사회를 열고, 매년 정기총회를 개최하하였다. 이사들은 모두 조직의 회원들이고, 총회에서 선출되었다. 하지만 많은 비영리단체가 그렇듯이, 조직의 경영진은 연례 회의에 지역사회 거주민들을 초대했고, 그것을 네트워크화하고 지역사회에 보고하는 기회로 만들었다. 1994년부터 1995년까지 8명의 이사와 10명의 경영자문위원이 있었다. 컴퓨터훈련센터에는 평균 6.5명의 유급 직원이 있었는데, 전무이사, 행정보조원, 3명의 강사, 서비스 코디네이터 및 파트타임 배치 컨설턴트 등이다.

자원봉사자들

자원봉사자는 서비스를 제공하는 중요한 구성요소이기 때문에 보고서에 자원봉사자와 그들의 역할을 기술하는 것이 중요하다. 컴퓨터훈련센터의 자원봉사자들은 이사회와 경영자문위원회 위원들이었다.

이들은 면접 준비와 취업 지도, 훈련생들의 배치, 일자리 탐색, 취업 시장의 요구를 반영하는 커리큘럼을 개발하고 평가하는 것을 도왔다.

네트워크

비영리조직은 보통 그들이 지원하는 또 반대로 조직이 서비스를 제공할 때 돕는 사회적 관계망의 일부로 기능한다. 따라서 이러한 정보가 보고서에 기록되어야 한다. 1994-1995 회계연도에 전무이사는 지역사회대학 이사회에 참석했고, 문화협회의 회장이었으며, 지역사회 기반 교육기관을 위한 네트워크 조직의 이사회에서 일했다. 또한 재활프로그램 전문협회의 이사였다. 다른 직원 한 명도 이 협회의 정기회의에 참석했다.

재무적 자원

재무적 자원은 <표 4.1>에 제시된 보고서의 일부이지만, 총 수익과 지출 및 주요 자금 원천은 보고서 해당 부문에 언급될 수 있다. 1994년 2월 1일부터 1995년 1월 31일까지 총 수입은 83만 7,614달러였고, 총 지출은 84만 2,051달러였다. 주요 자금제공자는 연방정부기관인 캐나다 인적자원개발부(HRDC)(현재는 인적자원 및 사회개발부(HRSD)로 불림)였다.

회계보고 책임

사회적 조직으로서, 특히 외부 자금에 의존하는 조직으로서, 컴퓨터훈련센터는 회계보고 책임을 수행하는 것이 중요했다.

1994-1995 회계연도에 조직의 회계보고 책임은 아래와 같다.

- 연례 정기총회에서 결산서를 보고하기 위해 감사에게 해당 회계보고서를 제출했다.
- 수익, 지출 및 프로그램 결과를 매월 연방정부기관인 캐나다인적자원개발부에 보고하고, 해당 기관에서 실시한 6개월 및 9개월 간

의 검토에 참여했다.

또 조직은 언제든지 조직의 프로그램 및 재무보고와 관련하여 캐나다 인적개발부 프로젝트 담당자의 감사를 받아야 했다.

또한 조직의 프로그램과 재정 보고서들은 캐나다인력개발부의 주무관에게 수시로 감사받을 의무가 있었다.

투입 자원

보고서의 두 번째 부문은 투입 자원에 관한 것이다.

<표 4.1>에서 보듯 투입 자원은 수입과 자원봉사자 기부로 구성된다. 이는 기존 재무제표에 나타나 있다. 수입은 조직의 인건비와 기타 지출을 반영하여 예산이 수립된다. <표 4.1>에서 보듯 컴퓨터훈련센터의 해당 회계연도 수입은 83만 7,614달러였다. 자원봉사활동의 가치는 직접 계산된 것이 아니라 추정한 것이므로 더 많은 설명이 필요하다.

자원봉사활동의 가치

비영리조직에 대한 앞선 연구에서는 자원봉사활동의 가치를 평가하기 위해 시간당 12달러라는 평균 사회서비스 임금을 사용하였다.[22] 그러나 이 추정치는 컴퓨터훈련센터 자원봉사자의 경우 낮은 것으로 나타났다. 그들은 센터의 프로그램을 강화하기 위해 자신이 갖고 있는 민간기업관리기법과 인간관계를 활용했다. 따라서 해당 회계기간 자원봉사활동의 가치를 더 정확하게 반영하려는 방법이 개발되었다. 조직은 자원봉사자들이 노동시간을 추적 기록하지는 않았으므로 추정이 필요했다. 조

---

22 Ross and Shillington 1990

직 집행이사는 기업자문위원회 10명의 자문위원들과 8명의 이사들이 5개의 위원회에서 활동하면서 2,896시간을 투여한 것으로 추정했다. 작업배치 614시간, 평가작업 216시간, 직업안내 1,600시간, 교육과정 검토 18시간, 이사회 회의 448시간이다. 이들 추정치는 이사회의 자원봉사 이사들과의 인터뷰에서 확인되었다. 집행이사는 이사회 이사들의 평균 연봉은 7만2,500달러 또는 시간당 37.18달러로 추정했다.(연간 1,950근로시간이라는 표준시간에 기초하여 계산함)

그런 연후에 집행이사는 자원봉사자들이 센터와 함께 자신의 과업을 완수하기 위해 활용한 집행역량의 비율을 추정하였는데, 각 위원회(2,448시간) 활동 시간에 그들 전문성의 20%가 발휘된 것으로, 그리고 이사회(448시간)를 위해서는 전문성의 약 35%를 발휘한 것으로 보았다. 이러한 수치를 이용해서 위원회 활동에 대한 그들 업무의 가치는 37.18달러×2,448시간=9만1,017달러×20%=1만8,203달러로 계산되었다. 이사회 활동 가치도 마찬가지 방법으로 5,830달러로 계산하였다. 이 추정치를 합하면 집행 이사의 자원봉사활동 총 가치는 2만 4,033달러이다. 집행이사에 의한 이러한 추정치는 자원봉사자들이 노동력 시장에서 한 시간 노동으로 받는 기회비용과 대체비용(그 업무가 조직에 기여하는 가치의 평가액)을 조합한 수치를 이용하였다. 그러나 이러한 추정치는 다음 네 가지 이유 때문에 실제보다 낮게 평가된 것으로 나타났다.

- 유사한 능력을 가진 자원봉사자들에 대한 연구자의 선행 경험
- 그들의 능력을 적용한 일부 센터 자원봉사자들에 대한 관찰결과

- 컴퓨터훈련센터 자원봉사 업무의 기술서
- 자원봉사자 자신의 활동 기술서

이와 같은 관점 차이 때문에 자원봉사활동의 가치는 다음 두 절차의 평균값으로 조정되었다.

- 이사회 구성원과 위원회 구성원은 컴퓨터훈련센터에서 자신의 자원봉사활동에서 각자의 전문능력을 완전히 사용하고 있다는 가정에 기초한 추정치
- 이사회 및 위원회 구성원들이 센터 활동에서 자신 전문능력의 35%, 20%만 사용하고 있다는 집행 이사의 추정치

전문능력의 100%로 일을 한다는 첫 번째 추정치에서 이들의 위원회 활동의 가치는 2,896시간×37.18달러×100% = 10만 7,673달러. 제한된 역량만 사용하는 두 번째 추정치에서는 위원회 활동 2,448시간×37.18달러×20% = 1만 8,203달러에 이사회 활동 448시간×37,18달러×35% = 5,830달러로 총합계는 2만 4,033달러. 이들 두 추정치의 평균은 10만 7,673달러에 2만 4,033달러를 더하여 2로 나눈 값, 즉 6만 5,853달러가 된다. 이 총액이 <표 4.1>에 투입되는 요소로 들어갔다.

〈표 4.1〉 컴퓨터훈련센터에 대한 공동체사회투자 수익(1994-1995)

(단위: 달러)

투입 자원		산출 자원	
수입	837,614	지출(운영비)	842,051
자원봉사활동의 가치	65,853	자원봉사활동의 가치	65,853
		산출물	
		1차 산출물	
		취업	599,320
		취업능력개선	113,988
		2차 산출물	
		해당항목 대응 시장 가격이 없음	
		3차 산출물	
		생계급여보조금 절감에 따른 사회적 절약	13,524
		관련부가서비스 절감에 따른 사회적 절약	2,300
합계	903,467	합계	1,637,036
투입 자원 대비 산출 자원의 비율			1:1.81

산출 자원

이 보고서의 세 번째 부문인 산출 자원은 매우 중요하다. 이는 해당 조직이 공동체에 제공하는 서비스를 나타내기 때문이다. 컴퓨터훈련센터의 속성 때문에 그러한 서비스를 제공하는 시장은 없다. 따라서 나중에 언급하겠지만 그들의 가치를 계산하려면 비교대상이 되는 대용물이 필요했다.(제3장을 보라) 〈표 4.1〉에서 보듯 산출 자원은 다음과 같이 구성되었다.

- 해당 조직의 지출
- 자원봉사활동의 가치
- 수혜자의 취업과 기능향상의 추정가치
- 정부 생계급여 보조금과 관련 서비스의 절약 추정치

이들 산출 자원 각각에 대해서 그리고 가치를 부여하는 절차에 대해서는 나중에 논의한다.

조직의 지출

조직의 지출 금액 $842,051은 산출 자원으로 간주된다. 왜냐하면 직원의 인건비와 외부구입비는 지역사회로 되돌아가기 때문이다.[23] 조직의 직원들은 자기 급여를 물품구매나 대출상환 또는 임차료 지급, 자신과 가족들의 생활 영위에 지출한다. (非)비인건비 지출은 조직이 서비스제공을 위해 필요한 물품과 설비 구입비다. 해당 조직에게 지출은 수입 금액과 유사하다. 즉, 정부에게서 받은 보조금은 조직을 통해 지역사회로 이전되는 것이다. 이 점은 대부분의 공적부문 비영리조직에서 공통적인 현상이다.

자원봉사활동의 가치

<표 4.1>에서 보았듯이 자원봉사자들은 투입 자원이기도 하고 산출 자원이기도 하다. 자원봉사자들의 활동은 공동체로부터 받은 기부를 대표하는 것으로서 수입과 같다. 공동체가 해당 조직에게 해당 서비스를 대행할 수 있도록 해주었기 때문이다. 또한 그 기부가 공동체로 환원되

---

23 Benson, 1999

었다는 점에서 지출이라고도 할 수 있다. 공동체로 환원되는 자원봉사 활동의 가치는 해당 조직에서의 경험을 통해서 향상되었다. 제7장에서 얘기하겠지만 자원봉사자들은 부가가치로 취급되어야 할 자신들의 자원봉사 경험을 통해서 스스로의 역량을 개발한다. 하지만 자원봉사 관리와 관련된 비용 또한 존재한다. 이를 보고서에 표시하기 위해 비용과 효익은 서로 상계되며, 회계기간 말에 공동체로 환원되는 자원봉사활동의 가치와 이 자원의 투입가치는 동일한 것으로 가정하였다. 따라서 공동체투자수익 보고서에서 투입 및 산출 자원으로서의 자원봉사자들의 가치는 동일하였다. 6만 5,853달러로 나타난 자원봉사자들의 가치 계산 방법은 투입 요소를 설명할 때 이미 얘기했다.

취업과 취업능력 개선

앞에서 말한 것처럼 조직의 공식 권한과 계약 조건(졸업생과의 인터뷰에서도 확인된)에 따라 두 가지 핵심적인 1차 산출물, 즉 해당 프로그램의 직접적인 효과는 훈련생의 취업과 취업능력 향상이었다. 졸업 후 3개월간 30명의 훈련생 중 23명(77%)이 일자리를 구했다. 인터뷰에 응한 전년도 졸업생 4명 중 모두가 졸업 후 3개월 이내에 직장을 구했으나 1996년 인터뷰할 때는 한 사람이 실업상태였다. 다른 세 명의 졸업생은 졸업 후 같은 직장에서 근무하고, 두 명은 승진을 했다. 그들 모두 최소한 2년 동안 실업상태에 있었음을 감안하면(그것이 해당 프로그램의 입학 조건임) 훈련이 이들에게 취업기회를 제공한 것으로 볼 수 있다. 다시 말해 취업을 통해 만들어진 가치는 그 조직 덕분이라고 할 수 있다. 물론 컴퓨터훈련센터 프로그램에 참여하지 않았다면 그 중 몇 명이 유사한 환경에서 일자리를 구했을 지 측정할 수는 없기 때문에 논란이 있긴 하다. 다시 말해 컴퓨터훈련센터의 결과를 비교할 통제그룹이 없다는 뜻이다. 하지만 훈련생들이 지난 2년 동안 실업상태였다는 것을 감안하면 취업 측면에서 조직이 수행한 역할에 대한 우리의 가정은 합리적이다. 졸업생들은 인터뷰를 할 때 이 해석을 지지했다.

<표 4.1>에서 보듯 직장을 구한 23명의 훈련생들에게 취업의 가치는 대략 59만 9,230달러였는데, 이는 졸업생들의 임금총액으로 추정한 것이다.[24]

이 숫자는 그 조직의 기록을 참조하여 졸업생들의 평균임금 2만6,057달러39센트에 인원수인 23명을 곱한 금액이다. 인터뷰에 응한 전년도 졸업생 네 명의 평균임금은 2만 8,850달러였다.

취업한 훈련생 23명의 총 임금으로 보고한 59만 9,320달러라는 숫자는 컴퓨터훈련센터의 취업에 따른 산출물의 비교 시장가치로 사용되었는데, <표 4.1>의 산출 자원 칼럼에 있다. 취업 가치의 총합은 졸업생들이 받은 복리후생급여 총합의 가치를 포함하지 않기 때문에 과소평가되어 있다. 인터뷰한 네 명 중 두 명의 졸업생들이 복리후생급여를 받고 있었는데 이 금액이 빠져있다.

취업과 더불어 센터의 또 다른 1차 산출물은 취업능력 향상이었다. <표 4.1>에서 나타나듯 그 가치도 비교시장가치로 계상되었다. 1차 자금제공자였던 캐나다인력개발부에 제출한 보고서에 따르면 센터의 훈

---

[24] see James 1987

련을 성공적으로 마친 졸업생 30명 중 7명이 졸업 후 3개월 동안 일자리를 구하지 못했다. 하지만 그 훈련은 이들 졸업생의 취업에 대한 잠재적 능력을 향상시켰고, 그것은 자금제공자에게 성공적인 지표로 특기할 만한 결과였다. 훈련이 끝난 뒤에 정규직 일자리를 찾지는 못했지만, 프로그램 졸업자들은 새로운 기술을 연마했다. 이 기술이 이윤추구기업에 적용되면 졸업생들은 그에 대한 보상을 얻을 것이고, 그 보상은 가치의 척도로 간주될 것이다. 하지만 센터에서 그에 대한 대가를 받은 것이 아니므로 아직 미취업 상태인 7명의 졸업생들에 대한 가치 측정을 위해 대용적 가치 측정 절차가 필요했다. 우선 유사한 민간부문 훈련 프로그램을 찾아야 했다. 하지만 다양한 형태의 장애를 가진 사람들을 위한 특화된 컴퓨터와 취업능력을 제공한 프로그램은 없었다. 어떤 유사한 민간 조직도 찾을 수 없었기 때문에 취업기회 개선 결과는 자금제공자가 특화된 훈련을 제공하기 위해 센터에 제공한 훈련생 1인당 보조금 액수를 사용하여 측정했다. 1995-1996 회계기간동안 훈련생 1인당 보조금은 1만 6,284달러였다. 이 숫자는 훈련 단위당 비교 시장가치로 사용되었다. 7명의 미취업 훈련생들은 비록 취업을 못했으나 취업기회는 개선되었기 때문에 그 가치는 7명×1만 6,284달러=11만 3,988달러로 추정되었다.

<표 4.1>에서 보듯 센터의 1차 산출물, 즉 취업과 취업능력 개선은 각각 59만 9,320달러와 11만 3,988달러, 따라서 총합 71만 3,308달러로 계상되었다. 이 가치는 공동체에 대한 센터의 기여 분의 핵심적인 요소이다.

생계급여보조금과 관련 서비스 절감에 의한 정부비용절약

취업과 취업능력 개선이라는 센터의 1차 산출물에 더해, 센터는 훈련생이 아닌 다른 사람들에게도 영향을 미쳤다. 이는 3차 산출물이라고 할 수 있다. 센터의 3차 산출물은 졸업생들이 취업하여 급여를 받으면 정부의 생계급여를 받을 필요가 없어져 공동체가 절약하는 비용을 말한다.

이러한 절약에 재무적 가치를 부여하기 위해 졸업생에 대한 자료가 검토되고, 그들로부터의 정보가 인터뷰 자료와 함께 상호 대조되었다. 훈련 전 해에 훈련생들에 대한 생계급여는 다음과 같은 기관에서 제공되었다. 캐나다연금계획, 가족생계비보조, 노동자보장, 사적보험 그리고 복지보조 등. 이러한 자료들은 수령한 총액이 기록되어 있지는 않았다. 따라서 인터뷰에서 얻은 정보가 훈련 부산물의 가치를 추정하는 데 사용되었다.

실제 총액을 이용할 수 없었기 때문에 그 프로그램을 시작하기 전 그 해 생계급여 보조금 총액은 8명의 훈련생이 받은것으로 보고된 총액에 기초한 것이었다.(1994-95년간 4명, 그 이후 졸업생 4명) 그들이 그 프로그램에 참여하기 전 해 수령한 보조금 평균은 588달러였다. 이 그룹이 훈련 결과 취업한 23명의 졸업생을 대표한다고 볼 때, 이러한 생계급여 절약 비용은 1만 3,524달러(588달러×23명)이다.

생계급여보조금뿐 아니라 인터뷰한 네 명의 1994-1995년 졸업생들은 다른 서비스도 받았는데, 직업상담(100%), 약물처방(25%), 치아치료(25%)가 그것이다. 몇몇은 또 생활시설보조도 받은 것으로 나타났다.

가령 특별제작 의자(25%)와 점자해독기(25%) 그리고 한 훈련생은 특수복장을 구입하는 데 도움이 되는 의류보조를 받기도 했다. 하지만 졸업생들은 이러한 재화 또는 서비스의 유형, 총액, 가치에 대해 불확실하거나 보고할 준비가 되어 있지 않았다. 인터뷰를 통해 훈련생 1인당 부가적인 서비스에 대해 100달러 정도의 가치를 계상하는 것이 타당한 것으로 평가되었다. 취업한 23명의 졸업생들에 대해 이 금액은 2,300달러의 추가적인 사회적 비용 절감을 가져왔다. 이 금액과 생계급여보조금 절약액 1만 3,524달러 모두 <표 4.1>의 보고서에서 산출 자원으로 기록되어 있다.

공동체사회투자수익보고서 작성

위 <표 4.1>은 컴퓨터훈련센터의 자원 흐름을 요약해서 보여준다. 투입 자원은 다음과 같은 요소들로 구성된다.

- 보조금 및 기타 원천에서 얻은 수입 83만 7,614달러
- 자원봉사 활동의 가치 추정액 6만 5,853달러 이를 합한 금액 90만 3,467달러

산출 자원의 구성은 아래와 같다.

- 직원임금 및 재화.서비스 구매를 통해서 지역사회에 환원되는 가치에 상응하는 지출 총액 84만 2,015달러

- 자원봉사 활동의 가치 6만 5,853달러
- 취업의 추정가치 59만 9,320달러
- 취업능력 개선의 추정가치 11만 3,988달러
- 센터가 없었다면 해당 프로그램 졸업자에게 지불되었을 사회보조금 절감액 1만 3,524달러
- 취업 졸업생들에 대한 부가적인 사회보조혜택 절감액 2,300달러

모두 합해서 산출 자원 총액은 1,63만 7,036달러로 투입 자원총액보다 73만 3,569달러가 더 많다. 다시 말해 센터에 투입된 경제적 사회적 자원 1달러당 공동체로 다시 돌아가는 산출 자원의 가치는 1.81달러에 달한다. 이 비율은 컴퓨터훈련센터의 기술과 개인교육, 특수장비, 취업보조를 위한 지출과 훈련 및 취업을 돕는 데 필요한 자원봉사 지원을 위한 지출이 지역사회에 미친 조직의 긍정적인 영향에 의해 상쇄되고 남는다는 의미이다. 이 긍정적인 영향은 취업과 취업능력 개선 가치의 창출, 생계급여보조금과 기타 사회서비스 절감에 의한 사회적 비용의 감소 그리고 훈련생들(및 그들의 가족)의 삶의 질의 개선을 포함한다.

추가적인 공시

양적으로 표현할 수 있는 센터의 산출 자원 외에 시장가치를 부여할 수 없는 것들도 존재한다. 이를 2차 산출물로 분류하는데, 그 이유는 그것들이 비록 훈련생과 관련되어 있긴 하지만 그것이 1차적인 목적이 아니기 때문이다. 아래 열거하는 훈련생에 대한 2차적 영향은 4명의 졸업

생들과의 인터뷰를 통해 평가한 것이다.

-자존감 증대

-실업에 따른 스트레س스 감소

-구매력 증대

-삶의 양식 개선

-건강 증진

-가족관계 개선

<표 4.2>가 이와 같은 발생가능한 간접적인 효과에 호의적으로 반응한 각 졸업생들의 비율을 보여준다.

〈표 4.2〉 컴퓨터훈련센터의 2차 산출물

졸업생들의 개선 항목	1994-1995	1995-1996
자존감 증대	50%	75%
실업 스트레스 감소	25%	75%
구매력 증대	50%	25%
삶의 양식 개선	75%	75%
건강 증진	25%	25%
가족관계 개선	50%	25%

전기 졸업생은 "컴퓨터훈련센터가 제공한 준비와 연계가 없었다면 이러한 침체기에 비록 유명 대기업에 취직한 것은 아니지만 일자리 자체를 구하지 못했을 것이다."라고 말했다.

후기 졸업생은 그의 경험을 다음과 같이 요약했다.

"나는 약 1.9미터의 큰 키였지만 일할 수 있기를 기대했다. 나는 이 직업에 아주 만족한다. 내가 그 코스에 참여한 것이 매우 기쁘다. 내가 센터 문을 열었을 때 그 문이 내게 열릴 것이라 생각하지 않았다. 직업적으로든 개인적으로든 내 자존감은 10배 이상 증대되었다." 우리는 이들 2차 산출물에 대해 대용시장가치를 할당하지는 않았다. 하지만 조사연구로부터 졸업생과의 인터뷰를 통해서 2차적 효익이라는 증거는 충분했다.

20대로 최근 다발성 경화증 진단을 받은 남성 존[25]은 손과 발의 감각을 잃었다. 그리고 기계수리공으로서의 자신의 직업도 잃었다. 얼마 지난 후 그의 상태가 개선되어 복직했다. 하지만 그는 자신이 재훈련되어야 함을 깨달았다.

"처음엔 두려웠다. 나는 건강한 사람이다. 나는 역기를 든다. 내가 컴퓨터훈련센터에 걸어들어 갔을 때 내가 장애인으로 간주되어 기분이 나빴다. 그리고 그것을 받아들이는 데 긴 시간이 걸렸다. 센터는 내가 장애인이 아니고 다른 사람들과 똑같이 좋은 사람이라는 것을 받아들이도록 했다. 모든 이들은 다들 조금씩 장애를 갖고 있지 않은가?"

존은 대기업에 취직하여 컴퓨터시스템을 서로 연결하는 일을 하게 되었다. 그리고 1996년 인터뷰할 당시 한 차례 승진을 했다. 그는 자신의 새 지위에 자부심을 표시했고, 회사 복지혜택의 즐거움을 얘기했다. 그의 지위상승 결과 존은 자신과 형의 관계도 개선되어 더 많은 공통의 취

---

25 이 장에서 존을 포함 모든 이름들은 가명임.

미를 갖게 되었다고 했다.

마리아는 40대 여성으로 심각한 시각장애를 갖고 있는데, 최근 캐나다로 이민왔다. 그녀는 다음과 같이 얘기했다.

"컴퓨터 훈련센터의 직원이 내가 지금까지 해보지 않은 분야에서 자신감을 심어주었다. 그들은 내가 매우 높은 수준의 전문가적 자세를 갖도록 해주었다. 그 경험은 내 남편에게 자랑할 정도의 것이었다. 그리고 캐나다인으로서 생활에 적응할 수 있게 해주었다.

마리아는 장애인들이 훈련받는 걸 돕는 또다른 센터에서 보조업무를 하는 일자리를 얻었다. 그녀는 컴퓨터훈련센터 직원들이 시각장애를 가진 그녀가 일할 수 있도록 도와주었다고 말했다. "그들은 그냥 나의 장애를 받아들이고 그것에 인정과 위엄을 느끼게 해주었다. 나의 조국에서는 우리의 장애에 대해 그리고 내가 어떻게 처신해야 하는지 얘기해 준 적이 없다. 그것은 마치 말해서는 안될 것을 말할 수 있게 된 것과 같다."

그녀가 처음 이민을 왔을 때 훈련센터에 접근하는 데 어려움을 겪었기 때문에 마리아는 다른 사람들을 도울 수 있게 된 점에 기뻤다고 한다. 그녀는 자신의 새 직장에서 지금은 동료로 관계를 맺고 있는 훈련생의 한 사람으로 대했던 몇몇 사람들을 우연히 만나기도 했다.

보고서 요약

컴퓨터훈련센터는 장애를 가진 사람들이 일자리를 얻거나 취업기회를 향상시키는 일을 도왔다. 장애를 가진 사람들이 많은 분야에서 높은 실업율을 겪는 상황에서 취업 장벽을 넘기 위한 특별한 프로그램이 요구되었다. 따라서 센터의 성공을 위해서는 학생대비 직원 비율의 증가, 전문적인 자원봉사자의 지원, 이사회 구성원들의 더 큰 지원 등이 요구되었다. 최신의 컴퓨터능력 훈련을 제공하기 위해 센터는 고도화된 직원과 함께 값비싼 시설을 갖추었다. 센터 졸업생 취업률이 77%에 이르는 것을 보면 센터가 취한 목표 전략이 유효했고, 특히 엄혹한 취업장벽을 겪고 있는 주민들에게 도움이 되었음을 알 수 있다.

비록 해당 프로그램의 2차, 3차 산출 결과의 일부가 적절한 측정방법을 찾지 못해 비교 시장가치를 할당받지 못했지만 추정된 정보만을 이용하더라도 투자된 1달러당 1.81달러의 사회적 수익률을 보여주었다. 영향을 미치는 모든 분야에 대한 완전한 자료가 갖춰져 있지 않았음에도 이러한 수치는 컴퓨터훈련센터가 꼭 필요한 수혜자그룹에 공동체 자원을 투자함으로써 긍정적인 사회적 수익률을 창출해냈음을 보여준다.

5. 두 가지 쟁점

사회투자수익 모델을 적용할 때 두 가지 유형의 쟁점이 있다. 즉, 실제적인 쟁점과 개념적 쟁점. 실제적 수준에서 사회투자수익 모델은 근본적으로 조직의 산출물을 과소평가한다. 산출물 모두가 계량되거나 평가되지는 않기 때문이다. 관련된 모든 정보를 포괄하거나 산출물의 가치를 정확하게 측정할 수 있는 방법론과 자원이 아직은 존재하지 않는다. 마찬가지로 사회투자수익 모델을 적용하는 것은 고용 관련된 프로그램이나 수입 발생 프로그램에 한정되어 왔다. 그 프로그램은 시장거래에서 수입을 얻지 않고 정부보조금과 기부금에 의존하거나 수혜자로부터 대가를 받지 않는 사회적 조직보다 재무적 산출물이 더 명확하기 때문이다. 이것은 사회투자수익 모델이 해결해야 할 한계이다. 하지만 조직의 산출물이 시장에서 거래되지 않기에 그 프로그램의 영향에 대해 대체적 추정방식에 의존해야 한다. 따라서 사회투자 모델의 적용은 우선은 산출물에 대한 계량화가 더 쉬운 훈련 또는 고용프로그램에 국한되었다. 그러나 다음 단계는 비영리부문 전반의 다양한 프로그램에 이 접근법을 적용하는 것이다.

사회투자수익 모델의 회계와 관련한 개념적 쟁점도 똑같이 중요하다. 이 장에서 서술된 각 모델들은 사회투자수익 모델이 어떻게 정의되고, 측정과정에서 어떤 요소들이 포함되는지 하는 점에서 조금씩 다르다. 앞에서 얘기한 것처럼 로버츠 모델은 기업가치와 사회적 목적 가치를 측정한 뒤 이 둘을 결합하여 사회투자수익 모델에 접근한다.[26] 벤슨 모델(1999)은 사회투자수익 모델을 납세자와 공동체의 관점에서 분석한다. 공동체투자수익 모델은 투입 자원과 산출 자원을 비교하여 공동체에 초점을 맞춘다.

마찬가지로 이들 모델에서 산출물은 다르게 정의된다. 로버츠 모델은 벌어들인 수입과 프로그램의 결과로 납세자가 절약한 비용, 취업자들

---

26 Roberts Enterprise Development Fund 2000

이 납부한 소득세 등 현금화가 가능한 항목들만 포함한다.[27] 하지만 많은 비영리조직들은 시장에서 해당 서비스를 거래하지 않기 때문에 산출물의 가치를 측정하려면 대용가치가 필요하다. 그렇지 않으면 사회투자수익을 계산하기 위해 사용될 수 있는 산출물로 볼만한 것이 거의 없다. 벤슨 모델은 산출물로서 프로그램의 비용과 그들의 파급효과를 고려하는데, 이들을 지역경제에 대한 경제적 영향을 계산하는 데 포함시키는 것이다. 하지만 로버츠 모델이나 벤슨(1999) 모델 모두 해당 조직에 투입된 자원봉사자들의 가치를 계산하지는 않는다. 또한 둘 다 대부분의 비영리조직에서 가장 큰 범주인 대행조직의 비현금성 산출물에 대해 계량화하거나 가치 평가를 하지 않는다.

반면 공동체사회투자수익 모델은 투입 자원(투입 자원)대비 산출 자원(산출 자원)의 비율을 계산하기 위해 대부분의 비영리조직에 대해 좀 더 실제적이면서도 제한된 1년 기한의 약정을 사용한다. 투입 자원을 계산할 때 공동체사회투자 모델은 수입을 재무적 투입으로 제한하고, 자원봉사활동의 가치를 포함한다는 점에서 다른 두 접근법과 차이가 난다. 공동체사회투자수익 모델은 또한 자원봉사활동의 가치를 연말에 공동체에 귀속되는 산출 자원에 포함한다. 공동체사회투자수익 모델은 지출을 대행기관이 지불하는 임금과 지역경제에서의 구입활동으로 공동체가 얻는 경제적 효익으로 간주한다. 이것은 벤슨 모델과 유사하다. 그 모델도 전반적인 사회적 영향을 계산할 때 조직의 비용과 파급효과를 포함하기 때문이다.

---

27 Roberts Enterprise Development Fund 2000

비영리조직과 공동체의 관점에서 단순 소모적인 것이 아닌 한 지출은 비용이 아니다. 지출은 공동체에 제공하는 효익을 나타내기 때문에, 이윤을 증가시키기 위해 줄여야 하는 비용이 아니다. 지출에 대한 서로 다른 해석은 이해관계자의 서로 다른 이해를 반영한다. 비용감소를 통해 재무적 이익을 얻으려는 민간부문 투자자들과 합리적인 지출을 통한 사회적 수익을 얻으려는 공동체의 관점은 다르다. 민간부문 투자자들은 수익 대비 비용을 낮게 가져가는 게 유리하다. 하지만 공동체들은 비영리 지출이 수입과 같아질 때 효익을 얻는다. 비록 지출에 대한 태도는 달라도 이윤추구기업이 돈을 지출할 때 그들 또한 지출 대상 공동체가 있고, 세금혜택도 얻는다. 다시 말해 공동체의 관점에서 지출은 조직의 유형과 상관없이 효익을 제공한다. 하지만 조직의 관점에서 이윤추구기업은 비영리조직과 지출에 대한 태도가 다르다. 따라서 공동체사회투자수익 모델은 비영리조직의 지출을 산출 자원 또는 공동체에 대한 자산으로 분류한다(<표 4.1>참조). 대행조직의 지출 (임금과 지역공동체에서의 구매로 나타나는)은 공동체의 효익으로 간주된다.

공동체는 비영리조직이 사회적 재화와 서비스를 제공하기 위해 모든 자금을 소비할 때 효익을 얻는다. 사용되지 않는 자금은 연말에 자금제공자에게 환원되거나 미래 자금배분에서 감소될 위험이 있다. 왜냐하면 자금제공자는 대행조직이 더 적은 자금으로도 운영될 수 있음을 알게 되기 때문이다. 자금 감소금액은 공동체에 대한 손실로 간주될 수 있는데 그만큼 제공하는 서비스가 감소될 것이기 때문이다. 공동체의 관점에서 수입대비 지출 감소는 지역사회 투자수익의 감소로 귀결된다고 애기할 수 있다. 이러한 주장은 또다른 서비스로 그 자금을 돌리기보다 비영리조직에 대한 정부보조금이 감소하는 것으로 나타나는 경향이 있다는 관찰에서 비롯된다.[28] 만약 자금이 한 조직에서 다른 조직으로 돌려지는 것에 불과하다면 공동체에 대한 영향은 변하지 않을 것이다. 공동체사회투자수익 모델은 어느 정도 가치가 창출되는지에 초점을 맞춘다는 점에서 서비스 생산비에 상관없이, 그 영향을 보고한다. 모델의 이런 한계가 제6장과 제7장에서 소개할 통합부가가치보고서 모델의 개발로 이끌었다. 통합 부가가치보고서는 사회적 항목을 포함하고, 기타 이해관계자들에 초점을 맞추기 위해 기존 회계보고서를 이용한다.

사회적 회계는 사회적 조직의 산출물에 적절한 가치를 할당하기 위해 재무회계 개념을 사회적 조직에 맞게 조정한다. 물론 사회적 조직을 시장가치로 평가하는 위험은 있다.[29] 하지만 장기적으로 적절한 회계절차를 개발하는 것은 사회적 조직에 민간부문의 가치와 언어, 성공 개념이 확산되어 들어오는 추세에 대응하는 데 도움이 될 것이다.[30] 생산의 효율성과 투자 수익을 측정하는 일은 이윤추구기업에 핵심적인 것이다. 하지만 그 개념이 어울리지 않는 사회적 재화의 생산에도 적용되고 있다. 사회적 조직의 고유성을 이해하는 것, 그들의 기여를 이해하기 위한 적절한 절차를 만드는 것은 중요하다. 그러한 평가는 해당 조직 자체만이 아니라 관계하는 공동체에 기반을 두어야 한다. 평가를 할 때는 환경친화적이고 대안경제적 관점을 고려하고, 사회적 가치의 주된 생산자로서 사

---

28 Eakin 2001; Hall and Reed 1995
29 REDF 2005
30 Zimmerman and Dart 1998

회적 조직의 역할을 찾기에 적합한 도구를 사용해야 한다. 사회투자 수익에 대한 공동체투자수익모델과 로버츠 벤슨 모델은 사회적 조직의 사회적 가치를 인식하는 고유한 접근방법이다.

6. 토론 주제

1. 로버츠와 벤슨이 제안한 사회투자수익 모델의 주된 차이는 무엇인가?
2. 만약 재무보고서만 제공될 경우 비영리법인의 성과 중 어떤 점들이 배제되는가? 그들을 포함하는 것이 중요한 이유는 무엇인가?
3. 이 장에서 검토한 사례연구에서 재무회계는 수입 대비 지출의 비율이 거의 1:1에 가까운데, 사회적 회계로 평가하면 수입 대 지출 비율이 1:1.81로 나타난다. 이에 관해 토론해보자.
4. 자원봉사자들의 기부활동에 대한 확실한 기록이 없을 때 컴퓨터훈련센터 자원봉사자 활동시간을 어떻게 측정하고 가치를 할당했는가? 이러한 접근법의 한계는 무엇인가? 대안은 무엇일까?
5. 공동체사회투자수익 모델에서 자원봉사자들의 가치가 투입 및 산출 양쪽에 포함되어야 하는 이유는? 이런 접근법에 동의하는가?
6. 컴퓨터훈련센터의 산출비용을 공동체에 대한 효익에 포함하는 근거는 무엇인가? 이러한 접근법에 동의하는가?
7. 컴퓨터훈련센터의 1차 산출물은 어떻게 계산되었는가? 이러한 계산방법에 동의하는가? 개선책은 없는가?
8. 사회적 프로그램에서 당신은 증가된 자존감, 고용에 대한 스트레스

감소, 증가된 구매력, 개선된 삶의 양식, 건강 증진과 같은 간접적인 효과를 어떻게 계산할 것인가?

9. 공동체사회투자수익모델의 기여와 한계는 무엇인가?

10. 비영리조직의 사회투자수익 접근법을 사용할 때 위험과 효익은 무엇인가? 그 위험은 극복할 수 있다고 생각하는가?

제5장

사회경제영향보고서와 사회경제자원보고서

이번 장에서는 두 가지 새로운 회계보고서를 소개한다.

사회경제영향보고서와 사회경제자원보고서. 첫 번째 보고서는 손익계산서와 유사하고, 두 번째 보고서는 재무상태표와 유사하다. 두 보고서 모두 전통적인 재무제표와 다른데, 전형적인 재무 정보를 사용할 뿐 아니라 더 나아가 사회적 정보를 포함하기 때문이다. 다시 말해서 사회경제적 정보를 담는다. 사회경제영향보고서와 사회경제자원보고서는 비영리조직과 협동조합, 공공기관, 더 나아가 영리기업 등 서로 다른 유형의 조직에서도 사용할 수 있다.

사회경제영향보고서와 사회경제자원보고서는 비영리조직인 로체스터청소년재단 뉴욕가맹점(청소년방과후교육프로그램 운영 조직 이름, 이하 '로체스터J.A.')에 대한 조사연구의 일부로 개발되었다. 또 이 모델에 기초해서 두 번째 사례연구, 즉 사회경제영향보고서를 이용한 비영리조직의 환경영향을 검토하는 것이다. 이 사례연구는 슙Shoup(1997)이 진행한 연구결과를 응용한 것이다. 그 연구는 캘리포니아 소재 특정회사의 통근자들에게 무료 주차와 그에 상당하는 현금보조금 지급에 대한 선택권을 제시할 때 그들의 출퇴근 습관이 어떻게 변하는지, 그리고 그로 인한 효익이 무엇인지를 조사한 것이었다.

이 장에서 소개하는 새로운 보고서들은 전통적인 재무보고서보다 조직의 성과에 대해 더 완전한 활동내역을 보고하고, 훨씬 폭넓은 이해관계자들을 포함한다. 예를 들어 자원봉사자들의 기여가 미치는 사회적 영향을 보여주고, 그에 따라 조직이 현재 제공하는 재화와 서비스는 물론 미래에 가치를 생산하게 될 조직의 보유 자원이 어떤 것인지도 알려준다. 사회 모든 부문 사이의 상호연결, 즉 사회적 경제, 민간 부문, 공공 부문 등이 이 보고서에 등장한다.

1. 로체스터 청소년 방과후프로그램(이하 '로체스터J.A.')

로체스터J.A.는 세계에서 가장 오래되고 가장 큰 경제교육기관이다. 1919년 시작할 때는 취업 준비와 기업가 정신 함양에 초점을 맞춘 소규모의 방과후 비즈니스클럽이었다. 2002년 현재 로체스터J.A.는 100개 이상의 나라에서 운영되고 있으며, 21만 3,000명 이상의 자원봉사자와 2,700명의 유급직원을 두고 있다. 대상은 유치원부터 고등학교 3학년까지의 청소년들로 연인원 700만 명에 이른다.[1]

로체스터 J.A.는 1968년에 설립되어 현재에 이르렀다. 그들은 주식회사 J.A.의 프랜차이즈로 운영되며 65개의 초.중.고등학교에서 연간 640가지의 프로그램을 운영하고 있다. 2001년 6월 30일로 끝나는 회계연도에 보고한 자원봉사 시간을 보면 900개 이상의 자원봉사업무에서 1만

---

1 Junior Achievement 2006

2,000시간이 넘었다. 이들 자원봉사 시간을 정규직 노동시간으로 환산해서 산출한 정규직 해당인력 수[2]는 5.77명으로 현재 5.5명의 정규직보다 좀 많다. 이러한 자원봉사 기여분의 해당 가치는 미국재무회계기준심의회에서 정한 매우 구체적인 회계기준을 충족하지 못하기 때문에 장부에 기록되지는 못한다.[3] 그러나 앞으로 보겠지만 이 기여분은 매우 중요하므로 이 장에 제시한 보고서에는 포함된다.

  J.A.의 자원봉사자들 중 많은 이들이 '회사에 다니는 자원봉사자들'로 간주될 수 있다. 즉, 고용주들은 그들에게 근무시간 중 자원봉사활동을 권한다. 이때문에 고용주의 권고를 받은 그리고 자신의 정상적인 근무시간동안 서비스를 제공하는 사람들이 자원봉사 업무 기준을 만족시키는지에 대한 흥미로운 쟁점이 제기된다. 이 쟁점에 대한 중요한 개념적 논문에서 크난Cnaan과 핸디Handy, 와즈워스Wadsworth 등의 1996년 연구에 의하면 자원봉사 여부에 대한 대중의 인식을 결정하는 것은 다음 네 가지 차원이다. 1) 자유롭게 선택할 수 있는지, 2) 무보수인지, 3) 그 공헌이 공식적 조직에 대한 것인지, 4) 수혜자가 이해관계가 없는 자인지 여부이다. 그들은 더 나아가서 자원봉사자에 대한 '순 원가'는 대중의 인식에서 핵심적인 요소로서 그들의 후속 연구에서 확인된 쟁점이기도 하다.[4]

  하지만 이들 연구 모두 자원봉사활동을 하나의 현상으로 보기보다는

---

2 자원봉사시간 해당 정규직 직원 수 계산은 총자원봉사 시간을 풀타임노동 시간(FTE)수로 나눈다. 여기서 풀타임노동 시간은 정규직원의 총노동시간을 정규직원 수로 나눈 값으로 평균 연 2,080시간(1일 8시간 근무 260일)이다.
3 Financial Accounting Standards Board 1993
4 Handy 외 2000

'순수한 자원봉사에서 광범위한 자원봉사까지 아우르는' 개념으로 보는 것이 최선이라고 강조한다.[5] 회사 근무 중에 행하는 자원봉사활동은 순수한 목적에는 부합하지 않을지 모르지만 자원봉사활동의 범위에 있는 여러 측면에 부합한다. 회사소속 자원봉사자들은 회사의 자원봉사프로그램에 참여해야 한다는 압박감을 느낄 수도 있으나 여러 유형의 자원봉사활동이 있기 때문에 해당 참여자들에게 도움이 되는 유형도 있을 수 있다. 이것이 일부 경제학자들로 하여금 자원봉사활동의 순수한 형태 여부에 대해 의문을 제기하게 만들었다.[6]

회사의 자원봉사프로그램에 참여했던 J.A. 조직의 자원봉사자들 대부분에게 회사는 해당기간 동안 급여를 지급했다. 하지만 우리 조사에 응한 응답자의 92% 이상은 자신이 봉사업무에 대한 책임을 여전히 느끼고 있었고, 그 업무를 완수하면서 추가적인 임금을 받지 않았다는 점을 지적했다. 다시 말해 이들 J.A. 자원봉사자들은 공식적 조직에 그리고 친구나 가족이 아닌 수혜자들에게 중요한 기여를 행하고 있었다. 그리고 실제적으로 그들은 그런 활동에 대해 보수를 받지 않았다. 따라서 우리는 J.A에서 일하는 회사 소속 자원봉사자들이 자원봉사활동 기준을 충족하며, 사실상 그 조직과 그들이 일하는 학교에 중요한 기여를 하고 있다고 믿는다.

사회적 회계보고서에 자원봉사 기여분을 포함하려면 이를 비교 시장 가치로 측정하여 인식해야 한다. 비록 자원봉사 기여분에 대한 비교 시

---

5 Cnaan 외 1996, 381
6 Andreoni 1990; Bilodeau and Slivinski 1996; Freeman 1997; Thompson and Bono 1993; Vaillancourt 1994

장가치 측정을 위해 다양한 기법이 사용되고 있지만(제3장 참조), 이 사례에서 우리는 업무와 연관된 역할에 따라 그 가치를 측정하였다. 그 목적에 맞게 우리는 미국 노동부 노동통계국의 <전국보수조사(National Compensation Survey)[7]>의 2000년 7월의 시간당 임률을 적용했다. 그런 다음 그 금액의 12%를 <독립부문(Independent Sector)[8]>이 미국 자원봉사 기여분에 적절한 것으로 제안한 추가수당(복리후생급여) 항목으로 가산했다.[9]

미국 노동부 노동통계국 자료를 이용하여 J.A.에서 자원봉사자 업무에 배부한 임률은 아래와 같다.

- 이사회 이사들 : '집행, 행정, 경영' 임원에 해당하는 시간당 31.30달러
- 회사 업무 조정자 : '기타 미분류 서비스조직의 경영자'에 해당하는 시간당 26.85달러
- J.A. 프로그램의 교사들 : '미분류분야 강사들'에 해당하는 시간당 25.86달러
- 특별 행사 자원봉사자들 : '미분류 행정보조원'에 해당하는 시간당 12.22달러

---

7 이 정보는 data.bls.gov 사이트 에서 확인할 수 있다.
8 독립부문(Independent Sector)은 1980년에 미국에서 설립된 비영리조직, 재단 및 기업 기부 프로그램의 전국 연합조직을 말함.
9 www.independentsector.org

<표 5.1> 연간 자원봉사 시간(2000~2001)

로체스터J.A. 뉴욕가맹점 (단위: 시간, 달러)

구분	업무에 배치된 자원봉사자수	자원봉사 시간	자원봉사자 1인당 평균시간	정규직환산 인력 수	시간당 임금	금액
초등학교 강사	736	8,832	12	4.25	25.86	228,396
중학교 강사	33	726	22	0.35	25.86	18,744
고등학교 강사	4	140	35	0.07	25.86	3,620
회사업무 조정자	45	990	22	0.48	26.85	26,582
특별 행사	75	525	7	0.25	12.22	6,416
이사회	36	792	22	0.38	31.30	24,790
소계	929	12,005	12.92	5.77	25.70	308.577
부가수당(12%)						37,029
총계						345,606

출처: 자원봉사자 및 자원봉사시간 수 - 직원에 의한 추정치
임률-미국노동부 노동통계국.[10]

<표 5.1>은 로체스터J.A. 자원봉사자들을 위한 업무명세표와 각 업무별 자원봉사자들이 기여한 시간, 해당 업무의 달러 가치를 표시한다.

더욱이 해당 회계연도에 자원봉사자들은 J.A.에서 행한 이들 업무와 관련하여 회사가 실비변상을 해주지 않는 순수자기부담지출 형태로 1만 2,530달러 상당액을 기여했다. 이들 기여금은 이동이나 주차, 소모품과 같은 항목에 대한 지출이다. 조사연구의 응답에서 이에 해당하는 총액을 계산해보면 해당 회계연도동안 해당 조직 자원봉사 이사들의 60%가 회사에 대해 실비변상을 청구하지 않고 자기주머니에서 평균 76.66달러를 지출한 것으로 계산되었다. 또 다른 자원봉사자들의 56%는 평균 32.22달러를 자기주머니에서 지출했다. 636명의 자원봉사자들 모두(특별행사 담당 자원봉사자 제외)의 해당 금액을 합하면 1만 2,530달러에 이르렀다.

---

10 www.bls.gov/data

〈표 5.2〉 자원봉사자들의 자기부담비용

로체스터J.A. 뉴욕가맹점 (단위: 달러)

	자원봉사자 수	자기부담비용 지출자 비율(%)	자원봉사자 1인당 자기부담지출액	총액
이사	36	60	76.66	1,656
기타 자원봉사자	600	56	32.22	10,874
합계	636			12,530

자료원천: 자원봉사자수-직원추계, 자기부담지출을 행한 자원봉사자 비율과 1인당 금액 (OISE/UT 2002 자원봉사부가가치 조사)

2. 사회경제영향보고서

 손익계산서나 운영성과표와 유사한 사회경제영향보고서는 한 회계연도 조직의 운영결과를 보여준다. 하지만 사회경제영향보고서는 당기순이익(조직의 수입에서 지출을 뺀 후 실현된 순이익)에 초점을 맞추는 대신 이해관계자에게 또는 이해관계자로부터의 현금 및 사회적 자원의 흐름에 초점을 맞춘다. 사회적 자원을 포함한다는 점에서 이 보고서는 전통적인 손익계산서와 다르다.

 사회경제영향보고서는 1970년대에 제안된 모델들에 기초하여 만들어진 것이다. 즉, 리노웨스Linowes(1972)의 사회경제운영성과표와 에스테스Estes(1976)의 사회영향보고서가 그것이다. 세이들러Seidler(1973)가 제안하고, 벨카우이Belkaoui(1984)가 한 대학을 위해 만든 약간 수정된 사회소득보고서의 영향도 받았다. 앱트와 동료들(Abt&Associates)은 사회재무손익계산서를 만들었는데, 이것은 이해관계자들의 효익과 비용 명세를 제시한 것이다. 이때의 이해관계자는 회사/주주, 직원, 고객/일반대중 그리고 공동체를 말한다. 인적 자원에 특별히 더 초점을 맞춘 보고서는 플램홀츠Flamholtz(1974, 1985, 1999)가 제안한 것으로 인적자원회계를 위한 것이었다.

<표 5.3>에서 보듯 사회경제영향보고서는 사회의 세 가지 부문, 즉 사회적 경제부문, 민간부문, 공공부문에서 관계 맺는 이해관계자들과 관련하여 작성된다. 이들은 정보를 제공하는 조직화된 실체로 간주되는데, 각 부문에 대해서는 각각의 이해관계자들과 관련된 자원의 유출입 흐름을 제시한다. 각 부문에 따른 이해관계자들은 아래와 같다.

- 사회적 경제부문 : 직원, 자원봉사자, 후원자, 기타 비영리조직과 협동조합
- 민간부문 : 거래처, 은행, 기타 이윤추구기업들
- 공공부문 : 공립학교체계, 공중보건조직, 기타 다양한 수준의 공공기관

이해관계자에 대한 자원의 유출입흐름은 다음 세 가지 범주로 구성된다.

- 자원의 유입 : 특정 이해관계자에게 투입되는 자원
- 자원의 유출 : 특정 이해관계자로부터 산출되는 자원
- 자원의 순유입 또는 순유출 : 자원의 유출량에서 유입량을 뺀 차이

사회경제영향보고서를 통합 작성하기 위해서는 두 가지 정보 원천이 필요하다. 첫째 가장 직접적인 것으로 해당 조직 재무제표의 계정과목에 대한 정보이다.[11] 둘째 비현금항목들에 대해 결정된 수치이다. 예를 들어

---

11 재무제표 주석 및 독립된 외부감사보고서를 포함한 전체 재무제표는 www.guidestar.com에서 각 조직의 보고양식990에 대한 첨부 파일로 확인할 수 있다

자원봉사시간 및 자원봉사활동의 결과 자원봉사자들이 얻는 개인적 효익(이러한 정보를 어떻게 확보할 수 있는지에 대한 상세한 내용은 제8장 참조). 비현금 거래에 대한 비교시장가치가 <표 5.1>에서 예시한 것처럼 만들어진다. 비영리조직이 구비한 많은 서비스와 재화의 시장가치 대용물을 정하기가 어렵기 때문에 그러한 재화와 서비스를 구비하는 데 드는 현행매입원가를 사용한다. 그렇게 해서 재무적 지출과 사회적 유입의 총합으로 표시하는 것이다.

로체스터 J.A.의 사회경제영향보고서

<표 5.3>은 로체스터 J.A.의 2001년 6월말로 끝나는 회계연도의 사회경제영향보고서이다. 이 보고서는 각 이해관계자와 관련된 항목의 유입과 유출, 그리고 그 차액인 순액을 보여준다. 유입과 유출은 이해관계자의 관점에서 측정된다. 이 사례를 작성하면서 자원봉사자들의 추정 시장가치는 자원봉사자들로부터의 자원의 유출과 공립학교로의 유입으로 각각 처리하였다. 두 자원량의 총액은 일치하지만 자원봉사자들은 해당 서비스를 J.A.를 통해서 공립학교로 제공한다. 이처럼 자원은 자원봉사자(이해관계자)로부터 공립학교(이해관계자)로 흘러간다.

<표 5.3> 사회경제영향보고서

2001. 6.30 현재

로체스터J.A. 뉴욕가맹점 (단위: 달러)

구분	유입	유출	순유출입
I.사회적 경제에 대한 영향			
〈직원들〉			
급여와 복리후생비	304,876		
제공된 노동		304,876	
연방세	32,927	32,927	
주세	15,244	15,244	0
〈기타 비영리(J.A.본사)〉			
프랜차이즈가맹점 수수료 수령	32,576		
물품비 수령	41,411		
물품과 전문성 제공		73,987	0
〈자원봉사자들〉			
제공된 노동		345,606	
자기부담 비용지출		12,530	(358,136)
〈후원자들〉			
개인 후원금: (현금)제공		425,390	
개인 후원물품: (비현금물품)제공		61,058	
재단설립		42,012	
기타		98,763	(627,223)
소계	427,033	1,412,392	(985,359)
II.민간부문에 대한 영향			
〈거래처〉			
거래대금 수령	232,376		
물품과 서비스 제공		232,376	0
〈은행〉			
예금에 따른 혜택	180		
대출이자 수입	6,202		
지급이자		180	
대출금 위험		6,202	0
소계	238,758	238,758	0
III.공공부문에 대한 영향			
〈공립학교〉			
학교에 제공된 프로그램	988,469	0	988,469
〈연방정부〉			
근로소득세 수취	32,927		
공공 서비스 제공		32,927	
〈주정부〉			
근로소득주세 수취	15,244		
공공 서비스 제공		15,244	
소계	1,036,639	48,170	988,469
해당 조직으로부터의 총-순유입(유출)	1,654,260	1,651,150	3,110

사회적 경제의 영향

사회적 경제에서는 다음과 같은 이해관계자들을 고려한다.

직원, 기타 비영리조직, 자원봉사자들, 후원자들.

직원들

직원들에 대한 자원의 유입은 급여지급액 24만 5,537달러와 복리후생비(부가급여) 5만 9,339달러 합해서 30만 4,876달러로 이뤄졌다. 그 대가로 직원들은 J.A에게 동일한 임금으로 평가되는 노동을 제공한다. 따라서 30만 4,876달러는 자원의 유입과 유출 항목에서 동일하게 나타나고, 따라서 그 순액은 '0'이다. 직원들은 또한 연방세와 주세로 각각 2만 6,518달러와 1만 2,277달러를 납부했고 공중서비스라는 반대급부를 받았다. J.A.의 직원들이 사용한 공공재에 대한 완전한 분석은 이 연구의 범위를 넘어선 것이다. 예시적 목적으로 직원들은 세금을 납부함으로써 동일한 가치의 서비스를 받았다고 가정한다. 근로소득세납부 총액(유출)은 사회적 경제에 대한 유입과 같다.

기타 비영리조직 및 협동조합

J.A. 전국본사(로체스터는 그 프랜차이즈의 하나임)는 이름 사용대가로 3만 2,576달러를 받고, 프로그램 교재비로 4만 1,411달러를 받았다. 이들 총액은 전국본사로의 자원의 유입이며, 동시에 프랜차이즈가맹점의 자원의 유출로 표시되고, 그 총액은 7만 3,987달러이다. 마찬가지로 순액은 '0'이다.

자원봉사자들

자원봉사자들은 자기노동과 자기부담 비용 두 가지 방식으로 J.A.에 기여한다. 자원봉사노동의 가치는 34만 5,606달러(<표 5.1>참조)로 추정되고, 그들의 실비변상 없는 자기부담 비용은 1만 2,530달러(<표 5.2>참조)에 해당된다. 이 두 금액을 합한 자원봉사자 기여분은 총 35만 8,136달러로 자원봉사자들로부터 유출되어 공립학교로 유입되는 자원으로 취급된다.

후원자들

로체스트 J.A.에 대해 다양한 후원자들이 돈과 비현금(현물)기부를 행했다.(가령 사무실 집기나 서비스, 소모물품들) 해당 금액은 총 62만 7,223달러였다. 이들 총액은 후원자들로부터 유출되어 그 자체 순 유출인데, 왜냐하면 후원자들은 그에 따른 대가를 전혀 받지 않기 때문이다. 자원봉사 노동과 마찬가지로 이 후원금은 공립학교로 유입된다.

민간부문에 대한 영향

민간부문의 이해관계자는 거래처와 은행이다.

거래처

회계기간동안 민간부문의 거래처들은 이 조직에 재화와 서비스 23만 2,376달러어치를 공급했다. 그 대가로 그들은 같은 금액을 지급받았다. 따라서 이들 금액은 재화와 서비스의 유입이자 현금의 유출이다. 재화와 서비스, 그리고 그 대가인 현금 지급액이 동일하므로 순액은 '0'이다.

은행

은행은 대출이자로 6,202달러를 벌었고(유입), 조직이 맡긴 예금에 대해 180달러의 이자를 지급했다(유출). 교환관계 면에서 은행은 동일한 금액에 해당하는 서비스를 제공한 셈이다. 따라서 은행이라는 이해관계자에게 동일한 금액이 유입과 유출로 나타나 순액은 '0'다.

공공부문에 대한 영향

공공부문 이해관계자는 공립학교와 연방·주정부를 포함한다.

공립학교

공립학교는 자기 학생들에게 조직이 제공하는 유용한 훈련프로그램의 유입을 수용했다. 780개 이상의 프로그램으로 약 98만 8,469달러에 달하는 가치를 얻는다(유입으로 표시됨). 이 프로그램은 거의 1만 7,000명의 학생들에게 봉사했다. 이들 프로그램은 수업료 없이 제공되었기 때문에 그 시장가치는 조직이 프로그램제작운영에 지출한 금액으로 측정되었다. 따라서 98만 8,469달러의 가치는 프로그램을 운영하기 위해 J.A.조직에 대한 현금 및 사회적 기여금에서 산출된 것이다. 그중 62만 7,223달러는 기부자에게서, 35만 8,136달러는 자원봉사활동의 추정 시장가치에서 나왔고, 추가적인 3,110달러는 조직의 순 부채의 증가로 나타난다. 이 세 항목의 합계 금액은 98만 8,469달러로 이 또한 해당조직으로부터의 순유출로 나타난다.

주와 연방정부

2001년 뉴욕주는 과세소득에 대해 4%에서 6.85%에 범위의 세율로 졸업생 취업자들에 대해 소득세를 부과했다. 반면 연방소득세 세율은 15%에서 39.1% 구간이 적용되었다.[12] 앞서도 말했듯이 이 두 세금으로 소득자들이 납부한 세금(연방세 3만 2,927달러, 주세 1만 5,244달러)은 위 보고서에서 직원으로부터의 유출과 주정부와 연방정부로의 유입으로 나타난다. 마찬가지로 세금으로 충당되는 공공부문 서비스는 (연방정부와 주)이해관계자로부터의 유출로 간주된다. 따라서 납세자에 대한 서비스의 가 치는 납부된 세금의 양과 일치하는 것으로 가정한다.

잉여(손실)

대체로 이 자원 교환의 순효과는 J.A.로부터 3,110달러가 사회에 순유입되었고, 이는 해당조직의 손실로 나타났다. 해당액은 J.A.의 부채누계액 9만 0,669달러 속에 포함되었다.

결론

사회경제영향보고서는 기존의 전통적인 J.A.의 운영성과표와 마찬가지로 동일한 3,110달러의 손실이 표시되긴 한다. 하지만 사회경제영향보고서는 해당 조직에 대한 전혀 다른 그림을 보여준다. <표 5.4>에서 보듯 운영성과표는 수입과 지출의 세부명세를 통해 조직의 해당연도 지출이 수입을 3,110달러 초과했다는 것과 해당 금액이 부채 증가로 나타났

---

12 Internal Revenue Service 2001; New York State Office of Tax Policy Analysis 2002

음을 보여준다. 하지만 이 운영성과표는 한 회계기간동안 이 조직이 만들어낸 사회적 가치에 대해서는 어떤 정보도 제공하지 않는다. 프로그램을 제공하고, 자금을 조성하고, 이사회에 참여하면서 수많은 자원봉사자들이 추가한 가치가 빠져있음은 물론이다.

⟨표 5.4⟩ 운영성과표와 순부채의 변화

로체스터J.A.뉴욕가맹점 (단위: 달러)

	2001	2000
제약 없는 순부채		
공적 부조와 수입		
기부금-운영 및 기획사업	377,658	345,771
기부금-유형자산과 비품	1,000	30,637
이자	180	330
특별수입(관련지출 순액, 2001년170,057 / 2000년 168,484)	78,510	49,395
합계	457,348	426,133
지출		
프로그램비	388,451	400,574
자금모금비	30,439	39,935
운영관리비(기부금 관리와 기획사업비)	41,567	52,672
합계	460,457	493,181
제약 없는 순(부채)의 변화	(3,110)	(67,048)
순(부채),기초	(87,560)	(20,512)
순(부채),기말	(90,669)	(87,560)

출처: 기존 재무제표, 2001, 3쪽

그에 비해 사회경제영향보고서는 주요 이해관계자들에 대한 조직의 영향을 보여주고, 동시에 그 조직이 사회의 모든 부문들과 경제적, 사회적으로 어떻게 상호작용하는지를 나타낸다.(⟨그림 5.1⟩참조) 여기에는 조직의 활동에 대한 더 완전한 이야기를 들려주는 화폐성 및 비화폐성 항목들도 포함되어 있다.

표에서 알 수 있듯이 로체스J.A.에서 공립학교로 큰 유출이 발생하고, 이 유출은 주로 기부자와 자원봉사자로부터의 유입에 의해 이뤄진다. 사회경제영향보고서는 이러한 자원의 이동 모습을 선명하게 보여주는데 기존의 운영성과표나 전통적인 손익계산서에서는 알 수 없는 그림이다. 로체스터J.A.와 같은 비영리조직의 운영보고서에 자원의 유입과 유출의 흐름을 빠뜨리면 사회에 대한 조직의 공헌의 본질을 놓치는 것이다. 다음에 나오는 <캘리포니아 통근자들>의 사회경제영향보고서(환경에 미친 영향에 초점)에서도 이와 동일한 사항이 설명된다.

〈그림 5.1〉 사회경제영향보고서: 핵심이해관계자 그룹에 의한 유입과 유출

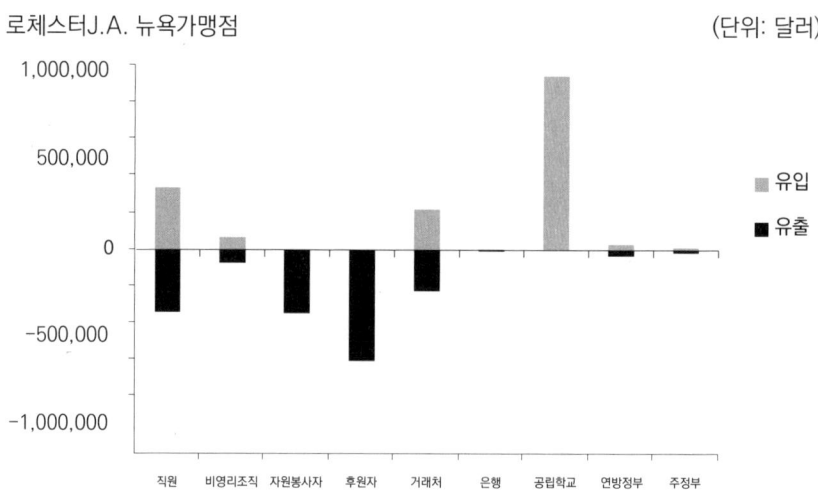

3. 캘리포니아 통근자 프로그램

<표 5.3>에 제시된 사회경제영향보고서는 지역사회에 대한 참여, 인

적 자원의 활용 및 경제적 성과에 초점을 맞췄다. 여기 자료는, 조직이 환경에 미치는 영향을 설명하고, 도시 오염을 줄이기 위해 설계된 캘리포니아의 혁신적인 프로그램에 대한 슙Shoup(1997)의 연구에서 가져왔다. 1992년 이후 캘리포니아에서는 주(州)가 정한 공기 청정기준을 충족하지 못하는 지역에 50명 이상 직원을 둔 고용주가 통근자들에게 '무료 주차' 아니면 상응하는 '현금 보상'중 선택할 권리를 직원에게 부여해야 한다고 법으로 정하였다. 이 정책의 영향을 연구하기 위해 슙은 이미 이러한 혜택을 제공하는 로스앤젤레스 지역 8개 회사를 조사했다.

현금보상 정책은 미국 모든 통근자의 91%가 자기 차로 출근하고, 통근용 자동차의 92%가 탑승자가 단 한 명 뿐이라는 점에서 볼 때 매우 중요한 것임을 알 수 있다. 자동차로 출근하는 사람들 중 95%가 무료 주차 혜택을 받고 있으며, 이는 8,500만 대의 무료 주차 공간에 해당한다. 심지어 가장 큰 도시에서조차 대부분의 자동차 출근 운전자에게 무료 주차 혜택을 제공하고 있다. 로스앤젤레스에서는 53%, 맨해튼에서는 54% 비율로 제공한다.[13]

흥미롭게도 직원들이 무료주차와 현금보상 중 하나를 선택할 수 있을 때, 상당 수의 나홀로 출근 운전자들은 더 환경 친화적인 교통수단(대중교통 등)을 사용하는 현금 보상을 선택했다. 카풀(CarPool)을 하거나 대중교통을 이용하거나 걷기, 자전거 타기 같은 방식을 택한 것이다. 슙은 총 1,694명의 직원을 가진 8개 회사를 대상으로 한 연구에서 무료주차-현금 보상 선택 프로그램을 통해 자가용 출퇴근 운전자수가 17%,

---

13 studies quoted in Shoup 1997

즉 220명이 감소된 것을 발견했다. 또 이 8개 회사의 전체 출근 차량 이동량은 12% 감소했는데, 이는 원래 출근하는 차량 100대당 12대가 도로에서 사라진 것과 같은 결과다. 출근 차량 수의 감소는 직원 1인당 연간 평균 652마일(1,052km)의 차량 주행 거리 감소와 연간 26갤런(99L에 해당)의 휘발유 소비 감소로 이어졌다.[14] 이에 따라 도로에 차가 줄고, 직원 당 차량운행거리가 줄고, 교통 혼잡이 줄고. 차량 배기가스가 감소하였다.

휘발유 사용량 감소 수치는, 직원 1인당 차량 운행거리의 연평균 감소량을 경차(輕車)의 1갤런 당 평균주행거리로 나누어 계산한다.[15] 직원 당 휘발유 소비량 감소량을 알면, 배출량 감소 값이 계산된다. 슙은 "제안된 배출량 감소 조치의 최대 허용비용"을 기준으로 배출량 감소 값을 마일 당 5.2센트(km당으로는 3.2센트)로 추정했다.[16] 또 슙은 교통 체증 비용을 차량주행 마일당 10센트로 추정했다. 그의 추정은 캐머런(1991)의 연구에 기초하였는데, 캐머런은 로스앤젤레스에 대한 이러한 비용이 차량 마일당 10센트에서 37센트의 범위에 있다고 계산한 바 있다.

슙Shoup의 논문에서 나타난 결과와 비용 정보를 사용하여, 조직이 환경에 미치는 영향을 <표 5.5>에서처럼 사회경제영향보고서에 나타낼 수 있다(표시된 숫자는 직원 1인당 연간 수치를 기반으로 함). 주행거

---

14 미연방교통국(FTA)을 위해 작성된 뉴욕 시와 필라델피아 지역의 교통 사용에 대한 또 다른 연구에서, 자기차로 통근하는 대신 대중교통을 이용하는 통근자 1인당 연간 약 400갤런의 휘발유가 덜 소비되는 것으로 추정되었다. 이 자료는 연방교통국에서 가져온 것이다. 1995. 뉴욕과 필라델피아 지역의 TransitCheck®. 참고
15 예를 들어 1996년 캘리포니아에서 경차의 갤런당 평균 주행거리는 25마일이었다.
16 "제안된 프로그램 덕분에 감소된 배출가스의 킬로그램 당 비용이 이 값보다 작을 경우, 이 통제프로그램은 비용면에서 효과적이라고 간주된다."(슙 1997, 209쪽). 건강 비용만을 고려하여 오염 비용을 조사한 또 다른 연구에서는 차량배기가스 배출량이 주행 마일당 3.3센트의 비용을 발생시키는 것으로 추정되었다.(스몰과 카지미Small and Kazimi 1995)

리 652마일 감소가 교통 체증에 미친 영향은 652마일에 10센트를 곱한 65.20달러로 계산된다. 배출량 감소의 가치는 33.96달러(652마일×5.2센트)로 추정되었다. 비과세 복리비인 무료주차 혜택을 과세 대상 현금보상으로 바꾸면서 연방 및 주의 세수는 직원 1인당 연간 65달러씩 증가한다. 직원들은 또 휘발유 소비를 연평균 26갤런 줄임으로써 연평균 32.76달러의 사회적 가치(환경개선)를 만들어냈다.(휘발유 1갤런당 1.26달러)

〈표 5.5〉 사회경제영향보고서(조직이 환경에 미치는 영향: 직원1인당)

캘리포니아 통근자들 (단위: 달러)

구분	유입	유출	순영향
I. 사회적 경제에 미치는 영향			
〈직원들〉			
세금 증가		65.00	
휘발유 구입비 감소	32.76		
소계	32.76	65.00	(32.24)
II. 민간부문에 미치는 영향			
〈공급자〉			
휘발유 판매 감소		32.76	
소계	0.00	32.76	(32.76)
III. 공공부문에 미치는 영향			
〈연방 정부〉			
연방 소득세	48.00		
〈주 정부〉			
주 소득세	17.00		
교통혼잡 감소에 따른 절약	65.20		
배출량 감소에 따른 절약	33.96		
소계	164.16	0	164.16
순사회적 이익 합계			99.16

<표 5.5>는 숲의 데이터를 이용하여 조직의 사회경제영향보고서를 작

성한 것이다. 앞서 소개한 로체스터J.A.와 마찬가지로 자원의 유입과 유출, 그리고 순영향이 이해관계자별로 구분 표시되어 있다. 직원들은 휘발유 소비감소를 통해서 32.76달러의 유입을 누렸고, 차량 출퇴근 포기로 받는 현금 보상(과세소득)에 따른 세금으로 65달러의 유출이 생겼다.

공급자들은 현금보상을 택한 직원들의 휘발유 소비가 줄면서 휘발유 판매액이 32.76달러만큼 감소했다. 정부에 미치는 효과는 연방세 48달러와 주세 17달러의 추가 세수로 유입이 증가했다. 여기에 주정부는 교통혼잡 감소에 따라 직원 1인당 65.20달러의 효익과 배출가스 감소에 따른 33.96달러의 효익을 얻었다. 이 두 효익은 모두 차량 주행 거리를 연간 652마일 줄인 결과로 인한 것이다.

전체적으로 이 프로그램의 결과 사회에 미친 순영향을 합하면 사회적 이익은 99.16달러다. 여기서 기억해야 할 것은 이 보고서가 단 한 명의 직원을 대상으로 작성된 것이라는 점이다. 만약 직원이 1,000명인 회사를 대상으로 한다면 그 순영향는 거의 1만 달러에 달할 것이다.[17]

4. 사회경제자원보고서

사회경제영향보고서는 손익계산서와 유사하고, 사회경제자원보고서는 재무상태표와 유사하지만, 사회적 영향과 경제적 영향이 추가되어 표시된다는 점에서 다르다. 재무상태표는 조직의 자산과 부채 및 자본 사이의 균형을 표시한다. 여기서 재무상태표 등식은 자산 (-) 부채 (=) 자본이다.

---

[17] 회사가 제공하는 현금보상이라는 유출과 무료주차공간 미사용에 따른 사회적 효과는 고려되지 않았다는점을 주석에 밝히고 있다.-역자주

다른 전통적인 재무제표처럼 재무상태표가 사회적 정보를 포함하지 않음에도 불구하고, 이를 포함하려는 시도가 이뤄지고 있었다. 그 중 '사회경제통합재무상태표'에 대한 아이디어를 최초로 제시한 것은 '앱트와동료들'이라는 주식회사였다. 이 회사는 1974년에 직원과 조직, 주주 및 일반대중과 같은 이해관계자와 관련된 자산과 부채를 분석한 '사회재무상태표'를 만들었다. 이 장에 제시된 '사회경제자원보고서'는 앱트의 선구적인 성취에서 영감을 얻었고, 앞으로 보게 될 것처럼, 그와는 약간 다른 방향으로 보고서를 작성한다.

사회경제자원보고서는 조직이 보유한 특정시점의 자원(resources)과 의무(obligations)를 보여준다. 이 보고서는 기존 재무상태표(자산, 부채, 순자산)와 마찬가지로 세 가지의 주된 요소(자원, 의무, 순자원)로 이뤄져 있다. 다만 그 요소들은 맥락에 맞게 재정의된 다른 이름을 사용한다. 요소들은 자원(자산의 변형), 의무(부채의 변형), 순자원/순의무(순자산(자산에서 부채를 뺀)의 변형)이다. 또한 전통적인 재무상태표와 다른 점은 경제적 자산과 의무를 보고할 뿐 아니라 여기에 지적 자본(intellectual capital)으로 알려진 무형자산을 보고한다는 점이다.

자본

자본(capital)은 부(wealth)의 창출과 관련된 용어로, 부란 가장 일반적으로는 금융자본이나 실물자본과 같은 유형의 경제적 요소를 말한다. 최근에는 지식 기반의 '지적 자본'이라 불리는 무형요소에도 사용된다 (<그림 5.2>참조).

지적 자본

지적 자본이란 지식 기반 자본의 세 가지 다른 형태인 인적 자본, 조직 자본, 관계 자본을 포괄하는 용어이다.[18]

각 자본은 다음과 같은 의미이다.
- 인적 자본은 한 조직의 직원과 자원봉사자들의 노하우, 능력, 기술 및 전문지식으로 구성된다.
- 조직 자본은 해당 조직의 문화와 경영 철학, 정보시스템, 저작권, 특허와 같은 조직 안에 보유한 요소들을 가리킨다.
- 관계 자본은 조직 바깥에 있는 요소들로서 고객충성도, 유통 채널, 브랜드인지도, 고객과 공급자, 지역사회와의 관계 등을 말한다.

비록 지적 자본이라는 용어는 이익중심의 영리기업과 관련하여 많이 사용되지만, 사회적 경제조직과도 관련이 있다.

지적 자본에 대한 논의의 상당 부분은 '지식 경제'의 등장과 함께 시작되었다. 거기서는 직원의 노하우, 기술 및 혁신 역량이 조직의 성공과 경쟁 우위에서 주도적인 역할을 한다. 오늘날 수익 중심의 영리기업이 창출하는 가치의 50~90%는 실물자본이나 금융자본이 아닌 지적 자본 경영에서 나오는 것으로 추정된다.[19] 실물자본과 금융자본은 이들 기업이 창출한 가치의 10~50%에 불과하다는 얘기다. 사회적 경제에서는 공시되지 않은 가치가 유사한 비율로 발견된다(제7장 참조).

지적 자본에 관한 문헌들[20]에서 얻은 통찰력을 바탕으로, 사회경제자

---

18 Dzinkowski 1998
19 Hope and Hope 1997
20 see, for instance, Dzinkowski 1998; Guthrie, Petty, and Johanson 2001; Roslender and Fincham 2001; Seetharaman, Soori, and Saravanan 2002

원보고서는 조직이 미래에 가치를 창출하기 위해 사용할 수 있는 자원들을 보고한다. 이 보고서에는 재무상태표의 요소들(경제적 및 실물 자본요소들)뿐만 아니라 인적 자본, 조직 자본, 관계 자본 등 몇 가지 새로운 구성요소가 포함된다. 조직의 의무는 사용가능한 총자원에서 차감되며, 그 결과는 지적 자본과 경제적 자본 양자에 대한 순자원 상태(양의 결과) 또는 순의무 상태(음의 결과)로 나타난다. 이러한 금액들은 조직의 자원에 대한 전체 그림을 보여주기 위해 그리고 해당 자원의 출처를 명확하게 나타내기 위해 별도로 보고한다.

〈그림 5.2〉 가치를 창출하는 조직의 자원들

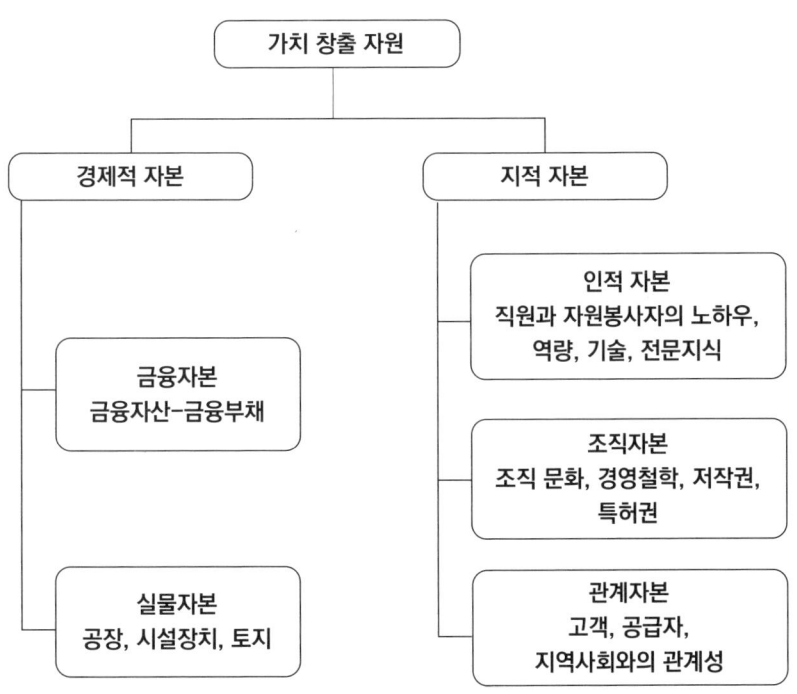

로체스터 J.A.(방과후 프로그램)

<표 5.6>은 로체스터 J.A.의 2001년 6월 30일 현재의 사회경제자원보고서를 나타낸다. 미래 가치를 창출하는 데 사용할 수 있는 해당 일 현재의 지적 자원과 경제적 자원을 보여준다. 이들 자원은 해당 조직의 의무(또는 부채)에 따라 조정되며, 그 결과 지적 자본은 순자원(+) 상태 그리고 경제적 자본은 순의무(-) 상태임을 보여준다. 연구 1년차이기 때문에 전년도 지적 자본의 가치는 알 수 없다. 다만 차년도 이후에는 전년도 수치를 제시하여 이들 항목 각각의 변화를 측정·분석할 수 있도록 해야 할 것이다.

사용가능한 자원

사회경제자원보고서에서 이 부분은 로체스터 J.A.가 미래 서비스를 생산하는 데 사용할 수 있는 다양한 범주의 자원의 가치를 보여준다. 다음 설명에서는 <표 5.6>의 각 범주를 살펴보고 관련 금액을 도출하는 방법에 대해 논의한다. 지적 자본이 먼저 다뤄지고 경제적 자본을 그 다음에 다룬다.

지적 자본

앞에서 언급한 바와 같이 지적 자본 아래에 세 가지 항목을 표시한다. 즉, 인적 자본(직원 및 자원봉사자들의 기술 및 노하우)과 조직 자본(J.A.라는 브랜드로 내재화된 지식과 전문성), 관계 자본(J.A.가 활동중인 학교와의 관계의 가치).

인적 자본

우선 인적 자본은 직원 자원과 자원봉사자 자원이라는 두 가지 요소로 구성된다.

이러한 관점에서 인적 자원은 생산 비용이라기보다는 수익창출원으로 인식된다.[21] 다음 해에 가치를 창출하는 데 사용할 수 있는 J.A.의 인적 자원 추정금액은 급여 및 복리후생비 형태로 직원에게 지급된 금액과 전년도에 제공된 무보수 자원봉사자 노동의 비교 시장가치를 기반으로 계산된 것이다. 이 추정치는 내년도 인력 및 프로그램 활동 수준이 올해와 유사할 것으로 가정했다. 따라서 앞에서 본 사회경제영향보고서와 같이 유급(paid) 직원의 경우 30만 4,876달러, 자원봉사자의 경우 35만 8,136달러로 표시했다. 이 예에서는 전년도의 비교 정보가 사용되지 않았다. 만약 그것이 가능했다면 조직의 자본이 변화한 이유를 이해하려는 분석이 시도되었을 것이다. 조직의 생산성이 더 향상되었더라면 생활비의 사회적 변화와 마찬가지로 직원들에게 영향을 미쳤을 수 있다. 자원봉사자들에게는 추가적인 고려요소가 있었다. 즉 더 많은 자원봉사자들을 동원해서 더 많은 프로그램을 제공할 수 있는 조직의 능력이 그것이다.

---

21 Dzinkowski 1998

〈표 5.6〉 사회경제적자원보고서

2001년 6월 30일 현재

로체스터J.A. 뉴욕가맹점 (단위: 달러)

구분	지적 자본	경제적 자본
사용가능 자원		
1) 인적 자원		
직원	304,876	
자원봉사자	358,136	
2) 조직 자원		
제이에이 브랜드 수수료	32,576	
3) 관계 자원		
학교들	239,850	
4) 유동 자산		
은행예금		4,356
소액현금		150
기부약정 금액		108,936
선급비용		1,209
5) 유형 자산		
사무장비		16,041
가구와 인테리어		1,751
총 자원	935,438	132,443
의무		
1) 재무적 의무		
지급어음		84,468
미지급비용		15,765
선수금		
임원차입금		
은행-지급어음차입금		13,591
J.A.본사 관련 부채		109,288
2) 인적 의무		
직원(급여와 복리후생비)	304,876	
3) 조직 의무		
J.A.브랜드	32,576	
총 의무	337,452	223,112
순자원(의무)	597,986	-90,699

<표 5.7>에서 자원봉사자를 동원하고 그들의 생산성을 높이는 데 J.A.가 미친 영향을 볼 수 있다. 2001년 추정 총 자원봉사 시간은 1만 2,005시간이었다. 636명의 자원봉사자로 구성된 핵심 그룹이 929개 활동을 수행하여, 각 활동에 평균 12.92시간을 기여한 것으로 나타났다. 전년도 추정치에 따르면 562명의 핵심 자원봉사자가 수행한 834개 활동에 대해 총 1만 1,351시간이 투입되었고, 그 동안 수행된 각 자원봉사 활동 당 평균 13.61시간이 수행되었다(<표 5.8>참조). 따라서 이 예에서 J.A.는 전년대비 자원봉사자 기반을 74명으로 늘렸고, 총 자원봉사시간도 654시간으로 늘렸다. 전년도에 일했던 자원봉사자들도 올해 중학교와 고등학교에 더 많은 프로그램을 제공했기 때문에 평균 약 40분 더 기여한 것으로 나타났다. 그 결과 자원봉사 시간의 비교 시장가치는 전년도에 비해 총 2만 7,611달러 증가했다. 자원봉사자들의 기여 변화 중 약 71%는 J.A.가 추가로 자원봉사자들을 모집한 것에 따른 결과이고, 나머지 29%는 자원봉사자의 비교 임금으로 사용되는 시간당 임률의 증가라는 사회적 영향에 의한 것으로 추정되었다.

<표 5.7> 자원봉사 시간의 가치 변화

J.A. 뉴욕가맹점 (단위: 시간, 달러)

년도	자원봉사자 배치활동수	봉사시간	자원봉사자 당 시간	풀타임노동 시간(FTE)	평균임률 (*)	가치
2001	929	12,005	12.92	5.77	29.83	358,136
2002	834	11,351	13.61	5.46	29.12	330,525
증감	95	654	-0.69	0.31	0.71	27,611
시간당 임율 증가에 따른 변화					29.34%	8,100
자원봉사 시간증가에 따른 변화					70.66%	19,510
총 변화					100%	27,611

*복리후생비 포함

〈표 5.8〉 연간 자원봉사시간
(1999~2000)

로체스터 J.A. 뉴욕가맹점　　　　　　　　　　　　　　　　　　(단위: 명, 시간, 달러)

	배치된 자원봉사자수 (A)	봉사시간 (B)	자원봉사자당 시간(C)	풀타임노동시간(FTE) (D)	평균임률 (*)(E)	자원봉사 활동가치 (B×E)
초등학교 컨설턴트	621	7,452	12	3.58	26.19	195,168
중학교 컨설턴트	31	682	22	0.33	26.19	17,862
고등학교 컨설턴트	26	910	35	0.44	26.19	23,833
회사 코디네이터	45	990	22	0.48	28.06	27,779
특별 행사	75	525	7	0.25	11.74	6,164
거버넌스	36	792	22	0.38	30.69	24,306
소계	834	11,351	13.61	5.46	26	295,112
복리후생비 (12%)					3.12	35,413
총액					29.12	330,525

*복리후생비포함

조직 자본

조직자본의 범주에 속하는 요소는 J.A.의 프랜차이즈 가맹점으로서 J.A.(Junior Achievement)라는 브랜드 사용권 가치와 저작권이 있는 교육자료에 적용되는 전문지식이 있다. 이 가치는 전년도 가맹점 수수료로 지급한 3만 2,576달러로 추정했다.

관계 자본

관계 자본은 이 사례에서 J.A.가 프로그램을 운영하는 60개 학교 각각과 맺은 관계의 가치를 가리킨다. 이러한 관계를 맺는 데 약 150시간이 소요된 것으로 추정하였으며, 이는 3개월에서 6개월에 걸친 여러 회의에 소요된 시간이었다. 관계 자본의 가치는 그 관계를 맺는 데 들어간 대략적인 시간 비용을 기초로 학교당 대략 4,000달러로 추정했다. J.A. 직원들에게 지급된 임금과 복리후생급여에 기초한 시간당 임율을 사용하면 60개 학교 × 150시간 × 26.65달러로, 총 23만 9,850달러에 달한다.

경제 자본

재무 자본

경제 자본과 관련된 정보는 조직의 기존 재무상태표를 이용하였다. 재무 자본으로서의 유동자산에는 현금과 1년 이내에 현금으로 바꿀 수 있는 항목이 포함된다. J.A.의 경우 유동자산은 은행 예금 4,356달러, 소액 현금 150달러, 미수금 10만 8,936달러, 선급 비용 420달러였다. 기부금약정액은 기부자가 조직에 무조건적인 이행을 약속하고, 해당 기부금액을 완전히 수령할 수 있다고 간주될 때 인정된다. 해당 기부금약정액을 수령할 수 없게 되면, 해당 금액은 그 결정이 내려진 시점에 운영비로 떨어낸다.

실물 자본

부동산과 시설장치는 조직에서 취득하거나 기부받은 유형 자산을 말한다. 일반적으로 유형 자산의 취득원가 또는 가치는 추정 내용년수에 걸쳐 비용화된다. 이를 감가상각이라 하며 자산의 취득원가를 수익과 대응시키는 과정이다.[22] 따라서 재무제표 주석에 요약되어 있듯이 "일반

---

22 따라서 재무제표에 대한 주석에서 요약한 바와 같이, "일반적으로 인정되는 회계원칙(GAAP)에 따라 작성된 재무제표에는 특정 보고금액과 공시에 영향을 미치는 경영진의 추정과 가정을 포함한다. 따라서 실제 결과는 이러한 추정치와 서로 다를 수 있다."(로체스터J.A. 감사보고서 2001, 7)

적으로 인정되는 회계원칙(GAAP)'에 따른 재무제표의 작성은 경영진이 특정 보고금액과 공시에 영향을 미치는 추정과 가정을 포함한다. 따라서 실제 결과치는 이러한 추정치와 다를 수 있다."[23]

당기 초에 J.A.의 사무장비 금액은 2만 7,322.95달러였다. 회기 중 1,000달러어치 사무 장비를 추가로 기부받아 유형자산은 총 2만 7,322.95달러가 되었다.[24] 그러나 사무 장비는 업무에 사용되면서 1만 2,282달러 상당의 가치가 감소했다. 따라서 기말에 차년도에 사용할 수 있는 사무 장비의 가치는 1만 6,040.95달러가 되었다. 마찬가지로 J.A.에는 기초 시점에 장부상 2,541.13달러의 사용가능한 가구와 비품도 보유했다.[25] 해당 기간 이러한 자산의 가치감소 추정액은 790.22달러였으므로, 차기로 이월되는 자산금액은 1,750.91달러로 평가된다.

조직의 의무

지적 자원과 경제적 자원 란에 있는 이용가능한 총 자원을 집계한 다음 사회경제자원보고서 두 번째 부분에 조직의 의무를 계상한다. 이용가능한 자원에 대해서처럼 의무도 지적 범주와 경제적 범주로 나누어 별도로 계상한다.

---

23 Junior Achievement of Rochester 2001, 7
24 사무기기는 원래 52,098.99달러로 평가되었으나, 전년도의 감가상각누계액24,776.04달러를 취득원가에서 차감하였다. 차감 잔액이 사용가능한 사무용기기의 장부가액이다.
25 이는 취득원가 20,538.83달러에서 감가상각누계액 17,997.71달러를 뺀 것과 같다.

지적 관련 의무

인적자본

J.A.의 제일 중요한 인적 자본 관련 의무는 직원들에 대한 급여와 복리후생비 30만 4,876달러이다. 이는 다음 한해 가치 창출을 위해 그들이 제공할 기술과 노하우에 대한 대가다.

조직자본

조직 자본 관련 의무로 보고서에 표시된 3만 2,576달러는 J.A.라는 브랜드를 사용하고, 그 브랜드의 저작물을 얻기 위해 J.A.뉴욕가맹점이 J.A.본사에 지불해야 할 프랜차이즈가맹수수료 추정액이다. 이 금액은 수수료의 계산기준이 되는 조직에 대한 기부금이 차년도에도 그대로 유지된다는 전제로 계상된 것이다.

경제적 자본 관련 의무

재무자본

J.A.는 활동을 수행하면서 다음 해에 갚아야 할 다음과 같은 재무 관련 의무가 있다.

- 거래업체에 대한 의무(미지급금 8만 4,468달러),
- 다음 미지급비용 1만 5,765달러: 직원 미지급급여 2,313달러, 정부에 대한 미지급근로소득세 2,558달러, 미지급가맹점수수료 1만 0,894달러

- 은행에 대한 의무(미지급이자 1만 3,591달러)
- J.A. 본사에 대한 의무: 미지급금 10만 9,288달러

당기 말 현재 이러한 의무 총액은 22만 3,112달러였다.

〈표 5.9〉 재무상태표

2001.6.30 현재

로체스터 J.A.뉴욕가맹점 (단위: 달러)

계정과목	2001	2000
〈자산〉		
현금	4,506	60,866
기부약정액	108,936	88,149
유형자산	17,792	29,864
선급비용	1,209	420
합계	132,443	179,299
〈부채와 순자산〉		
지급어음	84,468	126,967
미지급비용	15,765	36,535
선수금	—	600
임원차입금	—	8,750
은행차입금	13,591	24,544
본사관련부채	109,288	69,463
합계	223,112	266,859
〈순자산〉		
제약없는 순부채	(90,669)	(87,560)
합계	132,443	179,299

2001년 감사받은 재무제표에서 가져옴

순자원(또는 순의무)

사회경제자원보고서는 지적 자본과 경제적 자본에 대한 J.A.의 순자원 또는 순의무를 구분하여 보고한다. 경제적 자본의 경우, 이 보고서는 순의무 잔액이 9만 669달러임을 보여준다. 그러나 지적 자본의 경우

2001년 6월 30일 현재 59만 7,986달러의 순자원 상태를 보여준다.(이는 전통적인 재무상태표에는 나타나지 않는 금액이다.)

5. 결론

<표 5.6>에서 볼 수 있듯이 사회경제자원보고서는 보통의 재무상태표보다 J.A.가 미래 가치를 창출하기 위해 사용할 수 있는 자원에 대한 더 완전한 내역을 보여준다. 일반적인 재무상태표는 인적 자원에 대한 언급 없이 J.A.가 이용할 수 있는 재무적 자원만 보여준다(<표 5.9>참조). 따라서 재무상태표에는 다음 회계연도로 이월되는 이 조직의 보유자원이 매우 과소평가되어 있음을 알 수 있다. <표 5.9>는 2001년 6월 30일 현재 J.A.의 순부채 잔액이 9만 669달러임을 보여준다.(이는 사회경제자원보고서의 경제적 자원부문과 동일한 금액이다).

그러나 재무상태표에는 사회경제자원보고서에 나타난 지적 자원란에 표시된 순잔액은 나타나지 않는다. 따라서 사회경제자원보고서는 조직의 지적 자본을 포함함으로써 그 조직에 대한 다른 이야기를 들려준다. 즉 해당 조직은 경제적 자원은 부족하지만 조직이 제공할 서비스에 사용가능한 상당한 양의 지적 자본이 있다는 것을 보여준다. 사회경제자원보고서는 J.A.의 지적 자본을 강조할 뿐 아니라 다른 무형의 요소, 즉 J.A. 브랜드 가치와 프로그램의 부가가치, 고객과의 관계 가치에도 초점을 맞추고 있다.

이 장에 제시된 모든 사례는 이러한 모델을 적용하기 위한 첫 번째 시도이며 이는 각 조직의 특성에 맞게 변형 또는 확장할 수 있다.[26] 예를 들어 기부금에 대한 세금 공제의 영향 같은 내용은 사회경제영향보고서에 분명히 포함될 수 있을 것이다. 마찬가지로 휘발유 판매 감소에 따른 휘발유 세수 손실의 영향도 계산할 수 있을지 모른다. 그러한 한계에도 불구하고, 여기에 제시된 사례들은 전통적인 재무제표로는 설명되지 않는 특정 조직의 전체적인 성과를 인식하는 데 있어 중요한 진전을 나타낸다.

6. 토론 주제

1. 사회경제영향보고서는 전통적인 손익계산서와 달리 조직의 어떤 점을 더 말해주는가? 이 새로운 정보가 비영리조직과 협동조합의 역할을 이해하는 데 어떤 도움을 줄 수 있을까?

2. 사회경제영향보고서에서 고려할 수 있는 환경에 대한 영향과 관련하여 세 가지 이상의 사례를 제시하라.

3. 사회경제자원보고서는 기존 재무상태표에는 없는, 조직에 대한 어떤 내용을 더 말해주는가? 이 새로운 정보가 비영리조직과 협동조합의 역할을 이해하는 데 어떤 도움을 줄 수 있을까?

4. 이 장에서 사회경제자원보고서는 전년도 시장가치에 기초한 것이다. 인적 자본을 계산하는 다른 방법이 있는지 생각해보자.

5. 사회경제자원보고서에서 어떤 요소를 조직 자본이라 할 수 있는

---

[26] 로리 무크와 잭쿼터의 〈사회적경제를 위한 회계〉, (2006)을 참조하시오. 사회경제영향보고서, 〈공공 및 협동조합 경제 연보〉77(2) 247~269에는 제인핀치센터에 적용된 사회경제영향보고서의 또다른 사례가 있다.

가? 그리고 이 요소에 대한 가치 평가는 어떻게 할까?

6. 사회경제자원보고서에 관계 자본으로 포함될 수 있는 요소는 어떤 것들이 있는가? 이 요소들의 가치는 어떻게 평가할 것인가?

7. 기존 조직을 대상으로 사회경제영향보고서와 사회경제자원보고서를 작성해보자. 그런 다음 기존의 손익계산서 및 재무상태표와 비교해보자. 여기서 얻을 수 있는 새로운 통찰은 무엇인가?

8. 사회경제영향보고서와 사회경제자원보고서의 의의와 한계는 무엇인가?

9. 두 보고서를 작성하기 위해 이해관계자 요소를 어떻게 확보하고 적용할 것인가?

10. 어떤 이해관계자들이 이 두 가지 보고서에 관심을 가질 거라고 보는가? 그 이유는 무엇인가?

제6장

통합부가가치보고서

이 장에서는 한 조직의 경제사회적 부가가치를 정리해서 보여주는 '새로운 부가가치보고서' 양식을 제시한다. 이 양식을 작성하기 위해 비영리학생주거협동조합의 기존 재무제표 정보를 이용하되, 조합의 사회경제적 영향을 명확히 나타내기 위해 수치로 표현된 사회적 가치 정보를 추가했다. 여기서는 학생주거협동조합을 대상으로 부가가치보고서를 작성하지만, 다른 비영리조직이나 협동조합, 공공조직, 기존 기업에도 일반적으로 모두 적용할 수 있다. 부가가치보고서는 다른 재무제표에서는 볼 수 없는 귀중한 정보를 제공한다.

버셸Burchell과 클럽Clubb 그리고 홉우드Hopwood(1985,388)는 다음과 같이 말했다.

"부가가치는 생산의 사회적 성격에 대한 의미있는 정보를 보여준다. 이 부가가치는 전통적인 손익계산서에서는 드러나지 않는다. 부가가치는 생산에서 창출되는 부가 서로 협력하는 각 부문 대리인들의 협동적 노력의 결과라는 것을 보여준다." 부가가치는 소유주나 주주를 위해 창출된 부로 해석되는 이익과 달리 더 많은 이해관계자 집단을 위해 창출된 부라는 것을 보여준다.

주주를 위한 수익분석을 보여주는 손익계산서는 영리기업에는 유용할 수 있지만 비영리조직이나 협동조합에는 적합하지 않다. 왜냐하면 그러한 조직의 임무는 소유주 이익을 위한 것이 아니라 사회적 목적을 달성하는 것이기 때문이다. 이에 비해 부가가치보고서는 조직이 이해관계자 집단에 기반을 두고 있으며, 이들의 노력이 합쳐져 부가가치가 창출된 것이라고 가정한다.[1] 실제로 부가가치는 조직의 목표와 가치에 따라 조직을 유지하는 데 필요한 여러 이해관계자에게 전체적으로 분배된다. 따라서 부가가치보고서는 주주 이익을 넘어 즉, 사회적 경제에서 발생한 잉여를 넘어 조직의 활동이 갖는 폭넓은 함의에 초점을 맞춘다. 부가가치는 또한 조직이 직원을 고용하고, 세금을 통해 사회적 비용을 충당하며, 투자자와 채권자에게는 그들이 투자한 자금의 위험을 보상하고, 미래에도 계속 기능할 수 있도록 기금을 조성한다는 점을 강조한다.

<그림 6.1>과 <그림 6.2>는 이익과 부가가치의 차이를 보여준다. <그림 6.1>은 간단한 그림으로 나타낸 손익계산서의 모습인데, 부(wealth)란 이익 또는 수익에서 비용을 뺀 잔액으로 본다. 비용에는 외부 재화와 용역, 종업원에 대한 급여와 복리후생비, 대출 이자, 세금 및 감가상각비와 같은 항목에 대한 지출금이 포함된다.[2] 획득한 수익(즉, 조직이 생산한 산출물의 시장가치)은 <그림 6.1>의 왼쪽에 표시되고, 해당 수익에 해당하는 비용과 이익은 오른쪽에 표시된다.

---

1 Riahi-Belkaoui 1999
2 유형자산의 감가상각 또는 무형자산 상각은 자산의 추정 내용연수에 기초하여 자산의 원가를 수익에 대응하여 비용처리 하는 과정이다. 따라서 자산을 매입할 때 전체 원가를 비용처리하는 대신 가치를 창출하는 데 사용할 것으로 추정되는 기간에 따라비용처리를 한다. 간단한 예로, 자산을 5년 동안 사용할 수 있을 것으로 추정된다면 원가의 5분의 1씩 5년 동안 매년 비용으로 처리될 것이다.

<그림 6.1> 이익의 원천

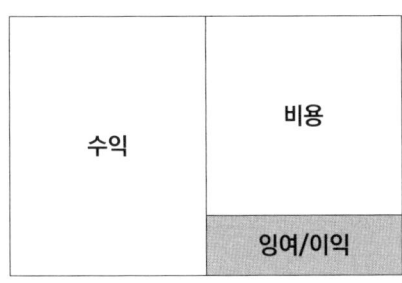

반면에 부가가치는 부에 대한 훨씬 폭넓은 정의라고 할 수 있다. <그림 6.2>에서 볼 수 있듯이, 부가가치는 주주들을 위해 창출된 부(이익)를 넘어 직원, 채권자, 정부 및 조직 자신과 같은 광범위한 이해관계자들의 부를 포함한다. 따라서 부가가치는 수익에서 외부 재화와 용역의 구매를 뺀 금액으로 나타낼 수 있다.

학생주거협동조합과 같은 사회적 조직을 위한 부가가치보고서를 만들기 위해서 전형적인 부가가치보고서('기존 부가가치보고서'라고 함)에 그 조직이 창출하는 사회적 가치 내역을 포함하도록 변형하였다. 새로운 부가가치보고서 양식을 '통합부가가치보고서'라고 부른다. '기존 부가가치보고서'가 기존 재무제표 정보만을 기초로 작성된 반면 통합부가가치보고서는 보통의 재무적 거래를 수반하지 않는 사회적 투입변수(예: 자원봉사자의 기여)도 포함한다. 이러한 투입변수를 재무제표에 포함하기 위하여 시장가치 비교작업이 이뤄진다(이 점은 나중에 더 자세히 다룰 것이다). 따라서 통합부가가치보고서는 기존 부가가치보고서 정보를 기초로 확장하되, 자원봉사자들의 기여와 같은 비화폐성 투입변수에 시장가치를 부여함으로써 사회적 부가가치를 포함하려는 시도이다.

〈그림 6.2〉 부가가치의 원천(기존 부가가치보고서)

수익 (1차 산출물의 시장 가치)	외부 재화 및 서비스	
	직원들	창출된 부가가치
	투자자들	
	정부	
	감가상각	
	잉여금/이익	

1. 부가가치란 무엇인가?

부가가치는 하나의 조직이 노동력과 자본을 사용하여 원재료와 제품, 서비스에 '가치를 더함으로써' 창출하는 부의 척도이다. 이것은 새로운 개념이 아니다. 오히려 20세기 이래 국내총생산을 계산하는 데 사용되었다.[3] 기업 차원에서는 제2차세계대전 이후 재건 기간 동안 영국에서 사용되었는데, 노동과 자본의 협력과 의사결정에 대한 직원 참여가 경제적 성과 개선의 열쇠로 여겨졌다.

1970년대 중반 노동자 세력의 증가, 소비자 권리 의식의 증가, 그리고 특히 환경과 관련된 기업의 책임에 대한 정치적 인식 변화로 부가가치가 다시 주목받게 되었다.[4] 1975년 영국 회계기준운영위원회가 기업보고

---

3 Haller 1997
4 Burchell 외1985

서[5]를 발간하면서 부가가치에 대한 새로운 동력이 생겨났다. 이 보고서[6]는 기업의 책임을 훨씬 폭넓게 언급하였고 새로운 법적 공시사항에 부가가치보고서를 포함할 것을 권고하였다.[7] 1970년대에 가장 큰 기업의 3분의 1이 기업보고서에 이를 포함했을 정도로 영국에서 부가가치보고서가 인기를 끌었다.[8]

그러나 1980년대 초 정치적 분위기가 보수화되면서 부가가치에 대한 영국의 관심은 줄어들었다. 마거릿 대처가 총리로 선출되면서 자유시장, 경쟁, 기술 투자 증가, 기업의 노동력 감축에 초점을 맞추게 되었다. 이러한 정치적 풍토는 그 이전 노동과 자본의 10년간 협력과 참여를 강조했던 것과는 달랐다.[9] 또한 1979년 국제유가 상승과 관련된 경제 불황, 그리고 단기적인 재무 성과에 초점을 맞추면서 1980년대 중반까지 사회적 보고는 거의 사라졌다. 그 시점에서 부런틀랜드 보고서 Bruntland Report[10] 등에 의해 환경보고기준 제정에 대한 관심이 커지면서 되살아났다.

현재의 사회적 보고 흐름에 따라 미국회계협회(1991년)와 국제회계기준위원회(1996년)가 재무보고서에 부가가치보고서를 포함하도록 권고했다. 전부는 아니지만 부가가치 보고의 강조가 영리기업 부문에서 이루어졌지만, 비영리조직과 협동조합은 사회적 목적을 위해 설립되었기 때문에 더욱 관련이 깊다.

---

5 Burchell 외 1985; Haller 1997; Roslender 1992
6 제목은 〈현대적 필요와 조건에 비추어 공표된 재무보고서의 범위와 목적을 재조사해온 위원회의 발견사항〉
7 Accounting Standards Steering Committee 1975, 48
8 Morley 1981, cf., Roslender 1992
9 Burchell 외 1985
10 UNWCED 1987

일반적으로 한 조직의 부가가치는 두 가지 방법으로 도출될 수 있다.[11] 첫 번째 방법은 간접법 또는 빼기 방법이라고 하여 매출에서 투입요소(외부에서 구입한 재화와 용역)를 빼는 방법이다. 두 번째는 직접법 또는 더하기 방법으로 직원과 정부, 자본제공자에 대한 보수(報酬)에 감가상각비와 이익을 통해 기업에 유보된 잉여금을 합산하여 계산한다. 학생주거협동조합 사례연구에서는 이 두 가지 방법이 모두 적용되었고, 나중에 부가가치를 도출하는 과정에 대해 자세히 설명할 것이다.

그러나 그 이전에 일반적인 기업 부가가치가 어떻게 나타나는지에 대한 간단한 그림이 <표 6.1>에 제시되어 있다.

<표 6.1> 기존 부가가치보고서

매출		XX
(-) 외부 재화 및 서비스 구매		XX
(=)부가가치		XX
부가가치의 배분		
직원들에게		XX
급여, 퇴직연금 및 복리후생비	XX	
자본 제공자에게		XX
이자	XX	
주주배당	XX	
정부에게		XX
법인세	XX	
기업의 재투자		XX
유무형자산의 감가상각	XX	
이익잉여금	XX	
창출된 부가가치		XX

표에 나타난 바와 같이, 보고서는 창출된 부가가치와 이해관계자에

---

11 Haller 1997

대한 분배 등 두 부분으로 구분된다. 첫 번째 부분에는 기업이 외부에서 구매한 재화와 용역 총액을 매출액에서 빼서 창출부가가치를 계산하는 간접법을 적용한다. 두 번째 부분에는 이해관계자들에게 부가가치를 배분하는 직접법 방식에 해당한다. 각 이해관계자에게 분배되는 금액을 더하면 창출된 부가가치 총액과 같다. 이어지는 사례 연구에서 분명히 드러나는 것처럼, 여기 제시된 것보다는 더 복잡한 과정이 필요하다. 하지만 <표 6.1>의 예를 통해 접근방식을 간단히 소개한다.

2. 통합부가가치보고서의 이론적 근거

일반적인(또는 제한적인 이라고 부르는) 부가가치보고서는 다음 두 가지 단점이 있다.

첫째, 기존 재무제표에 전적으로 의존하며, 앞서 언급한 바와 같이 조직의 실제 성과를 잘못 표시할 수 있다. 특히 사회적 경제조직(비영리조직·협동조합)이 사회적 노동이나 자원봉사 노동을 자원의 일부로 활용하는 경우에 그렇다. 가령 모금 행사를 위해 수천 명의 자원봉사자들을 동원하는 자원봉사 조직을 생각해보자. 첫째, 기존 재무제표만을 정보로 활용하는 부가가치보고서는 자원봉사자의 기여도를 조직이 창출한 부가가치로 표시하지 못한다.

둘째, 기존 부가가치보고서는 조직의 목적사업을 위한 비화폐적 활동 또는 간접적 성과를 설명하지 못한다. 예를 들어 조직의 2차 산출물에는 비공식 훈련을 통한 자원봉사자들의 직능개발 성취가 있을 수 있다. 마찬가지로 조직은 다른 조직에 자문서비스를 제공할 수 있다. 이러한 전통적인 접근 방식의 한계를 극복하기 위해, 우리는 일반적으로 무시되어온 사회적 변수를 포함하는 통합부가가치보고서를 개발했다. 통합부가가치보고서는 이러한 사회적 변수에도 재무적 수치를 부여하여 보고서에 표시한다.

비영리조직과 협동조합은 성공 여부를 단순한 이익 창출과는 다른 관점에서 정의하기 때문에 부가가치보고서를 선택하는 게 자연스럽다. 게다가 협동조합은 명시적으로 사회경제적 원리에 따라 인도된다. 그것은 1844년 로치데일 개척자들(영국 최초의 현대적 협동조합의 설립자들)에 의해 처음 공식화되었다. 그 이후 이 원칙은 1995년 약 7억 6천만 명의 회원국을 대표하는 100개 이상의 협동조합 연대기관인 국제협동조합연맹에 의해 갱신되었다.[12] 협동조합 7원칙은 다음과 같다.

1. 공개적이고 자발적인 조합원제도(협동조합은 조합원으로서의 책임을 기꺼이 받아들이는 모든 사람에게 열려 있으며 성별 또는 사회적, 인종적, 정치적 또는 종교적 차이에 의한 차별을 할 수 없다.)
2. 민주적 통제(협동조합은 조합원의 1인 1표의 원칙에 따라 통제하는 민주적 조직이다.)
3. 회원의 경제적 참여(조합원은 조합 자금 조달에 공평하게 기여하고 조합 서비스의 주요 수혜자이다.)
4. 자율성과 독립성(협동조합은 자율적인 자조조직이며 정부 또는 채권자와의 약정을 통해 독립성을 위태롭게 해서는 안된다.)

---

12 International Co-operative Alliance 2001

5. 교육, 훈련 및 정보공개(협동조합은 조합원 및 직원에게 자신의 조직에 대해 교육할 의무가 있다.)
6. 협동조합 간의 연대(조합원을 섬기고 협동조합운동을 강화하기 위해 협동조합끼리 협력할 것이 요구된다.)
7. 지역사회에 대한 관심(협동조합의 지속가능한 지역사회 발전을 위해 노력해야 할 의무가 있다.)[13]

마지막 원칙인 지역사회에 대한 관심은 지역사회를 핵심 이해당사자로 간주한다는 점에서 부가가치 접근법의 기초가 된다. 협동조합의 기반이 되는 사회적 원칙을 고려할 때, 협동조합은 통합부가가치보고서의 취지에 맞는 이상적인 조직이다. 더욱이 제3장에서 논의한 바와 같이, 이러한 유형의 회계처리를 지지하는 협동조합운동에는 이미 전통이 있다. 개별 신용협동조합은 '사회적 감사' 방식을 개발했으며, '미래의 사회적 감사'를 위한 공통기준을 개발하기 위해 서로 협력하고 있다.[14]

1999-2000년에 수행된 우리의 연구에서 개발된 통합부가가치보고서는 학생주거협동조합의 사회적 영향에 관한 것이다. 우선 이 보고서의 주인공에 대한 얘기로부터 시작한다.

3. 워터루주거협동조합

워터루주거협동조합(Waterloo Co-operative Residence Incorporated

---

13 International Co-operative Alliance 1998
14 see Heritage Credit Union 1998; Metro Credit Union 1996, 1997, 1998, 2000, 2001, 2003; The Co-operative Bank 2004, 2005; VanCity 1998, 2000, 2002, 2004

(WCRI) 이하 '워터루협동조합')은 워터루대학과 윌프리드로리엘 (WilfridLaurier)대학 등 두 개의 주요 대학 학생들을 위해 기숙사와 아파트 형 주거를 공급한다. 그 정관에 정한 사명문에서 "워터루협동조합은 질 좋고 저렴한 주거를 제공하고 협동조합 정신에 따른 조합원 참여와 최고의 서비스를 강조하는 동시에 역동적인 협동공동체에서 자부심과 교육, 다양성을 증진하는 것을 목표로 한다"고 선언한다. 워터루협동조합은 협동조합 조합원들, 즉 그 이전 입주자들뿐만 아니라 현재의 학생 조합원들에 의해 운영된다. 워터루협동조합의 이사회 운영은 민주적이고 협동조합 원칙에 기초한다. 각 입주자는 협동조합 조합원이 되고 매년 10월에 열리는 정기 조합원총회에서 한 표를 행사할 수 있다. 일반조합원은 1년 임기의 이사 10명을 선출하고, 이사는 재임될 수 있다. 이사는 직무태만 등으로 해임될 수 있지만 이례적인 경우이다. 의사결정에 대한 협동조합의 민주적 접근은 다른 대학 거주지의 거버넌스와 구별된다.

워터루협동조합은 두 대학의 주요 캠퍼스와 가까운 곳에 위치해 있기 때문에 대학 주변 지역사회와 통합되어 있다. 더구나 조합원들은 다음과 같은 독특한 환경을 경험한다.

- 협동의 가치와 운영실무의 경험
- 조직 안에서 민주적 참여
- 자원봉사활동 경험(협동조합 내외부에서)
- 리더십의 기회
- 팀워크의 경험

협동조합의 이러한 특징은 워터루주거협동조합의 통합부가가치보고서에 사회적 부가가치로 표시된다. 또 이 협동조합의 거주시설에는 바비큐와 대형 데크가 설치된 공동 구역, 맞춤형 식단 선택 등 다른 대학 거주지에서는 일반적으로 이용할 수 없는 다양한 서비스와 시설이 있다.

이 조합의 입주자는 사회적 노동, 즉 주거비 절감을 돕는 봉사활동을 수행해야 한다. 거기에는 음식 준비와 식사 제공, 접시와 냄비 씻기, 공용공간 청소, 눈 치우기, 마당 정비, 뉴스레터 작성, 위원회 참여, 이사회 참관 등이 있다. 또 입주자는 내부교육과 환경교육, 메뉴기획, 갈등해결, 특별행사 등 실무적인 사안을 담당하는 위원회의 위원이 될 수 있다. 다시 말하지만 조합원들의 이러한 기여는 협동조합의 부가가치의 일부이므로, 통합부가가치보고서에 포함된다.

4. 통합부가가치보고서 작성하기

앞서 언급한 것처럼 부가가치보고서는 두 부분으로 구분된다. (1) 조직의 부가가치 계산하기 (2) 이해관계자에게 부가가치 배분하기. 통합부가가치보고서에서 부가가치는 재무제표상의 재무적 거래는 물론 앞서 언급한 비화폐성 사회공헌을 추가하여 확장한 것이다.

워터루협동조합의 부가가치보고서를 작성하기 위해, 우리는 재무적 부가가치와 사회적 부가가치를 결정해야 했다. 이를 위해 대상 회계연도에 대한 협동조합의 문서와 재무제표를 검토하는 것으로 시작했다. 그런 다음 현장을 방문하여 직원들과 인터뷰를 하고 조합에 대해 잘 알고 있는 협동조합 활동가들과 이야기를 나누었다. 또한 협동조합의 위원회 또는 이사회에서 활동했던 조합원들과 함께 신구 조합원들을 대상으로 포커스그룹 인터뷰를 실시했다. 재무적 부가가치는 기존 재무제표 정보를 사용하여 계산할 수 있지만, 사회적 부가가치를 이해하는 데는 앞서 말한 직업이 중요한 역할을 하였다.

이 연구를 통해 해당 회계연도에 워터루협동조합이 재무적/비재무적 자원을 모두 활용하여 재무적 부와 사회적 부를 창출했음을 발견했다. 입주자들을 위해 조합은 질 좋고 잘 관리된 사회주택을 제공했다. 그들은 또한 협동조합의 사업을 운영하면서 운영실무를 배우고 민주적으로 운영되는 조직에서 활동하면서 지식을 습득하는 등 2차 산출물을 경험했다. 더 넓은 지역사회는 또한 협동적이고 협력적인 리더십, 전쟁 난민 수용을 위한 협동조합 공간의 제공 그리고 재산세의 납부를 통해 사회적 수혜를 얻었다.

이렇게 발견한 사회적 영향은 <표 6.1>부터 <표 6.3>에 걸쳐 나타나 있다. 이들 표는 언뜻 보기에 까다로워 보일 수 있지만, 주의깊게 살펴보면 통합부가가치보고서가 이해하기 쉬운 것임을 분명히 알게 된다.

<표 6.2> 워터루협동조합의 통합부가가치보고서(일부)

(단위: 달러)

구분		재무적 부가가치	사회적 부가가치	합계
산출물	1차 산출물	3,964,031	246,128	4,210,159
	2차 산출물	65,192	424,808	490,000
	3차 산출물	0	2,500	2,500
	합계	4,029,223	673,436	4,702,659
외부 재화와 용역 매입액		1,538,561	0	1,538,561
창출된 부가가치		2,490,662	673,436	3,164,098
매입액대비 부가가치율		1.62	0.44	2.06

<표 6.2>에는 워터루협동조합이 창출한 다양한 부가가치의 원천을 나타내는 세 개의 열이 있다.

- 재무적 부가가치: 기존 재무제표 정보만으로 정리한 기존 부가가치명세를 표시한다.
- 사회적 부가가치: 비화폐성 공헌과 산출물에 대한 정보를 나타내며, 이들에 대해서는 비교시장가치로 그 금액을 추정한다.
- 합계: 재무적 부가가치와 사회적 부가가치의 합계를 나타내며 창출된 통합부가가치 금액을 나타낸다.

부가가치의 양을 계산하기 위해 1단계로 할 일은 조직의 총 산출량을 측정하고 거기에 시장 가격을 부여하는 것이다. 총 산출량이란 그 조직이 제공하는 모든 서비스, 즉 조직의 사명을 수행하기 위한 총 활동의 결과물을 말한다. <표 6.2>에 명시된 총 산출물은 1차 산출물, 2차 산출물, 3차 산출물 등으로 세분화되며, 이는 관련 항목이 조직의 사명을 수행하는 데 얼마나 직접적으로 연결되어 있는지를 반영한다. 1차 산출물은 조직이 제공하는 직접 서비스로서 워터루협동조합의 경우 학생들을 위한 주거 제공을 말한다. 2차 및 3차 산출물은 조직의 임무를 수행하기 위해 행하는 활동의 간접적인 결과이다. 2차 산출물은 협동조합의 조합원이나 고객에게 발생하는 간접 산출물이며, 3차 산출물은 협동조합의 조합원이나 고객 이외의 사람에게 발생하는 간접 산출물이다.

워터루협동조합의 경우, 2차 산출물은 입주자들의 능력개발이다. 3차 산출물은 다른 협동조합에 대한 자문이다. 이를 3차 산출물로 분류하는 이유는 입주자의 직능훈련과는 달리 워터루협동조합의 1차 서비스와 직접 관련이 없기 때문이다. 그 일은 오히려 다른 조직들에 대한 서비스이거나 논쟁적이긴 하지만 협동조합운동을 위한 서비스였다. 모든 조직이 세 가지 범주의 산출물을 다 가지고 있는 것은 아니지만, 워터루협동조합의 경우 이렇게 구분하는 것이 논리적으로 타당해 보였다.

1차 산출물

연구대상 회계연도에 워터루협동조합의 1차 산출물은 제공된 주거공간 및 관련 서비스였다. 이들 주거공간의 시장 가격을 결정하기 위해 세 가지 원천을 고려했다.

- 주거임차료 명목으로 조합원으로부터 얻는 수익
- 구성원들이 거주공간의 운영에 기여한 사회적 노동의 가치
- 협동조합과 조합원들이 지역사회에 기여한 서비스의 가치

워터루협동조합의 경우 이러한 1차 산출물의 합계는 총 421만 159달러였다.

'합계' 열에 표시된 금액은 두 부분으로 구성된다. 첫째, 숙박과 음식, 주차와 같은 항목에서 얻은 수입 396만 4,031달러(기존 재무제표에서 얻은 금액으로 재무적 부가가치 열에 표시된 금액)와 둘째, 사회적 노동의 기여분 및 기부 서비스의 가치(24만 6,128달러)이다. 이 둘을 합하여 총 421만 159달러가 된다. 이제 관련 항목들을 더 자세히 살펴본다.

수익

워터루협동조합은 숙박비, 식비, 공공시설비, 주차비, 세탁비, 기타 소모품비 그리고 부대시설인 호프집과 레스토랑에서 수익을 얻고 있다. 이러한 수익은 <표 6.2> 재무적 부가가치 열의 1차 산출물에 표시된다. 이는 기존 재무제표 계정에서 추출한 금액으로 총 396만 4,031달러이다. 엄밀히 말하면 수익은 산출물이 아니라 산출물의 화폐가치이며, 이를 1차 산출물이라 한 것이다. 시장가격이 조직의 산출물의 정확한 측정기준이 된다는 가정을 하고 있다. 비록 이는 논쟁의 여지가 있지만, 우리의 목적을 위해, 우리는 이 전제를 받아들이고 시작한다.

사회적 노동

워터루협동조합의 경우 사회적 노동(조합원이 협동조합에 제공하는 무상 서비스)를 제공하면 비용이 절감되고, 직능개발의 기회가 생기며, 조합원들 속에서 심리적 소속감도 강화된다. 사회적 노동은 서비스의 시장가치와 입주자의 지불방식 모두에 영향을 미친다. 워터루협동조합의 경우 기숙사 입주자들은 한 학기에 40시간의 사회적 노동을 기부하였다. 이 사회적 노동의 평가액은 비효율성을 감안하여 비교 시장가격에서 비교 시장가격의 50%를 감하여, 워터루협동조합 시장소위원회(1998)가 결정한 시간당 8달러로 계산한 것이다. 따라서 힌 학기동안 조합원의 기여도는 추정 재무가치로 1인당 160달러(40시간 × 8.00달러 × 50%)였다. 이 기부노동이 없었다면 워터루협동조합의 입주자들은 2,360달러를 지불해야 하지만, 기부노동 덕분에 그들은 단 2,200달러만 지불했다. 기존 부가가치보고서에서는 현금으로 받은 부분(2,200달러)만 수익으로 기록되고, 사회적 노동수익 160달러는 무시한다. 따라서 통합부가가치보고서에 주거공간과 관련 서비스의 실제 시장가치를 인식하기 위해서는 기존 재무제표에서 가져온 수익에 기부받은 사회적 노동가치 해당액을 가산해야 한다.

연구대상 회계연도의 총 사회적 노동시간은 5만 8,632시간이었다. 앞서 언급한 바와 같이 이 총액은 비효율성을 감안하여 50% 감액하여, 시간당 8달러로 평가하였으며, 이에 따라 총 비교 시장가치를 계산하면 23만 4,528달러(58,632시간 × 50% × 8달러)였다. 여기에 이사진들의 사회적 노동을 추가하였다. 이사회 이사 10명이 매달 10시간을 기부한 것으로 추정되었는데, 시간당 8달러로 계산하면 총 9,600달러였다. 이 두 수치를 합치면 24만 4,128달러(조합원 기여분 23만 4,528달러, 이사 기여분 9,600달러를 합한 금액)다. 이 금액이 <표 6.2>의 사회적 부가가치 열에 있는 1차 산출물에 해당된다.

기부 서비스

수익과 사회적 노동 외에 워터루협동조합의 주요 산출물의 세 번째 구성요소는 외부 기부 서비스이다. 워터루협동조합은 주로 협동조합 조합원인 대학생들에게 주거를 제공하지만, 대상 회계연도 여름에 약 50명의 전쟁 난민을 수용했다. 워터루협동조합이 학생들에게 부과한 요금에 기초하여, 이러한 서비스의 시장가치는 1만 4,000달러로 추정되었다. 그러나 워터루협동조합은 이민 당국에 1만 2,000달러의 비용을 청구하고, 시장가치로 받을 수도 있었던 수입의 일부(2,000달러)를 포기했다. 이러한 서비스의 진실한 시장가치를 반영하기 위해, 실제 시장가치(1만 4,000달러)와 청구한 비용(1만 2,000달러) 사이의 차이(2,000달러)를 사회적 가치로 처리하였고, 이는 사회적 부가가치 열에 1차 산출물로 표시했다. 기부 서비스인 이 항목은 협동조합의 1차 산출물인 주거공간 제공과 직결되기 때문에 1차 산출물로 취급했다. 정부가 전쟁 난민을 수용하기 위해 제공한 1만 2,000달러(재무적 부가가치 열의 1차산출물 396만 4,031달러 속에 포함됨)와 달리, 그 서비스는 기존 재무제표에 나타나지 않기 때문에 재무적 부가가치가 아니라 사회적 부가가치이다. 2,000달러는 워터루협동조합이 사회적 주택을 필요로 하는 지역사회에 기부한 금액의 일부이다.

따라서 이 2,000달러의 사회적 부가가치는 24만 4,128달러의 사회적 노동과 결합되어 <표 6.2> 사회적 부가가치 열의 1차 산출물로서 총 24만 6,128달러이다. 이 모든 항목은 주거공간서비스에 대한 워터루협동조합의 사회적 기여를 나타낸다. 24만 6,128달러의 사회적 부가가치 추정치에 3,96만 4,031달러의 재정수입을 더하면, 총 421만 159달러가 되는데, 이는 통합부가가치보고서에 나타나는 1산 출물의 합계금액이다.

즉, 워터루협동조합의 1차 산출물의 총합은 사회적 노동과 사회에 기부한 주거공간 서비스의 시장가치 추정치와 공시된 재무제표상의 총 수익을 더해서 계산된 것이다.

2차 산출물

주거공간 및 관련 서비스 외에도 워터루협동조합은 조합원의 직능개발 및 훈련과 같은 2차 산출물도 생산했다.[15] 부가가치보고서에 표시하려면 그 산출물에 대한 시장가치가 파악되어야 한다. 1차 산출물과 마찬가지로 2차 산출물은 재무적 부분과 사회적 부분으로 나뉜다. 재무적 부가가치 열에 나타나는 2차 산출물은 회의 비용, 뉴스레터, 교육 등과 같은 협력개발비 항목에 대해 기존 재무제표에서 가져온 6만 5,192달러의 지출이다. 이 부분은 비교적 간단하다. 까다로운 것은 직능개발 및 훈련에 대한 사회적 가치를 추정하는 것이었다. 이 항목은 '기존 부가가치보고서'에는 나타나지 않지만 워터루협동조합에 거주한 경험에 의해 얻은 진정한 이익(즉, 창출된 부가가치)을 나타내므로 사회적 부가가치 열에 나타나며 통합부가가치보고서의 일부가 된다.

직능 훈련

---

15 워터루협동조합에 대해 식별된 또 다른 2차 산출물은 거주자에 대한 공동체 의식이 었으며, 이에 가치를 부여하려는 초기 시도가 있었지만, 저자들이 그 평가에 대해 개선이 더 필요하다고 생각했기 때문에 여기서는 포함시키지 않는다.

설문조사와 포커스그룹을 통해 협동조합에서 생활하는 2차적인 혜택으로 다양한 능력이 개발되었음을 알게 되었다. 대학생의 삶에서 긍정적인 경험인 이러한 능력은 개인적 능력, 조직 능력 그리고 리더십 능력뿐만 아니라 독립적인 생활력도 포함된다. 능력개발은 다양한 경험에서 비롯되는데 협동조합 생활의 어떤 부분에 속하는지 정확하게 판단하는 데 어려움이 있었다. 그러나 전형적인 학생 기숙사나 학교 밖 주택에 비해, 협동조합의 조합원들은 조직운영능력과 민주적인 의사결정 과정을 체험하는데, 이것은 포커스그룹 참가자들이 강조했던 것이기도 하다. 조합원들은 400만 달러의 예산으로 조직을 운영하고 크고 작은 문제들에 대한 결정을 내리는 것에 대해 배운다.

또한 조합원 총회를 통해 학생들은 조합원 관리를 경험하고 민주적인 과정에 참여한다. 이러한 교훈은 매우 개인적인 맥락에서 일어난다. 즉, 조합원의 생활 조건과 삶의 질에 영향을 미친다. 그것은 공동체 전체의 이익과 개인적 욕구의 균형을 요구하고 또한 학생들이 도전적이라고 생각할 수 있는 판단의 성숙을 요구한다.

이러한 2차 산출물에 시장가치를 부여하는 것은 사회적 노동이나 기부한 서비스의 시장가치를 추정하는 것만큼 간단하지 않았다. 그러나 이것들은 협동조합에서 생활하는 것이 주는 가치 있는 혜택이며, 워터루협동조합의 부가가치를 계산할 때 무시되어서는 안 된다. 우리는 이러한 혜택에 대해 각각 500달러에 상당하는 두 개의 학부 과정 강의를 수강하는 비용과 동등한 경제적 가치를 부여했다. 그러나 우리의 설문조사에서 모든 사람이 지배구조(이사회 등)에 적극적으로 참여한 것은 아니었기 때문에 이 혜택을 워터루협동조합의 모든 입주자에게 할당할 수 는 없었다. 따라서 이러한 혜택은 조합원총회를 통해 협동조합운영에 참 여했다고 신고한 입주자조합원 56%에게만 배분하는 것이 타당해 보였 다. 따라서 직능훈련의 시장가치에 대해 계산된 금액은 협동조합의 운 영활동에 참여한 학생 수(전체의 56%인 460명)에 대학 과정 2개 수강 비용(각각 500달러)을 곱하여 도출되었다. 이것은 46만 달러(460명 × 1,000 달러)에 달했다.

워터루협동조합 입주자의 56%가 이 정도의 혜택을 받은 것으로 추정 되지만, 협동조합의 지배구조에 특히 적극적인 소수의 사람들이 있었다. 이 그룹의 경우, 협동조합 운영에 매우 높은 비중으로 참여함으로써 그 들의 능력 향상은 학생들 자신뿐만 아니라 지역사회 전반에 대한 이익 으로 볼 수 있다. 이 같은 학습경험의 혜택을 가장 많이 받은 입주자 학 생은 이사진뿐 아니라 위원회 위원장과 참여위원 10명이 추가로 포함됐 다. 만약 이 20명의 학생들이 이런 종류의 교육에 돈을 지불한다면, 그 에 상당하는 것은 지역사회 발전의 이론교육 한 강의와 실무훈련 두 강 의로 추정되었다. 따라서 이 산출물에 할당된 값은 세 개의 대학 과정비 용으로 각각 500달러씩 1,500달러이고 학생수 20명을 곱한 총 3만 달 러로 계산했다.

직능훈련의 총 부가가치는 지배구조에 참여는 했지만 적극적이지는 않았던 입주자조합원의 56%가 경험한 혜택의 가치 46만 달러에 위에 서 계산한 3만 달러를 가산하여 나온 값이다. 직능훈련을 통해 총 49만 달러의 사회적 부가가치가 창출되었다. 그러나 이러한 혜택을 만들어내기 위해 워터루협동조합은 6만 5,192달러를 투입했다.(2차 산출물 란에 표시된 재무적 부가가치 열에 나타나 있다.) 이 금액은 회의나 교육과 관련하여 발생한 비용을 나타낸다. 이 활동들은 협동조합에서 생활하거나 운영하는 일, 뉴스레터를 제작하는 것과 관련되어 있다. 2차 산출물의 순 사회적 부가가치를 계산하기 위해 직능훈련의 추정 시장가치가 재무적 지출에 맞게 조정되어야 한다. 따라서 <표 6.2>의 사회적 부가가치 열에 표시된 42만 4,808달러 상당의 2차 산출물에 대한 순 사회적 가치를 계산하기 위해 49만달러에서 워터루협동조합이 지출한 금액 6만 5,192달러를 차감한다. 다시 말해서 49만달러의 2차 산출물을 생산하기 위해 조직은 6만 5,192달러를 지출한 것이다.

워터루협동조합의 2차 산출물의 부가가치를 도출하기 위해 기존 재무제표의 관련 항목에 대한 조직의 지출은 직능훈련을 위한 추정 시장가치에 더한다. 이 금액 49만 달러는 결합부가가치 열에 나타나며, 이는 통합부가가치보고서에서 2차 산출물의 부가가치를 나타낸다.

지금까지 논의된 모든 산출물은 워터루협동조합 조합원 입주자를 위한 주거 공급과 직접 관련이 있다. 그러나 워터루협동조합은 스스로를 협동조합운동의 일부로 간주하고 다른 협동조합을 위한 서비스를 제공한다. 이는 워터루협동조합이 조합원 아닌 외부에 제공하는 서비스이기 때문에 3차 산출물로 분류된다.

3차 산출물

다른 협동조합에 대한 자문

워터루협동조합의 성과와 주도적 역할에 힘입어 워터루협동조합은 사회적 부가가치의 또 다른 구성요소인 다른 협동조합에 자신의 경험과 지식을 이전할 수 있었다. 당해연도에 워터루협동조합은 다양한 발전 단계의 여러가지 경영상의 쟁점을 안고 있는 3개의 협동조합에 무료 상담 서비스를 제공했다. 이러한 기여는 리더십 개발, 협동조합 자문, 사업 자문 등의 형태로 이루어졌다. 이렇게 제공한 서비스의 비교 시장가치를 추정하기 위해, 관련된 일수에 협동조합이 일반적으로 컨설턴트에게 지불하는 일일 보수 금액을 곱했다. <표 6.2>에 나타난 바와 같이, 이 금액은 5일 동안 하루 500달러, 즉 2,500달러로 추정되었다. 이 수치는 사회적 부가가치 열과 결합부가가치 열의 3차 산출물로 표시되는데, 이것도 통합부가가치보고서의 일부이다.

총 산출물

1차, 2차 및 3차 산출물이 계산되면 이들 산출물을 합산하여 총 산출물에 표시한다. 재무제표의 총 산출액은 402만 9,223달러이며, 이는 기존 부가가치보고서에 나타나는 금액이다. 이 재무적 총 산출물에 사회적 총산출물 67만 3,436달러를 더하면 총 결합산출물 470만 2,659달러가 된다. 이 금액이 통합부가가치보고서의 총 산출물이다.

외부매입액 차감

앞서의 부가가치 정의로 돌아가면, 부가가치는 조직이 노동과 자본의 사용을 통해 원자재, 제품 및 서비스에 '가치를 추가'함으로써 창출하는 부의 척도이다. 총 산출물은 조합이 제공한 서비스의 시장가치를 나타내는데 그러한 서비스를 제공하기 위해 워터루협동조합은 외부에서 재화와 서비스를 구매했다. 이러한 구매 비용(153만 8,561달러)은 조합의 기존 재무제표에서 가져온 것이다 <표 6.3>에 나타난 바와 같이, 이 수치를 얻기 위해, 기존 손익계산서에 기록된 총 비용은 (부가가치의 정의에 따라) 인력비와 자본비용에 맞춰 조정된다. 이는 (부가가치의 정의와 관련하여) 노동력과 자본이 다른 매입액(재화와 서비스 매입액)에 가치를 부가하는 데 이용되는 구성요소이기 때문이다. <표 6.3>에 나타난 바와 같이, 워터루협동조합의 기존 재무제표 상의 총지출은 354만 6,780달러지만, 외부 재화와 용역 매입에 지출한 금액을 계산해내려면 자본 및 노동 관련 비용을 지출 총액에서 빼야 한다. 따라서 직원 임금과 복리후생비(83만 8,222달러), 재산세(21만 6,586달러), 대출이자(51만 9961달러), 유무형자산 상각비(43만 3,450달러) 등을 총지출액(354만 6,780달러)에서 차감한다. 그 결과 외부 매입금액은 총 153만 8,561달러이고, 이 금액을 총 산출물에서 차감하면 워터루협동조합이 생성한 부가가치가 계산된다. 기존 부가가치보고서에 표시된 창출 부가가치는 249만 662달러이지만, 통합부가가치보고서에는 316만 4,098달러로 나타난다(<표 6.2>참조).

외부 매입액 대비 부가가치 비율

부가가치 비율은 <표 6.2>의 마지막 줄의 외부매입액(153만 8,561달러)에 대한 조직의 총 부가가치금액(316만 4,098달러)의 비율로 총 부가가치금액을 외부 재화와 용역 매입액으로 나누어 계산한다.

이렇게 계산된 부가가치 비율(2.06)은 외부 재화와 서비스 매입액 당 2.06달러의 부가가치를 창출했음을 나타낸다. 앞서 언급한 바와 같이 통합부가가치보고서에는 사회적 노동, 기부한 서비스, 직능 훈련, 협동조합 부문에 대한 자문 등 화폐로 표시되지 않은 항목에 대한 시장가격 추정치가 포함되어 있다. 이러한 항목이 포함되지 않았다면 재무적 부가가치 열에 표시된 것처럼 외부매입액에 대한 부가가치 비율은 1.62가 되었을 것이다. 즉, 화폐로 표시되지 않은 항목을 포함하면 이 비율이 2.06으로 27% 이상 증가한다는 것을 알 수 있다.

<표 6.3> 기존 재무제표상의 부가가치

(단위: 달러)

기존 재무제표 상의 지출금액		3,546,780
부가가치액	직원 임금 및 복리후생비	838,222
	재산세	216,586
	대출이자	519,961
	유무형자산 상각비	433,450
외부 재화 및 서비스 매입액		1,538,561

5. 부가가치의 배분

앞서 말한 바와 같이, 부가가치보고서에는 창출된 부가가치와 부가가치의 배분이라는 두 가지 부분이 있다. 전자는 부가가치가 얼마나 창출되었는지를 측정하는 반면, 부가가치의 배분은 그것을 이해관계자들에게 어떻게 배분했는지를 보여준다.

분배명세를 보면 <표 6.2>와 같이 조합이 창출한 부가가치를 이해관계자에게 전부 배분한다. 이해관계자는 조직의 생존과 가치에 대한 기여도를 기준으로 선정된다. 부가가치보고서의 경우, 회계감독기관이 제안하는 이해관계자는 일반적으로 직원과 정부, 투자자 및 조직 자신이다. 하지만 워터루협동조합의 경우에는 통합부가가치보고서의 목적에 맞게, 입주자라는 이해관계자를 추가하였고, 이해관계자 하나는 수정되었다. 즉, 정부 이해관계자가 지역사회 이해관계자로 수정되었고 비영리협동조합 부문으로 확장되었다(<표 6.4> 참조).

앞서 말한 것처럼 부가가치보고서의 이해관계자 접근법은 주주 지향의 다른 대부분의 재무제표와 구별된다. 부가가치보고서는 폭넓은 이해당사자 그룹이 조직에 기여한다는 가정에 기초할 뿐만 아니라 각 이해당사자가 이러한 복합적인 노력으로 매년 얼마나 많은 부가가치를 얻는지 정확하게 분석하려고 시도한다. 따라서 이러한 형태의 재무제표는 이해관계자의 중요성을 인정할 뿐만 아니라 이론적으로도 실제적으로도 그들에게 부가가치의 일부를 배분한다는 걸 보여준다.

<표 6.4>는 이들 다섯 그룹의 이해관계자에 대한 부가가치 분배 금액을 표시하고 각 이해관계자와 관련된 항목을 보여준다.

<표 6.4> 부가가치의 배분: 워터루협동조합의 통합부가가치보고서(일부)

(단위: 달러)

부가가치의 배분		재무적 부가가치	사회적 부가가치	결합 부가가치
직원	임금과 복리후생비	838,222		838,222
입주자	사회적 노동 가치		244,128	244,128
	직능 개발	65,192	424,808	490,000
	재산세 공제		141,800	141,800
	소계	65,192	810,736	875.928
지역사회	정부: 지방재산세	216,586		216,586
	정부: 재산세 공제		-141,800	-141,800
	정부: 전쟁난민 주거제공		2,000	2,000
	협동조합: 자문료		2,500	2,500
	소계	216,586	-137,300	79,286
자본제공자	대출이자비용	519,961		519,961
협동조합 자신	유형자산 상각비	433,450		433,450
	잉여금	417,251		417,251
	소계	850,701		850,701
배분된 부가가치 총계		2,490,662	673,436	3,164,098

직원들

직원 이해관계자들에게 분배된 부가가치는 그들의 임금과 복리후생비 83만 8,222달러이다.

입주자

워터루협동조합 입주자들은 주거 및 관련 서비스에 대한 비용 절감을 통해 부가가치의 일부를 받았다. 이러한 절감은 사회적 노동(워터루협동조합에 대한 무상 노동) 덕분이며, 앞서 논의한 것처럼 24만 4,128달러를 절감하였다. 그들은 또한 직능 훈련으로 총 49만 달러의 가치를 얻었다. 또 워터루협동조합은 대학기숙사라면 받았을 재산세 면제 혜택을 받지 않았으므로, 자격이 있는 입주자는 소득세 신청서에 온타리오 주 재산세 공제대상 임차비용으로 임차료(식비 제외)의 20%를 청구할 수 있다. 만약 그들이 대학기숙사에 살았다면, 25달러의 세액공제를 받을 자격이 되었을 것이다. 이들의 임차료와 개인 순소득을 기준으로 이 혜택은 709명의 입주자조합원에게 1인당 200달러, 즉 총 14만 1,800달러의 혜택이 주어진 것으로 평가된다.<표 6.4>의 사회적 부가가치 열 재산세 항목에 표시된 14만 1,800달러는 지방정부로부터 입주자들에게 이전되는 경제적 이익을 표시한 것이다.

지역사회

지역사회로 표시된 이해관계자는 공공부문과 비영리조직/협동조합 양 부문에서 부가가치를 배분받았다. 공공부문에서 정부는 7만 4,786달러(재산세 수입 21만 6,586달러에서 재산세 공제 14만 1,800달러를 뺀 금액)의 순 재산세수입과 전쟁 피난민들을 위해 제공된 주거서비스 가치 2,000달러를 결합한 부가가치 7만 6,786달러를 얻었다. 협동조합 부문은 다른 협동조합들에 대한 자문으로 2,500달러의 부가가치를 받았다. 협동조합 부문에 대한 지원은 워터루협동조합 주택과 다른 학생 주거공간 간의 중요한 차이점이다. 워터루협동조합은 북미학생협동조합(NASCO)과 캐나다협동조합(CCA)의 일원으로서 협동조합운동에 기여하고 있으며, 협동조합에 대한 교육도 그 목적사업 중 하나이다. 그렇게 함으로써 앞서 얘기한 국제협동조합연맹의 원칙을 견지한다. 이렇게 기부한 지역사회에 대한 부가가치는 정부 부문에서 7만 4,786달러와 2,000달러, 협동조합 부문에서 2,500달러로, 총액 7만 9,286달러였다.

자본 제공자

워터루협동조합의 이자지급액은 51만 9,961달러로 자본제공자에게 분배된 부가가치의 일부이다.

조직 자신

조직 자신이라는 이해관계자에 분배된 부가가치는 조합 자체에 배분된 유무형자산상각비 43만 3,450달러와 영업잉여금 41만 7,251달러였다. 이들 항목은 조직 자신이 주요 수혜자이다.

부가가치 분배 요약

분배된 부가가치 총액은 창출된 부가가치와 일치한다. 분배 대상을 기존 재무제표 항목들로 제한할 경우 그 금액은 249만 662달러이고, 비화폐성 사회공헌을 포함하여 항목을 확대하면 그 금액은 316만 4,098달러가 된다. 창출된 부가가치는 조직의 총 산출량에 기여하는 이해관계자 그룹에 전체적으로 분배된다. 워터루협동조합의 경우 이들 이해관계자는 직원과 입주자, 지역사회, 자본제공자 및 조합 자신이다. <표 6.4>는 이러한 이해관계자들에 대한 부가가치 배분 상황을 보여준다.

6. 시사점

통합부가가치보고서(<표 6.1>및 <표6.3>)는 같은 기간에 316만 4,098달러의 부가가치가 창출되고 분배되었음을 보여준다. 만약 기존 재무제표 계정과목만 고려했다면, 워터루협동조합은 해당 회계기간에 249만 662달러의 부가가치를 창출하는 것으로 나타난다. 따라서 '통합 부가가치보고서'는 사회적 부가가치를 제외한 재무정보가 조합의 전체 성과에 대해 충분히 얘기하고 있지 않음을 알게 해준다. 부가가치 계산에 사회적 부가가치를 포함시킴으로써 조합이 창출한 부가가치가 27% 이상 증가한 것으로 나타난 것이다. 이러한 방식이 중요한 것은 연간 3만 500시간 이상에 해당하는 생산적 시간을 투입한 입주자 822명의 기여분을 계산하거나 그들을 관리하는 일과 관련된 비용과 편익을 평가하는 데, 조합이 사용할 수 있는 다른 지표가 거의 없기 때문이다.

또한 조직의 재무적 자원을 고려해보더라도 입주자들이 기여한 시간이 전체의 6% 이상을 차지했다(<그림 6.3>참조). 이 수치는 입주자의 기여분이 화폐 거래든 비화폐 거래든 모두 조합의 전체 성과에 반영되어야 하는 중요한 자원임을 보여준다.

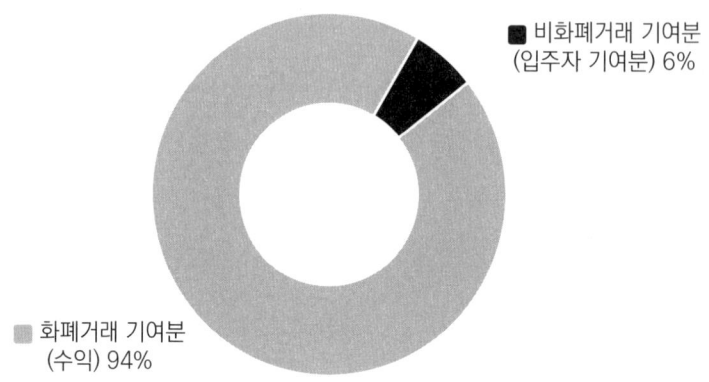

〈그림 6.3〉 화폐거래 기여분과 비화폐거래 기여분

입주자 기여 노동의 중요성을 살펴보는 또 다른 방법은 조합 운영에 필요한 전반적인 인적 자원에 입주자들이 기여하는 비율을 계산해보는 것이다. 입주자들의 활동은 워터루협동조합 인적 자원의 35% 이상을 차지했다(〈그림 6.4〉참조). 입주자의 기여분 3만 516시간을 기준으로, 입주자들은 해당 회계연도에 17명의 정규직 직원에 해당하는 노동시간을 기여한 셈이다. 이는 워터루협동조합의 정규 직원이 31명이 아니라 총 48명을 고용한 것과 같다는 의미이다. 이러한 수치는 800명 이상의 입주자들에게 배분된 17개의 추가적 정규직 일자리 해당분에 대한 관리와 관련된 문제를 고려할 때 중요하다.

화폐가치로 평가되지 않는 사회적 재화와 용역은 협동조합 운영에서 종종 큰 비중을 차지한다. 이러한 재화와 용역을 고려하지 않고는 조합의 성과나 조합원의 기여도에 대한 명확한 그림을 그릴 수 없다. 통합부가가치보고서는 비영리조직과 협동조합의 회계처리를 확장하기 위한 실험적인 방법론이다. 워터루협동조합의 경우, '통합부가가치보고서'는 기존 재무제표와 다른 방식으로, 다른 청중들에게 이야기를 들려준다. 통합부가가치보고서는 다양한 이해관계자, 특히 입주자가 워터루협동조합에 어떤 가치를 추가했는지(워터루협동조합의 경우 통합부가가치의 20% 이상을 기여했다), 그리고 어떤 부가가치를 제공받았는지 확인할 수 있도록 도와준다.

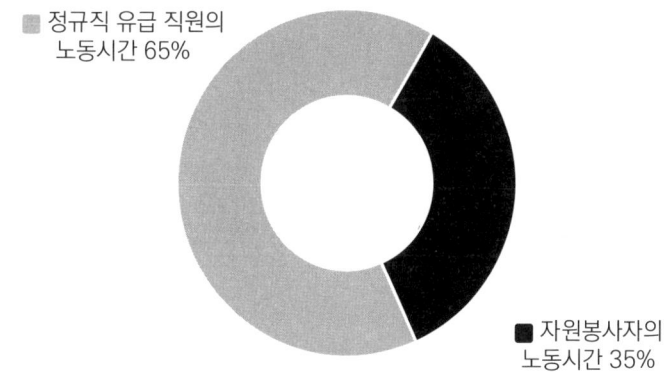

〈그림 6.4〉 입주자와 직원의 총 노동 시간 비율

〈그림 6.2〉는 재무제표에만 근거한 '기존 부가가치보고서'를 보여준다. 〈그림 6.5〉는 자원봉사 노동의 영향을 보여주고 자원봉사자의 직능개발과 같은 2차 산출물을 포함하도록 수정되었다. 따라서 〈그림 6.5〉는 기존 재무제표 정보에 자원봉사활동의 효익으로 자원봉사자가 얻은 직능개발과 같은 사회적 산출물의 가치, 자원봉사활동과 같은 사회적 투입물의 가치를 포함한 통합부가가치보고서에 기초한 그림이다. 또 조

직 산출물의 가치는 그림의 왼쪽에 나타난다. 오른쪽은 이 값이 어떻게 분배되는지 보여준다. '기존'이라는 표시를 한 부분은 재무제표상에 있는 부가가치만을 나타내며, 확장 부분은 일반 재무제표에 포함되지 않는 사회적 부가가치를 나타낸다. 그림에서 보듯 사회적 부가가치는 상당히 많다.

이 장에서 제시한 통합부가가치보고서 모델은 부가가치보고서의 형식을 사용하되, 조직의 부가가치 창출에 기여한 경제적 및 사회적 원천을 모두 보여준다.

통합부가가치보고서(<표 6.2> 및 <표 6.4>) 금액 중 상당액은 기존 재무제표에 기재되어 있는 것이다.[16] 그러나 두 가지 중요한 차이를 언급하고 싶다. 첫째, 전통적인 재무제표상의 수치는 화폐 거래에 국한되는 반면 통합부가가치보고서는 현금지출을 수반하지 않더라도 조직에 가치를 더하는 사회적 노동과 같은 항목을 포함할 수 있도록 허용한다.

<그림 6.5> 통합부가가치보고서

기존	부가가치	외부 재화와 서비스	부 가 가 치	기존
		직원		
		투자자		
		정부		
		감가상각비		
		잉여/이윤		
확장	자원봉사활동	지역사회		확장
	자기부담 비용			
	자원봉사자 직능 개발	자원봉사자		

16 사실상 조직은 기존 부가가치보고서를 작성할 때 회계시스템에 큰 변화를 줄 필요가 없다. 그리고 부가가치가 어떻게 분배되었는지 추세를 보기 위해 전년도 재무자료를 살펴볼 수 있다.

둘째, 두 보고서의 목적은 다르다. 예를 들어 기금운용 및 잔액변동명세서는 재무상태와 기금잔액에 대한 영향을 보여주기 위해 작성된다. 기업의 손익계산서와 유사하게 비용은 당기순이익을 줄이는 부정적인 요소로 간주된다. 당기순이익이 클수록 기업이나 주주에게 더 좋다. 반면 통합부가가치보고서의 목적은 조직이 창출한 부가가치(집단 노력의 결과물)가 더 넓은 그룹에 어떻게 분배되는지를 보여준다. 통합부가가치보고서는 모든 이해관계자가 조직의 중요하고 필수적인 구성요소임을 시사한다. 예를 들어 직원급여는 기금운용 및 잔액변동명세서 상 잉여금의 감소로 간주되지만, 통합부가가치보고서 상 직원급여는 특정 이해관계자에게 효익을 주는 자원의 분배로 간주된다.

통합부가가치보고서의 또 다른 장점은 조직 내 구성원들의 상호 작용과 상호의존적 성격에 중점을 둔다는 것이다. 각 이해관계자의 지분이 상대적이기 때문에 부가가치보고서가 이해관계자 간의 경쟁을 증가시킨다는 의견도 있을 수 있다. 그러나 협동하는 조직의 경우, 부가가치 접근 방식은 이해관계자 간의 결속력을 키우고, 조직에 대한 보다 긍정적인 태도와 사회적 영향에 대한 더 큰 인식으로 이어질 수 있다.[17]

또한 통합부가가치보고서는 비영리조직에 영리기업용 회계 모델을 적용하는 것에 대한 몇몇 우려를 제기한다.[18] 물론 비영리조직은 몇 가지 중요한 점에서 영리기업과 다르다. 그들은 이윤을 얻는 것 이외의 목적으로 운영된다. 그들의 효율성과 효과성은 이익 기준으로 판정될 수 없다. 그들은 금전적 이익을 기대하지 않는 기부자들로부터 많은 양의 자

---

17 Burchell 외 1985; Meek and Gray 1988
18 Macintosh 1995; Macintosh, Bartel, and Snow 1999

원을 얻을 수 있다.[19] 비영리조직, 특히 정부보조금과 기부자에 의존하는 조직들은 종종 추가적인 부의 창조자라기보다는 다른 사람의 부를 이용하는 자로 간주된다. 손익계산서는 비영리조직이 다른 사람이 준 돈을 어떻게 쓰는지를 보여준다. 그러나 통합부가가치보고서는 그와는 다른 이야기를 한다. 그것은 비영리조직이 부를 창출하기 위해 어떻게 자원을 사용하는지를 보여준다. 통합부가가치보고서를 사용한 우리의 연구는 이러한 조직들이 기부금과 보조금으로 많은 양의 부가가치를 창출한다는 것을 분명히 보여준다. 이것은 일반적으로도 타당하지만 자원봉사 노동에 크게 의존하는 조직들의 경우에는 더욱 그렇다. 손익계산서의 관점으로 보면 그들은 타인의 자본과 기부된 서비스의 사용자이다. 하지만 통합부가가치보고서의 관점으로 보면 그들은 서비스의 수혜자인 주변 지역사회에 대해 부가가치를 창출하여 분배한다. 통합부가가치보고서는 조직의 회원들과 자본 제공자들이 관심을 가질 수 있는 다른 관점을 제공한다.

기부금과 보조금에 의존하는 비영리조직의 경우, 통합부가가치보고서는 그들이 투자한 돈으로 부가가치를 창출한다는 것을 보여준다. 이에 비해 손익계산서는 단순히 그들에게 제공된 자금을 사용(지출)했다는 것만을 보여줄 뿐이다.

비영리조직은 또한 다수의 이해관계자(예: 자금제공자, 규제기관, 고객, 지역사회 등)가 있고, 자원봉사를 포함하며, 경제적 사회적 목표를 모두 가지고 있다는 점에서 영리기업과 다르다. 통합부가가치보고서는

---

19 Razek, Hosch, and Ives 2000

흑자나 적자라는 당기순손익 대신 경제적 영향과 사회적 영향 양자에 초점을 맞춤으로써 이러한 차이와 특성을 인정한다.따라서 워터루협동조합의 경우, 통합부가가치보고서를 통해 다음 사항에 대한 인식이 확대된다.

- 조직을 운영하는 데 필요한 집단적 노력
- 고용을 제공하는 조직의 역할
- 직능 교육을 제공하는 조직의 역할
- 사회적 노동 및 기타 기부의 영향
- 협동조합 부문을 지원하는 조직의 역할
- 세금과 기부한 서비스를 통해 사회에 기여하는 조직의 역할

7. 결론

통합부가가치보고서는 단순히 기존 재무제표를 변형해서 그 유용성이 생기는 것이 아니다. 홀러Haller(1997)가 지적한 바와 같이, 이 보고서는 기존 재무제표에서 이용할 수 없었던, 의사결정에 필요한 추가 정보를 제시한다. 전통적인 재무정보를 사회적 요소와 통합함으로써, 통합부가가치보고서는 조직의 역학을 이해하는 또 다른 메커니즘이 될 수 있으며, 사회적 요소의 투입과 산출의 중요성을 향상시킬 수 있는 큰 잠재력을 보여준다.

통합부가가치보고서의 강점은 조직과 조직 내 이해관계자의 역할을 보다 넓게 살피고, 이를 보다 큰 사회-경제적 관점으로 다룰 수 있는 능력에 있다. 비화폐 거래인 사회적 요소(기부 노동 등)를 보고서에 포함

함으로써, 통합부가가치보고서는 조직의 경제적, 사회적 영향에 대한 더 완전한 그림을 제시한다. 이러한 접근법을 통해서, 그동안 알려지지 않거나, 공시되지 않거나, 측정되지 않은 편익이 표시되고, 의사 결정을 할 때 강조점이 다양해질 수 있다. 재무적 변수와 사회적 변수를 결합함으로써 경제와 지역사회, 환경 간의 상호 연결성과 상호의존성에 초점을 맞춘다. 이 모델은 비영리조직과 협동조합에 매우 유용하고 사회적 회계 모델의 핵심적인 특징인 지역사회에 대한 조직의 기여를 특히 강조한다.

통합부가가치보고서가 어려운 점은 다른 형태의 대안적 회계와 경제학에서도 마찬가지로 문제가 된다. 즉 무상으로 제공되는 재화와 용역에 대한 양적 측정과 가치부여를 어떻게 할 것인가 하는 것이다. 그런데 워터루협동조합에 대한 통합부가가치보고서에서 알 수 있듯이, 조합은 무상 제공 재화와 서비스를 큰 규모로 활용하고 또 생산하므로, 조합 전체의 성과를 설명하려면 이들에 대한 얘기도 포함해야 한다. 통합부가가치보고서는 엄격한 회계처리 방법이 있는 재무적 정보를 비재무적 정보나 사회적 정보와 통합하고 이를 뒷받침하는 방법론을 개발하고자 하는 것이다.

또 부가된 가치뿐만 아니라 차감된 가치도 평가할 필요가 있다. 이 범주는 시민들이 정부에 납부한 세금을 통해 오염 정화 비용을 부담해야 하는 환경과 같은 변수와 관련이 있다. 이러한 접근법은 대기업, 특히 제조업과 자원 채취에 종사하는 기업에 위협이 될 수 있다. 하지만 회계보고서는 중요한 관계들을 모호하게 처리하기보다는 명확히 나타내는 게 중요하다.

통합부가가치보고서의 한계는 많은 사회적 조직에 영향을 미치는 한계이다. 무상으로 제공되는 재화와 서비스를 추적할 수 있는 자원이 거의 없다. 통합부가가치보고서는 시장에서 거래되지 않는 항목과 활동에 합리적인 시장가치를 부여하려고 한다. 이 과정을 개선하려면 훨씬 더 많은 연구와 응용이 필요할 것이다. 그러나 워터루협동조합의 보고서에서 알 수 있듯이, 현재의 통합부가가치보고서는 다른 형태의 회계보고서나 평가서에는 없는 정보를 포착하여 표시하고 있다. 이 정보는 조직과 이해관계자들이 입주자의 역할과 가치를 더 잘 이해하기 위해 사용할 수 있다.

사회적 회계는 그 자체가 발전하는 데 수백 년이 걸린 전통적인 회계에 비해 아직 초기 단계에 있다. 통합부가가치보고서는 조직의 성공과 그 사회적 민주적 구조 사이의 연결고리를 이해하기 위한 첫걸음과 같다.

8. 토론 주제

1. 기존 부가가치보고서와 달리 통합부가가치보고서가 제공하는 추가 정보는 무엇인가? 이 새로운 정보가 비영리조직과 협동조합의 역할을 이해하는 데 어떻게 도움이 되는가?
2. 손익계산서와 다르게 통합부가가치보고서가 제공하는 추가 정보는 무엇인가? 이 새로운 정보가 비영리조직과 협동조합의 역할을 이해하는 데 어떻게 도움이 되는가?
3. "손익계산서는 한 이해관계자(주주)에게 초점을 맞추는 반면 통합

부가가치보고서는 여러 이해관계자 간의 관계를 이해할 수 있게 해준다."는 것에 대해 토론해보자.

4. 이 장에 설명된 것 외에도, 조직이 만들 수 있는 2차 산출물 세 가지를 찾아 제시하라. 그것들을 어떻게 측정할 것인가? 어떻게 가치를 계산할 수 있는가?

5. 통합부가가치보고서의 가능성과 한계는 무엇인가?

6. 이해관계자의 의견을 어떻게 수집하고, 이를 통합부가가치보고서 작성시 어떻게 적용할 수 있는가?

7. 어떤 사람이 통합부가가치보고서에 관심을 가질까 그리고 그 이유는 무엇인가?

8. 통합부가가치보고서에 포함될 수 있는 차감된 가치의 예를 세 가지 제시하라.

9. 워터루협동조합 입주자들은 어떤 직능을 습득하였는가? 이러한 직능 개발에 대한 가치를 측정하는 대안적인 방법에는 무엇이 있는가?

10. 재무정보를 사회적 요소의 투입과 통합함으로써, 통합부가가치보고서는 기존 재무제표에서 이용할 수 없던 추가적인 의사결정 정보를 제시한다. 사례를 들어 이점을 설명해보자.

제7장

사례분석

　미국과 캐나다의 자원봉사자들이 연간 거의 1천만 명의 정규직 노동에 맞먹는 기부노동을 함에도 불구하고,[1] 2,500억 달러 이상으로 추정되는 이 노동의 가치는 전통적인 회계보고서에는 나타나지 않는다. 이 장에서는 5개 비영리조직이 창출한 부가가치에 대한 자원봉사자의 기여를 측정하고 통합부가가치보고서를 활용한 경험적 사례를 제시한다. 연구대상이 된 조직들은 사명감 없이는 이루어질 수 없는 강력한 자원봉사 기반을 가지고 있다. 통합부가가치보고서에 대한 자세한 설명은 이미 제6장에서 했으므로, 본 장에서는 이를 반복하지 않고, 이러한 조직의 자원봉사자들이 추가했거나 거꾸로 자원봉사자들에게 창출된 부가가치에 초점을 맞춘다.

　자원봉사 부가가치 프로젝트는 캐나다의 비영리조직인 캐나다 자선사업센터와 캐나다 연방정부의 인적자원개발부(캐나다 내 비영리조직에 대한 1차 관할기구)가 후원하는 1년 간의 '국제 자원봉사자의 해' 연구 프로젝트로 시작되었다. 처음에는 제인핀치 공동체/가족 센터(Jane/Finch Community and Family Centre), 캐나다적십자사 토론토지부(the Toronto Region of the Canadian Red Cross), 캐나다국제

---

[1] Hall 외 2001; Independent Sector 2001a

교차로(Canadian Crossroads International), 캐나다유방암재단 온타리오 지부(the Ontario Chapter of the Canadian Breast Cancer Foundation) 등 4개 비영리조직을 연구대상으로 하였다. 그 후 연구는 또 다른 비영리조직인 로체스터J.A, 즉 뉴욕 로체스터주니어어치브먼트(Junior Achievement of Rochester, Inc, 청소년방과후프로그램)로 확대되었다. 이 프로젝트의 주요 목적은 자원봉사 노동의 가치를 평가하고 비영리조직이 부가가치보고서를 어떻게 작성할 것인지 보여주는 것이었다. 부가가치보고서는 앞 장에서 설명한 일반적인 양식을 따른다. 그러나 이 연구의 초점은 각 조직이 창출한 가치에 대한 자원봉사자들의 기여도를 측정하는 것뿐만 아니라 자신들의 노력으로 얻은 효익을 탐구하는 데 있다. 이러한 영향은 통합부가가치보고서(일부)에 제시된다. (일부라고 하는 이유는 자원봉사 노동의 영향에만 초점을 맞추고 모든 산출물에 대한 완전한 비교 시장가치 평가는 생략했기 때문이다.)

부가가치란 조직이 노동과 자본을 사용하여 외부 구입 재화와 서비스에 '가치를 더하여' 창출한 부를 말한다. 전통적인 부가가치보고서에서 고려하는 유일한 노동은 유급 직원의 노동이다. 그러나 자원봉사자는 비영리조직 노동의 주요 부분을 이루며, 그들의 봉사가 화폐 거래를 수반하지 않는다는 이유만으로 조직의 부가가치에 전혀 영향을 미치지 않는다고 보고하는 것은 불합리하다.

이 연구는 자원봉사자들이 주고받는 기여도를 측정하고 이 값을 통합부가가치보고서에 포함시킴으로써 이러한 불공정함을 해결한다. 통합부가가치보고서(Expanded Value Added statement, 이하 'EVAS')

의 강점은 조직과 조직 내 자원봉사자의 역할을 보다 넓게 살펴보고 이를 좀더 큰 사회경제적 관점에서 다룰 수 있는 능력에 있다. 통합부가가치보고서가 직면한 도전은 다른 형태의 대안 회계나 대안 경제학에서도 마찬가지의 문제이다. 즉 '무상'으로 제공하는 재화와 서비스를 계량화하고 가치를 부여하는 문제가 그것이다. 그러나 통합부가가치보고서가 보여주듯이, '무상'제공 재화와 서비스는 조직에서 매우 많이 활용하고, 또 생산하므로 조직 전체의 성과를 설명하려면 이들에 대한 얘기도 포함해야 한다. 통합부가가치보고서는 엄격한 회계 방법에 따른 재무정보를 비재무적 또는 사회적 정보와 통합하고 이를 뒷받침하는 방법론을 개발하려는 시도이다.

통합부가가치보고서의 또 다른 중요한 특징은 자원봉사자를 포함한 많은 이해관계자들에 의해 가치가 창출되고 분배된다는 가정이다. 따라서 하나의 이해관계자, 즉 주주와 그들의 투자수익에 초점을 맞추는 전통적인 회계에서 사용하는 손익계산서와 다르다. 이 장의 통합부가가치보고서는 자원봉사자들과 그들이 봉사하는 조직이 창출한 가치가 비영리 서비스의 수혜자와 자원봉사자 자신 모두에게 어떻게 분배되는지를 보여준다.

앞으로 소개할 다섯 곳의 비영리조직에서, 통합부가가치보고서는 재무제표를 단순 제시하는 설명보다 훨씬 더 많은 얘기를 그리고 더 많은 다른 청중들에게 들려준다. 통합부가가치보고서는 다양한 이해관계자, 특히 자원봉사자들이 이 다섯 조직에서 어떤 가치를 추가했는지 알 수 있도록 도와준다. 사례에서처럼 동일한 조직이라도 통합부가가치보고서를 통하면 재무적 변수만 사용하여 계산된 부가가치에 비해 적어도 40% 많으면 233%나 더 많은 부가가치를 보고한다. 통합부가가치보고서는 또한 자원봉사자들이 그들의 봉사활동의 결과로 얻은 가치를 보여준다. 이 장에서는 다섯 조직 각각에 대한 통합부가가치보고서를 제시하고 각 사례에 담긴 특별한 교훈을 도출한다.

1. 첫번째 사례: 제인핀치 공동체/가족 센터

제인핀치 공동체/가족 센터(이하 '제인핀치센터')는 토론토 시의 저소득가구 밀집지역에 위치해 있다. 그곳의 많은 거주자들은 최근에 캐나다로 이주해온 사람들이다. 제인핀치센터는 저소득 지역사회에 봉사하고, 정부 보조금과 유나이티드웨이United Way[2] 및 기타 기부금 그리고 지역 주민들의 자원봉사 기부활동에 의존하는 등 많은 점에서 전형적인 지역사회 기반 조직이다. 이런 조직에 대한 기존의 고정관념은 그들이 공적 자금의 단순 이용자들이라는 것이다. 하지만 뒤에 설명하겠지만 통합부가가치보고서는 이와는 다른 이야기를 들려준다.

제인핀치센터는 1976년에 설립되었고, 3년간 정부 보조금을 받아 운영되었다. 그리고 1980년에 유나이티드웨이의 회원이 되었다. 그후 20년 동안 이 센터는 크게 확대되어 현재는 독립적으로 또는 다른 지역사회 조직과 협력하여 다음과 같은 프로그램과 서비스를 운영하고 있다.

- 어린이-부모 프로그램(창의예술, 보육, 아동보호, 유아교육)

---

2 United Way는 1,800개 이상의 지역 비영리 기금 모금 계열사로 구성된 국제 네트워크이다. United Way는 2016년 이전에 대중의 기부금액기준으로 미국에서 가장 큰 비영리 조직비영리조직이었다

- 부모 지원 프로그램(지원 센터, 가정 방문, 육아 워크샵)
- 캄보디아, 베트남, 스페인어권 여성들의 조직화
- 지역사회 정신 건강 프로그램(여성들 잘살기 워크샵, 건강 박람회)
- 청소년 약물 남용 방지(본드환각방지위원회)
- 지역사회 개발 프로그램(마을이웃과 세입자 그룹에 대한 지원)
- 지역 사무 프로그램(이력서 작성, 복사, 전문기관 소개 등)

각각의 프로그램은 또한 지역사회에 봉사한다. 더 나아가 제인핀치센터는 자원봉사 협동 프로그램을 운영하여 앞에서 언급한 많은 서비스들을 위해 자원봉사자들과 학생들을 모집하고 업무에 배치한다. 이러한 활동을 주도한 덕분에 제인핀치센터는 온타리오 트릴리움 재단으로부터 1998년 영예로운 '돌봄 공동체 상'을 받았다.

인적 자원

본 연구에 등장하는 모든 조직과 마찬가지로, 제인핀치센터의 인적 자원은 자원봉사자와 유급 직원으로 구성되어 있다. 자원봉사자들은 프로그램과 조직 전반에 기여할 뿐만 아니라 이사회 등을 구성한다.

제인핀치센터 이사회는 지역사회의 자원봉사자로 구성되며 회장, 부회장, 회계담당자, 총무 그리고 6명의 비상임이사로 이뤄진다. 이들은 3년 임기로 선출된다. 이사회는 적어도 1년에 11번 회의를 개최하고, 전략 계획과 직능 개발을 목적으로 1년에 한두 번 수련회를 개최한다. 또 신규 회원은 교육훈련 프로그램에 참석하여 센터와 센터의 프로그램 및 정책

거버넌스 모델에 대한 안내를 받는다.

이사회 외에도 자원봉사자들은 제인핀치센터의 모든 프로그램 및 지역사무소에 노동을 기부한다. 자원봉사자 수와 그들이 1년 동안 기여한 봉사시간의 명세는 <표 7.1>에 나와 있다. 통합부가가치보고서의 목적상 이 시간들은 재무제표 해당기간인 9개월 간의 기부금 해당액만 반영하도록 조정되었다.[3]

제인핀치센터에는 40명의 유급 직원이 있으며, 이들은 상임 임원과 자원봉사자 관리담당 각 1명 그리고 사무직원 5명, 프로그램 담당 직원 33명으로 구성되어 있다. 또 특히 아동, 부모 프로그램과 정신건강 프로그램 같은 개별 프로그램을 지원하기 위해 많은 학생들이 고용된다.

〈표 7.1〉 자원봉사 시간

제인핀치센터

분야	자원봉사자 수	총 자원봉사시간	1인당 평균 시간
정신 건강	15	3,120	208
정신건강 실습과목	3	1,800	600
캄보디아 청년단	25	7,200	288
지역사회 개발	76	15,448	203
지역사무소	2	600	300
아동-부모 프로그램	10	3,000	300
이사회	8	670	84
총계	139	31,838	229

자원봉사 노동의 중요성을 평가하는 한 가지 방법은 자원봉사자들이 조직의 전반적인 인적 자원 기반에 기여하는 비율을 조사하는 것이다.

---

3 연구 당시 제인핀치센터는 회계연도를 변경하는 중이었다. 따라서 연구 해당 기간은 보통의 12개월이 아닌 9개월이었다.

제인핀치센터의 경우, 자원봉사노동이 전체 노동의 30%를 차지했으며, 이는 17.5명의 정규직 노동에 해당한다. 즉, 제인핀치센터는 40명의 유급 직원이 아니라 57.5명의 유급직원이 일하고 있는 것과 같다. 게다가 그 조직의 재무적 자원과 비현금 자원까지 고려하면 자원봉사 시간이 전체의 27%를 차지했다. (이 추정치는 이 장에서 상세히 설명하는 자원봉사활동의 가치를 기반으로 한 것이다.) 그렇기 때문에 자원봉사자들의 기부노동은 조직의 전반적인 성과에 반영되어야 하는 중요한 자원으로 평가해야 한다.

통합부가가치보고서(EVAS) 작성을 위한 정보 수집

통합부가가치보고서를 만드는 데 필요한 정보는 다양한 방법을 통해 수집되었다. 기존 재무제표를 포함한 문서 검토, 직원 및 자원봉사자와의 인터뷰, 자원봉사자에 대한 설문 조사(설문의 예는 제8장 참조). 제인핀치센터에서 영어 또는 프랑스어로 된 설문지를 통해 정보를 수집하는 것은 두 언어가 모국어가 아닌 많은 지역민들에게 어려움을 주었다. 설문조사를 위한 그룹 모임이 가장 효과적이었다. 이사회에서도 설문조사가 진행되었고, 직원, 자원봉사자, 이사진들로 구성된 포커스그룹이 열렸다. 우리의 목표는 조직의 성과에 자원봉사자의 부가가치를 포함시키는 것이었다.

이제부터는 자원봉사활동이 조직의 1차 및 2차 산출물 가치에 미치는 영향을 자세히 설명한다.

1차 산출물

앞에서 언급한 바와 같이, 1차 산출물은 조직의 사명과 직접 관련이 있는 산출물을 말한다. 제인핀치센터의 경우 1차 산출물은 조직이 제공하는 프로그램을 말한다. 이들 프로그램의 시장가치를 평가하기 위해, 투입요소의 두 가지 원천인 (1) 재무적 지출과 (2) 자원봉사 시간을 고려했다. (산출물에 대한 비교 시장가치 분배에 대한 자세한 내용은 제8장 참조) 제인핀치센터의 경우, 기존 재무제표상 지출은 1차 산출물과 관련하여 9개월의 조사대상 기간 동안 총 86만 6,641달러였다. 이것이 1차 산출물 가치의 첫 번째 구성 요소이다. 그러나 이 지출에는 자원봉사활동의 가치가 반영되어 있지 않다. 이러한 자원봉사활동은 1차 산출물의 총 가치를 평가하기 위해 측정되었고, 재무적 지출에 더해졌다. 다음에 자세히 설명하듯이, 자원봉사활동의 추정 가치는 32만 4,077달러로, 재무적 지출액에 더하면 1차 산출물의 가치는 총 119만 718달러(기존 재무제표수치보다 37% 이상 증가한 금액)가 되었다.

자원봉사 노동 시간

1차 산출물에 대한 자원봉사자의 기여는 자원봉사자들이 조직에 기여한 시간을 말한다. 2000년에 그것은 3만 1,838시간으로 추정되었다.<표 7.1> 그런데 대상 자원봉사 시간은 대상기간인 9개월분이다. 따라서 연간 총 자원봉사시간의 9개월분, 즉 31,838시간× 9/12 = 23,879시간이 조사대상기간의 자원봉사노동 시간이다.

이 연구에 사용된 시간당 임률은 캐나다통계청의 북미산업분류시스템(NAICS)에 의해 산출한 시간당 임률을 이용했다. 이 산업분류시스템은 캐나다, 미국 및 멕시코의 통계청이 공동 개발한 것으로 경제활동 방식에 따라 기업과 정부 기관, 노조, 자선 및 비영리조직과 같은 조직들로 분류한다. 제인핀치센터의 자원봉사자 대다수의 활동은 이 시스템의 하위부문(분류번호 624)에 있는 '사회적 지원활동'으로 분류되었다. 이 분류는 지역사회 내에서 음식과 주거, 긴급상황 그리고 개인과 가족 모두에 대한 기타 구호활동과 같은 다양한 서비스에 종사하는 조직을 포함한다.

이 분류시스템은 사회적 서비스(집행 및 행정 포함)와 같은 하위 부문에 해당 하는 모든 업무를 포괄한 다음, 해당 범주에 속하는 직업의 모든 수준의 업무에 대한 평균 임률을 제시하여 대용치로 사용할 수 있다. 2000년 12월 31일까지 9개월 동안, 제인핀치센터가 위치한 온타리오 주의 시간당 임금은 13.38달러였다.[4]

그러나 분류시스템의 해당 요율은 이사회의 수행업무와 같은 지배구조 업무에는 적용하지 않았다. 따라서 제인핀치센터 이사회에서 기여하는 시간에 대한 동등한 임률에 대해서는 두 번째 원천을 찾았다. 이 업무에 대해서는 시간당 22.50달러로 별도로 평가하였는데, 이는 이사회에서 활동하는 자원봉사자들의 봉사활동을 시간당 얼마라고 생각하는지에 대한 부가가치 조사에 대한 이사회 구성원들의 응답에 따라 평가한 것이다. 이러한 추정치가 무비판적으로 받아들여져서는 안 되지만 제공된 용역의 특성을 고려할 때 이 요율은 합리적이라고 판단했다.

4 이러한 자료와 모든 후속 북미산업분류체계(NAICS) 자료는 캐나다통계청 (CANSIM)의 데이터베이스에서 가져왔다. CANSIM은 캐나다 통계청의 공식 약어이다.

제인핀치센터의 특정 프로그램을 통해 핵심 자원봉사자들이 기여한 시간의 비교 시장가치 총액은 <표 7.2>에 제시되어 있다. 총 32만 4,076 달러는 프로그램에서 자원봉사자들이 노동하는 총 시간을 구한 후 적절한 시간당 임률을 곱하여 계산한 것이다.[5,6]

<표 7.2> 자원봉사 노동의 시장가치 계산

제인핀치센터 (단위: 달러)

업무 구분		시간	시간당 임률	금액
행정	이사회	502.5	22.5	11,306
	지역사무	450	13.38	6,021
	소계	952.5		17,327
프로그램	정신건강	2,340	13.38	31,309
	정신건강 실무	1,350	13.38	18,063
	캄보디아청년단	5,400	13.38	72,252
	지역사회개발	5,793	13.38	77,510
	어린이부모프로그램	2,250	13.38	229,239
	소계	17,133		77,510
기타	세입자그룹 봉사	5,793	13.38	77,510
	소계	5,793		77,510
총계		23,878.5		324,076

2차 산출물

2차 산출물은 조직의 임무와 직접 관련은 없지만 그 중요한 영향때문에 조직의 부가가치로 간주해야 하는 산출물을 말한다. 예를 들어 자원

---

5 네 가지 캐나다 사례연구에서 무료급식 제공 등과 같은 부가급여는 적절한 금액을 결정하는 것이 이 연구과제의 적용 범위가 아니기 때문에 통합부가가치보고서에 포함하지 않았다. 그러나 로체스터J.A.의 경우 독립부문(2001b)이 미국의 자원봉사활동 기여에 대한 적절한 비율을 제안한 것처럼 임금의 12%에 해당하는 금액을 부가급여로 포함하였다.
6 제인핀치센터에서 조사한 자원봉사자 중 약 절반이 자기부담 지출을 하였지만, 포커스 그룹에 참여한 자원봉사자들은 그러한 모든 비용을 실비변상받았다고 밝혔다. 실비변상 관행을 고려할 때, 자기부담 지출은 제인핀치센터의 통합부가가치보고서에포함하지 않았다(본 프로젝트의 다른 조직에서는 포함했지만).

봉사활동에 참가하는 사람들은 봉사활동을 통해 스스로에게는 물론 사회에 의미 있는 더 큰 재능과 장점을 개발한다. 사실 이러한 효익의 가치를 추정하는 것은 자원봉사활동의 가치를 계산하는 것보다 더 어렵다. 그러나 이러한 형태의 가치를 무시한다면 그건 게으른 것이다.

개인의 성장과 발전

우리의 설문조사에는 자원봉사자들이 활동 경험을 통해 얻는 편익에 관한 사항을 포함했다. 새로운 재능의 개발, 기존 재능의 심화, 사회적 교류, 복지의 향상, 그리고 새로운 것을 시도할 수 있는 기회와 관련된 선택지들이 제시되었다. 이들 편익 중 적어도 하나에 대해 응답자의 92.3%가 선택했고, 76.9%는 5가지 혜택 중 최소 3가지를 선택했다. 높은 응답률은 자원봉사자들이 다른 사람을 돕는 일 자체가 그들 자신에게 강한 긍정적인 영향을 주는 것으로 인식하고 있으며, 자원봉사의 이러한 측면은 통합부가가치보고서에 포함되어야 한다는 것을 보여주었다.

개인의 성장과 발전에 대한 시장가치의 추정

자원봉사자 개인의 성장과 발전의 시장가치를 추정하기 위해 전체 자원봉사자 수(139명)에 세 가지 이상 혜택을 봤다는 응답자 비율인 76.9%를 곱하였다. 얼마나 많은 자원봉사자들이 그들의 경험으로부터 편익을 얻었는지를 확인한 후, 그에 대한 대체 값을 부여해야 했다(제3장 참조). 선택한 대체 값은 개인의 성장과 발전과 관련된 지역대학 학위 과정의 평균 수강료(151.5달러)를 택했다. 이는 자원봉사자들이 얻는 개인적 편익의 시장가치에 대한 보수적인 추정치로 평가되었고, 그 총가치는 139(명)×76.92%(응답비율)×151.5달러(학위과정수강료)=1만 6,198달러였다. 이 계산은 설문 응답자들이 경험한 개인적 성장과 발전이 제인핀치센터 자원봉사자 전체의 경험을 반영한다고 가정한 것에 따른 것이다. 그런 다음 이 수치는 보고서의 해당 기간인 9개월로 조정하였다. 즉, 이 보고서에 반영한 금액은 1만 6,180달러×9/12=1만 2,149달러이다.

자원봉사활동의 부가가치 계산

제인핀치센터가 대상기간인 9개월동안 창출한 부가가치는 <표 7.3>에 제시되어 있다. 제6장에서 얘기한 바와 같이 조직의 산출물 가치를 계산하는 한 가지 방법은 다음 세 가지 요소를 사용하는 것이다.

- 회계 기간의 총 지출: 제인핀치센터의 경우 인건비 및 외부 구매와 같은 1차 산출물만 86만 6,641달러, 직원 교육과 같은 2차 산출물 1,746달러
- 자원봉사활동의 비교 시장가치: 32만 4,077달러
- 자원봉사자 개인이 얻은 편익과 같은 2차 산출물의 비교 시장가치: 자원봉사자 개개인 편익의 비교 시장가치 총액에서 자원봉사자교육에 대한 재무적 지출을 뺀 것으로 1만 2,149달러(-)1,746달러(=)1만 403달러. 제인핀치센터의 교육비 지출을 개인 편익에 대한 비교 시장가치에서 차감한 것은 교육비가 자원봉사자들과 그들의 재능개발

에 대한 조직의 투자에 해당하기 때문이다.

그 결과 총 산출액은 120만 2,867달러(86만 6,641달러+32만 4,077달러+1만 2,149달러)이다. 한 조직이 창출하는 부가가치를 산정하기 위해서는 총 산출물의 가치와 관련하여 증가한 외부 구입 재화와 용역에 대한 지출액을 계산할 필요가 있다. 앞의 총 산출액(120만 2,867달러)에서 외부 구입 재화와 용역 대가(12만 7,549달러)를 차감하면 창출한 부가가치 총액 107만 5,318달러(결합 부가가치)가 계산된다.[7] 만약 부가가치가 기존 재무제표에만 근거했다면 74만 838달러였을 것이다. 그러나 시장가치로 추정한 자원봉사활동 가치 33만 4,480달러가 추가되면서 총 부가가치는 107만 5,318달러에 이르렀다.

<표 7.3>의 맨 아래 행은 외부구입 재화와 용역에 대해서 조직이 창출한 부가가치 비율을 나타낸다. 제인펀치센터의 경우, 이 비율은 외부 재화와 용역에 사용되는 1달러 당 8.43달러의 부가가치를 창출했음을 나타낸다. 만약 이 계산이 재무제표에만 기초해서 이뤄졌다면 그것은 5.81달러에 그쳤을 것이다. 하지만 자원봉사 노동을 사회적 가치로 부가가치 계산에 포함함으로써, 그 비율은 45퍼센트나 증가한다. 이를 통해 제인펀치센터 활동의 매우 다른 모습이 드러나며, 제인펀치센터에 투자된 자원이 많은 부가가치를 창출했음을 보여준다.

---

[7] 이것은 여전히 자원봉사활동의 영향을 보여주는 통합부가가치보고서 일부에 불과하다. 전체 통합부가가치보고서는 조직의 모든 산출물과 비교 시장 가치를 더 깊이 있게 검토해야 한다.

<표 7.3> 통합부가가치보고서(일부)

제인핀치센터 (단위: 달러)

구분		재무적 부가가치	사회적 부가가치	결합부가가치
산출물	1차산출물	866,641	324,077	1,190,718
	2차산출물	1,746	10,403	12,149
	합계	868,387	334,480	1,202,867
외부재화.용역구입액		127,549		127,549
부가가치		740,838	334,480	1,075,318
외부구입액대비부가가치 비율		5.81	2.62	8.43

*2000년 말로 끝나는 회계연도의 9개월 해당분

부가가치의 분배

조직이 창출한 부가가치는 주요 이해관계자에게 모두 분배된다. 이러한 이해관계자는 조직의 활동 특성에 따라 다를 수 있다. 제인핀치센터의 경우 이해관계자는 직원과 자원봉사자, 지역사회(서비스 수혜자) 및 센터 자신이었다. <표 7.4>는 네 부류의 이해관계자에 대한 부가가치의 분배 상황을 제시하고, 각 이해관계자와 관련된 항목의 명세를 보여준다.

직원의 경우 부가가치는 급여와 복리후생비 형태로 72만 4,583달러가 배분되었다. 자원봉사자들에게 분배되는 부가가치는 자원봉사활동 경험으로부터 그들 자신이 얻는 편익에 기초한다. 제인핀치센터의 경우 자원봉사자들에게 배분된 부가가치는 인정과 보상 해당분 4,054달러, 개인적 성장과 발전의 시장가치 해당분 1만 2,149달러였다. 이외에 또 하나 다른 항목이 있었다.

자원봉사 시간과 관련된 부가가치는 일반적으로 자원봉사자들이 아닌 다른 이해관계자, 1차적으로는 지역사회에 분배된다. 그러나 한 가지 예외가 있는데, 바로 제인핀치센터를 위해 자원봉사하는 세입자그룹이 창출한 비교 시장가치 15만 5,020달러가 그것이다. 이 그룹의 구성원들은 자신들의 봉사가 더 넓은 지역사회와 그들 자신 모두에게 기여하고 있다고 느꼈다. 세입자그룹 참가자들은, 개인적 편익을 위해 그들이 봉사하지 않았다면 이를 시장에서 구입해야 했을 사람들에게 도움이 되었다는 걸 느꼈다. 따라서 이 경우 자원봉사활동은 제6장의 워터루주거협동조합에서와 같은 사회적 노동과 유사했다. 세입자그룹 참가자들의 봉사시간을 제인핀치센터의 다른 자원봉사자들의 시간과 구분·인식하기 위해, 이들을 자원봉사자와 지역사회로 각각 50:50으로 나누었다. 따라서 세입자그룹 자원봉사자의 봉사활동에 대해서는 7만 7,510 달러가 자원봉사자에게로 분배되었고, 동일한 금액이 지역사회에도 배분되었다. <표 7.4>에서 자원봉사자에게 총 9만 3,713달러, 지역사회에 총 22만 9,240달러를 분배했음을 보여준다. 지역사회 이해관계자가 조직 전체로부터 훨씬 더 많은 부가가치 혜택을 받지만, 여기서의 해당 부분은 자원봉사자들이 직접 기여한 금액이다. 22만 9,240달러의 부가가치 배분에 포함된 모든 구성 요소가 앞의 <표 7.2>에 나와 있다.

지역사회 외에 조직센터 자신도 자원봉사 부가가치의 일부가 배분되는 또 다른 이해관계자라 할 수 있다. 조직의 경우, 배분되는 부가가치 속에 특히 관리행정분야 자원봉사활동이 포함된다. 여기에는 이사회 업무 관련 비교 시장가치 1만 1,306달러와 지역사무소 행정 업무를 수행하는 자원봉사 노동의 비교 시장가치 6,021달러 등 두 가지 부가가치가 조직에 배분된다. 이 금액들을 합치면 1만 7,327달러가 되는데, 이는 조직에 대한 자원봉사 노동의 부가가치이다. 또한 <표 7.4>에 나타난 바와 같이 이해관계자로서의 조직은 1만 455달러의 유무형자산 상각으로 인한 부가가치를 얻었으며, 이에 분배된 총액은 2만 7,782달러였다.

전체적으로 분배된 총 부가가치는 창출된 부가가치 총액과 일치한다.

배분 항목들이 기존 재무제표에 있는 항목으로 제한되는 경우, 부가가치 금액은 74만 838달러이고, 비화폐거래 사회공헌 항목까지 확장할 경우, 부가가치 금액은 107만 5,318달러가 된다.

<표 7.4> 통합부가가치보고서(일부)-부가가치의 배분

제인핀치센터 (단위: 달러)

이해관계자	항목	재무적 부가가치	사회적 부가가치	결합 부가가치
직원	급여와 복리후생비	724,583		724,583
자원봉사자	개인성장과 발전	1,746	10,403	12,149
	인정과 보상	4,054		4,054
	세입자 자원봉사자		77,510	77,510
	소계	5,800	87,913	93,713
지역사회	수혜자 (자원봉사시간)		229,240	229,240
조직	자산의 감가상각	10,455		10,455
	프로그램 (자원봉사시간)		17,327	17,327
	소계	10,455	17,327	27,782
부가가치 합계		740,838	334,480	1,075,318

참고: 2000년 12월로 종료되는 회계 연도의 9개월 해당분.

<표 7.3> 및 <표 7.4>는 제인핀치센터 자원봉사자들의 기여를 포함함으로써, 재무정보만 사용하여 계산된 금액에 비해 부가가치 금액이

45% 이상 증가했음을 보여준다. 따라서 통합부가가치보고서를 통해 우리는 사회적 노동에 대한 정보가 빠진 재무적 정보만으로는 조직의 성과와 활동 내역의 전체 그림을 알 수 없다는 점을 알게 된다.

2. 두번째 사례: 캐나다적십자사 토론토지부

적십자사에 대한 최초의 구상은 1859년 스위스 사업가이자 자선가였던 헨리 뒤낭(제1회 노벨평화상 수상자)이 이탈리아의 전쟁터였던 솔페리노에서 자원봉사자들을 이용하여 3개 군대에서 발생한 부상자들을 도우면서 시작되었다. 뒤낭과 그의 친구들은 그 후 5년 넘게 전쟁 부상자들에게 구호품을 제공하는 인도주의 봉사 조직에 대한 구상을 발전시켰다. 그 결과 1864년 국제적십자사가 설립되었고, 같은 해 제1차 제네바 협약이 승인되었다. 그것은 전쟁 중 부상당한 군인들을 치료하기 위한 인도주의적 원칙에 관한 내용이었다. 오늘날 전 세계에는 전국 또는 지역 차원의 적십자사연맹과 이슬람권의 적신월사연맹이 있는데, 국제연맹에 따르면 이 두 협회는 9,700만 명의 회원 및 자원봉사자, 30만 명의 직원을 보유하고 있으며, 2억 3,300만 명의 수혜자를 지원하고 있다.[8]

전 세계의 적십자사와 마찬가지로, 캐나다 적십자사 토론토 지부(이하 '토론토적십자사')는 하나의 목표, 즉 가장 취약한 사람들의 상태를 개선하는 데 초점을 맞추고 있다. 관련 프로그램은 다음과 같다.

- 국제 서비스: 이산가족 찾기 및 재결합, 기금 모금, 교육 프로그램

---

[8] International Federation of Red Cross and Red Crescent Societies 2006

- 지역사회 서비스: 음식배달봉사, 이동봉사, 가정 건강관리
- 응급처치 및 안전서비스: 심폐소생술, 수상안전 응급처치 교육
- 재난서비스: 긴급대응팀, 화재피해복구프로그램, 급식제공
- 지역 사회프로그램: 푸드 뱅크, 어린이 방문, 긴급 지원 프로그램

적십자사는 주로 유나이티드웨이United Way 뿐만 아니라 프로그램 수수료, 기부금, 보조금, 정부 계약 등 다양한 원천에서 기금을 조성한다. 토론토적십자사에 대한 통합부가가치보고서를 작성하는 절차는 제인펀치센터와 유사하다. 그러나 적어도 한 가지 다른 특징이 있다. 자원봉사자들은 봉사 시간 외에도 봉사활동과 관련된 비용을 자기주머니에서 지불했고, 때로는 이에 대해 실비변상을 받지 못했다. 이러한 기부는 부가가치의 중요한 원천이 된다.

자원봉사 시간의 추정

자원봉사 시간을 추정하는 것은 기존 재무제표 정보를 넘어 기존 부가가치보고서를 확장하는 첫 번째 단계이다. 토론토적십자사의 회계 기간인 1999년 4월 1일부터 2000년 3월 31일까지 직원들은 자원봉사활동 관리표를 통해 1,506명의 자원봉사자가 6만 3,568시간을 기여한 것으로 추정했다(<표 7.5>). 이 추정치에 따르면, 자원봉사자들은 32.6명의 정규직에 해당하는 노동시간을 기부했으며, 이는 적십자사 정규직원이 현재의 62명에서 총 94.6명이 활동하고 있는 것과 같음을 의미한다. 따라서 자원봉사자들의 활동은 그 조직의 인적 자원이 하는 일의 3분의

1 이상을 차지한다. 게다가 조직의 재무자원 및 비현금 자원을 고려할 때, 자원봉사 시간과 대가 없이 지불하는 비용이 전체의 15%를 차지했다. 다시 말하자면 자원봉사활동 방식의 기부는 화폐적, 비화폐적 방식으로 해당 조직의 전체 성과에 반영되어야 하는 중요한 자원을 제공하고 있다.

〈표 7.5〉 연간 자원봉사 시간 추정치

캐나다 적십자사 토론토 지부

업무	자원봉사자 수	자원봉사 시간
급식소 운영	20	340
지역사회 서비스	772	9,680
재난 및 응급 서비스	150	2,800
이동봉사	113	14,574
오락과 운동	2	1,716
응급 처치	3	1,464
직원 및 자원봉사자 자원	2	350
여름 학생 자원봉사자	110	6,800
국제 서비스	40	320
가정건강관리 및 장비서비스	21	1,586
재무 및 행정	2	1,856
식사배달 서비스.	260	20,982
지역회의(이사회)	11	1.1
총합계	1,506	63,568

비교 시장가치 결정

적십자사의 자원봉사활동에 대한 비교 시장가치를 결정할 때, 봉사활동을 크게 두 개로 나누었다. 위원회(이사회)활동과 프로그램활동. 위원회의 경우 요크 지역[9] 캐나다인력자원개발(HDRC)에서 결정한 표준직업코드에 따라 보건과 교육, 사회 및 지역사회 서비스 및 회원 조직의 고위관리자의 봉사활동시간에 대해 시간당 임율의 중간값인 40.24달러를 적용하였다. 프로그램과 관리 부서에 기여한 시간에 대해서는 북미산업분류시스템(NAICS) 하위 부문 범주에 따라 사회적 지원(제인펀치센터와 동일)에 해당하는 시간당 임율을 적용했다. 2000년 3월 31일로 끝나는 회계기간동안 이 하위 부문의 시간당 임금은 14.33달러였다. 이러한 자원봉사활동의 시장가치는 <표 7.6>에 나와 있다.

자원봉사자의 자부담 비용

적십자사 자원봉사자들은 또 자기주머니에서 물품값을 지불하고 그에 대한 실비변상청구를 하지 않음으로써 조직에 기부했다. 여기에는 자원봉사 관련 이동경비, 식비, 소모품비, 주차비 등이 포함되어 있다. 이러한 자기부담 비용에 대해서는 자원봉사자들로 하여금 자기부담액의 미청구 여부와 해당 금액을 적도록 요청한 설문조사의 응답에 따라 결정하였다. 이러한 미청구 자기부담비용의 합계는 <표 7.7>에 나와 있다. 전체적으로, 110명의 여름 학생 자원봉사자들을 제외하고, 56퍼센트의 자원봉사자들은 각 개인별 평균 125.64달러로 총 9만 8,218달러를 자기주머니에서 부담했다.[10] 이 계산을 할 때는 해당 조직이 실비변상한 비

---

[9] 토론토 대도시 지역에 해당하는 급여의 범위를 이용할 수 없었기 때문에 비슷한 지역의 급여 자료를 대신 사용하였다. 웹 사이트 참조: lmi-imt.hrdc-drhc.gc.ca.
[10] 이 숫자를 계산할 때 110명의 여름 학생 자원봉사자들은 총 1,506명에서 제외되었다. 나머지 1,396명에 대해 56%(자기부담지출 비율)를 곱한 781.76명으로 나타났다. 이 수치에 1인당 평균 자기부담 지출액인 125.76달러를 곱하여 총 9만8,314달러가 계산되었다.

용은 제외하는 것이 중요하다.

〈표 7.6〉 자원봉사활동 시간의 시장가치 계산

캐나다 적십자사 토론토지부 (단위: 달러)

구분	자원 봉사자 수	시간당 임률	금액
위원회(이사회)	1,100	40.24	44,264
사무직	2,206	14.33	31,612
소계			75,876
프로그램 활동	60,262	14.33	863,554
합계	63,568		939,430

개인 편익의 시장가치 추정

설문 응답자 중 절반 이상(53.38%)은 자신의 봉사활동이 개인의 성장과 발전에 도움이 된다고 응답했다. 설문에 응답한 사람들이 경험한 개인적 성장과 발전이 적십자사에 참여하는 자원봉사자들의 전체 경험을 반영한다고 가정했을 때, 이 편익의 가치는 12만 1,791달러(1,506명의 자원봉사자 × 53.38% × 151.50달러)로 추정되었다. 제인핀치센터와 마찬가지로 이 편익에 대한 대체가치 151.5달러는 개인의 자기개발을 위한 지역대학 해당 학과수업료에 기초하여 설정했다.

〈표 7.7〉 자원봉사자의 자기부담 비용 추정

캐나다 적십자사 토론토지부 (단위: 달러)

구분	자원봉사자수	비용부담비율	1인당부담액	금액
지역사회 서비스	772	40	75	23,160
재난과 긴급상황 서비스	150	84	111.19	13,956
이동봉사	113	92	235.92	24,438
가정건강관리 및 장비 서비스	21	33	163.26	1,143
음식 배달 서비스	260	68	145	25,582
재무 및 행정	2	50	105	105
위원회	11	67	225	1,650
기타활동	67	75	163.26	8,183
여름 학생 자원봉사자	110	해당없음	해당없음	0
합계	1,506			98,218

자원봉사자 부가가치 계산

전체적으로, 자원봉사 시간과 자기부담비용 그리고 자원봉사자가 얻은 편익에 의해 비화폐적 거래 부가가치 115만 4,349달러가 증가했다. 그에 따라 토론토적십자사의 결합부가가치는 281만 2,517달러에서 396만 6,866달러로 늘어났다. 이 부가가치 증가액 중 93만 9,430달러는 자원봉사활동 시간에서 나온 것이고, 9만 8,218달러는 자원봉사자들의 자기부담 비용에서 그리고 나머지 11만 6,701달러는 자원봉사자 개인의 성장과 발전을 통해 나온 것이다. 그 결과 부가가치는 재무정보만을 사용하여 보고된 재무적 부가가치보다 40% 이상 더 증가했다(<표 7.8>).

〈표 7.8〉 통합부가가치보고서(일부)

캐나다적십자사 토론토 지부 (단위: 달러)

구분		재무적 부가가치	사회적 부가가치	결합부가가치
산출물	1차 산출물	5,741,634	1,037,648	6,779,282
	2차 산출물	5,090	116,701	121,791
	합계	5,746,724	1,154,349	6,901,073
외부 재화및서비스 매입액		2,934,207		2,934,207
창출된 부가가치		2,812,517	1,154,349	3,966,866
매입액대비 부가가치 비율		0.96	0.39	1.35

부가가치의 배분

제인펀치센터와 마찬가지로 토론토적십자사가 창출한 부가가치는 〈표 7.9〉와 같이 이해관계자들에게 전부 분배되었다. 제인펀치센터와 동일한 이해관계자 그룹을 사용했고, 분배는 동일한 방식으로 진행하였다. 따라서 세부내용은 다시 설명하지 않는다. 단, 제인펀치센터와 달리 자원봉사자에게는 전혀 배분하지 않았다는 점에 유의해야 한다. 그들에게 봉사시간의 일부를 분배하는 것은 타당하지 않았다. 보통 봉사활동 시간은 지역사회에 대한 서비스를 포함하기 때문에 지역사회 이해관계자에게 분배되는 것이 타당하다. 또는 만약 자원봉사자들이 조직관리 업무에 참여하면 자원봉사활동 시간은 조직에게 배분되는 것이 맞다.

〈표 7.9〉 통합부가가치보고서(일부)-부가가치의 배분

캐나다 적십자사 토론토 지부 (단위: 달러)

이해관계자	항목	재무적 부가가치	사회적 부가가치	결합부가가치
직원	급여와 복리후생비	2,608,957		2,608,957
자원봉사자	개인의 성장과 발전	5,090	116,701	121,791
	인정과 보상	8,515		8,515
	소계	13,605	116,701	130,306
지역사회	수혜자(자원봉사시간)		863,554	863,554
조직	유무형자산의 상각비	189,955		189,955
	프로그램(자원봉사)		75,876	75,876
	프로그램(자기부담비용)		98,218	98,218
	소계	189,955	174,094	364,049
합계		2,812,517	1,154,349	3,966,866

토론토적십자사의 부가가치 분배가 제인펀치센터와 다른 점은 자기부담 비용이 조직 자신에게 배분되어 표시된다는 점이다. 다시 말해 이 항목은 자원봉사자들이 조직 서비스의 증가에 추가한 부가가치로 간주한 것이다.

3. 세번째 사례: 캐나다 국제교차로

캐나다 국제교차로(Canadian Crossroads International)(이하 '교차로')는 캐나다 내의 지역사회개발 프로젝트는 물론 참여 국가의 국제개발프로젝트 및 인턴십 프로그램에 캐나다와 25개가 넘는 국가 출신의 자원봉사자들을 모집하고, 훈련하고, 업무에 배치하는 국제 비영리조직이다. 이 조직은 주로 캐나다 국제개발청(CIDA)의 기금과 후원금 모금을 통해 자금을 조달한다.

교차로는 1950년대에 제임스 H. 로빈슨 박사에 의해 설립된 미국교차로에 해당하는 아프리카 교차로 작전(Operation Crossroad Africa: OCA)에서 성장해 나온 것이다. 로빈슨은 '사람들은 서로 근본적으로 다르지 않으며 모두 닮았다.'고 믿었다. 또 함께 생활하고 일함으로써 문화와 개인적 경험의 교차로를 만들어 개인과 사회의 변화를 이끌 수 있다고 믿었다. 이러한 믿음은 로빈슨이 아프리카에 있는 미국인들을 위한 자원봉사 프로그램을 개발하도록 이끌었는데, 교차로가 첫 프로그램이었다.[11]

로빈슨의 비전은 국제적인 인정을 받았고, 캐나다에서도 빠르게 인기를 얻었다. 1960년대 내내 더 공정하고 지속가능한 세상을 만들겠다는 목표를 공유한 캐나다 내 작은 자원봉사자 그룹들이 국제적인 활동을 함께 조직했다. 1969년 캐나다 교차로는 연방정부로부터 인가를 받은 독립적인 조직이 되었다. 그 이후 교차로는 현재 70개 이상의 캐나다 지역사회와 아프리카, 아시아, 남아메리카, 카리브해 등 25개 이상의 국가에서 쌍방향 자원봉사와 인턴십을 주선하면서 '하나의 세계'라는 로빈슨의 비전을 추구해왔다.

교차로는 매년 참여 국가와 캐나다에서 국제개발 프로젝트와 인턴십에 200명 이상의 자원봉사자를 모집하여 훈련하고, 각지로 파견한다. 참가자들은 보건(HIV/AIDS)과 기초 교육, 지속가능한 자원 관리, 청소년/아동, 지역 조직의 역량 강화 분야에서 지역사회의 요구를 해결하기

---

11 Canadian Crossroads International 2002

위해 일하는 지역 비정부기구에 의해 운영되는 다양한 지역 기반 활동과 협력한다. 각지로 출발하기 전 오리엔테이션과 함께 배치 후 보고와 재입국절차, 기금 마련, 시민 참여와 개발 문제에 대한 교육을 받는데, 이는 모두 교차로에서 수행하는 배치 또는 인턴십의 필수 구성요소이다. 여행과 숙박등 관련 비용은 모두 교차로가 지불한다.

자원봉사자들은 또 퍼실리테이터(facilitator)로서, 이사회와 다양한 프로그램을 관리하는 80개의 다른 민족과 지역, 지방 그리고 국가위원회에서 활동한다. 연구대상이 된 15개월의 회계기간 동안 자원봉사자의 수와 그들이 기여한 시간의 명세는 <표 7.10>에 나와 있다.[12] 교차로는 자원봉사자 외에도 전국사무소에 9명, 4개 지역 사무소에 3명에서 9명으로 구성된 유급 직원을 두고 있다.

609명의 자원봉사자들이 2001년 12월까지 15개월동안 67개의 정규직 업무에 해당하는 자리에서 봉사했다.

이는 교차로의 유급 직원이 27명이 아니라 총 94명이라는 의미이다. 다시 말해 자원봉사자들은 캐나다국제교차로 인적 자원의 70% 이상에 해당하는 업무를 수행했다. 게다가 그 조직의 재무자원 및 비현금 자원을 고려할 때, 자원봉사 시간과 자기부담 비용은 전체의 거의 50%를 차지했다.

---

[12] 연구 당시 캐나다국제교차로는 회계연도를 변경하는 과정에 있었다. 따라서 연구대상 회계 기간은 보통의 12개월이 아닌 15개월이 되었다.

1차 산출물

교차로의 통합부가가치보고서 작성을 위해 앞의 사례와 유사한 절차를 밟았다. 따라서 일부 세부사항은 생략하고 이 조직 고유의 문제만 강조한다. 다른 두 사례와 마찬가지로 일단 기존 재무제표상의 지출을 반영한 뒤 자원봉사시간을 추정하고 북미산업분류시스템(NAICS)을 사용한 비교 시장가치를 적용하는 것이 핵심 작업이었다.[13]

교차로의 자원봉사활동은 대부분 북미산업분류시스템상 하위부문인 '전문, 과학 및 기술 서비스'로 분류되었다. 이 범주는 지식과 기술이 요구되며, 전문지식의 상당 부분이 종합대학 또는 전문대학 교육을 필요로 하는 업종을 포함한다. 캐나다의 경우 2001년 3월 31일까지 15개월 동안 이 범주에 속하는 시간급 직원의 임률 19.08달러를 적용했다. 이 직종에 속하는 정규직 노동자의 시간당 급여는 25.85달러였다.

높은 수준의 전문성이 요구되는 봉사활동에 대해서는 정규직 노동자의 임률을 사용하였다. 기술이 혼합된 활동의 경우 두 비율 평균인 22.465달러를 적용했다. 기초적인 기술이 필요한 활동은 시간급 직원의 임율을 사용했다.

산업분류시스템의 임률은 이사회가 수행하는 지배구조 업무는 고려하지 않기 때문에, 이에 대해서는 다른 시장의 비교 원천자료를 사용하였다. 이사회 활동에 대해서는 캐나다 인력개발국(HDRC))에 의해 결정된 '보건, 교육, 사회 및 지역사회 서비스 및 회원 조직의 고위 관리자'에

---

13 다음 지역의 급여범위는 다음과 같다. 요크, 런던, 퀘벡, 노바스코샤. 웹 사이트 참조: lmi-imt.hrdc-drhc.gc.ca.

해당하는 시간당 28.39달러의 중간 임률로 평가하였다.[14] 직원과의 인터뷰를 바탕으로 평가하면 이 임률이 조직의 경영을 책임지는 이사진에게 요구되는 리더십과 경영관리기술의 유형에 가장 잘 맞았다.

이렇게 한 결과 교차로의 자원봉사자가 기여한 시간의 총 가치는 361만 8,772달러였다(<표 7.10>참조). 배치활동(캐나다 또는 해외)에 참여한 자원봉사자에게는 여행과 숙박, 관련 비용이 교차로에 의해 제공된다. 이 지출의 총액은 81만 8,961달러였다. 통합부가가치보고서에서 이러한 비용을 처리하는 방법은 가정하는 내용에 따라 다르다. 만약 이 지출을 자원봉사자들에게 지급하는 '보수'로 간주할 경우 자원봉사 시간의 총 가치는 보상받지 못한 자원봉사시간 기여분만 통합부가가치보고서에 반영하도록 순액으로 조정할 필요가 있다. 즉, 총 가치는 361만 8,772달러(-)81만 8,961달러(숙박 등의 비용)(=)279만9,811달러가 된다. 또는 이러한 비용을 프로그램의 외부 비용(즉, 외부 재화와 용역의 구매)으로 간주하는 경우에는 기부활동 시간 전체의 가치를 보고서에 각각 총액으로 인식한다. 두 시나리오 모두 뒤에 나오는 '자원봉사자 부가가치 계산' 부분에서 고려될 것이다.

---

14 요크와 런던에서의 급여 범위를 선택했다. 웹 사이트: lmi-imt.hrdc-drhc.gc.ca를 참조하시오

〈표 7.10〉 업무별 자원봉사 시간과 시장가치

캐나다 국제교차로 (단위: 달러)

구분	봉사시간	시간당 임률	금액
이사회	2,048	28.39	58,129
위원회	45,990	22.47	1,033,165
퍼실리테이터	1,750	19.08	33,390
소계	49,788		1,124,684
해외프로그램	69,400	25.85	1,793,990
캐나다 내 프로그램	23,645	19.08	451,147
상호교류	685	19.08	13,070
넷코어(net corps)	9,125	25.85	235,881
프로그램 소계	102,855		2,494,088
총계	152,643		3,618,772

자기부담 비용

캐나다 교차로의 자원봉사자들은 상당 금액의 자기부담 비용을 지출했고, 조직에서 보상을 받지 않았다. 조사 결과에 따르면 이사진의 71퍼센트는 보상받지 않은 지출이 있었다고 밝혔으며, 연구 대상 연도에 1인당 평균 638달러였다. 마찬가지로 나머지 자원봉사자들의 81퍼센트는 한 해 평균 204.23 달러를 자기부담으로 지출한 것으로 나타났다. 이 수치는 해당기간인 15개월 지출 해당분으로 재계산되었고, 보고서에 총 13만 1,029달러로 표시했다.

또 숙소 호스트들 중에는 자원봉사자들에게 숙소를 제공하거나 보상 없이 자기주머니에서 지출한 경우도 있었다. 이와 같은 자기부담 비용은 호스트가 제공한 무료숙소 제공기간(주 단위)을 계산한 뒤, 캐나다 호스트에게는 주당 20달러, 해외 호스트에게는 주당 10달러의 대체가격을 할당하는 보수적인 방식을 적용하여 3만 6,143달러로 추정하였다.

2차 산출물: 자원봉사자 개인이 얻은 편익

2차 산출물의 경우 응답자의 80% 이상이 캐나다 교차로의 자원봉사를 통해 개인의 성장과 발전에서 혜택을 받았다고 명확하게 응답했다. 조사 대상 자원봉사자의 개인적 성장과 발달이 교차로 자원봉사자 모두의 경험을 반영하고 있고, 유사한 지역사회 대학 과정의 수업료를 대체 가격으로 사용하여 측정하면, 이 2차 산출물은 7만 4,263달러(자원봉사자 609명×80.49%×151.50달러)으로 평가되었다. 이후 이 수치는 15개월 해당분으로 재계산하여 9만 2,829달러(72,263달러×15/12)로 보고서에 표시했다. 이 기간 교육훈련에 지출된 재무제표상의 비용은 3만 4,028달러이므로, 사실상 자원봉사자 개인들의 개발을 위해 캐나다 교차로가 부가한 사회적 가치는 그 차액, 즉 92,829달러-34,028달러=58,801달러가 된다.

자원봉사자의 부가가치 계산

조직의 부가가치를 결정하려면 먼저 산출물의 가치를 계산해야 한다. 배치활동을 하는 자원봉사자들의 이동 경비와 숙박비 그리고 관련 항목에 대한 비용을 어떻게 다루느냐에 따라 두 가지 사례를 설명한다. 앞서 얘기했듯이 하나의 방법은 해당 비용을 자원봉사자들을 위한 보수의 일종으로 간주하는 방식이고, 두 번째 방법은 해당 비용을 프로그램의 외부 매입으로 간주하는 방식이다.

해당 지출을 보수의 일부로 간주하는 첫 번째 사례<표 7.11>에서는 재무적 부가가치 391만 2,720달러에 사회적 부가가치(1차 산출물=자원봉사시간 가치(279만 9,812달러)+자원봉사자의 자기부담비용(13만 1,029달러), 호스트 가정의 자기부담액(3만 6,143달러)=합계(296만 6,983달러)에 2차 산출물(자기개발 편익 5만 8,801달러)를 가산하여 총 산출물의 부가가치는 693만 8,504달러로 표시하였다. 이 총액에서 외부에서 구입한 재화와 용역 매입액 143만 6,883달러 뺀 나머지, 즉 550만 1,621달러가 순부가가치가 된다.('결합부가가치' 합계란 표시 금액).

〈표 7.11〉 통합부가가치보고서(일부)- 사례1

캐나다 교차로 (단위: 달러)

구분		재무적 부가가치	사회적 부가가치	결합부가가치
산출물	1차산출물	3,878,692	2,966,983	6,845,675
	2차산출물	34,028	58,801	92,829
	소계	3,912,720		6,938,504
외부재화용역매입액		1,436,883	3,025,784	1,436,883
부가가치		2,475,837	3,025,784	5,501,621
외부매입액대비부가가치율		1.72	2.11	3.83

참고: 2001년 3월 31일에 끝나는 15개월 회계기간

두 번째 사례(<표 7.12>)에서는 자기부담 비용을 외부 재화와 서비스의 구매로 간주한다. 이 경우 산출물 관련 재무적 부가가치(391만 2,720달러)에 사회적 부가가치(자원봉사시간 361만 8,773달러(+)자원봉사자 자기부담비용 13만 1,029달러(+)호스트 부담비용 36,143달러(+)개인 혜택 5만 8,801달러의 합계액)를 추가하여, 결합부가가치 총액은 775만 7,465달러가 된다. 이 금액에서 외부구입 재화와 용역 매입액 225만 5,844달러(여기에는 조직에서 제공한 이동경비와 숙박비 등이 포함된다)를 뺀 총 550만 1,621달러가 순 부가가치 금액이다.(결합 부가가치 합계란 표시 금액).

두 사례 모두 순 부가가치 합계는 550만 1,621달러로 동일하다. 다만 외부 재화와 서비스 매입액에 대한 부가가치의 비율은 다르다. 첫 번째 사례에서는 이동경비와 숙박비 및 관련 비용 81만 8,961달러는 자원봉사노동에 대한 대가로 간주되므로 자원봉사자에게 부가가치가 분배된 것으로 표시하는 반면 두 번째 사례에서는 이 지출을 외부 프로그램 매입액으로 간주하기 때문에 차이가 발생한다. 부가가치의 비율은 창출된 부가가치를 외부 재화와 용역 매입액으로 나누어 계산하기 때문에, 후자의 비율이 감소하게 된다.

〈표 7.12〉 통합부가가치보고서(일부)-사례 2

캐나다국제교차로 (단위: 달러)

구분		재무적 부가가치	사회적 부가가치	결합부가가치
산출물	1차산출물	3,878,692	3,785,944	7,664,636
	2차산출물	34,028	58,801	92,829
	소계	3,912,720		7,757,465
외부재화용역매입액		2,255,844	3,844,745	2,255,844
부가가치		1,656,876	3,844,745	5,501,621
외부매입액대비부가가치율		0.73	1.72	2.44

첫 번째 사례에서, 외부재화용역 매입액에 대한 부가가치 비율은 재화와 서비스에 지출되는 1달러 당 3.83달러의 부가가치를 창출했음을 나타낸다. 자원봉사활동과 개인의 성장 및 개발 등 비화폐 거래 항목의 시장가격 추정치를 포함하지 않는다면, 〈표 7.11〉의 재무적 부가가치란에 표시된 것처럼 외부구매에 대한 부가가치 비율은 1.72가 될 것이다. 따라서 비화폐거래 항목을 포함하면 이 비율이 122% 이상 증가함을 알 수 있다. 두 번째 사례(〈표 7.12〉)에서 외부매입액에 대한 부가가치 비

율은 2.44인 반면, 재무적 부가가치만 고려하면 0.73에 그친다.

부가가치의 배분

앞에 소개한 두 조직의 이해관계자들과는 달리 캐나다 교차로에는 대출 이자가 지급되는 캐나다 교차로재단이라는 다섯 번째 이해관계자가 있다. 따라서 캐나다 교차로 재단은 조직의 서비스에 대한 투자자와 유사하다. 다른 이해관계자(직원, 자원봉사자, 사회(정부 포함) 및 조직 자신)에 대한 부가가치 배분은 앞에 나온 다른 두 조직과 차이가 없다.

〈표 7.13〉 통합부가가치 보고서(일부)-부가가치의 분배-사례1

캐나다국제교차로 (단위: 달러)

이해관계자	배분 항목	재무적 부가가치	사회적 부가가치	결합부가가치
직원	급여 및 복리후생비	1,491,450		1,491,450
자원 봉사자들	개인의 성장과 발전	34,028	58,801	92,829
	여행,숙박 관련 비용	818,961		818,961
	호스트 가정 (자기부담 지출)		36,143	36,143
	소계	852,989	94,944	947,933
사회	수혜자		1,675,127	1,675,127
	정부	37,452		37,452
	소계	37,452	1,675,127	1,712,579
캐나다 교차로재단	대출이자	46,604		46,604
조직	유무형자산 상각	47,342		47,342
	프로그램 (자원봉사 시간)		1,124,684	1,124,684
	프로그램(자원 봉사자자기부담비용)		131,029	131,029
	소계	47,342	1,255,713	1,303,055
부가가치분배		2,475,837	3,025,784	5,501,621

참고: 2001년 3월 31일로 끝나는 15개월 회계기간

다시 두 가지 시나리오에 따라 정리해본다. <표 7.13>은 첫 번째 시나리오의 부가가치 배분 명세를 보여준다. 이 시나리오에서는 이동경비와 숙박 및 관련 항목에 대한 지출(81만 8,961달러)을 보수의 일부로 간주한다. 이 금액은 직원들의 급여 및 복리후생비와 유사하게 자원봉사자에게 제공되는 부가가치의 분배로 처리한다. 나머지 자원봉사 노동의 가치(249만 4,088달러(-)81만 8,961달러(=)167만 5,127달러)는 사회(즉, 자원봉사자 서비스의 수혜자)에게 분배된다(<표 7.10>참조).

두 번째 시나리오<표 7.14>에서 이동경비와 숙박 및 관련 항목에 대한 조직의 지출은 외부 재화와 용역의 매입으로 처리한다. 따라서 배치 담당 자원봉사자들이 기여하는 자원봉사활동 시간의 전체 가치는 사회(파트너 조직)에 분배된다. 따라서 첫번째 사례에서는 조직의 관련 비용 제공을 자원봉사자에 제공하는 보상(임금과 유사)으로 처리하기 때문에 자원봉사자에게 94만 7,933달러를 배분하였다. 두번째 사례에서는 해당 비용 81만 8,961달러를 자원봉사자에게 분배하지 않고, 총 12만 8,972달러의 부가가치만 자원봉사자 그룹에 할당한다. 해당 비용 81만 8961달러는 사회에 분배되며, 이에 따라 사회에 대한 총 분배액은 171만 2579달러(사례1)에서 253만 1540달러(사례2)로 증가한다.

〈표 7.14〉 통합부가가치보고서(일부)-부가가치의 배분-사례2

캐나다 국제교차로 (단위: 달러)

이해관계자	부가가치의 배분	재무적 부가가치	사회적 부가가치	결합부가가치
직원	급여및복리후생비	1,491,450		1,491,450
자원 봉사자들	개인의 성장과발전	34,028	58,801	92,829
	호스트 가정 (자기부담지출)		36,143	36,143
	소계	34,028	94,944	128,972
사회	수혜자		2,494,088	2,494,088
	정부	37,452		37,452
	소계	37,452	2,494,088	2,531,540
캐나다교차로재단	대출이자	46,604		46,604
조직	유무형자산 상각	47,342		47,342
	프로그램(자원봉사)		1,124,684	1,124,684
	프로그램(자원봉사자자기부담비용)		131,029	131,029
	소계	47,342	1,255,713	1.303.055
총계		1,656,876	3,844,745	5,501,621

참고: 2001년 3월 31일로 끝나는 15개월 회계기간

이 두 가지 방법 중 어떤 게 좋을까? 이 질문에 대한 답은 간단하지 않다. 통합부가가치보고서를 만들려면 다음과 같은 규칙이 필요하지만, 다른 해석이 가능할 수도 있다. 제인핀치센터의 사례에서 세입자 자원봉사자들이 지역사회센터뿐만 아니라 스스로도 성장했다고 주장했을 때가 그런 경우다. 따라서 이와 같은 일정한 봉사시간은 사회에 모두 배분하는 것이 아니라 사회 및 자원봉사자 각각에게 50대 50으로 분배한다. 마찬가지로 캐나다국제교차로의 경우에도 앞서 본 것처럼 이동경비 및 숙박, 배치업무 자원봉사자 관련 항목에 대한 조직의 지출은 다르게 해석될 수 있다. 유급 직원이 유사한 상황에 있을 경우 자신의 출장 및 활동비를 자기부담하지 않을 것으로 예상되기 때문에 자원봉사자들에 대

한 이러한 지출을 외부 재화와 용역의 구매로 취급하는 해석에 찬성하는 경향이 있다. 고용주가 보통 그에 대한 지출을 부담할 것이다. 비록 자원봉사자들은 직원이 아니지만, 이러한 상황을 감안할 때, 대부분의 고용주들은 그러한 항목들을 회사의 비용으로 처리할 가능성이 높다.

두 가지 방법으로 분배된 총 부가가치는 창출된 부가가치와 동일하다. 기존 재무제표에 있는 항목으로만 제한할 경우, 그 금액은 247만 5,837달러이고, 비화폐거래 사회적 공헌을 포함하도록 확장할 경우 총 부가가치는 550만 1,621달러이다.

4. 네 번째 사례: 캐나다 유방암재단-온타리오지부

네 번째 조직은 캐나다 유방암 재단(Canadian Breast Cancer Foundation-Ontario Chapter)(이하 '유방암재단')의 온타리오 지부이다. 캐나다 유방암재단은 유방암에 대한 연구와 교육, 진단, 치료의 지원과 발전을 위해 헌신하는 캐나다에서 가장 큰 자선조직이다. 유방암재단은 기금 모금이나 기부금을 통해 거의 전적으로 자금을 지원받고 있으며, 자원봉사자들이 유급직원보다 훨씬 많다는 점에서 '자원봉사조직'에 속한다.

유방암재단은 8명의 지역사회 지도자들에 의해 1986년에 설립되었으며, 설립 이후 캐나다에서 유방암 연구와 교육을 주도적으로 해나가기 위해 960만 캐나다달러가 넘는 보조금과 기부금을 조성해 수혜자들을 지원해왔다. 이 기금 목표를 달성하기 위해 유방암재단은 매년 열리는 '치유 달리기 행사'나 '예방홍보의 날'과 같은 잘 알려진 몇 번의 기금

모금 행사를 포함하여 여러가지 방법으로 기금을 모금한다. 1992년에 1,500명의 참가자들과 함께 첫 달리기 행사가 열렸고, 8만 3,000달러를 모금했다. 이후 51개 지역사회에서 17만 명 이상이 참여하는 등 캐나다 최대 규모의 일일 모금 행사로 성장했다.

유방암재단은 유방암 연구활동에 자금을 지원할 뿐만 아니라 캐나다 전역의 지부를 통해 많은 지역사회 기반 유방암 프로젝트와 프로그램에 자금을 지원하고 있다. 온타리오 지부는 또 관련 분야의 의사와 의료전문가에게 '연구 및 솔선수범 석학상'을 수여한다.

2000년에 직원들은 이 지부가 2,564명의 핵심 자원봉사자들의 활동 기부를 받았다고 보고했다. 이들은 지역위원회와 이사회, 상임위원회들(보조금검토위원회 등) 과 특별행사를 계획하고 조직하는 데 참여했다. 그들은 총 3만 8,891시간을 기여했다. 또 약 4만 1,000명의 달리기주자들이 온타리오에서 열린 '치유달리기 행사(Run for the Cure)'에 참가했고, 8만 3,000시간 이상을 이 행사에 기부했다. 이 행사 참가자를 포함하여, 총 4만 4,303명의 자원봉사자들이 온타리오 주 유방암 재단에 약 12만 2,361시간을 기부했다. <표 7.15>는 수행역할별 자원봉사자 수와 시간 추정치를 보여준다.

이 추정치에 따르면 2000회계연도에 유방암재단 업무의 84%를 자원봉사자들이 수행했고, 이는 67명의 정규직원이 근무하는 것과 같았다. 따라서 온타리오 주 유방암재단은 유급 직원 13명이 아닌 총 80명 직원을 보유한 셈이었다. 또 그 조직의 재정 및 비화폐 자원 측면에서, 자원봉사 시간과 보상되지 않은 자원봉사자 지출이 전체의 30%를 차지한다.

〈표 7.15〉 업무별 자원봉사 시간

캐나다유방암재단 (온타리오지부)

역할	자원봉사자 수(명)	자원봉사 시간
이사회	16	1,369
위원회	77	1,876
소계(이사회, 위원회)*	89	3,245
사무행정	24	900
지역사무소	76	8,250
달리기행사계획	212	11,450
달리기행사	1,999	13,707
기타 행사	164	1,339
행사 소계	2,375	35,646
달리기주자를 제외한 소계	2,564	38,891
달리기주자들	41,735	83,470
총합계	44,299	122,361

* 이 숫자는 이사회 및 4개 위원회 멤버에 따라 조정된다.(출처: 직원 및 지역이사 인터뷰.)

자원봉사 시간의 비교 시장가치

이 장에 제시된 다른 사례들과 마찬가지로 자원봉사활동에 대한 시장가치를 정하는 일은 통합부가가치보고서 작성의 중요한 부분이다. <표 7.14>에 나타난 바와 같이 자원봉사 시간의 가치는 북미산업분류시스템상 하위부문인 '보조금조직, 시민조직, 전문가조직 및 이와 유사한 조직'에 따라 주로 평가하였다. 이 하위부문은 광범위한 보건, 교육, 과학, 문화 및 기타 사회복지 활동을 지원하기 위해 주로 신탁기금에서 보조금을 지급하거나 다른 사람을 대신하여 기부금을 모집하는 데 종사하는 조직을 포함한다. 이 부문에서 2000년도 온타리오 주에서 시급 직원의 임률은 시간당 14.51달러였다. 정규직원의 경우 19.72달러였고, 두 비율의 중간값은 17.11달러였다. 위원회 위원들과 일일계획입안자들에게는 해당 정규직원 급여를 기준으로 19.72달러를 부여하였다. 사무국 업무와 일일 자원봉사자 및 달리기 주자들에게는 시급직원을 기준으로 한 비교시장가치 14.51달러를 부여했다. 지역사무소의 자원봉사자 또는 '예방홍보의 날' 및 기타 특별 행사를 보조하는 자원봉사활동에는 시급직원 및 월급직원의 평균에 기초하여 17.11달러의 가치가 있는 것으로 계산했다.

이사회 구성원인 경우, 임률은 캐나다인력개발(HDRC) 표준 직업 코드(0014 '보건, 교육, 사회 및 지역사회 서비스 및 회원 조직의 고위 관리자')의 임률을 적용했다. 연구대상 기간 이 부문 시간당 임률 중간값은 35.56달러였다.

핵심 자원봉사자들이 특정 프로그램을 통해 기여한 시간의 총 시장가치는 <표 7.16>에 제시되어 있다. 이러한 값은 프로그램 내에서 자원봉사자가 기여한 총 시간에 적절한 시간당 임률을 곱하여 계산했다. 표에서 보듯 이렇게 계산된 자원봉사활동의 추정 시장가치는 189만 8,635달러이다.

〈표 7.16〉 자원봉사 시간의 시장가치

캐나다 유방암재단 (온타리오 지부) (단위: 달러)

구분	자원봉사 시간	시간당 임률	계
이사회	1,369	35.56	48,682
위원회	1,876	19.72	36,995
사무행정	900	14.51	13,059
지역사무소	8,250	17.11	141,158
소계	12,395		239,893
달리기행사 계획	11,450	19.72	225,794
달리기행사	13,707	14.51	198,889
달리기 주자들	83,470	14.51	1,211,150
예방홍보의 날	498	17.11	8,521
그레이트화이트노쓰 (Great White North)행사	841	17.11	14,390
소계	109,966		1,658,743
총합계	122,361		1,898,635

자기부담 비용 지출

유방암재단 자원봉사자들도 보상 없는 자기부담비용을 지출했다. 조사 응답에 따르면 이사진과 위원회 위원 중 86%는 연간 40만 2.12달러의 자부담 비용을 사무직과 지역 사무직 자원봉사자 83%는 평균 75달러의 자기부담 비용을 지출했다. 나머지 자원봉사자의 77% 중 행사기획자는 평균 75달러, 행사 당일 보조자와 참가자의 경우 평균 12.50달러를 지출한 것으로 나타났다. 이 모든 자기부담 비용은 총 48만 1,112달러에 달했다.

2차 산출물 (개인이 얻은 혜택)

설문 응답자(달리기 주자 제외)의 60%는 유방암재단에 자원봉사를 하면서 개인의 성장과 발달 측면에서 혜택을 봤다고 명확하게 답변했다. 이 비율과 핵심 자원봉사자 2,564명에 지역대학 해당과목 수강료(151.50달러)를 곱한 금액 23만 3,068달러를 2차 산출물로 표시했다.

자원봉사자의 부가가치 계산

이 장에 소개한 다른 비영리조직들과 마찬가지로 조직의 산출물을 계산하기 위해 재무적 지출(531만 9,931달러)에 사회적 공헌(261만 2,815달러)을 더하였고, 총액은 793만 2,746달러로 나타났다. 그런 다음 조직의 부가가치를 측정하기 위해 외부에서 구입한 재화와 용역 135만 453달러를 총 산출액 793만 2,746달러에서 뺐다. 그러면 총 658만 2,293달러('결합부가가치'로 표시된 열)의 부가가치가 산출된다. <표 7.17>의 마지막 행에 표시된 '외부매입액에 대한 부가가치 비율'은 조직의 총부가가치를 외부매입한 재화와 용역 비용으로 나누어 계산한다. 이 비율은 외부 재화와 서비스에 지출되는 1달러 당 4.87달러의 부가가치가 창출되었음을 나타낸다. 사회적 공헌이 없었다면 1달러 당 부가가치율은 2.94달러였을 것이다. 자원봉사활동 기부와 이들이 개인적으로 얻는 편익을 포함하면 조직의 부가가치율이 재무적 부가가치율보다 66% 가까이 높아진다는 얘기다.

〈표 7.17〉 통합 부가가치보고서 (일부)

캐나다 유방암재단 (온타리오 지부) (단위: 달러)

구분		재무적 부가가치	사회적 부가가치	결합부가가치
산출물	1차산출물	5,319,931	2,379,747	7,699,678
	2차산출물		233,068	233,068
	합계	5,319,931	2,612,815	7,932,746
외부재화용역 매입액		1,350,453		1,350,453
결합부가가치		3,969,478	2,612,815	6,582,293
외부매입액부가가치율		2.94	1.93	4.57

앞서 언급한 바와 같이, 통합부가가치보고서에는 자원봉사활동 그리고 자원봉사자 개인의 성장과 발전과 같은 비화폐거래 항목의 시장가격 추정치가 포함되어 있다. 이는 유방암재단의 자원봉사자들이 그들이 받은 편익 중 하나라고 강하게 답변한 것을 반영한 것이다. 이러한 항목이 포함되지 않았다면 <표 7.17>의 '재무적 부가가치' 열에 표시된 것처럼 외부매입액에 대한 부가가치 비율은 2.94에 그쳤을 것이다. 비화폐성 거래를 포함하면 이 비율은 거의 66%가 증가한다.

부가가치의 분배

유방암재단의 주요 이해관계자들에 대한 부가가치의 배분상황은 <표 7.18>과 같다. 직원들에게 분배되는 부가가치는 그들의 급여와 복리후생비 57만 1,656달러이다. 자원봉사자들에게 분배된 부가가치는 인정과 보상으로 지출된 2,241달러와 그들의 개인적 성장과 발전의 가치를 나타내는 23만 3,068달러였다.

사회는 조직의 프로그램 덕분에 총 303만 4,217달러의 부가가치를 배분받았다. 전국사무소는 핵심 프로그램 지원으로 34만 4,762달러의 부가가치를 배분받았다. 조직 자신에 분배된 부가가치는 세 종류이다. 유무형자산상각관련 1만 6,602달러와 자원봉사활동 189만 8,635달러, 보상 없는 자기부담 비용 48만 1,112달러 등. 분배된 부가가치 합계는 창출된 부가가치 합계와 같다. 기존 재무제표에 있는 항목으로 제한되는 재무적 부가가치 해당 금액은 396만 9,478달러이고, 비화폐화 거래인 사회적 공헌을 포함하여 확장할 경우 부가가치 총액은 658만 2,293달러이다.

〈표 7.18〉 통합부가가치보고서(일부)-부가가치의 배분

캐나다 유방암재단 (온타리오 지부) (단위: 달러)

이해관계자	항목	재무적 부가가치	사회적 부가가치	결합부가가치
직원	급여와 복리후생비	571,656		571,656
자원봉사자	개인의 성장과 발전		233,068	233,068
	인정과 보상	2,241		2,241
	소계	2,241	233,068	235,309
사회	캐나다유방암연구센터	506,000		506,000
	보조금 지출	2,528,217		2,528,217
	소계	3,034,217		3,034,217
전국 프로그램	내부 이전	344,762		344,762
조직 자신	유무형자산상각비	16,602		16,602
	자원봉사시간(행정)		239,893	239,893
	자원봉사시간 (기금모금 및 홍보)		1,658,742	1,658,742
	프로그램(자기부담비용)		481,112	481,112
	소계	16.602	2,379,747	2,396,349
	총계	3,969,478	2,612,815	6,582,293

참고: 2001년 3월 31일로 종료하는 회계기간.

〈표 7.19〉 통합부가가치보고서(일부)-기금 조성과 프로그램 별 구분

캐나다 유방암재단의 (온타리오 지부) (단위: 달러)

부가가치 항목		기금 조성	프로그램 활동	결합 부가가치
모금 수입		5,664,278	3,912,521	5,664,278
유보된 잉여금			344,347	344,347
소계		5,664,278	3,568,174	5,319,931
자원봉사(자기부담비용)		2,244,106	135,641	2,379,747
중간합계		7,908,384	3,703,815	7,699,678
2차산출물(개인의성장과발전)		225,328	7,740	233,068
총합계		8,133,712	3,711,555	7,932,746
외부재화용역의 매입 차감		(-)1,258,058	(-)92,395	(-)1,350,453
순합계		6,875,654	3,619,160	6,582,293
부가가치의 배분				
직원		474,856	96,800	571,656
자원봉사자	자원봉사자-인정	2,241		2,241
	자원봉사자-개인의 성장. 발전	225,328	7,740	233,068
	소계	227,569	7,740	235,309
프로그램	전국사무소		344,762	344,762
	캐나다유방암연구프로그램		506,000	506,000
	보조금지출-연구		1,585,000	1,585,000
	보조금지출-교육		559,126	559,126
	보조금지출-기타		384,091	384,091
	소계		3,378,979	3,378,979
조직	조직: 감가상각	16,602		16,602
	조직: 자원봉사활동	2,244,106	135,641	2,379,747
	프로그램에 이용가능한 잉여	3,912,521		
	소계	6,173,229	135,641	2,396,349
배분된 부가가치 총액		6,875,654	3,619,160	6,582,293

기금 조성: 또 하나의 시각

<표 7.19>에 나타난 것처럼 개별 프로그램 또는 활동을 기반으로 통합부가가치보고서를 작성할 수도 있다. 유방암재단의 경우 조직의 두 가지 주된 활동은 기금 모금과 프로그램의 전달이다. 그리고 거기에 공동체 의식, 보조금의 배분, 자원봉사자의 자기발전, 조직의 지부와 지구의 발전 등이 포함된다.

표 두번째 열 기금 조성 부분을 먼저 살펴보면 유방암재단은 566만 4,278달러의 기금을 조성하고, 224만 4,106달러에 달하는 자원봉사활동 및 자기부담 비용을 기부한 수만 명의 자원봉사자들을 동원해냈다. 조직은 또 기금모금 업무를 수행하는 자원봉사자들 개인의 성장과 발전을 통해 22만 5,328달러에 달하는 2차 산출물을 만들었다. 따라서 조직 산출물의 총 가치는 813만 3,712달러에 달했다. 이 총액에서 125만 8,058달러(외부 재화·용역 매입액)를 뺀 나머지가 창출한 부가가치 총액 687만 5,654달러이다. 이 중 391만 2,521달러는 프로그램에 사용가능한 잉여금이다. 이 잉여금 중 34만 4,347달러는 다음 회계연도로 이월되었고, 유방암재단이 프로그램에 지출할 수 있는 부가가치는 356만 8,174달러였다.

따라서 <표 7.19>에 제시된 프로그램별 통합부가가치보고서는 기금모금에서 넘어온 잉여금 391만 2,521달러에서 표의 차기 이월금 34만 4,347달러를 뺀 356만 8,174달러 수익에서부터 시작한다. 다음 단계는 프로그램에 기여한 자원봉사활동을 가산하는 것이다. 해당 봉사활동 시간은 9만 8,725달러로 평가되었고, 자기부담 지출은 3만 6,906달러였다. 따라서 해당 프로그램에 대한 자원봉사활동의 가치는 총 13

만 5,641달러로 표시했다. 프로그램을 지원하는 자원봉사자들이 얻은 혜택인 2차 산출물은 총 7,740달러로 평가되었다. 프로그램 총 산출량은 이 둘의 합계(13만 5,641달러와 7,740달러)금액을 유방암 재단이 프로그램에 사용할 수 있었던 356만 8,174달러에 더한 총 371만 1,555달러이다. 여기서 프로그램용 외부 재화와 용역의 매입액 9만 2,395달러를 빼면 프로그램과 관련된 부가가치 금액이 나오는데, 그 금액은 361만 9,160달러이다.

조직이 창출한 총 부가가치는 기금모금을 통해서 얻은 부가가치와 프로그램에서 얻은 부가가치를 합하고, 내부 이전액을 차감해야 한다. 유방암 재단의 경우 내부 이전 금액은 프로그램으로 이전된 기금모금에서 생긴 잉여금 391만 2,521달러이다. 따라서 유방암 재단의 경우, 창출된 총 부가가치는 기금 모금에서 나온 687만 5,654달러에 프로그램에서 얻은 361만 9,160달러를 더한 뒤, 거기서 내부 이전액 391만 2,521달러를 뺀 금액으로 계산된다. 그 결과 재단은 총 658만 2,293달러의 부가가치를 창출한 것으로 나타났다(<표 7.17> 참조).

5. 다섯 번째 사례:
로체스터 청소년 방과후 프로그램(이하 '로체스터J.A.')

제5장에서 언급한 바와 같이 청소년 방과후 프로그램(J.A.) 본사의 비영리 프랜차이즈인 로체스터J.A.는 600명 이상의 핵심 자원봉사자를 활용하여 60개 초, 중, 고등학교에서 매년 750개 이상의 경제 교육 프로그램을 운영하고 있다. 2001년 6월 30일로 종료되는 회계연도 자원봉

사 기부의 계산에 대한 자세한 내용은 제5장 <표 5.1> 및 <표 5.2>에 이미 나와 있다. 이 기부 내역은 1만 2,000시간의 봉사활동에 대한 가치 34만 5,606달러와 자기부담 지출 1만 2,530달러를 합한 금액이다.

해당 회계기간 동안 로체스터J.A. 자원봉사자들은 총 인적활동 시간의 51% 이상을 기여했고, 재무 및 사회적 공헌의 거의 40%를 차지했다. 자원봉사자들에 의한 그리고 자원봉사자들 자신에 대한 혜택이 그 조직의 통합부가가치의 54% 이상을 차지했다. 로체스터J.A.를 위한 통합부가가치보고서는 <표 7.20>에 나타나 있다.

<표 7.20> 통합부가가치보고서(일부)

로체스터J.A. (단위: 달러)

구분		재무적 부가가치	사회적 부가가치	결합부가가치
산출물	1차 산출물	630,513	358,136	988,649
	2차 산출물		24,232	24,232
	합계	630,513	382,368	1,012,881
외부재화용역 매입액		(-) 306,363		(-) 306,363
창출한 부가가치		324,150	382,368	706,518
외부매입액대비부가가치율		1.06	1.25	2.31

참고: 2001년 6월 30일로 끝나는 회계기간

조직 산출물의 가치를 계산하기 위해 프로그램과 기금 모금, 사무행정 및 특별 행사에 지출된 비용(재무적 부가가치) 63만 513달러에 사회적 부가가치 38만 2,368달러를 추가하였는데, 이는 자원봉사활동 시간과 자기부담 지출, 개인의 성장과 발전이라는 2차 산출물에 귀속된 가치를 포함한다. 이 둘을 합하여 총 101만 2,881달러가 되었다. 이 장에 소개된 다른 비영리조직 사례와 같이 자원봉사자의 개인적 성장과 발전은 자원봉사자들의 설문 응답에 기초하여 산출되었다. 응답자의 38.1%가 이러한 혜택을 얻었다고 강하게 느끼는 것으로 나타났다. 지역대학 유사학과 수강료 평균인 100달러에 핵심 자원봉사자 636명 중 38.1%를 곱하여, 이 2차산출물의 비교 시장가치는 2만 4,232달러(=100달러×636명×38.1%)로 계산되었다.

총 산출액 101만 2,881달러에서 외부 재화와 용역 매입액 30만 6,363달러를 빼서 총 70만 6,518달러의 창출한 부가가치를 구했다. 매입액 대비 통합부가가치 비율은 2.31이지만 재무적 부가가치만 고려하면 그 비율은 1.06이다. 즉 자원봉사활동을 통해 로체스터J.A.의 부가가치가 거의 118% 증가했음을 의미한다.

<표 7.21>은 로체스터J.A.의 부가가치 분배 상황을 나타낸다. 직원과 자원봉사자, 채권자, 조직 자신 등 4 그룹의 이해관계자가 표시되어 있다. 직원들에게 분배되는 부가가치는 그들의 급여와 복리후생비 30만 4,876달러, 자원봉사자들에게 분배된 부가가치는 그들의 개인적 성장과 발전의 가치를 나타내는 2만 4,232달러였다. 채권자들은 6,202달러의 이자를 수령했다.

〈표 7.21〉 통합부가가치보고서(일부)-부가가치의 배분

로체스터(J.A.) (단위: 달러)

이해관계자	항목	재무적 부가가치	사회적 부가가치	결합부가가치
직원	급여와 복리후생비	304,876		304,876
자원봉사자	개인의 성장과 발전		24,232	24,232
채권자	이자수령	6,202		6,202
조직 자신	유무형자산의 감가상각	13,072		13,072
	자원봉사활동시간		345,606	345,606
	자원봉사자의 자기부담 지출		12,530	12,530
	소계	13,072	358,136	371,208
	부가가치	324,150	382,368	706,518

참고: 2001년 6월 30일로 끝나는 회계기간

조직이라는 이해관계자에 분배된 부가가치는 유무형자산 상각비 1만 3,072달러, 자원봉사자의 봉사활동 시간 기여분 34만 5,606달러, 보상 없는 자기부담 지출 1만 2,530달러 등 세 가지 항목으로 이뤄졌다(<표 5.1> 및 <표 5.2>). 분배된 부가가치 총액은 창출된 부가가치 총액과 일치한다. 기존 재무제표에 있는 항목으로 제한할 경우 해당 금액은 32만 4,150달러이고, 비화폐성 거래인 사회적 기부활동을 포함하여 항목을 확장할 경우 부가가치 총액은 70만 6,518달러이다.

<그림 7.1> 인적 자원

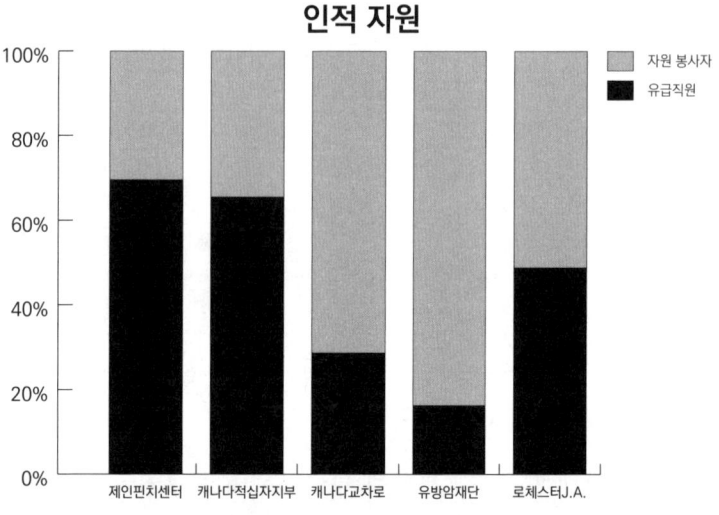

구분	제인핀치센터	캐나다적십자지부	캐나다교차로	유방암재단	로체스터 J.A.
자원봉사자 비율	30.43%	34.46%	71.28%	83.75%	51.20%
유급직원 비율	69.57%	65.54%	28.72%	16.25%	48.80%

6. 요약과 결론

통합부가가치보고서는 앞에서 소개한 5개의 비영리조직에 대해, 재무제표로만 전달하는 것보다 훨씬 풍부한 다른 이야기를 들려준다. 통합부가가치보고서는 다양한 이해관계자, 특히 자원봉사자들이 봉사하는 조직에 어떤 가치를 더했는지 알 수 있도록 돕는다. 제인핀치센터의 경우 재무 정보만으로 보았을 때보다 자원봉사활동을 통해 조직의 부가가치가 44% 더 증가했다.

다른 조직들의 경우에도 자원봉사자들이 부가가치 증가에 기여한 정도는 캐나다적십자사는 37%, 캐나다 교차로는 118% 또는 226% (두 시나리오에 따라 다름), 유방암재단은 60% 그리고 로체스터J.A.는 거의 118%였다. 또 각 조직은 자원봉사자들에게 개인적인 성장과 발전을 위한 기회를 제공함으로써 가치를 더했다. 이러한 공헌활동의 총액은 제인핀치센터가 33만 4,480달러, 캐나다적십자사가 115만 4,349달러, 캐나다 교차로가 384만 4,745달러, 유방암재단이 261만 2,815달러, 로체스터J.A.가 382,368달러로 다양했다. 각각의 경우 이러한 사회적 공헌가치는 기존의 회계기준으로는 재무제표에 인식되지 않는 의미있는 가치라 할 수 있다.

각 조직의 인적 자원 중 자원봉사자가 차지하는 비중은 매우 크다(<그림 7.1>). 제인핀치센터와 캐나다적십자의 경우, 자원봉사자들이 조직 인적자원의 약 3분의 1을 차지했다. 다른 세 조직의 경우도 캐나다 교차로는 유급직원보다 자원봉사자들이 더 많은 노동력을 제공했고, 자원봉사자들이 조직 인력의 70% 이상을 차지했다. 유방암 재단의 경우 이 기여도가 84% 이상이었고, 로체스터J.A.의 경우는 51% 이상이었다. 또 주목해야 할 것은 자원봉사자들이 중요하게 기여한 사실만이 아니라, 이러한 기부활동이 수천 명은 아니라도 수백의 사람들에게 영향을 미친다는 점이다.

〈그림 7.2〉 보고되지 않는 부가가치 비율

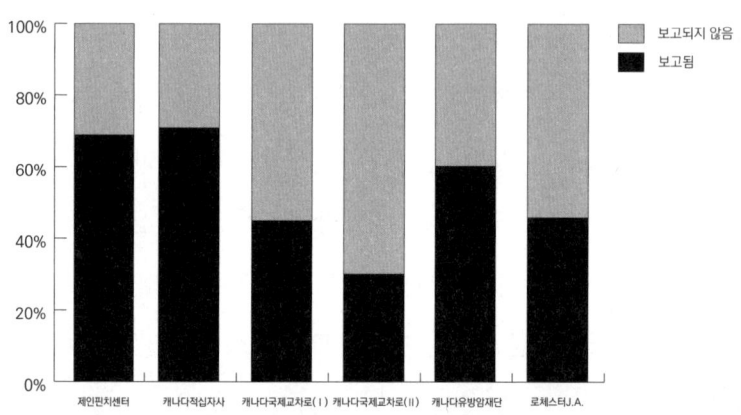

구분	제인핀치센터	캐나다적십자사토론토지부	캐나다국제교차로(I)	캐나다국제교차로(II)	캐나다유방암재단	로체스터 J.A.
보고되지 않음	31.11%	29.10%	55.00%	69.88%	39.69%	54.12%
보고됨	68.89%	70.90%	45.00%	30.12%	60.31%	45.88%

　비영리조직에서 자원봉사자들에 의해 창출되거나 자원봉사자들이 얻는 부가가치의 대부분은 화폐에 의한 유상거래가 아니기 때문에 현행 회계기준상 회계처리 대상이 아니다. 따라서 전통적인 재무제표에는 나타나지 않는다. 이 장에서 소개한 5개 비영리조직의 경우, 이처럼 보고되지 않은 부가가치의 양은 총 부가가치의 약 30~70%에 달한다(〈그림 7.2〉). 이 장에서 보았듯이 통합부가가치보고서는 이 중요한 자원의 가치를 드러내고, 그것을 조직의 경제적 성과와 연관시키는 양식이다.
　이러한 수치는 각 조직의 재무적 지출과 자원봉사활동 기여가 동시에 보고될 때 자원의 효율적인 사용을 더 잘 나타낼 수 있다는 것을 보여준다. 물론 자원봉사활동의 가치를 정확하게 평가하기 위해서 민간 부문의 유사한 재화와 서비스를 바탕으로 조직의 산출물에 관한 완전한 평가를 행할 필요가 있다. 그것은 자원봉사활동의 부가가치 프로젝트의 범위를 벗어난 것이지만, 우리 연구를 진전시키기 위한 과제 중 하나이다.

7. 토론 주제

1. 비영리조직과 협동조합이 자원봉사활동과 사회적 노동을 재무제표에 포함시킬 때 부딪히는 장애는 무엇인가? 그것을 어떻게 극복할 수 있는가?
2. 회계사와 감사인이 재무제표에 자원봉사활동 기부를 포함시킬 때 부딪히는 어려움은 무엇인가? 그것을 어떻게 극복할 수 있는가?
3. "유급직원도 정규 근무시간을 초과하여 근무할 수 있고, 이에 대한 실비변상을 받지 못할 경우 해당 시간은 '자원봉사활동시간'과 유사하므로 통합부가가치보고서에 포함해야 한다." 당신은 이 주장에 동의하는가 동의하지 않는가? 그리고 왜인가?
4. 자원봉사활동에 대해 가치평가를 하는 것의 잠재적인 위험과 이득은 무엇인가? 당신이 보기에 이득이 큰가, 위험이 더 큰가?
5. 자원봉사자들이 봉사활동을 통해 얻을 수 있는 혜택 5가지를 열거하시오. 당신은 그것을 어떻게 측정하고, 그들에게 얼마의 가치를 부여하겠는가?

6. 통합부가가치보고서는 자원봉사활동이나 사회적 노동을 포함함으로써 우리에게 어떤 추가 정보를 제공하는가? 이 정보가 조직에 어떤 도움을 줄 수 있는가?
7. 최근 경제영역에서 자원봉사자들의 기여는 거의 인정되지 않는다. 최근 연구에 따르면 이러한 기여가 상당히 크다. 이러한 발견이 연구와 정책, 실무에서 갖는 함의는 무엇인가?
8. 어떤 이들이 자원봉사활동의 가치를 평가하는 것을 유용하다고 생각할까? 그리고 그 이유는?
9. 기존 사회적 경제 조직을 선택하여 자원봉사활동의 가치를 계산하고, 이를 통합부가가치보고서에 포함시켜보자. 통합부가가치보고서를 조직의 손익계산서와 비교해보자. 어떤 새로운 통찰이 생기는가?
10. 이미 존재하는 둘 이상의 비영리조직의 인터넷사이트의 정보 또는 연차보고서의 기존 정보를 사용하여 자원봉사자들의 기부 시간을 계산하고, 이를 해당 조직의 유급직원의 업무 시간 상당량과 비교해보자. 그리고 해당 자료를 그래픽으로 표시해보자. 이 정보를 알게 될 경우 어떤 통찰이나 효과가 생겨나는가?

제8장

사회적 회계보고서 작성 요령

사회적 회계보고서를 작성하기 위해서는 기본적인 정보가 필요하다. 그 중 일부는 기존 재무제표에서 얻지만 시장거래가 아닌 사회적 항목들에 대한 정보를 얻으려면 다른 기법이 요구된다. 제4장부터 제7장까지 다양한 사회적 회계보고서를 제시했으나 사회적 항목과 관련된 자료수집 절차를 구체적으로 설명하지는 않았다. 이 절차는 사회적 회계보고서 작성을 위한 선결과제인데, 아직 사회적 회계로 진입할 준비가 안 된 조직들에게도 해당 조직의 이야기를 더 강력하게 풀어가는 데 도움이 될 기초정보를 수집하는 데 사용될 수 있다. 이 장에서 소개하는 방법론은 사회적 산출물의 가치를 회계처리하고, 자원봉사자들에 대한 기록관리를 개선하고, 더 나아가 자원봉사자들의 공헌에 시장가치를 부여하는 일에 도움이 될 것이다.

이 장에서 우리의 일차적 목적은 조직들이 사회적 회계에 필요한 정보를 쉽게 수집할 수 있도록 하는 데 있다. 사회적 회계는 어떤 조직이 공동체에 제공하는 가치를 강조하는 데 장점이 있다. 앞 장에서 설명한 사회적 회계에 대한 접근은 다음 네 가지를 통해서였다.

- 공동체투자수익모델
- 사회경제영향보고서
- 사회경제자원보고서
- 통합부가가치보고서

이들 보고서는 기존 재무제표에서는 잘 볼 수 없는 사회적 영향(impact)을 포함하고 있다. 조직의 이사회에서 자기 조직에 가장 적합한 사회적 회계 방식을 선택한 후 이 장에서 소개하는 방법으로 정보를 수집한다. 그리고 회계 방식에 필요한 계산을 수행하기 위해 앞 장에서 소개된 보고서들과 결합하여 그 정보를 이용할 수 있다. 보고서의 양식은 투입(유입) 및 산출(유출)에 포함해야 할 것과 계산을 완결하는 방법에 대한 정보를 제공한다.

앞에서 논의한 것처럼 사회적 회계보고서는 해당 조직의 기존 재무제표와 함께 정기총회에 제출될 수 있다. 동시에 이 보고서들은 자금제공자에게도 제공된다. 특히 기부금과 정부 보조금에 의존하는 조직들이 그 조직의 사회적 영향을 측정하기 위해 사용할 수 있다. 사회적 회계보고서를 작성하지 않는다 해도 이 방법은 자금지원 신청을 돕거나 자금제공자에게 보고하거나 잠재적 후원자들을 설득하는 데 사용될 수 있다.

이 장은 주로 비영리조직과 협동조합 경영자들에 초점을 맞추고 있으나 이들 조직에 관심을 갖는 연구자들, 교육자들 그리고 학생들에게도 유용할 것이다. 근거 자료 수집에 관한 마지막 절은 원래 직원역량이 취약한 중소규모 조직을 위해 작성되었다. 비용이 많이 드는 제안은 많은 조직에게 별 쓸모가 없기 때문에 작성요령은 자기 이야기를 스스로 할 수 있도록 지원하는 방식으로 고안되었다. 다음 세 가지 부문으로 구분하여 작성요령을 설명한다.

- 자원봉사활동의 가치에 대한 회계처리
- 사회적 산출물과 그 가치의 인식 및 평가
- 근거 자료 수집

1. 자원봉사활동의 회계처리

제4장부터 제7장까지 등장하는 보고서들은 자원봉사활동 가치의 추정치를 포함한다. 여기서는 자원봉사자들의 참여와 비용, 혜택에 대한 정보수집과 그 가치를 계산하기 위한 단계적인 방법을 소개한다. 또한 자원봉사활동이 조직자원을 확장하는 방법을 보여주는 두 가지 즉 조직 전체의 인적 자원 중 자원봉사시간이 차지하는 비율과 조직 전체 자원 중 자원봉사 시간이 차지하는 비율을 계산하는 방법을 설명한다. 제2장에서 논의한 대로 사회적 조직의 중요한 특징은 자원봉사자들의 참여이다. 특히 이들 조직은 서비스를 제공하기 위해 자원봉사활동에 의지한다. 자원봉사활동을 비영리조직이나 협동조합 회원들이 수행하거나 회원들에게 제공하는 서비스 비용을 낮추는 목적으로 이용될 때 우리는 그것을 사회적 노동이라 부른다. 이름이 어떻든 간에 사회적 조직들이 이러한 자원봉사활동의 가치를 측정하는 수단을 갖는 것은 도움이 된다.

자원봉사자 활동의 가치를 추정하기 위해서는 뒤에 나올 3단계에서 설명한 바와 같이 업무와 시간에 대한 정보를 수집하고 평가할 필요가 있다. 2단계와 4단계는 조직 내 자원봉사자들의 더 큰 그림을 제공하고, 1단계는 그 과정을 시작한다. 또 여력이 있는 조직의 경우 자원봉사자들의 자기부담 지출을 계산하여 자원봉사자 기부의 전체 그림을 완성할 수 있다. 이러한 지출은 자원봉사활동의 가치에 더해질 수 있다. 즉 자원봉사자들에 대한 전반적인 기여도를 평가하기 위해, 그들의 근무 시간과 그와 관련한 자기부담 지출이 결합될 수 있다. 다음 절에서 제공하는 지침을 이용하여 앞에서 설명한 단계를 완성해보자.

제1단계 자원봉사 업무의 구분과 시간 계산

자원봉사자를 한두 가지 업무(예를 들어 이사회 참여 또는 특정한 업무 등)에서만 활용하는 조직은 여러 일에 동시에 활용하는 조직보다는 정보를 수집하기가 더 쉽다. 후자에 속하는 조직은 좀더 상세한 기록유지 절차를 갖추어야 할 것이다. 그 절차는 간단한 엑셀프로그램이나 자원봉사관리 전문 프로그램을 사용하여 진행할 수 있다. 만약 이 정보에 대한 프로그램 작업이 조직의 능력을 벗어날 경우 자원봉사 시간은 종이에 기록해도 무방하다.

다음과 같은 정보가 수집되어야 한다.

- 조직에서 자원봉사자가 수행하는 업무(예를 들어 이사회 참여, 나무 심기, 재난구제 활동 등)

- 각 업무를 수행하는 자원봉사자의 수
- 각 자원봉사자가 해당 업무를 수행하는 시간
- 자원봉사활동을 준비하기 위해 자원봉사자들이 소비하는 시간(자료읽기, 보고서 작성하기, 특별행사를 위한 훈련 등)
- 자원봉사활동을 위해 이동에 소비하는 시간(이동시간은 중요하지 않을 수도 있으나 그 역시 자원봉사자의 공헌의 일부이기 때문에 필요하고, 연 단위로 계산한다.)

이들 정보를 수집하는 두 가지 방식이 있다.

1) 이 업무에 배정된 직원 또는 자원봉사자가 연간에 걸쳐 기록을 관리하면서 월간보고서를 작성하는 방법
2) 각 자원봉사자로 하여금 1년에 한 번 설문지에 작성하여 제출하게 하는 방법

첫 번째 방법이 더 낫다. 자원봉사자들이 1년 동안 수행한 업무에 대해 보고하는 것은 쉬우나 그들이 활동한 시간을 정확하게 기억하는 것은 곤란을 느낄 수 있다. 오류를 최소화하기 위해서는 실시간으로 정보를 정리하는 것이 더 낫다. 이 장에서 논의하는 모든 정보와 마찬가지로 정보는 조직의 재무제표가 포괄하는 같은 기간 동안(즉 해당 조직의 회계기간에 맞추어) 수집되어야 한다. 자원봉사 업무가 다양한 조직에서는 이들 정보 수집을 위해 사용되는 설문지에 이용가능한 다양한 선택지를 반영하여야 한다. 설문지의 항목은 조직에 따라 다를 것이다. 따라

서 다음에 제시하는 사례는 다양한 수준의 업무를 수행하는 조직에 맞게 수정 적용할 필요가 있다.

자원봉사업무를 추적하는 설문 사례

> 지난 1년 동안 당신이 우리 조직에서 맡았던 자원봉사활동을 열거해주세요(이사회 참여, 기금모금위원회 참여, 사무운영지원업무, 지역사회에 음식배달하기, 고객에 대한 자문, 친선방문, 나무심기, 아이 멘토링, 재난구제 활동 등). 봉사시간이 비록 적더라도 수행한 모든 업무를 열거해주세요.

소속 회원들의 주요 봉사활동이 자신이 속한 조직에서 이뤄지는 비영리상호협회와 협동조합의 경우 회원들이 각 조직에 제공하는 봉사활동의 유형을 더 잘 반영하는 질문으로 수정할 수도 있다.

사회적 노동을 위한 설문 사례

> 지난 1년 동안 당신이 우리 조직에서 맡았던 모든 자원봉사 업무를 열거해주세요. 이사회 참여, 기금모금위원회 참여, 사무운영지원업무 등등. 참여 시간이 적더라도 수행한 업무를 모두 열거해주세요.

어떤 조직은 특별 행사를 위해 수천 명의 자원봉사자들을 조직할 수 있다. 유방암 연구를 위한 모금 행사 같은 경우이다. 그런 행사에 참여한 모든 자원봉사자들을 다 조사하는 것은 현실적이지 않을 것이다. 필요한 정보는 설문형태를 통해서 얻을 수 있다. 그러나 조사가 필요할 경우 표본조사가 가장 좋으며, 그것을 전체 그룹으로 일반화하면 된다.

대부분의 조직에서 자원봉사자들이 수행하는 업무를 파악하는 것은 상대적으로 단순하다. 더 큰 문제는 각 업무와 관련된 시간을 측정하는 일이다. 만약 어떤 자원봉사업무가 정기성을 띨 경우(1주 2회 한 시간씩 독서봉사를 한다든지) 총시간을 추정하는 것은 별 문제가 아니다. 그러나 다양한 업무에 참여하면서, 부정기적으로 이뤄지는 봉사활동 시간을 추정하는 것은 문제가 된다. 가능하면 이러한 패턴을 가진 조직은 자원봉사 업무와 시간을 추적하거나 매년이 아닌 매월 이 정보를 기록.관리하는 소프트웨어를 사용하는 것을 고려할 수 있다.

여기 이용가능한 설문항목을 소개한다.

- 지난해 자원봉사 업무에 투입한 시간이 얼마인지 정리해주세요.
- 지난해 자원봉사활동 준비시간을 정리주세요.(자료 읽기와 보고서 준비, 특별행사를 위한 훈련 등)
- 지난해 자원봉사활동을 위해 이동한 시간을 정리해주세요.

이 세 항목 중 첫 번째가 가장 중요하다. 다른 두 항목도 중요한데, 자원봉사시간은 단순히 업무를 실제 수행한 시간만이 아니라 업무를 맡으면서 준비하거나 이동한 시간도 포함하기 때문이다. 업무 유형에 대한 앞서의 질문과 같이 시간과 관련된 질문은 조직마다 다를 수 있다.

자원봉사 업무와 시간에 대한 정보가 일단 수집되면 <표8.1>처럼 집계할 필요가 있다. 자원봉사활동 시간을 전부 계산할 때는 미리 업무에 따라 열거하는 것이 유용하다. 이렇게 기록해 두면 결과적으로 정보를 업데이트하거나 연간 비교를 하는 것도 더 쉬워질 것이다.

〈표 8.1〉 업무별 자원봉사시간 추정

캐나다 유방암 재단 (온타리오 지부)

업무	자원봉사자 수	자원봉사 시간
이사회	16	1,369
위원회	77	1,876
소계	89	3,245
사무행정	24	900
지역사무소	76	8,250
달리기 행사 계획	212	11,450
달리기 행사	1,999	13,707
기타 행사	164	1,339
행사 소계	2.375	35,646
합계(달리기 주자 제외)	2.564	38,891
달리기 주자	41,735	83,470
총계	44,299	122,361

*합계 차이는 몇몇 이사들이 위원회 위원을 겸직한 때문임

제2단계 자원봉사 는 비율 계산

자원봉사자들은 조직의 경영과 업무에 소중한 기여를 한다. 전체 인적 자원에서 이들이 어떤 영향을 미치는지 알아보기 위해, 자원봉사자들이 기여한 총 시간을 동등한 수준의 정규직업무시간(FTE)으로 환산해본다. 이 계산을 위해서는 앞 장에서 설명한 대로 회계 기간 동안 총 자원

봉사 시간이 얼마인지 알아야 한다. 예를 들어보자. 100명의 자원봉사자들이 1년 중 52주 동안 매주 10시간씩 총 5만 2,000시간(52주×10시간×100명) 동안 인구밀집 도시 지역 5,000명의 노인을 돕는 가상 급식 프로그램 시니어 링크스(SeniorLinks)를 생각해 보자. 이 프로그램은 자치구 전체를 대상으로 운영하는 데 주 37.5시간 근무하는 20명의 직원을 가진 조직의 프로그램 일부이다. 즉, 각 정규직원은 연간 1,950시간(37.5시간×52주)을 근무한다.

<표 8.2>에서 보는 바와 같이, 자원봉사시간을 정규직 업무시간으로 환산하기 위해, 총 자원봉사시간을 1,950으로 나누면, 총 26.7개의 정규직 업무를 얻는다. 일단 반올림하여 27개의 정규직 업무라고 해보자. 이 27개의 정규직 업무량은 자원봉사시간이 전체 정규직 업무량에서 어느정도 차지하는 지 확인하는 데 사용될 수 있다. 급식 제공을 담당하는 정규직 인력이 30명이라면 여기에 여기에 유급인력에 대응하는 자원봉사자수를 더한 다음(30 + 27 = 57) 조직의 총 인력 내에서 자원봉사시간 비율이 얼마인지 계산할 수 있다(<그림 8.2> 참조). 이 경우는 47%(=27명/57명)가 된다. 이는 사례 조직 전체 인력 중 거의 절반에 해당하는 큰 비율이다. 그러나 실제 대부분은, 특히 직원 의존도가 높은 비영리조직에서는 그 비율이 훨씬 더 적을 것이다. 이 계산은 조직 간의 비교를 위해 설계된 것이 아니라 각 조직의 고유한 맥락 내에서 자원봉사 활동의 비중을 살펴보기 위해 설계된 것이다.

<표 8.2> 전체 인적 자원에대한 자원봉사시간의 비율 계산

시니어링크스 사례

자원 봉사활동의 해당 정규직 업무 시간	
회계 기간 동안 자원봉사자들이 기여한 총 시간은 몇시간인가?	52,000
정규직원 1명의 1년 평균 근무 시간은? 주당 37.5시간×52주	1,950
자원봉사시간의 정규직 환산 인력(총 자원봉사시간/1,950)	26.7

총 노동시간 중 자원봉사시간이 차지하는 비율계산	
회계기간 해당 업무 정규직 직원수는 몇 명인가?	30
총 업무수행 정규직원 환산수는(자원봉사자와 정규직원수 합계)? (26.7+30=56.7명)	56.7
총 노동시간 중 자원봉사시간이 차지하는 비율은? (총 자원봉사 정규직환산 인력(26.7)/총 소요 정규인력 57)	47.10%

이 비율은 <그림 8.1>과 같은 원그래프로 보면 이해하기 쉽다.

<그림 8.1> 전체 인적 자원에 대한 자원봉사 자원의 비율

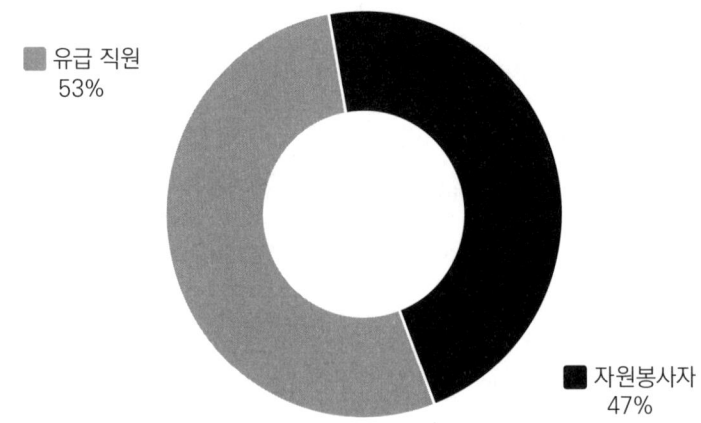

제3단계 자원봉사 시간의 시장가치 추정

자원봉사자의 공헌 가치를 추정하기 위해 각 업무에 가치를 할당하는 작업이 필요하다. 제3장에서 언급한 것처럼 이 작업에는 다양한 방식이 있다. 하지만 가장 널리 알려져 있는 방법은 동일한 업무에 같은 임률을 적용하는 방법(동일임률법)과 업무별로 다른 임률을 적용하는 방법(차등임률법) 등 두 가지이다. 우리는 제4장부터 제7장까지의 사례연구에서 예를 든 것처럼 '차등임률법' 적용을 선호한다. 그러나 '동일임율법'을 적용하는 것이 잘못은 아니다. 독립부문(2006)에서 행한 것처럼 급여의 12%에 해당하는 복리후생비를 포함하여 모든 시간에 시간당 18.04달러를 동일하게 적용하는 방식이다. 이처럼 동일임률을 적용하는 조직은 해당 지역의 자문조직(미국의 독립부문이나 영국의 자원봉사조직전국평의회 또는 캐나다의 자선조직협회 등)에 자문을 구하는 것이 중요하다.

차등임율은 적용하는 게 더 힘들긴 하지만 정확할 수 있다. 제5장에서 제7장까지 소개한 것처럼 차등임률을 적용하는 데 유용한 다양한 선택지가 있다. 미국에서는 노동부 노동통계국의 전국보수조사보고서[1]의 시간당 임률을 검토하면 될 것이다. 캐나다와 미국, 멕시코 통계기관들이 개발한 북미산업분류체계(NAICS)라는 유사한 임률자료도 있다. 모든 상세한 분류표를 열거한 매뉴얼은 캐나다 통계청 웹사이트[2]에서 찾을 수 있다.

<표 8.3>는 로체스터J.A.에서 활동하는 자원봉사자들의 업무와 각

---
1 노동부 노동통계국의 전국보수조사의 시간당임률은 data.bls.gov에서 이용가능하다.
2 북미산업분류체계(NAICS) 웹사이트는 cansim2.statcan.ca/cgi-win

업무별 봉사시간, 그 시장가격 명세를 보여준다. 미국 노동부의 노동통계청 자료를 이용하여 해당 조직의 자원봉사 업무에 적용한 임률은 다음과 같다.

- 이사회 이사-경영진, 운영진, 관리자: 시간당 31.3달러
- 회사 코디네이터-기타서비스 실행 운영자: 시간당 26.85달러
- 방과후 프로그램 커리큘럼 강사-기타서비업 강사: 시간당 25.86달러
- 특별행사 자원봉사-기타 분류되는 사무보조업무: 시간당 12.22달러

이러한 임률을 적용하여 자원봉사시간에 대한 총 가치를 계산해서 30만 8,577달러로 추정하였다. 그리고 거기에 12%의 복리후생비를 가산하였다. 이는 독립부문(2002b)[3]에서 미국 자원봉사활동의 공헌가치로서 적절한 것으로 제안된 것이다. 이를 모두 합하여 34만 5,606달러가 되었다.

〈표 8.3〉 자원봉사 시간의 가치(2000~2001)

로체스터J.A. (단위: 달러)

	자원봉사자 수	시간 수	평균 시간	해당정규직원 수	임률	추정가치
초등학교 컨설턴트	736	8,832	12	4.25	25.86	228,395.52
중학교 컨설턴트	33	726	22	0.35	25.86	18,774.36
고등학교 컨설턴트	4	140	35	0.07	25.86	3,620.40
회사 코디네이터	45	990	22	0.48	26.85	26,581.50
특별행사	75	525	7	0.25	12.22	6,415.50
이사회	36	792	22	0.38	31.30	24,789.60
소계	929	12,005	13	5.77	25.70	308,576.88
복리후생비(12%)						37,029.23
총계						345,606.11

두 번째 사례에서 〈표 8.4〉는 캐나다유방암재단의 명세를 보여주는

---

[3] 봉사활동 비율에 대한 정보는 독립부문 웹사이트 www.independensector.org참조

데, 이사회의 이사부터 기금모금 행사 참여자까지 넓은 범위의 업무를 포함한다. 위 재단의 대부분의 자원봉사활동은 북미산업분류시스템의 '보조금 조성 및 시민조직, 전문분야 기타 유사 조직'으로 분류되었다. 이 부문은 일차적으로 신탁기금보조금 조직이거나 기부금을 받는 조직, 광범위한 건강, 교육, 과학, 문화 기타 사회복지활동을 지원하기 위해 타인을 대신하여 기부행위를 하는 조직이 포함된다. 2001년 6월 말 현재 온타리오지역 해당 범주의 시급노동자의 시간당 임률은 14.51달러, 정규직 급여는 시간당 19.72달러이므로, 그 중간값인 17.11달러를 적용했다.

북미산업분류시스템은 이사회가 수행하는 관리업무를 고려하지 않기 때문에 이사들의 자원봉사시간에 대해서는 건강과 교육, 사회, 지역공동체 서비스 및 회원사들의 고위 관리자들을 위한 중간값 시간당 임률인 35.56달러를 적용하였다. 캐나다유방암재단 온타리오지부의 특정프로그램에 참여하는 핵심 자원봉사자들이 기여한 시간에 대한 총 비교시장가치는 <표 8.3>에 나타나 있다. 이들 가치는 한 프로그램에 참여한 자원봉사자의 총시간 수에 적정한 시간당 임률을 곱하여 산출된 것이다.

〈표 8.4〉 자원봉사 시간의 시장가치 계산

캐나다 유방암 재단 (온타리오 지부) (단위: 달러)

업무	시간수	임률	금액
이사회	1,369	35.56	48,682
위원회	1,876	19.72	36,995
사무행정	900	14.51	13,059
지역사무소	8,250	17.11	141,158
소계	12,395		239,893
달리기 행사 계획	11,450	19.72	225,794
달리기 행사	13,707	14.51	198,889
달리기 주자	83,470	14.51	1,211,150
예방홍보의 날 행사	498	17.11	8,521
그레이트화이트노스 행사	841	17.11	14,390
소계	109,966		1,658,743
총계	122,361		3,797,271

제4단계 자원봉사 자원이 전체 자원에서 차지하는 비율 계산

이 비율 계산은 한 회계연도에 자원봉사자가 기여한 총 시간을 대상으로 한다. 먼저 자원봉사시간을 달러 가치로 환산한 다음 조직 내에 투입된 전체 자원에서 그것이 차지하는 비율로 표시한다. 이 계산은 자원봉사자의 기여를 포함한 전체 자원에 대한 자원봉사자의 기여도를 추정하는 데 도움이 된다. 첫 번째 계산에서, 우리는 앞에서 산출한 자원봉사 시간에 대한 달러 환산값을 사용한다. 가상 조직인 시니어링크스(Senior Links)는 지난 회계연도에 총 250만 달러의 수익이 발생했다. 수익의 원천은 100만 달러의 정부 보조금, 70만 달러의 재단기금, 50만 달러의 서비스 수수료, 30만 달러의 후원금 모금이었다. 자원봉사 시간당 달러 환산 가치를 18.04달러로 계산하면(앞서 논의한 독립 부문 금액 수치 사용), 자원봉사자가 기여한 총 추정 가치는 93만 8,080달러이다. <표 8.5>에서 볼 수 있듯이, 이 금액을 조직의 전체 자원인 250만 달러에 더하면 예상 총 금액은 343만 8,080달러가 된다. 이렇게 해서 자원봉사자원의 비율을 계산하면 전체 자원의 27%(93만 8,080달러/343만 8,080달러)로 계산된다.

<표 8.5> 전체 자원에 대한 자원봉사 자원의 비율 계산

시니어링크스 (단위: 달러)

자원봉사 시간에 대한 달러가치 환산	
당기에 자원봉사자들이 기여한 총 시간은 얼마인가?	52,000
자원 봉사자들이 수행하는 활동의 시간당 평균 달러환산가치는 얼마인가?	18.04
총 자원봉사시간의 달러환산가치(사회적 자원) (총 봉사시간*시간당 달러환산가치)	938,080

전체 자원에서 자원봉사 자원이 차지하는 비율 계산하기	
당기 조직의 총수입은 얼마인가?(재무적 자원)	2,500,000
총 자원에 대한 추정가치 (자원봉사 자원의 가치+당기 총수입 = 938,080달러+2,500,000달러)	3,438,080
총투입 자원에 대한 자원봉사자원의 비율 (자원봉사 자원/총자원의 백분율 938,080달러/3,438,080달러× 100)	27.30%

<표 8.5>의 계산은 <그림 8.2>와 같이 원그래프로 나타낼 수 있다. 이 그래프는 자원봉사 자원이 정부보조금에 이어 두 번째 비중을 차지하지만 재단 기금이나 서비스 수수료 기부금보다는 더 크다는 것을 보여준다. 이를 통해 시니어링크스의 경영진은 자원봉사자를 유치, 관리, 교육 및 보유하는 데 투입되는 자원을, 서비스수수료 관리 또는 재단 기금을 얻는 데 할당된 자원과 비교하여 평가할 수 있다. 이 책의 후기에서

비영리 재무관리자가 얘기한 바와 같이, 이러한 유형의 정보는 경영진의 의사결정에 도움이 된다.

〈그림 8.2〉 전체 자원에 대한 자원봉사 자원의 비율

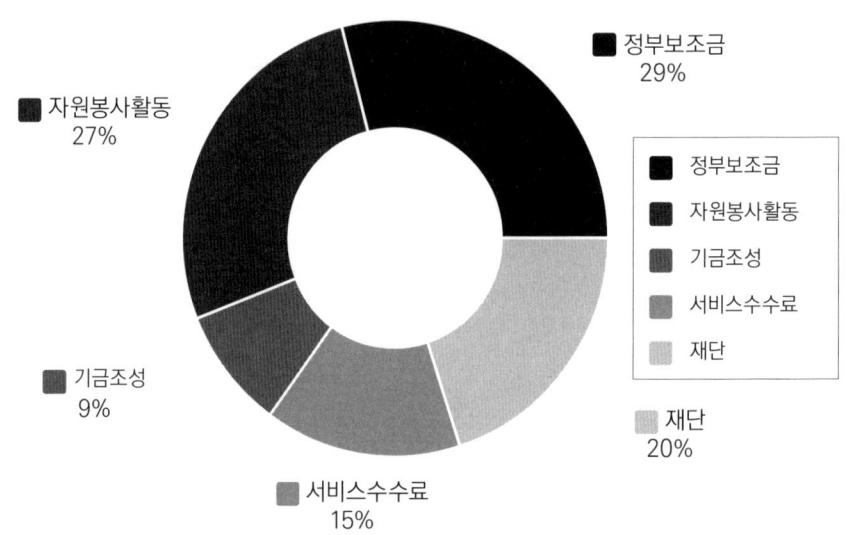

추가 계산: 자원봉사자의 자기부담 비용

자원봉사자들은 자원봉사활동 시간뿐 아니라 자원봉사를 하면서 때때로 자기부담으로 비용을 지출한다. 비록 조직이 실비보상하는 정책을 갖고 있다고 해도 이러한 자기부담 지출은 자원봉사 시간과 마찬가지로 재무적 기부에 해당하고, 자원봉사활동의 가치를 추정할 때 가산되어야 한다. 비록 금액이 적더라도 많은 자원봉사자들이 그러한 지출을 하고 있다면 조직에 미치는 그들의 영향은 상당할 수 있다. <표 8.6>에서

보듯 캐나다유방암재단의 자원봉사자들은 대상 회계기간 비교적 소량이긴 하지만 업무관련하여 자기부담비용을 지출했다. 4만 4,299명의 자원봉사자들이 부담한 총액을 합하면 그 금액은 48만 1,112달러에 달했다. 계산을 할 때 모든 자원봉사자들이 자기부담을 하는 것은 아니라는 점을 고려한다면 평균지출금액은 그와 관련한 비율로 조정되어야 한다. 또한 실비보상되는 경우와 그렇지 않은 경우를 구분하는 것도 중요하다. 실비보상된 금액은 자원봉사 기부로 계산하지 않는다. 일부 실비보상 지출은 제외하고 그렇지 않은 것만 자기부담지출로 계산한다.

〈표 8.6〉 자원봉사자들의 자기부담 비용 계산

캐나다 유방암재단(온타리오 지부) (단위: 달러)

업무	자원봉사자 수	지출한 비율(%)	1인당 지출 금액	자기부담 지출 총액
이사회와 위원회	89	86	402.12	30,677
사무행정	24	83	75	1,495
지역사무소	76	83	75	4,734
달리기 행사 기획	212	77	75	12,286
달리기 행사	1,999	77	12.5	19,308
달리기 주자들	41,735	77	12.5	403,108
예방홍보의 날	102	77	75	5,911
그레이트화이트노스 행사	62	77	75	3,593
총계	44,299			481,112

자기부담 지출에 대해 조사하기

〈그림 8.3〉은 로체스터J.A.와 관련하여 우리 연구에 사용된 설문조사문항으로 자원봉사자들의 자기부담지출에 대한 것이다.

〈그림 8.3〉 설문조사 문항

a. 지난해 당신은 이 조직에서 자원봉사업무를 하면서 관련된 비용을 자기부담으로 지출한 적이 있나요?
( ) 예, ( ) 아니오

b. 만약 있다면 아래 공란에 그 금액이 얼마인지 또는 나중에 조직 또는 당신의 근무처로부터 실비변상을 받았는지 기록해주세요. 근사치로 적어도 됩니다.
(   )

〈그림 8.3〉 설문조사 문항 (계속) (단위: 달러)

지출 유형	지난해 지출한 자기부담 금액	실비변상 받은 금액	
		봉사한 조직에서	근무 회사에서
봉사활동수행과정에서 이동비용			
주차비용			
음식 및 차			
통화료(장거리통화 포함)			
원재료, 소모품비			
복사비 및 인쇄비			
인터넷 이용			
일일 돌봄			
기타(구체적으로)			

<그림 8.3>과 같은 표를 사용하지 않고 해당 금액을 얻는 것도 가능할 것이다. 만약 자원봉사자들이 자기부담 지출을 했다면 간단하게 질문한다.

지난해 당신이 지출한 총액을 추정해서 기록하시오.(   )달러

그러나 이러한 단순한 질문보다는 우리 경험상 자원봉사자들이 자신의 경험을 세세히 기억하지 못할 수도 있으므로, 표를 이용하여 조사하는 것이 더 낫다. 어떤 야구감독은 게임이 끝난 후 야구팀에 아이스크림을 사준 경우도 있다. 표를 이용할 때 구분 범주는 자원봉사자의 역할에 따라 또 조직마다 달라질 수 있다. 자기 조직에 해당되지 않는 문항은 삭제해도 무방하다.

금액 계산하기

위의 절차는 한 조직에 대한 자원봉사자 및 사회적 노동 기여분을 계산하는 방법을 보여준다. 이 금액은 그 조직이 이해관계자 또는 보조금 지원기관에 보낼 보고서에서 별지로 다루거나 제4장부터 제7장에서 예시한 사회적 회계보고서에 포함되는 정보로 다뤄도 된다.

자원봉사자가 얻는 편익의 가치

이번 연구에서 우리는 자원봉사자들이 경험한 개인적 성장과 발전에 대해서도 추정했다. 기술적으로 말한다면 이런 항목은 조직의 간접 또는 2차 산출물이다. 하지만 우리는 여기서 자원봉사자 기여분의 가치를 추정하는 정보수집 절차의 일부로 이를 언급한다. 개인적 성장과 발전을 평가할 때 사용할 수 있는 몇몇 기본적인 항목들은 다음과 같다.

직능의 예시

- 자금 모금 활동
- 기술직 또는 행정직 업무
- 조직 및 관리 업무
- 유방암이나 환경문제와 같은 주제에 대한 지식 함양
- 소통 업무
- 어려운 상황에 대한 대처와 같은 인간관계 대응 업무

개인이 얻는 편익의 예시

- 사회적 상호작용
- 개인적 삶의 질 개선
- 공동체에 대한 끈끈한 연대감
- 시민생활에의 참여 증가

자원봉사활동에서 얻은 개인적 편익에 관해 질문할 때 부정적인 효과도 확인할 필요가 있다. 모든 사람의 자원봉사 경험이 긍정적인 것은 아니기 때문이다. 만약 자원봉사자들이 부정적 경험을 많이 한다면 이 경험은 가치평가에서 차감항목으로 검토되어야 한다. <그림 8.4>는 부정적 경험을 평가할 때 사용할 수 있는 문항의 예이다.

〈그림 8.4〉 부정적 경험 평가 문항

당신은 자원봉사활동과정에서 어떤 부정적 영향을 경험한 적이 있는가?

( )예, ( )아니오

만약 있다면 그 경험을 아래에 기록하고, 그에 대한 설명도 해주세요.

1)_____
2)_____

만약 있다면 당신은 그것이 긍정적 효익을 넘어설 정도였는지 말해줄 수 있는가?

( )예, ( )아니오

'예'라고 답한 경우 그에 대해 설명해주세요.
(   )

자원봉사자의 개인적 성장과 발전에 대한 가치 계산

이 절차는 제7장에서 언급했는데, 여기서 더 상세하게 설명한다. 일단 조사가 완료되면 자원봉사자의 개인적 성장과 발전에 어느정도의 가치를 부여할 것인지를 계산하기 위해 다음 세 단계를 고려한다.

1단계

조사연구에서 얻은 정보를 이용하여 자원봉사자 중 몇 %가 편익을 얻거나 기술을 습득했는지 계산한다. 이러한 정보를 위해 우리는 개인적 성장과 발전에 대해 5가지 질문을 이용했다. 응답자가 다섯 개 중 최소한 세 개 이상에 긍정적으로 답했다면 이것은 자원봉사활동으로부터 효익을 얻었다는 강력한 증거로 취급했다.

사례: 캐나다적십자사 토론토 지부는 핵심 자원봉사자들 중 271명에 대해 표본조사를 했다. 조사에 따르면 53.38%가 그 조직에서 자원봉사를 하면서 개인적으로 편익을 얻었다고 응답했다. 설문에 대한 반응 비율은 해당 조직 자원봉사자 모두에 대한 대용치로 사용했다. 다시 말해 그 조직은 개인적 성장과 발전의 가치를 계산할 때 1,506명의 핵심 자원봉사자들의 53.38%에 대해 적용해야 한다고 가정했다.

2단계

자원봉사자들이 얘기한 개인적 성장과 발전에 대해 시장가치 부여한다.

이 작업을 수행하기 위해서는 창의적일 필요가 있다. 가령 현업에서의 성공, 지역사회와의 더 밀접한 연대, 기금모금 기술의 습득 또는 인간관계 기술의 습득 같은 항목을 생각하는 것 말이다. 이에 대한 계산을 위해 대안으로서 지역 대학의 개인성장과 개발과정의 수강료를 대체가격으로 사용할 수 있다. 이는 자원봉사자들이 얻은 개인적 편익에 대한 보수적 추정치와 비슷하다. 조사결과 2002년 3월 토론토 소재 세 개의 지역 대학교에 개설되어 있는 다섯개의 서로 다른 개인발전과정에 기초하면 그 평균가격은 151.50달러였다.

사례: 캐나다적십자사 토론토지부는 1,506명의 자원봉사자들이 활동중이었다. 이 숫자에 53.38%(개인적으로 편익을 얻었다고 강하게 응답

했던 비율)를 곱한 다음 여기에 151.50달러(지역 대학의 개인발전과정 수강료)를 곱하여 산출했다. 이렇게 하면 총 12만 1,791달러의 가치가 자원봉사자의 개인적 성장과 발전에 할당된다.

<그림8.5>는 자원봉사자의 성장과 발전의 가치 계산 내역을 보여준다.

〈그림 8.5〉 자원봉사자 개인의 성장과 발전 가치 계산

캐나다적십자사 토론토 지부   2000년 3월 말 현재

1. 총 자원봉사자 수: 1,506명
2. 자원봉사활동을 통해 개인적 성장과 발전에서 편익을 얻었다고 강하게 의사표시한 응답자의 비율: 53.38%
3. 개인적 성장과 발전을 위한 지역대학 과정의 수강료 평균: 151.50달러
4. 이 편익의 총 가치: 1,506×53.38%×151.50달러=121,791달러

우리가 자원봉사자에 대해 생각할 때 지역이나 조직에 대한 그들의 공헌에 초점을 맞추는 경향이 있다. 살펴본 것처럼 그들의 자원봉사시간과 그들이 자체 부담한 지출을 측정하는 것은 중요하다. 하지만 자원봉사자에 대한 해당 조직의 영향도 고려해야 한다. 이것은 해당 조직이 자원봉사자들에게 중요하게 기여한다는 점을 고려한 것이다. 사회적 회계보고서에서 이러한 효익의 시장가치는 자원봉사자들을 훈련하고 관리하면서 해당 조직이 부담한 비용을 감안하여 조정해야 한다.

2. 사회적 산출물의 인식과 가치 평가

이제 사회적 산출물을 인식하고, 그에 대한 가치를 평가하는 데 초점을 맞춰본다. 이것은 사회적 회계에서 꽤 어려운 점이다. 사회적 산출물은 재무적(화폐적) 거래를 포함하지 않기 때문이다. 직업훈련기관에서 전형적인 사회적 산출물은 직장을 구하기 위해 입소한 졸업생들에 대한 임금의 추정 시장가치이다. 제4장에서 제7장까지 사회적 산출물(자원봉사자들의 개인적 성장과 발전과 같은)이 어떻게 사회적 회계보고서에 포함할 수 있는지에 대한 몇몇 사례를 보여주었다. 여기서 우리는 사회적 산출물을 평가할 때 필요한 정보를 강조한다. 어떤 질문을 던져야 하는지, 정보수집의 방법은 무엇인지, 그 정보는 어떻게 평가해야 하는지 등등.

사회적 산출물의 인식

이에 관한 논의를 시작하기 전에 분명히 해야 할 것이 있다. 많은 비영리조직에 대한 후원자들은 산출물이나 조직적 성과물을 강조하고, 이들을 어떻게 평가할 것인지에 대한 구체적인 기준을 갖고 있을 수 있다. 조직을 평가하는 문헌은 조직의 산출물과 결과물을 구별하기도 한다. 산출물(outputs)은 그 조직이 공급하는 재화 또는 서비스를 말하고, 성과(outcome)는 그 산출물이 주는 영향을 말한다.[4] 이러한 구별은 어떤 환경에서는 적절한 반면 우리는 그것이 우리 설명의 복잡성을 가중시키는 것으로 느꼈다. 부분적으로는 우리 모델이 산출물(1차,2차,3차 산출물)

---
4 Hatry 1999

이란 범주를 사용했고, 또 어떤 항목이 산출물인지 성과인지가 명확하지 않은 환경도 있었기 때문이다. 산출물은 회계에서 더 일반적인 용어로 사용되기 때문에 우리는 그렇게 해야 할 책임이 있다는 것을 인식하면서도 성과에 대해서는 단순화하고 넘어가기로 결정했다. '성과'라는 용어를 선호하는 독자의 경우, 조직의 서비스 결과에 대한 참조가 있는 경우 '산출물'을 '성과'로 대체해 생각하기 바란다.

사회적 산출물을 측정하는 것은 사회적 회계에서 매우 중요하고, 한 조직의 운영성과를 얘기할 때 소중하다. 사회적 산출물이 시장거래를 포함하지 않기 때문에 그것을 무시하거나 질적인 설명으로 제한하려는 경향이 있다. 질적인 설명도 의미는 있지만 이 방법을 막연하게 선택해서는 안된다. 비록 사회적 조직들이 사회적 산출물 측정 방법론에 동의하기 어려울 수도 있겠지만 사회적 산출물에 가치를 부여하는 것은 조직에 중요하고, 후원자의 시각에서 보더라도 조직의 이미지를 개선할 수 있다. 비록 그 임무가 어렵게 보여도 참을성 있게 참여자들과 함께 정보 공유를 한다면 해낼 수 있을 것이다.

제4장에서 제7장까지 소개한 회계모델에서 1차, 2차, 3차 산출물 등 세 가지 수준의 산출물이 언급된다.

1차 산출물은 조직의 활동이 고객에게 미치는 직접적인 효과를 말한다.

사례

제4장에서 설명한 컴퓨터훈련센터에서 1차 산출물은 취업이었다. 즉

일자리와 연결된 직업훈련과 일자리 기회의 개선으로 이어지는 직무능력 향상이 그것이다. 제6장에서 설명한 워터루주거협동조합 입주자들에게 1차 산출물은 질 좋은 학생주거시설이었다.

2차 산출물은 고객 및 조합원(회원)들에 대한 조직 활동의 간접적 효과를 말한다.

사례
앞에서 언급한 자원봉사자들의 개인적 성장과 발전이 2차 산출물의 사례이다. 이 사례는 제7장에서 소개한 다섯 사례에서도 언급되었다. 이들 조직은 자원봉사자 개인의 성장과 발전을 위해 설립된 것은 아니지만 자원봉사자들은 그곳에서의 경험을 통해 2차 산출물을 얻었다.

3차 산출물은 고객이나 자원봉사자 또는 그 조직의 회원들이 아닌 사람들에게 조직 활동이 미치는 효과를 말한다.

사례
워터루주거협동조합은 다른 협동조합에게 자문서비스를 제공했다. 이것은 그 회원들에게 쓸만한 주거를 제공하는 1차적 임무에 부가된 서비스로 간주되었다. 마찬가지로 일자리를 얻은 결과 컴퓨터훈련센터의 졸업생들은 건강관리(health care) 또는 치아 관련 혜택(dental benefits)과 같은 복지비용 등 사회적 비용을 감소시켰다.

이 세 범주의 산출물들이 유용하더라도 좀더 단순화하기를 원하는 조직에서는 두 범주(직접, 간접 효과)의 효과만으로도 충분할 것이다.

산출물을 인식하는 절차

산출물을 인식하고 측정하기 위한 많은 방법들이 있다. 유나이티드웨이와 같은 자금제공자는 이러한 업무를 위한 비영리조직 운영자를 양성한다. 그러나 사회조직 직원이나 회원들도 산출물의 인식과 측정에 대해 아이디어를 제시할 수 있다. 왜냐하면 그들이야말로 조직이 무엇을 이루려 하는지 가장 잘 이해하기 때문이다.

1단계

조직에 대해 측정가능한 모든 직.간접적 효과를 브레인스토밍하기 위해 한 시간 정도 직원회의를 계획한다. 단순화를 위해 가능한 프로그램으로 테스트를 시작한다. 현장 직원들은 프로그램이 간접효과를 포함하여 그들 고객에 미치는 영향을 잘 인지하는 경향이 있다.

2단계

측정에 전문성을 가진 직원이 아니라도 조직의 성과를 측정할 수 있는 방법에 대해 의미있는 통찰력을 가질 수 있다. 모든 산출물을 양적으로 측정할 수 없다는 것을 염두에 둔다면 말이다. 많은 자금제공자들은 그들의 웹사이트에 측정 매뉴얼을 제공한다. 예컨대 유나이티드웨이 자료 또는 W.K.켈로그재단의 '가치평가핸드북' 같은.

3단계

일단 어떤 프로그램에 대해 기대한 산출물이 식별되면 각 직원 회의 시간에 다른 프로그램에 대해서도 같은 방식을 적용해 본다. 그 절차를 진행하다보면 나름의 가속도가 생길 것이다.

이제 도심지역에 있는 청소년을 위한 스포츠오락 프로그램, 코칭 훈련, 지도력 훈련 등을 제공하는 애플그로브(AppleGrove)지역센터라는 가상의 조직을 생각해보자. 여름철에 그 조직은 위기에 처한 청소년을 위한 특별한 프로그램을 운영한다. 참가자들은 14세에서 18세까지의 청소년들이고, 운동이나 놀이방식으로 참가한다. 금요일과 토요일 저녁에는 음악과 비디오, 스낵을 즐기는 깜짝 파티가 있다. 전체적으로 두 달 정도의 프로그램에 25명의 정규 참가자들이 있다. 유나이티드웨이와 지자체로부터 보조금을 지원받는 비영리조직으로서 애플그로브지역센터는 참가자들에게 이용료를 부과하지 않는다.

직원들은 이 프로그램의 산출물을 식별하기 위해 브레인스토밍 과정을 진행했다. 그들의 목표는 합리적이었고, 센터에 대해서는 이 특정 프로그램에서 시작하기로 결정했다.

1차 산출물(위기의 청소년을 위한 여름프로그램에 대한 조직의 목표와 직접 연관된 산출물)로서 그들은 다음과 같은 것을 찾아내었다.

- 14세에서 18세에 이르는 25명의 청소년을 위한 안전한 환경에서의 오락활동
- 사회성 및 갈등해결 능력의 향상
- 리더십능력 향상(행사를 조직하는 일에 청소년들이 어떻게 개입하는지 하는 능력)

2차 산출물(조직의 서비스 수혜자인 고객에게 미치는 간접적인 영향)로서 다음과 같은 내용이 기록되었다.

- 새로운 친구들을 만나면서 확장된 사회적 관계망
- 다른 문화에 대한 이해 폭 확대
- 부모님과 이웃, 경찰과의 갈등 사건의 감소

3차 산출물(지역사회에 대한 영향)로 직원들은 다음 산출물을 제시했다.
- 지역사회 경찰업무에서의 비용 절감
- 가족관계의 향상
- 더 안전하고, 즐거운 이웃 관계

다음 단계는 직원들의 통찰을 증거로 뒷받침할 수 있는지, 그리고 센터에 참여하는 수많은 참가자들이 어떻게 각각의 산출물과 연관되어 있는지를 결정하는 것이었다. 1차 산출물(더 안전한 환경에서 25명의 청소년을 위한 오락활동)은 센터의 참가 기록부를 통해 조사되었다. 다른 1차 및 2차 산출물에 대해서는 이 프로그램에 참여한 25명의 청소년을 조사함으로써 그 증거를 수집하였다. 조사는 포괄적이었고, 고려할 항목 각각에 대해 질문을 던졌다. 즉, 사회적 관계능력, 리더십 능력, 더 넓은 사회관계망, 타인의 문화에 대한 이해의 확대 그리고 비행 사건의 감소 등.

3차 산출물(지역사회에 대한 영향과 관련된)에 대해서는 다른 증거가 필요했다. 예컨대 청소년들에 대한 이웃들의 불만 제기로 경찰이 호출된 횟수에 대한 경찰 기록, 시간이 지나면서 어떻게 변화했는지, 그리고 경찰관들에게 청취한 개별 일화들. 그러나 가족과 이웃관계를 조사하는 것은 작은 규모의 오락센터로서는 너무 부담스러운 과업이라 사회조사프로그램 석사과정의 한 사람이 이 작업을 수련과정의 하나로 수행했다.(그 대안으로 이 일을 청소년 스스로가 직능교육이나 경력 쌓기활동의 일환으로, 센터활동의 하나로서 수행할 수도 있다.) 이 조사를 통해서 직원이 식별한 결과물을 문서화하는 데 어떤 충분한 근거가 이용가능한 지 결정되었다.

증거가 주관적이기 때문에 특정한 결과에 대한 충분한 지지가 있다는 것을 인정하기 전에 엄격한 기준치(예컨대 최소한 75%의 동의)를 적용하는 것이 중요할 것이다. 이 작업을 수행한 후 직원이 인식한 3차 산출물은 증거 부족으로 기각되었다. 또 참가자들이 두 가지를 서로 구별하지 못한 이유로 1차 산출물 중 사회적 갈등해결 능력 향상과 리더십 능력 향상은 하나로 통합되었다.

산출물에 가치 부여하기

이 프로그램 참가자들은 서비스 비용을 지불하지 않기 때문에 산출물의 시장가격은 없다. 따라서 다음 단계는 제3장에서 논의한 것처럼 그 서비스의 대체가격을 할당하는 일이다. 즉 몇몇 항목이나 서비스에 대한 유사한 시장가격을 부여하는 일. 대체가격을 선택할 때 가능한 그 환경에 가까운 사례를 찾고, 합리적인 추정을 하는 것이 중요하다. 대체가치는 과장되어서는 안된다.

1차 산출물(더 안전한 환경에서 25명의 청소년들을 위한 오락활동)에 대한 비교대상은 참가자들이 비용을 부담한 유사한 캠프였다. 적절한 비교대상을 찾는 일은 쉽지 않았다. 지자체나 사회조직이 운영하는 캠프는 보조금 덕분에 비용을 부과하지 않거나 아주 적은 실비만 부과했다. 민간 캠프는 지자체나 사회조직이 제공한 프로그램에 비해 훨씬 비쌌다. 그러나 그들은 분명 시장가격을 대변한다. 그 도시의 두 개의 민간 주중 캠프 가운데 한 군데는 주당 500달러를 부과했는데 해당 프로그램과 애플그로브센터의 그것이 꽤 유사했다. 따라서 그것이 비교대상으로 선택되었다.

해당 여름 프로그램에 참가한 25명의 청소년들에 대해 이 산출물(더 안전한 환경에서의 25명의 청소년을 위한 오락)의 추정가치는 1만 2,500달러(25명×500달러)였다.

2차 산출물(사회적 관계 및 갈등해결 능력 향상과 리더십 향상)에 대해서는 적절한 대응물을 찾기가 어려웠다. 그러나 학생 도우미가 여섯 차례 각 3시간 정도의 워크샵을 위한 100달러 비용의 청소년 리더십과정을 발견했는데, 그것이 적절한 비교대상인 것 같았다.

따라서 25명의 참가자들에 대해 이 산출물의 추정가치는 2,500달러(25명×100달러)였다.

세 가지 2차 산출물(새로운 친구들을 만나면서 폭 넓어진 사회적 관계망, 다른 문화에 대한 이해 폭 확대, 부모님과 이웃과 경찰과의 갈등 사건의 감소)에 대해 이들 산출물을 지지할 만한 명백한 증거가 조사에서 확인되었다. 그러나 적절한 대체물을 찾기는 어려웠다. 예를 들어 경찰통계는 프로그램 참여자들과 관련된 사건을 과거보다 더 적게 보고하였으나, 2개월이 넘도록 경찰은 그들의 직원 배치를 조정하지 않았고 직접 비용도 줄어들지 않았다. 아마도 경찰은 미래에는 그 지역관할에서 직원을 다른 곳으로 이동시켰을지도 모르겠다. 이때문에 그 지역에 비용절감이 되었다는 증거는 없었다. 그럼에도 불구하고 이런 산출물을 지지할 증거가 공시의 형태로 보고되었다. 어떤 산출물에 대해 딱 들어맞는 대체물이 없더라도 일화형태의 증거는 해당 프로그램 가치에 대한 중요한 자료이고, 프로그램 보고서에 포함될 수도 있다.

대부분의 자금제공자들은 조직의 모든 산출물이 수치로 측정될 수 있다고 생각하지 않는다. 더 많은 2차, 3차 산출물을 포착하기 위해 고객에 의한 자기기록도 유용한 수단 중 하나다. 이것은 일반적인 조사를 통해서 이뤄질 수 있다. 워터루주거협동조합(제6장) 입주자들, 제7장의 5개 조직 자원봉사자들과 제4장의 컴퓨터훈련센터 프로그램 참가자들에 대해 사용되었듯이. 그것은 또 사전프로그램과 사후프로그램의 비교를 통해서도 이뤄질 수 있다. 마찬가지로 프로그램에 대한 피드백을 얻기 위한 창의적 방식들은 비디오나 사진, 콜라쥬, 연극 기타 예술적 표현들에서 발견할 수도 있는데, 그것들은 스틸사진이나 글로 기록될 수도 있다. 어떤 양적 수치가 특정 결과에 할당되지 못하더라도 참가자들로부터 피드백을 받는 것은 체계적으로 조직되어야 할 중요한 정보이다.

애플그로브지역센터의 위기 청소년 25명을 위한 여름프로그램의 두 가지 산출물에 대해 사회적 회계보고서는 1만 5,000달러의 추정가치를 부여했다. 이들 산출물에 대한 추정가치는 공동체사회투자수익모델(제4장)에서의 사회적 수익 또는 제6, 7장에서의 통합된 부가가치보고서의 부가가치의 일부를 나타낸다.

요약

사회적 산출물을 인식하고 측정하는 것이 사회적조직 직원에게 아주 힘들 수 있지만 실현가능한 목표이다. 직원은 그들이 참여한 프로그램의 영향에 대한 자신들의 통찰과 이러한 통찰을 지지할 근거가 있는지 여부에 대한 정보를 수집하는 자신의 능력을 과소평가해서는 안된다.

프로그램의 시장 대체물을 결정하는 것은 꽤 도전적인 일인 것 같지만 브레인스토밍이나 창의적 사고과정을 통하면 그 또한 실현가능한 목표가 된다.

3. 배경 정보의 수집

이 장의 세 번째 부분은 사회적 회계보고서의 배경과 상황을 다룬다. 상황 속에서 조직을 이해하기 위해서 제4장에서 제7장까지의 사례연구 각각에 대한 배경정보가 수집되었다. 이 정보는 사회적 회계보고서에 사용될 뿐 아니라, 내부적으로는 조직의 전략계획수립에 도움이 되고 외부적으로는 조직의 고유성을 설명하고 후원을 끌어오기 위해 조직을 자리매김하는 데도 유용하다.

한 조직의 자원 사용을 이해하는 데 상황의 중요성을 설명해보자. 제4장에서 설명한 컴퓨터훈련센터의 높은 훈련비용은, 그 고객그룹과 해당 분야 및 요구조건과 관련하여 볼 때 가장 잘 해석될 수 있다. 그 비용은 성년 신체장애인들이 컴퓨터 관련 일자리를 구하는 데 필요한 기술을 익히고 향상시키는 데 쓰이는 비용이기 때문이다.

이러한 사명을 수행하기 위해 센터의 이사들은 전문적인 자원봉사자를 투입하여 멘토링하고, 취업계약을 도와주는 일까지 포함하는 구조를 선택했다. 특히 이러한 환경에 있는 사람들의 실업률이 높다는 것을 알지 못하면, 그 비용과 관련된 센터의 산출물에 대한 공정한 회계처리를 하거나 자원봉사자들의 공헌에 대하여 공정가치를 할당하는 것도 어려웠을 것이다. 컴퓨터훈련센터 비용이 높은 것은, 고객그룹이 높은 수준의 훈련을 요구하기 때문이었다. 게다가 자원봉사자들은 매우 숙련된 사람들이고, 고객들이 취업시장에 진입하는 데 필요한 기술을 습득할 수 있도록 하는 데 핵심적인 역할을 떠맡고 있었다. 배경 정보와 상황을 아는 것은 프로그램의 비용을 해석하는 데 유용하고, 자원봉사자들에 대한 적정한 시장가격을 할당하는 데도 도움이 된다.

컴퓨터훈련센터 사례는 사회적 회계에서 정보와 상황의 중요성에 대한 예시이다. 일반적으로 어떤 조직에 대한 사회적 회계보고서를 작성할 때에는 그 조직에 대하여 다음과 같은 정보가 요구된다.

- 고유 역할
- 분야
- 위치
- 고객
- 핵심적인 프로그램과 활동

고유 역할

어떤 조직의 산출물을 식별하기 위해 맨 먼저 그 조직의 고유 역할을 이해하는 것이 도움이 된다. 그 조직을 특별하게 만드는 것이 무엇인지에 대해 잘 만들어진 그리고 입증된 보고서가 전략적 기획 및 사회 마케팅에 도움이 되기도 한다. 애플그로브지역센터(앞에서 언급한 가상의 지역센터)는 저소득층 마을의 대형 레크리에이션센터로 발전하였고, 최근 이민자들이 많이 거주하는 도시에 자리잡고 있다. 해당 센터는 자신의 고유역할을 다음과 같이 설명한다.

사례

우리는 이 지역사회의 최대 레크리에이션 공급업체이다. 5개 이상의 서로 다른 문화에서 온 청소년들에게 프로그램을 제공한다. 우리는 스포츠와 친선, 리더십 역량을 가르치며, 아이들은 즐거워한다. 우리는 청소년들이 서로 만나서 사귀는 법을 배울 수 있는 안전한 장소를 제공한다. 이웃주민들이 우리를 지원하고, 애플그로브-하이게이트 지역에 있는 200여 명의 이웃들이 매년 멘토로 코치하고, 자원봉사활동을 하고, 특별한 이벤트를 연다.

그곳에는 많은 지역센터들이 있다. 그래서 한 조직의 고유역할 또는 특화된 공헌을 정의하는 것이 중요하다. 이는 사회적 회계보고서를 작성할 때 도움이 된다. 센터를 특별하게 만드는 게 무엇인지 그리고 사회적 회계를 처음 시작할 때 무엇을 찾을 것인지를 식별할 때도 도움이 된다. 예를 들어 이웃 주민들의 높은 수준의 자발적 참여와 코치, 청소년 기술 개발과 같은 직접적인 산출물, 그리고 다른 문화 사람들에게서 배우는 간접적인 산출물 같은 것들 말이다.

분야

제4장부터 제7장까지의 사례연구에서는 조직을 가능한 한 그 분야의 상황 안에서 이해함으로써 조직의 잠재적 영향을 식별해내었다. 이러한 정보는 언제 자금을 신청할지 또는 언제 지역에 연결할지를 아는 데, 도움이 되기도 한다. 당사자 그룹들이 큰 조직에 속해 있을 때 해당 분야의 정보는 제4장부터 제7장까지의 몇몇 사례연구에서와 같이 흔히 소속 본부를 통해 얻을 수 있다. 예컨대 캐나다적십자사 토론토지부는 전 세계적으로 국제적십자연맹을 포함한 폭넓은 조직의 일부이다. 그 분야를 이해하기 위해 본부, 즉 국제적십자사본부로부터 얻는 정보가 유용하다.

사례

국제적십자사는 1864년에 창립되었는데 그 해는 전시 부상군인들의 처리에 대한 인도주의적 원칙을 천명한 제1차 제네바회의가 열린 때였다. 오늘날 전 세계 150개국 이상에 국제적십사연맹과 국제적신월사연맹이 각 나라와 지역에 지부가 있고, 이들은 전 세계 수백만 명의 가장 취약한 사람들을 지원하는 프로그램을 운영하고 있다. 모든 적십자사와 마찬가지로 캐나다적십자사 토론토지부는 하나의 목표에 집중하고 있다. 즉, 가장 취약한 사람들의 상태를 개선하는 일.

적십자사의 경우 지부의 포괄범위(서비스를 통해 돕는 수많은 사람들)는 국제적십자조직의 거대한 구조와 영향의 측면에서 해석될 필요가 있다. 달리 말하면 토론토 지역사회는 현장이 꽤 넓기 때문에 많은 간부 자원봉사자들을 동원하는 데 효과적이다. 토론토 적십자사의 서비스는 그 지역의 특수한 환경에 맞추어져 있긴 하지만 마찬가지로 국제적십자사에 의해 확립된 일반원칙, 창립과 함께 수행해왔던 인도주의적 원칙과 관련해서 설명할 때 가장 잘 이해되기도 한다.

위치

한 조직의 활동분야에 관한 정보와 더불어 지리적 소재지에 관한 설명도 조직의 영향을 평가하는 데 유용하다. 그 설명을 통해 그 조직이 어떤 도시 또는 농촌 또는 혼합된 지역에서 활동하는지를 구체화할 수 있고, 그 주변 인구의 규모와 많은 수의 청소년, 노인들 또는 특별한 문화 및 언어를 가진 그룹과 같은 구별되는 특징을 언급할 수도 있다. 서비스의 유형에 따라서는 다른 중요한 정보도 포함될 수 있다. 가령 그 지역의 실업률, 이용가능한 서비스의 질, 문화 및 오락조직의 종류 등.

사례

　애플그로브지역센터는 애플그로브 121번가에 위치하고 있는데, 여러 소득계층이 섞여 사는 곳이다. 그 지역은 거주지로서 거주자의 2/3는 임대주택(대부분 고층아파트)에 거주하고, 나머지는 자기 소유 주택에 거주한다. 도시의 다른 지역에 비해 가계소득은 낮고, 실업률은 높다. 그 지역은 앵글로 및 히스패닉계 출신이 약 70%를 차지하고, 그들 대부분은 20년 이상 그 지역에 살고 있으며, 새로 들어온 거주자들은 최소한 다섯군데 이상의 나라에서 온 이주민들이다. 그 지역은 최근들어 높은 수준의 청소년 범죄율을 기록하고 있는데, 이 때문에 지역 거주민들이 불안해하고 있다. 결국 거주자들과 지역조직 대표들이 해결책을 논의하기 위해 회의를 시작했다.

　해당 소재지에 대한 이와 같은 설명은 그 센터가 자원을 제공하고, 높은 정도의 지역사회 투입 및 관여를 요구하는 문제를 안고 있음을 알게 해준다. 지역에 대한 설명은 또 그 지역사회가 센터의 프로그램으로부터 중요한 혜택을 얻을 수 있을 것이며, 그 혜택은 사회적 회계의 일부로 분석되어야 함을 얘기해준다. 소재지에 대한 묘사는 사회적 회계보고서를 작성하는 과정에서 사회적 투입과 산출에 대한 정보를 취합할 때 고려해야 할 사항들을 제공해준다..

고객

고객은 서비스의 수혜자, 고객 또는 청중을 뜻한다. 비영리상호협회 또는 협동조합은 회원이나 조합원이 고객이 될 수 있다. 고객에 대한 묘사가 해당 조직이 산출물을 만들어내는 상황을 설명하는 데 도움을 준다.

사례

애플그로브지역터에서 고객은 주변 지역에 거주하는 가정의 청소년들로 설명될 수 있다. 그 중 약 2/3는 오래 자리잡은 앵글로와 히스패닉계이며, 약 1/3은 지난 10년 사이에 5개 이상의 나라에서 유입된 이민자 가족의 청소년들이다. 그 지역의 가계소득은 낮다. 고객의 대부분은 14살에서 18살 사이의 청소년들인데, 소년과 소녀가 대략 반반씩이다. 거의 대부분 고등학생들이며, 갱단과 연계되어 법적인 문제를 가진 소규모 중퇴자그룹도 있다. 거주자 및 지역 서비스센터로부터의 조언에 따라 그 센터는 이 그룹을 지원하기 위한 금요일 또는 토요일 밤 지원센터와 같은 비공식프로그램을 추가하고 있다. 애플그로브지역센터의 고객에 대한 정보는 잠재적 영향에 대한 정보에 추가된다. '금요일 밤 지원센터'를 운영함으로써 높은 성취도를 보이는 부유층 청소년들에 대한 유사한 프로그램과는 다른 영향을 산출할 것으로 기대된다. 고객그룹에 대한 정보는 산출물을 식별하고, 그들에 대해 가치를 부여하는 절차로 직접 반영된다. 위기의 청소년들에 대한 목표는 상대적으로 잘 생활하고 있는 재학중인 청소년들과는 다를 수 있다. 그런 그룹의 청소년에 대한 프로그램 비용은 비교적 높기 때문에 이런 배경정보를 얻는 것은 이 프로그램의 간접적인 영향을 결정하고, 그 비용을 해석하는 데 중요하다.

<그림 8.6> 프로그램의 일부

애플그로브 지역 센터

스포츠 프로그램(2001년 4월 1일부터 2002년 3월 31일까지)		
프로그램	활동	참가자들
스포츠의 종류	- 두 개의 남녀유소년 야구리그	• 모두 10개 팀;5살에서 8살;80명의 어린이들이 40주 이상 참여
	- 두 개의 야구리그	• 각 6개 팀;하나는 소년 리그, 다른 하나는 소녀 리그;모두 120명의 선수들;14살에서 18살까지;5개월 이상 지속
	- 네 개의 농구리그	• 각 4팀;각 리그에 20명의 선수들-10살에서 14살 소년들;15살에서 18살 소년들; 그리고 10살에서 14살 소년들;15살에서 18살 소년들; 40주 이상
	- 픽업 사커(pick up soccer)	• 매년 2개 사커 캠프-8살에서 18살 사이의 20명의 소년;8살에서 16살 사이의 10명의 소녀들;총 38명의 어린이들이 참여하여 10주 이상 지속

핵심 프로그램과 활동

핵심적인 프로그램과 활동에 대한 정보는 보고할 사회적 산출물을 결정하는 일차적인 원천자료이다. 많은 조직들이 이러한 정보를 입수하지 못하고 있다. 그러나 프로그램에 대한 간략한 설명, 즉 전문용어나 약어가 없는 설명, 숫자를 통해 알려주는 설명이 기부자들에게 보고하거나 자금을 요청할 때 유용한 수단이기도 하다. <그림 8.4>는 애플그로브 지역센터의 프로그램 개요의 일부를 보여준다. 그림에서 보듯 각 그로그램에 대한 간략한 설명과 참여한 청소년의 숫자, 그들의 성별, 나이, 프로그램의 지속기간이 나타나 있고, 상세한 내용은 흔히 설명하지 않은 채 남겨둔다.

대형 레크리에이션 센터의 각 프로그램은 더 상세하게 프로그램을 설명하는 자체 개별 페이지를 가질 수도 있다. 센터의 1차 산출물은 앞 장에서 설명한 절차에 따라 참여한 숫자와 활동 정보를 통해 도출될 수 있다.

요약

한 조직의 상황을 알려면 어떤 정보를 수집해야 하는지, 어떤 이해관계자들을 조사할 것인지, 어떤 질문을 할 것인지를 설명하였다. 마찬가지로 상황을 이해하면 수집된 정보를 해석하는 데 유용하다. 많은 조직에서 배경 정보가 체계적인 방식으로 재생산되지 못하는 것 같다. 그러나 일단 항목들에 대한 정보가 계속 수집되면 그것들은 사회적 회계는 물론 다양한 이해관계자들에게 해당 조직을 설명하는 데도 사용될 수 있다.

4. 결론

흔히 사회적 조직들은 정보의 수집과 관리를 할 자원이 부족한 경우가 많다. 그러나 이 장에서 설명한 사례와 자료들은 이러한 업무를 적절하게 설계하고 배치하는 데 도움을 줄 수 있다. 그런 다음에 해당 정보는 사회적 회계보고서를 생산하기 위해 정기적으로 갱신될 수 있다.

대부분의 사회적 조직들은 자원봉사자들의 기여나 사회적 산출물에 대해 대체가격을 부여하는 데 익숙하지 않다. 그렇게 하는 것에 대한 보수적인 태도가 이유다. 하지만 적절한 비교수치가 있을 때는 시장 가격으로 측정될 수 있다. 흔히 비교가능한 정보들이 존재한다. 예컨대 아트페스티발(ArtFestival)의 경우 지역경제 활성화라는 유형의 효익이 있을 수 있다. 건강증진이라는 효익이 YMCA/YWCA 같은 사회조직 회원 또는 학교 조식프로그램 참여자들에게 제공된다. 전 세계적으로 적십자사에서 수행하는 것과 같은 재난구제프로그램도 측정가능한 유형의 효익을 제공한다. 구호품들은 지역경제에서 구매되고, 서비스는 시장에서 비교가 가능한 상태로 제공된다. 마찬가지로 호수나 강을 회복하는 환경적 편익에 대해서도 그 가치를 평가할 수 있다.

큰 조직에 속하는 비영리조직은 비영리프로그램과 직접 관련된 효익 또는 비용에 대한 연구물을 얻을 수 있다. 인내심을 갖고 하다보면 유용한 정보를 얻을 수 있다.

전반적으로 사회적 회계와 그 방법론은 비영리조직이나 협동조합의 기여에 대해 더 깊은 공감을 이끌어내는 데 도움이 된다. 그것은 대체로 공동체에 필요한 공감일 뿐 아니라 거기서 일하거나 자원봉사활동을 하는 사람들 또는 사회조직 회원들에게도 계몽적인 역할을 한다. 가치를 창출하는 것도 중요하지만, 그에 대한 신뢰를 얻는 것도 중요하다. 이 장에 소개한 방법론은 무엇을 고려해야 하는지를 보여주는 하나의 길을 제시한 것이다.

5. 토론 주제

1. 사회적 노동과 자원봉사 노동의 차이는 무엇인가? 이 차이는 중요한가? 만약 그렇다면 이유는 무엇인가?
2. 자원봉사 업무를 설명하고 시간을 계산하는 데 어떤 정보가 필요한가? 이러한 정보를 정기적으로 수집하기 위해 어떤 시스템과 자원이 필요한가?
3. 자원봉사자들의 자기부담비용 지출을 계산하는 이유가 무엇인가? 이렇게 하는 잠재적 효익과 위험은 무엇인가?
4. 1차, 2차, 3차 산출물 간의 차이는 무엇인가? 각각의 사례를 하나씩 들고, 그것을 계산하는 방법을 제시해보라. 이 산출물 중 어떤 것이 가장 계산하기 어려운가, 그 이유는 무엇인가?
5. 다양한 문화에서 온 음악가들이 학교에 와 학생들에게 대중음악을 가르치는 음악교육 프로그램의 직접적 간접적 효익에는 어떤 것이 있는가? 당신은 그것에 어떻게 가치 부여를 할 것인가?
6. 청소년 대상 범죄예방 프로그램의 직간접적 효과를 두 개씩 얘기해 보고, 그 각각에 시장가격을 매겨보자.

7. 도시지역 건강센터에서 진행하는 10대 미혼모를 위한 프로그램으로 인해 감소하는 사회적 비용은 무엇인가? 이러한 비용을 보고하는 긍정적·부정적 측면은 무엇인가?

8. 사회적 회계에서 보조금 조직에 대한 배경 정보는 어떻게 보아야 할까? 이러한 정보를 어떤 다른 용도로 쓸 수 있는가?

9. 대체가격을 부여하는 위험과 효익은 무엇인가? 그 위험은 피할 수 있는가?

10. 직원과 이사, 자원봉사자들이 사회적 회계보고서를 작성하는 데 수행하는 역할을 무엇인가? 이러한 절차가 효과적으로 작동되려면 어떤 조건이 있어야 할까?

제9장

향후 고려할 사항

사회적 회계는 아직 발전의 초기 단계에 있다. 독자적 생존능력을 키우고, 그 내용을 확장하기 위해 해야 할 일이 매우 많다. 이를 위해서 다음 4가지 사항이 고려되어야 한다.

- 한 조직의 사회적 영향을 회계 처리할 때 고려할 항목의 범위를 넓히는 일
- 다중 이해관계자들을 포함한 회계체계를 구축하는 일
- 사회적 회계를 지탱하는 토대를 발전시키는 일
- 사회적 회계를 가치 있는 일을 재해석하는 다양한 실천의 하나로 파악하는 일

1. 범위의 확장

회계 분야는 고려해야 할 것과 그렇지 않은 것에 대한 제약이 있다. 모든 회계체계는 어떤 항목은 포함하고, 어떤 항목은 배제한다. 중요한 것은 돌에 새겨진 진실이 아니라 토론에 열려 있어야 한다는 인식의 공유이다. 이 원고가 완성될 때 터진 엔론과 월드컴 분식회계 등의 회계 관련 스캔들 때문이다. 그리고 공시된 정보의 정확성에 대해 기업 최고경영자

들이 책임을 질 수 있도록 제도적 장치가 마련되어야 한다는 부시대통령의 관련 요청에 따라 특히 강조되고 있다. 회계전문가를 비난하자는 것이 아니라 일반 기업회계기준 내에 해석의 영역이 넓게 존재한다는 점을 강조하려는 것이다.

흔히 기존 회계시스템이 모든 것을 대변하는 것처럼 얘기하지만 사실 그것은 실재를 해석하는 하나의 관점일 뿐이다. 우리는 사회적 조직에 대해 전통적인 회계보고방식을 적용하는 문제와 관련해서 이 점을 설명해왔다. 영리기업에 대해서도 이것은 동일하다. 회계규제기관들은 소위 전통 산업에 기반한 회계기준을 IT기업이나 지식자본에 의존하는 기업들에게 적용하는 것의 한계를 차츰 인식해가고 있다.[1] 이들 새로운 회사들은 경제적 가치는 제한되어 있으나 거대한 지적 자본을 갖고 있다. 지적 자본의 중요성은 로체스터J.A.와 관련하여 제5장에서 소개한 회계 모델에서 강조한 바 있고, 오늘날 산업계에서는 폭넓게 받아들여지고 있다.[2] 전통회계에서 노동자의 재능은 유형자산이나 현금자산과 달리 비용항목으로 처리될 뿐이지만 현대 비즈니스에서는 가치를 창출하는 주요 자원이자 중요한 요소로 간주된다.[3]

제3장에서 얘기했듯이 사회적 회계에 대한 정의와 모든 접근방식의 공통된 특징은 고려할 변수를 확장하는 것이다. 사회적 회계에 대한 대부분의 문헌들은 영리기업용 재무회계에서 사용되는 변수들의 제약에

---

1 Canadian Institute of Chartered Accountants 2000; Financial Accounting Standards Board 2002; McLean 1995; Upton Jr. 2001
2 Hope and Hope 1997
3 Flamholtz 1974, 1985, 1999

대한 비판에 집중하고 있다.[4] 재무회계보고서는 전형적으로 물리적 환경과 사회에 대한 기업의 영향을 무시하고, 해당 조직 내부와 관련된 협소한 범위의 고려사항들에 한정되어 있다. 잘 알고 있듯이 자동차 연료는 환경을 위협하는 유독가스를 배출하지만 그 제품과 관련된 사회적 비용은 제조업의 재무보고서에 포함되지 않는다. 최근 개발 중인 수소연료전지가 시장을 장악하면 사회에서 그 가치는 특허를 소유하고, 그 제품을 생산하는 기업의 주가 상승에 어느 정도 반영될 것이다. 하지만 회계처리할 때는 그것의 중요한 사회적 효익인 건강복지의 증진이라는 가치는 포함되지 않는다.

대체로 기업회계기준은 회사의 외부효과는 무시한다. 그리고 환경오염이 대중에게 거대한 비용을 야기하고, 환경적으로 지속가능한 기술은 거대한 효익을 초래함에도 불구하고, 각 경우 회계처리는 그 기업의 시장거래에 한해서 부분적으로만 반영된다. 재무회계는 회사를 그 맥락(사회와 환경이라는) 또는 경제학자들이 외부효과라 부르는 것으로부터 분리한다. 이와 같은 맥락없는 관점을 조롱하기 위해 우리는 독일 출신 미국인 로켓과학자 베르너폰브라운Wernher von Braun을 풍자한 톰레러Tom Lehrer의 민요를 인용하고 싶다. "로켓이 쏘아올려지기만 하면 돼! 그들이 어디로 떨어질지 누가 관심이나 갖겠어? 그것은 내 일이 아니라고 베르너 폰 브라운은 말한다네."[5]

조직이란 그를 둘러싼 환경 속에 존재하는 것이다. 비즈니스를 하는 기업에게 환경이란 흔히 소유자(주주)의 통제 정도로 매우 좁게 정의

---

4 for example, Gray 외 1996; Mathews 1997; Mathews and Perera 1995
5 Keaveny 2001, 14

된다. 그리고 회계보고서는 그 관계를 반영한다. 저명한 신자유주의 경제학자 밀턴 프리드만Milton Friedman은 1970년 뉴욕타임즈 매거진(1970, 32)과의 인터뷰에서 기업의 제일 중요한 지향을 다음과 같이 간단히 설명했다. "기업은 하나의, 오직 하나의 사회적 책임을 진다. 게임의 법칙 안에 머무는 한, 즉 사기와 속임수 없이 투명하고 자유로운 경쟁에 참여하는 한, 그것은 자신의 자원을 사용하여 이윤 증식 목적으로 고안된 활동에 참여하는 것이다."

조직의 환경에 대한 프리드만의 해석은 협소하지만 그럼에도 불구하고 기업과 회계의 지배적인 흐름을 반영한다. 그것은 기업을 환경적 상황(즉, 외부효과)에서 분리하여 주주에 집중하려는 것이다. 이는 비용과 효익을 완전하게 포착하지 않는다는 점에서 이윤추구 기업에도 적절하지 않고, 사회적 조직에게는 전혀 맞지 않다. 왜냐하면 그들은 사회적 사명을 실현하기 위해 설립되기 때문이다. 재무적 거래가 환경에 대한 회사의 관계를 어느 정도까지는 반영하기는 한다. 하지만 이 책 전체를 통해서 얘기한 것처럼 재무적 거래만으로는 많은 사회서비스와 재화의 가치를 정확하게 포착하지 못한다.

시장에서 수익활동을 하는 사회적 조직(협동조합, 시장 기반 비영리조직, 비영리상호협회 등)에서도 재무적 거래는 조직의 사회적 영향을 단지 부분적으로만 반영할 뿐이다. 이 문제는 공공부문 비영리조직에서 더 심각한데, 특히 저소득층 시민들에게 봉사하는 조직들에서 심하다. 그런 조직에서 대부분의 수입은 정부로부터 받는 보조금이나 위탁 계약의 형태로 발생하고, 그들의 산출물은 현금거래되지 않는다.

일반적으로 사회적 조직의 재무보고에서 자원봉사 활동과 사회적 노동을 배제하는 것은 사려깊지 못한 태도이다. 주요 회계단체들[6]은 자원봉사 용역에 대해 매우 특수한 조건에서만 재무보고에 포함하도록 통제해왔다. 또 회계사들은 재무보고서에 추정치를 포함하는 것을 선호하지 않는다. 이 책에 나오는 조직들에서 자원봉사 노동은 정규직원에 대한 중요한 보조업무인데도 오직 캐나다 국제적십자사연맹만이 재무보고서에 그것을 포함한다. 연맹의 자원봉사자들은 노동력의 71%를 차지하는 67명의 정규직원 업무에 상당하는 일을 하고 있었다. 1998년 운영성과표에서 캐나다 국제적십자사연맹 회계담당자는 자원봉사 노동을 284만 달러 가치가 있는 수입항목(유입)에 포함하였는데, 이는 그 조직 총 수입의 거의 절반에 해당하는 것이었다. 같은 금액이 자원봉사자에 의한 기부라 불리는 항목(유출)에 동시에 포함되었음은 물론이다.

모든 자원봉사 활동을 수치화하여 그 추정치를 재무보고에 포함함으로써 연맹은 특수한 사례를 만들었다. 그러나 그것은 일반화되어야 한다. 왜냐하면 국가통계조사가 자원봉사자들의 가치를 추정하고 있고, 미국 독립부분이나 캐나다자선센터, 영국의 자원봉사조직전국평의회와 같은 지원조직이 같은 활동에 참여하고 있기 때문이다. 자원봉사자들에게 많이 의존하는 조직에서 기부노동의 시장가치를 추정하는 것은 예외적 사건이라기보다는 오히려 재무보고의 기본 정보가 되어야 한다.

동일한 사실이 비영리상호협회나 협동조합의 사회적 노동에도 적용된다. 기부노동은 제공하는 서비스 원가를 크게 감소시켜 회원들(조합원

---

6 Canadian Institute of Chartered Accountants 1980; Financial Accounting Standards Board 1980, 1993

들)에게 효익을 가져다준다. 워터루협동조합, 즉 학생주거협동조합의 경우 조합원들의 사회적 노동으로 관리비의 약 7%가 절감되었다. 이러한 사회적 노동이 없었다면 협동조합은 청소, 음식 준비, 식사 제공, 설겆이, 눈 치우기, 정원 관리 및 이사회 운영과 같은 서비스에 더 많은 비용을 지불해야 했을 것이다. 사실 조합원들의 봉사활동은 비영리상호협회나 협동조합의 공통적인 특징이다. 그리고 이 부불노동은 조직이 부과하는 수수료를 감소시킨다. 그런데도 아직 회계사협회는 사회적 노동에 대한 시장가치 부여를 인정하지 않는다. 지역사회에 대한 자원봉사자들의 기여와 관련해서 회계사협회가 약간 유연함을 보이고 있지만, 상호협회와 협동조합에 대한 사회적 노동의 기여에 해당하는 시장가치 부여는 금지되어 있다.[7]

이러한 점들이 전통적 회계보고가 조직의 시장거래 부분만 설명할 뿐이라고 비판 받는 이유이다. 기존의 재무보고서들은 조직이 처한 환경을 무시함으로써 사회적 영향에 대한 생생한 정보를 배제하는 것이다. 그와 대조적으로 사회적 회계는 비현금거래 항목에 시장가치를 부여함으로써 회계영역을 확장하는 시도를 하고 있다. 제4장에서 제7장까지 소개한 모델들은 다음과 같은 비현금거래 항목을 포함함으로써 전통회계보다 더 폭넓은 변수들을 갖게 된다.

- 조직과 지역사회에 기부된 자원봉사활동의 가치
- 조직에 제공된 사회적 노동의 가치
- 자원봉사자들의 자기부담비용 지출

---

[7] Canadian Institute of Chartered Accountants 1980; Financial Accounting Standards Board 1980; 1993

- 취업 및 구직능력 개선과 같은 산출물의 가치, 정부생계급여보조금과 관련 복지서비스의 절감, 프로보노 자문서비스, 자원봉사자 및 회원들의 개인성장과 발전
- 지적 자본의 가치
- 대중교통수단을 선택하거나 카풀을 이용하여 출퇴근하는 직원들에 대한 보상의 환경친화적 영향

예를 들어 토론토의 저소득층 거주지에 있는 제인핀치센터를 살펴보자. 제인핀치센터 회계담당자가 작성한 기존 재무보고서는 영리기업용 재무보고서양식을 이용한 것이다. 손익계산서는 수입과 지출 항목을 나타내는데, 제인핀치센터가 수령한 수입보다 지출이 더 많았음을 보여준다. 열거된 수입 항목을 살펴보면 그 중 62%는 정부보조금에서, 나머지는 자선후원금에서 온다는 것을 알 수 있다. 지출항목에서는 83%가 직원보수와 관련되어 있다. 수입과 지출 양태를 보면 전년도의 그것과 유사하다. 재무상태표를 보면 제인핀치센터가 2000년 초에 24만 9,400달러 순자산에서 시작하여 기말에 23만 8,181달러가 되었음을 알 수 있는데, 이는 손익계산서에 나타난 1만 1,219달러의 손실을 반영한 것이다.

이러한 정보는 해당 조직이 그럭저럭 활동하고 있다는 것, 그리고 수입 감소가 있더라도 이를 메꿀 정도의 순자산을 보유하고 있음을 보여준다. 그러나 이 보고서는 제인핀치가 주변 지역사회에 제공하는 공헌에 대해서는 아무 말도 하지 않는다. 재무상태표는 이용자에게 자산에서 부채를 뺀 이후 기업에 어떤 가치 또는 지분이 남아 있는지 보여주는데,

이 정보는 기업 소유주에게는 그들이 보유한 지분의 장부가치를 결정하기 때문에 중요한 것이다. 하지만 재무상태표가 기업 가치에 대한 정보를 제공한다고 해도 조직의 가치에 대한 충분한 얘기를 들려주는 것은 아니다. 특히 제5장에서 논의한 로체스터J.A. 사례에서의 지적 자본과 같은 무형 자산에 대해서는 설명을 하지 못한다. 또 제인핀치나 지역사회에 봉사하는 많은 유사한 조직들에게 전통 회계보고서 정보는 사회적 영향에 대해 침묵한다. 반면 통합부가가치보고서는 제인핀치센터의 경우 외부 재화 및 서비스 구입액 1달러당 8.43달러의 부가가치를 창출했음을 보여준다.(제7장 참조) 이 정보는 완벽한 것이라고는 할 수 없으나 제인핀치센터가 제공하는 서비스의 사회적 영향을 설명하는 좋은 시도이다.

제4장의 공동체사회투자수익모델, 제5장의 사회경제영향보고서 및 사회경제자원보고서, 제6장과 제7장의 통합부가가치보고서 등 사회적 회계에 대한 접근법도 동일하게 얘기할 수 있다. 이들 접근법은 각각 사회적 영향을 분석하고, 그를 통해서 회계영역을 확장한다. 기존 보고서는 조직이 그럭저럭 활동하고 있다는 것, 부채보다 자산이 더 많다는 것을 말하고 있을 뿐, 자산에 대한 이러한 관점은 조직의 중요한 인적 자산, 즉 직원과 자원봉사자(제5장에서 명명한 지적 자본)에 대한 정보를 무시하고, 그들의 사회적 영향에 침묵하는 것이다. 분명 사회적 회계보고서에 표현되는 것보다 그 조직의 사회적 영향에 대해 해야 할 얘기가 더 많다. 사회적 회계 보고서들은 해당 이슈에 대해 개방적이다. 세상 속의 제인.핀치센터는 다른 자원의 단순 사용자가 아니라 투자자이며, 그

로부터 중요한 수익을 창출하고 있다. 이처럼 회계는 사회적 조직의 영향을 제대로 보고할 수 있도록 재정립되어야 한다.

2. 다중이해관계자를 고려한 회계 제도

제3장에서 설명한 것처럼 사회적 회계에서 중요한 것은 회계보고의 틀을 확장하고, 전통 회계의 이해관계자(주주)보다 훨씬 많은 이해관계자들에 기반하여 접근하는 것이다. 사회적 회계에 대한 질적 접근은 기존 재무보고서를 발전시킨 사회적 회계에 대한 많은 통합적 접근법과 마찬가지로 다중이해관계자에 기초하는 것이다.[8] 이는 사회경제영향보고서와 통합부가가치보고서에 대해서도 동일하다.

회계보고서에서 이해관계자 분석을 행하는 것은 상대적으로 간단하다. 보통 한 조직에서는 자신의 핵심적인 역할 때문에 하나의 이해관계자가 지배적이 된다.[9] 영리기업에서 그 이해관계자는 주주 및 기타 자본투자자이다. 왜냐하면 자본조달이 그 회사의 발전에 그만큼 중요하다고 보기 때문이다. 회원 중심 조직(비영리상호협회나 협동조합)에서는 회원들이 지배한다. 왜냐하면 그들의 대표자들이 이사회를 구성하고, 회원들이 서비스의 사용자 또는 소비자이기 때문이다. 따라서 그들은 그 조직에 대해 핵심적으로 중요한 다중 역할을 가진다. 공공부문 비영리조직에서 정부는 통상 핵심적 이해관계자이다. 대부분의 자금이 정부보조금 또는 그들과의 위수탁계약에서 오고, 또 정부정책이 조직의 서비스를 통제하기 때문이다.

---

8 Abt and Associates 1974; Estes 1976; Linowes 1972, 1973; Vaccari 1997
9 Jawahar and McLaughlin 2001

다중이해관계자의 장점에 대해 또는 수직적 위계보다는 수평적 관계에 대해 이론화하는 것은 상대적으로 단순하지만, 특정그룹이 지배적 역할을 하면 회계보고책임에서 제약요인이 된다. 사실상 책임성에 대한 정의를 보면 그것을 흔히 수직적 위계를 갖는 것 또는 양자관계모형이라 부른다. 예를 들어 커트Cutt와 머레이Murray(2000, 6)는 "모든 책임 관계는 두 당사자를 포함하는 핵심 위계 모델 위에 성립된다. 책임을 위탁하는 그룹과 그것을 수탁하고 정해진 방식으로 보고할 책임을 지는 그룹이 그것이다." 플린더스Flinders(2001, 13)는 자신의 분석 대상을 정부에 두면서 책임이란 "한 사람의 행동에 대해 어떤 개인 또는 그룹에 답을 해야 할 조건"으로 정의한다.

많은 다른 그룹과 마찬가지로 캐나다의 '자원봉사부문의 지배구조와 회계보고책임에 대한 전문가그룹(the Panel on Governance and Accountability in the Voluntary Sector)'에서는 더 넓은, 즉 아래, 위, 바깥으로의 회계보고 책임을 제안한다. 이러한 정의 또한 책임은 위계관계를 포함한다는 것을 의미한다. 즉, "회계보고책임이란 상호합의된 기대 속에서 부여된 권한을 행사하기 위한 책임을 설명하고 수용하는 조건이다."(1999, 11) 일반적으로 회계의 정의는 책임 관계에서 지배적인 권력역학을 인정한다. 즉 조직에서의 역할때문에 몇몇 사람들이 다른 사람들보다 더 큰 영향력을 가진 것으로 가정한다. 어떤 경우에는 직원-경영자 관계처럼 직접적 또는 개인적인 관계이고, 다른 경우에는 대중이나 고객에게 신세를 지는 것과 같은 익명의 책임관계가 있다. 이것은 가뉴Gagne(1996)가 발견한 구분이다. 물리적 환경과 사회는 얼굴 없는 이해관계자라 할 수 있다. 이론상 그들은 중요하지만 조직 차원에서는 실체가 드러나지 않을 수 있다.

슈라게Shragge(2001, 14)는 다자간 상호책임이란 것은, 그 안에서 이해관계를 대표할 수 있는 메커니즘이 존재하는 민주적 지배구조를 생성함으로써 이뤄낼 수 있다고 제안한다. 이것을 시도하는 조직에서는 (몇몇 공공부분 비영리조직처럼) 이사회의 대부분의 이사들을 지정된 그룹을 대표할 만한 사람들로 지명한다. 슈라게 등은 대표자를 선출해야 한다고 주장하면서도 동시에 각 그룹 활동가들이 지배할 수도 있음을 지적한다. 그들은 "여기서의 교훈은 책임구조라는 게 서류상 아무리 그럴듯해 보여도 공동체생활에 적극적인 참여 없이는 작동하지 않는다. 왜냐하면 지역적 전통 때문이기도 하고, 시민 활동을 증진시키기 위해 조직 스스로의 시간과 에너지의 투자가 필요하기 때문이다."고 말한다.

따라서 다자간 상호책임이란 매우 바람직하지만 실제에서는 성취하기 어렵다. 왜냐하면 한 이해관계자의 조직상의 역할이 그대로 조직에 대한 지배로 이어지기 때문이다. 지배적 이해관계자는 자신과 조직의 대표자들 사이의 책임 메커니즘을 만들어낼 것이다. 이것은 다른 이해관계자들이 중요하지 않다거나 지배구조에서 정의된 역할 또는 책임 관계를 가져서는 안된다는 것을 의미하는 것은 아니다. 오히려 조직상의 역학관계가 다른 그룹이 지배적 이해관계자처럼 중요하게 취급되는 것을 자주 방해한다.

회계, 특히 사회적 회계는 조직의 권력관계를 단순히 표현하는 걸 넘어서야 할 의무를 갖는다. 회계 분석은 가장 넓은 맥락에서 조직을 표현하고, 작은 힘을 가진 이들까지 포함하여 다양한 이해관계자들에 대한 조직의 영향을 살펴야 한다. 직원과 자원봉사자, 사회, 그리고 서비스 이용자들은 한 조직의 위계상 지배적인 이해관계자가 아닐 수 있으나 그들의 역할은 서비스의 제공에서 불가결한 경우가 있다. 따라서 회계체계는 그들의 공헌을 고려해야 한다.

현존하는 사회적 회계 체계는 다중 이해관계자 회계가 의미가 있음을 실증해주고 있다. 사회적 회계의 질적 형식은 조직이 자신의 미션을 어떻게 수행하고 있는지 잘 나타내기 위해 이해관계자들을 고려하는 정교한 절차를 포함한다. 재무보고서를 포함한 통합적 접근에 대해 제3장 및 그 이전 장에서 논의한 것처럼 많은 다중이해관계자 사례들이 있다. 모든 이해관계자들이 지배적 그룹과 같이 조직에 포함되어 있는 것은 아니기 때문에 이들 분석이 책임의 확대를 보증하진 않는다. 그러나 질적 보고서에서의 권고사항들은 후속조치를 하는 데 도움이 된다. 사회윤리회계협회(2000)의 원리 가운데는 경영성과를 개선하고, 조직 내에서 관련 절차를 구체화할 책무도 있다.

마찬가지로 통합부가가치보고서는 많은 이해관계자들이 조직에 기여하고 있고, 조직이 창출한 부가가치를 통해 혜택을 얻는다는 것을 보여준다. 제7장에서 논의한 조직 내 역학관계에서 자원봉사자들이 지배적인 위치에 있진 않지만 통합부가가치보고서는 자원봉사자들이 부가가치의 주요한 부분에 기여했음을 보여준다. 사례로 든 5개 조직의 경우 자원봉사자들이 생성한 부가가치가 전체의 약 29%~70%에 이를 정도이다.

이러한 정보가 자원봉사자에 대한 이들 조직의 책임 관계를 변화시킬까? 이 질문에 대한 답을 하긴 어렵다. 그러나 통합부가가치보고서는 통상적으로 작성된 재무제표보다 자원봉사자의 기여도를 더 정확하게 반영한다. 더구나 자원봉사자들이 부가가치의 중요한 몫을 창출한다는 정보는 불가피하게 경영진뿐 아니라 자원봉사자 자신의 인식과 태도에 영향을 미칠 것이다. 그점은 또 자원봉사자들의 기여가 조직이 미션을 수행하는 데서 끌어모을 수 있는 자원의 하나라고 생각하는 자금제공자에게도 영향을 미친다.

요약하자면 다자간 상호책임을 지향하는 것은 이상적이긴 하지만 그 목적은 다중이해관계자를 고려한 사회적 회계체계와는 다르다. 이 책에서 예시했듯이 다중이해관계자에 기반한 사회적 회계는 성취 가능하지만, 수평책임은 하나의 이해관계자가 지배하는 대부분의 조직에서 성취하기 어렵다. 더구나 자원봉사자나 지역사회와 같은 덜 중요한 이해관계자는 조직되어 있지 않고, 따라서 그들의 목소리는 덜 고려된다. 회계보고서 정보는 이해관계자의 기여도를 더 정확하게 묘사할지 모르지만, 그렇다고 조직이 그들에게 더 책임을 진다는 것을 의미하는 것은 아니다. 그럼에도 불구하고 다중이해관계 회계 체계는 추구할 만하다. 사회적 회계를 위한 일종의 참고가 되기 때문이다. 다음에 얘기하겠지만 사회적 회계를 추구하는 노력은 더 나은 회계를 만드는 노력과 거의 동일하다. 양자의 노력은 그 토대를 만드는 일을 포함한다.

3. 사회적 회계의 토대 구축

1970년대 초 이래로 주요 회계단체들은 비영리조직('영리를 목적으로 하지 않는' 조직)을 회계에서 달리 취급해야 하는지 여부를 고민해왔다. 일반기업회계기준에 몇몇 수정이 이뤄지긴 했으나 말한 것처럼 영리기업을 위한 지배적인 원칙이 사회적 조직에도 적용되었다. 시장에서 서비스를 팔지 않는 조직도 마찬가지였다. 이 때문에 많은 비판이 제기되었다.[10]

미국회계협회는, 회계연구자와 교육자들을 대표하여, 전통으로부터 좀더 근본적인 거리두기에 도전하면서 회계가 비영리조직의 사회에 대한 영향을 분석해야 한다고 제안했다. 1972년과 1989년 정책보고서에서 그들은 비영리조직이 자신의 목적이 성취되는 지 여부를 판단하기 위해 장기적이고 의식적인 사회적 효익에 대한 전략계획을 수립해야 한다고 제안했다.[11] 초기의 회계는 장기적인 관점에서 이들 목적과 관련된 실제 지출에 관한 것이었다.

그러나 미국회계기준위원회는 1980년과 1993년에 더 보수적인 입장을 취했다. 회계보고란 조직의 유형과 무관하게 일반적인 원칙을 가져야 한다고 선언했다. 그 회계개념보고서는 다른 나라의 회계조직들에 영향을 미쳤고, 캐나다 공인회계사협회도 마찬가지였다. 그에 따라 양국에서 영리기업을 위한 회계 접근법이 비영리조직에 거의 그대로 적용되게 된 것이다.

회계업계 종사자들은 사회적 조직을 포괄하기 위한 실무상의 어떤 근

---

10 Macintosh 1995, 2000
11 American Accounting Association 1972, 1989

본적 새 출발에 대해서도 저항해왔다. 심지어 회계사들로부터의 제안조차도 받아들여지지 않았다.[12] 따라서 대안적 회계체계는 회계업계의 중요한 상위기구의 승인 없이는 작동하지 않는다. 사회적 조직에 대해 가장 널리 사용되고 있는 대안적 회계체계는 질적 접근법이다. 조직이 자신의 미션을 수행하고 있는 정도에 대한 주요 이해관계자들로부터 피드백을 얻으려는 접근법(제3장 참조)이다. 이러한 접근법(또는 사회적 윤리적 감사라고 하기도 함)은 사회 지향 기업(바디샵이나 벤앤제리, 트레이드크래프트 등)과 신용협동조합, 비영리조직 등에 의해 활용되어 왔다. 그러나 그것은 재무보고서의 보완물이고, 회계로 간주되지도 않는다. 회계담당자들은 재무보고서를 작성하고, 컨설턴트(꼭 회계담당자가 아니라도)는 사회적 항목 부분을 작성한다. 따라서 문제는 회계전문가 조직의 상급단체가 그 절차를 결정한다는 점에서 적절한 대안을 만드는 것 이상의 노력이 필요하다는 점이다.

이에 대응하여 사회적 회계 및 그와 관련된 회계보고협약을 지지하는 토대가 만들어지고 있다. 영국에서 사회.윤리책임연구소(Institute of Social and Ethical AccountAbility)는 신경제학재단(New Economics Foundation)과 더불어 밀접하게 활동하는데, 사회적 회계를 통할하는 가이드라인과 조직을 공인하는 데 도움이 될 AA1000표준지침을 만들어왔다.[13] 미국에서는 경제우선평의회(the Council on Economic Priorities)[14]가 선두주자이다. 비록 자신의 업무가 사회윤리책임연구소

---

12 Abt and Associates 1974; Estes 1976; Linowes 1972, 1973
13 Institute of Social and Ethical AccountAbility 2000
14 기업의 사회적 환경적 활동에 대한 공정한 분석을 전담하는 미국의 공공서비스연구기관

와 같이 사회적 회계와 직접 연관된 것은 아니지만 회계의 토대를 만드는 데 중요한 영향을 미치고 있다.

1997년 그 조직은 국제사회적책임(Social Accountability International)이라 불리는 인증 기관을 설립했다. 이 기관은 노동자들에게 적합한 작업조건을 위한 기준(사회적 책임Social Accountability 8000 또는 SA8000)과 국제 표준기구인 ISO9000에 영향을 받는 기준의 이행 여부를 인증하는 시스템이기도 하다. SA8000(사회적 책임 8000)은 '노동기구협약과 아동 권리에 관한 유엔 협약, 보편 인권선언에 의해 규정된 국제 인권규범'(사회적책임 8000 2002, 2)에 기초하고 있다. 이들 권리에는 아동노동·강제노동·차별금지, 그리고 노동자의 단결권과 조직교섭권, 근로시간·보상·보건안전 기본기준 등이 포함된다.

이들 조직의 영향력이 증가하고 있다는 것은, 그들이 '새로운 국제보고계획'(Global Reporting Initiative)에 참여한 데서도 알 수 있다. '새로운 국제보고계획'의 임무는 "어떤 조직이 자신의 활동과 재화, 서비스가 미치는 경제, 환경, 사회적 영향에 대해 보고할 때 자발적으로 사용할 수 있도록 전 세계적으로 적용 가능한 지속가능성 보고 지침을 개발하고 보급하는 것이었다."[15] 흥미롭게도, 또다른 참가자들은 영국의 공인회계사협회와 캐나다 공인회계사 협회였다. 분명 사회적 회계와 책임 증진에 대한 기본토대가 점차 주류 회계조직들에게 스며들고 있는 것이다.

경제우선평의회와 사회.윤리책임연구소의 업무는 특별히 사회적 조직을 대상으로 하는 것은 아니다. 그러나 다른 형태의 토대구축에는 열심

---

15 Global Reporting Initiative 2000, 1

이다. 부분적으로 기초토대구축에 대한 이러한 추진력은 내부에서 나오지만 또한 '자발적 부문'과의 계약이나 협력에 참여하는 국가 기관의 요청에 대한 응답으로 나오기도 한다. 영국에서의 원형은 "정부와 자원봉사 및 지역사회 부문은 1998년 11월에 상호 이익을 위해 그들의 관계를 개선하기로 합의하였다. 이 협정은 정부와 부문 간의 동반자관계를 구축하는 것을 목표로 한다."[16] 이 협약은 정부와 대중이 비영리조직의 중요성을 공식적으로 인정하는 것을 포함한다. 이러한 협약에 대한 정부의 동기는 인건비 감축계획의 일부로서 정부 파트너로 비영리조직을 점점 더 많이 끌어들였기 때문이다. 비영리조직의 일부가 주로 세금을 통해 자금을 조달하는 서비스 제공자가 되었기 때문에, 정부는 그들과의 관계요건들을 정의하고, 사회적 책임을 보장하는 데 더 많은 관심을 가지게 되었다.

이 점은 2000년 1월 캐나다 총리 장 크레티앵이 정부와 자발적 부문 사이의 협약에 대한 성명에서 강조하였다. "나는 이 협정이 비영리조직과 강한 관계를 위한 청사진이라고 믿는다. 이처럼 우리가 앞으로 더 나은 나라를 만들기 위해 어떻게 계속 협력할 수 있는지 보여줄 것이다." 총리의 성명은 특히 정부와 비영리조직 사이에 존재하는 동반자 관계를 인정하였다.

캐나다에서의 협정은 잉글랜드, 스코틀랜드, 북아일랜드, 웨일스[17]에서 앞서 행한 것을 본받아 만들어진 것이다. 아일랜드공화국, 남아프리카공화국, 퀘벡 주와 뉴펀들랜드 주에서도 비슷한 합의가 이루어졌다.

---

16 National Council of Voluntary Organisations 2002, 2
17 Phillips 2001

영국 내에서는 수십 개의 지역차원 협약들이 국가차원의 협정을 따라 만들어졌다. 비록 이러한 많은 협약의 구체적인 내용은 다르지만, 일반적으로 그것은 참여 당사자들 사이의 관계를 정의하고자 하는 책임 약정이다.

사회윤리책임연구소를 제외한 다른 조직은 사회적 조직을 위한 회계체계의 문제에 구체적으로 당면한 것은 아니었다. 또 지적한 것처럼 정부와의 협약은 주로 공공부문 비영리조직과 관련되어 있다. 그럼에도 불구하고 이러한 과정은 비영리조직을 위한 기초토대의 강화 시도를 반영하며, 더 광범위한 쟁점에 대한 관심의 표시이다. 일부 행정구역에서는 최상위조직이 사회적 경제를 위한 광범위한 참여자 조직을 대표한다. 예를 들어 퀘벡에는 협약 참여자에 지역사회 조직이 포함되어 있고,[18] 최상위 사회경제조직인 르샹티에 드 엘레코노미(Le Chantier de l'économie sociale)가 있다.

4. 가치에 대한 재해석

사회적 회계 운동은 회계 관행을 확장하기 위한 방안이지만, 동시에 가치 있는 것을 재해석하기 위한 더 큰 운동의 일부로 볼 수 있다. 이러한 흐름에는 국민계정(국내 총생산 또는 GDP) 재정립 운동과 사회투자 운동이 있다.

국민계정(GDP) 재정립 운동

GDP 비판의 중심 주제는 가사노동과 같은 생산적 노동 조건이 무시되고 있다는 점이다. 가사노동에 종사하는 사람들(주로 여성들)은 그들

---

18 Phillips 2001

의 기여에 대한 대가를 얻지 못하기 때문에 GDP산출에서 배제되어 있다. 경제학자 어니스트 만델Ernest Mandell은 가사노동에 대한 이러한 평가의 잘못을 지적했다. 그는 미혼남성들이 집단으로 그들의 가정부와 결혼하면 GDP가 감소할 것이라고 비꼬았다. 그들이 결혼하기 전에 일하던 것과 같은 일을 하면서도 더이상 그에 대한 임금을 얻지 못하기 때문이다.[19] 경제학자들은 이 모순을 처음 언급한 아서 피주Arthur Pijou의 이름을 따서 '피주의 역설'이라고 부른다. 이 사례는 국민소득 계산 방식의 비논리성을 잘 보여준다. 즉, 가사노동이 임금을 지급받는 노동이 되면 GDP에 포함되고, 그렇지 않으면 그 노동이 사회복지에 필수적인 서비스를 포함하고 있음에도 계정에 포함되지 않는다. 이러한 논리는 분명 비영리조직의 회계와 동일하다.

이 점은 경제학에 대한 페미니스트의 비판의 중심 쟁점이기도 하다.[20] 워링Waring은 기혼 여성이 가족을 부양하기 위해 행하는 광범위한 무급(unpaid) 가사노동과 핵미사일을 터뜨리라는 명령을 수동적으로 기다리는 남녀의 유급(paid)노동을 비교한다. 워링은 또 일부 국가들이 국민 계정에 성매매 알선이나 마약 밀매와 같은 활동을 포함한다고 말한다. 이러한 활동은 공식적으로 불법이고 숨겨져 있는 지하 경제임에도, 그것들은 금전적 가치를 뽑아내며, 집안일만큼은 아니지만 널리 퍼져 있는 것으로 알려져 있다. 그것들은 사회적으로 파괴적인데 반해, 무급 가사노동은 사회적 가치가 있다. 하지만 이 사실은 GDP 평가에서 중요하게 고려되지 않는다. 유엔인권증진보고서(the United Nations

---

19 Mandel 1968, 307
20 Mies 1986; Shiva 1989; Waring 1996, 1999

Human Development Report,1995)에 따르면 시장에서 보수를 받지 않고 하는 일(여성들이 하는 대부분의 가사 노동)은 국제적으로 16조 달러의 가치를 지닌 것으로 추정된다. GDP 계산에 포함되지 않는 이 무급 노동이 GDP계산에 포함된 23조 달러 수준의 전세계 유상거래 산출량의 약 70%를 담당하는 것으로 추산된다.

지속가능개발을 지지하는 사람들[21]도 비슷한 비판을 한다. 특히 프리츠 슈마허Fritz Schumacher는 생산을 늘리는 것 자체가 가치 있는 목적이라는 널리 퍼져 있는 견해에 이의를 제기한 최초의 경제학자 중 한 명이었다. 그는 영향력 있는 저서 <작은 것이 아름답다>에서 자원은 무한정 사용할 수 없으며, 생산을 늘리고, 자원을 사용하고, 인구를 계속 늘리는 것 사이에는 균형이 필요하다고 주장한다. 슈마허의 경제학에 대한 접근법은 자기 분야의 지배적인 흐름과 비교해 가치 중립성을 가정하기보다는 명백히 가치지향적이었다.

"따라서 생산의 발전과 부의 획득은 현대 세계의 최고 목표가 되었고, 다른 모든 목표들은 아무리 입발린 소리를 하더라도, 2차적인 것에 불과하다. 이것이 유물론 철학이며, 지금은 여러 사건들에 의해 도전을 받고 있다."(1973, 293)

주류 경제학에 대한 슈마허의 비판은 다른 많은 사람들처럼 GDP와 같은 현재의 국민경제 지표의 한계를 강조한다. 비판자들은 현재의 모든 것들이 삶의 지속성과 재생의 가치를 고려하지 못할 뿐만 아니라 경제적 진보의 핵심 지표인 지속가능한 성장을 간과하고 있다고 지적한다.[22] 본

---

21 Daly and Cobb 1994; Ekins 1986;Schumacher 1973
22 Daly and Cobb 1994; Mies 1986; Schumacher 1973; Shiva 1989

질적으로 주류 경제학은 생산의 사회적, 환경적 비용을 포함하는 데 실패했으며, 국민계정을 불균형 상태로, 생산의 장기적 지속가능성은 분석하지 않은 상태로 방치하고 있다.[23] 이는 결국 새 경제모델에는 지속가능성을 포함시키고, 기업회계에 천연자원의 사용과 고갈에 대한 비용을 보다 현실적으로 포함시켜야 한다는 것을 보여준다. 비영리조직 차원에서 제시된 대안처럼 국민계정의 개편방향은 비화폐성 경제활동을 아우를 수 있도록 경제 분야의 범위를 확대하는 것이다. 핸디Handy가 1984년에 언급한 가치 없는 3층위의 모델은 불법행위과 자원봉사활동, 그리고 가정경제로 구성되어 있다. 스패로우Sparrow[24]는 핸디의 모델에 GDP의 60%로 추정되는 비공식 서비스 교환이라는 네 번 째 층위를 추가했다.[25] 마찬가지로 로스Ross는 경제 영역의 수를 넓히려고 시도한다. 그의 9개 부문 경제 모델은 대기업, 공공부문, 소기업, 사단과 협동조합, 지역사회 기업, 자원봉사활동, 물물교환, 상호원조, 그리고 가계 부문을 포함한다.

앞서 언급한 모델들과는 대조적으로 헨더슨Henderson(1981)은 환경이 경제 발전을 지원하는 자원이라고 강조한다. 헨더슨의 모델은 민간부분이 가장 작은 층위를 이루고, 공공부문과 무급노동이 규모 면에서 그 뒤를 잇고, 최하층에는 구조의 나머지를 지탱하는 자연이 존재한다. 즉, 헨더슨의 모델은 경제의 기초에 자연환경을 놓는다. 왜냐하면 인간의 삶과 생산을 지탱하는 음식과 물, 청정공기 그리고 원재료가 없이는 경제

---

23 Lintott, as summarized in Ekins 1986
24 as summarized in Ekins 1986
25 Ekins 1986

활동은 이뤄질 수 없기 때문이다.

이들 이론가들과 같이 피에틸라Pietila(1993)는 중요한 것(What counts)의 명백한 예외에 대해 질문한다. 경제에 대한 그녀의 개념화 방식은 동심원과 유사하다. 이 모델에서 경제 분야는 독립적으로 활동할 능력이 있는지에 따라 구분된다. 바깥쪽 원은 세계 시장의 변동에 얽매여 있고, 대규모의 규제된 생산을 하는 구속된 경제를 대변한다. 중간 원은 법률적으로 인도되고 보호되는 국내시장용 민간 생산과 공공 서비스 두 부분으로 이뤄져 있고, 원의 가장 안쪽 원은 자유경제를 대표한다. 즉 가정과 지역사회에서 자원봉사 방식으로 행해지는 업무가 그것이다.

피에틸라는 1980년 핀란드에 대한 연구에서 노동소비시간과 생산량, 화폐가치를 측정한다. 그녀는 자유경제에서 행해진 일은, 대부분 눈에 보이지 않고, 여성이 행하는 일인데, 그 일이 총 노동시간의 54%와 화폐가치의 35%를 차지한다고 주장한다. 이와는 대조적으로, 구속된 경제는 전체 노동 시간의 10퍼센트와 화폐가치의 19퍼센트에 불과하다.

종합하면, 국민계정을 설명하는 이러한 대안적 체계는 조직 수준의 사회적 회계를 지지하는 사람들과 동일한 문제를 강조한다. 중요한 비화폐성 업무가 배제되어 있다는 것이다. 사회과학자들이 물물교환과 가사노동, 봉사활동, 사회적 노동과 같은 다른 활동에 대한 표준적인 측정방식을 개발할 때까지 이 항목들은 GDP에 포함되지 못할 것이다.

2차 통계 개요에 가사노동을 포함하기로 한 캐나다 통계청의 최근 결정은 더 폭넓은 지수를 포함하는 방향을 향하고 있다.[26] 하지만 이 작업은 아직 실험적인 것으로 간주된다. 마찬가지로 유엔은 건강과 장수, 교육, 생활 수준 등 폭넓은 범주 내에 일련의 지표들을 결합한 인권증진 지표를 만들어냄으로써, 재무적 거래만을 기반으로 한 GDP 계정의 한계를 넘어서려고 노력해왔다.[27]

에킨스Ekins(1986)는 대안 경제 모델에 대한 그의 연구를 통해 새로운 경제학을 위한 원리를 다음과 같이 요약해 제시하고 있다.

첫째, 천연자원과 환경은 무한하지 않고, 현재 사용 수준에서 공짜도 아니다.

둘째, 생산 및 소비와 관련된 비용과 편익 모두를 설명해야 한다.

셋째, 경제적 가치와 사회적 가치의 동기를 서로 구별하는 것은 잘못이고, 오해의 소지가 있다. 그것들은 불가분하게 서로 연결되어 있고, 항상 함께 고려되어야 한다.

넷째, 유급노동 자체가 무급노동보다 더 가치 있게 평가되거나 더 높은 지위를 가져서는 안된다.

이러한 대안적 모델에 대한 지침은 경제적 회계와 사회적 회계의 통합을 개념화하기 위한 기초를 제공한다.

달리Daly와 콥Cobb은 실제적인 경제복지의 척도를 만들어냄으로써 이 작업을 한 단계 더 진전시켰다. 그들은 결국 가사노동의 가치, 자원 고

---

26 Statistics Canada 1995
27 United Nations Human Development Report 2002

갈의 비용, 소득 증가가 부의 재분배를 초래하는지 여부('소득이 1,000달러 늘어나면 부자보다 가난한 이의 복지가 더 늘어난다'는 가정)와 같은 요소들을 고려한 대안 지수인 '지속가능한 경제 복지 지수(ISEW)'를 만들어냈다.[28]

국민계정을 재정의하면 사회적 조직들은 무급 노동을 포함하기 때문에 기존의 GDP로 측정할 때보다 더 높은 평가를 얻게 된다. 그러나 로스Ross(1986)는 시장 경제체제 하에서 더 넓은 지수를 도입하면, 전통적인 경제 개념에 맞지 않는 활동에 경제적 가치를 부여함에 따른 문제 때문에 유용한 활동들에 대한 체계적 과소표시가 나타날 것이라고 주장한다. 로스의 반대를 고려하면서 경제와 사회 진보를 연결할 수 있는 지표를 개발하는 것은 여전히 가능하며, 동시에 그들의 한계에 대해 솔직하게 말할 수 있다. 경제 지표와 예측 능력을 둘러싼 논란은 그것들이 일반적으로 불완전하고 또한 여러 해석이 가능하다는 것을 암시한다. 사회지표를 개발하는 일은 경제지표, 특히 사회적 고려를 하지 않는 경제지표들을 보완하는 데 긍정적인 역할을 할 수 있다.

사회책임투자운동

국민계정을 재정립하려는 운동과 함께 사회책임투자 운동도 중요한 것을 바꾸려고 시도하고 있다. 투자자들은 점점 더 사회적이고 윤리적인 검토기준을 가진 뮤추얼펀드[29]와 목적적합한 지역사회 투자[30]에 그들

---

28 Daly and Cobb 1994, 444
29 Becker and McVeigh 2001
30 2005; Carmichael and Quarter 2003

의 자금을 돌리고 있다. 사회투자는 많은 서구 국가에서 큰 사업이 되었다. 미국의 경우 사회투자포럼(Social Investment Forum)이 10년간 조사한 바에 따르면 사회적으로 심사된 뮤추얼펀드의 수가 1995년 55개에서 2005년 201개로 증가했으며, 이들 펀드가 운용하는 총자산은 120억달러에서 1,790억달러로 증가한 것으로 추산하고 있다.[31] 이 보고서는 "심사(screening), 주주 옹호 및 지역사회 투자라는 세 가지 핵심 사회책임투자 전략 중 하나 이상을 사용하여 관리 중인 총 자산 2조 2,900억 달러를 확인했다. 넬슨정보(Nelson Information)의 투자 관리자 책자에서 파악한 관리 대상 총 자산 24조 4천억 달러 중 9.4%, 즉 오늘날 미국의 전문 관리 대상 10달러 중 거의 1달러가 사회책임투자와 관련되어 있다.[32]

미국의 이런 흐름이 특별한 것은 아니다. 캐나다의 경우 2004년 6월 현재 사회책임 지침에 따라 관리되는 자산은 654억 6,000만 달러에 달한다.[33] 유럽에서는 유로시프(Eurosif: European Sustainable and Responsible Investment Forum)가 서유럽 8개국을 대상으로 한 2003년 보고서에서 "사회책임투자는 지난 몇 년간 유럽에서 엄청난 발전이 이뤄졌다"[34]고 보고했다. 이 보고서는 이 나라들에서 3,360억 달러의 자산이 어떤 형태로든 심사를 받고 있음을 추가로 언급하며, 이 점에서 영국과 네덜란드가 가장 강력하다는 것을 보여주었다.

사회책임투자는 특정 산업의 모범 사례가 종종 이상과는 거리가 멀

---

31 Social Investment Forum 2006
32 Social Investment Forum 2006, iv
33 Social Investment Organization 2005
34 Eurosif 2003, 6

다는 점에서 한계가 있지만, 그럼에도 불구하고 투자 기업의 사회적 행동을 알고자 하는 투자자들의 욕구가 증가하고 있음을 나타낸다. 사회책임투자운동은 또한 사회적 기준을 밀어붙임으로써 기업의 행동을 변화시키려고 적극적으로 시도해왔다. 이것의 두드러진 예는 기업들 사이에 환경 친화적인 행동을 촉진하는 미국 투자회사들과 연금기금들의 연합인 환경책임경제연합(CERES)이다. 환경책임경제연합(이하 '연합')의 투자 원칙[35]은 기업 행동을 유도하기 위한 10가지 원칙들로 구성된다.[36] 주요 원칙 중 하나는 사회책임의 한 형태인 기업 환경보고이다. 연합은 주주결의를 통해 기업의 환경성과를 개선하도록 압력을 가하고 있으며, 연합에 속하는 기관투자자 중 일부(예: 기업책임상호신뢰센터the Interfaith Center on Corporate Responsibility)는 이 원칙을 지지해 줄 것을 요청하는 위임결의를 제출하였다. 2002년에 연합의 원칙을 지지한 기업에 포드, 제너럴 모터스, 아메리칸 항공 등 포춘 500대 기업 13개가 포함되었다.

환경책임경제연합의 원칙은 유엔과 정부 지원을 받은 지역사회조직이 앞장서 해온 것으로 기업 행동의 사회적 기준을 만드는 흐름의 일종이다. 지금까지 언급한 '사회책임 8000'의 변형태의 하나가 회원국과 그 공급자의 행동을 감사하는 세계책임의류생산(WRAP: the Worldwide Responsible Apparel Production)이라는 조직이다.[37] WRAP의 원칙은 1998년 미국 의류제조업협회에 의해 승인되었으며, 그 이후 국제적인 지

---

35 1989년 엑손 발데즈 원유 유출 사고 이후 만들어진 발데즈Valdez 원칙을 말한다.
36 CERES 2002
37 Worldwide Responsible Apparel Production 2002

지를 얻고 있다.

사회적 회계의 통합 양식들이 처음 도입된 1970년대 초반 이래로 그 상황은 변화해왔다. 오늘날은 기본적인 사회적 기준을 세우고, 그에 따른 평가 절차를 만드는 것에 더 큰 관심을 기울이는 것 같다. 이러한 경향은 현대 기업의 엄청난 힘과 경제적 부(wealth) 그리고 아동노동을 포함한 노동의 착취와 환경 파괴에 대한 중요한 관심들에 대한 대응이자, 사소한 교정노력이다. 비록 사회적 회계와 사회책임투자운동의 흐름은 그 근거가 다름에도 불구하고 국민계정의 측정방법을 변화시키기 위해 모두 전통적 접근법의 편협성과 경제영역과 사회적 영역에 대한 분리 시도에 비판적이다. 게다가 그들 모두 중요한 것을 재해석하려고 한다.

5. 결론

많은 조직에서 사회적 회계보고서를 채택하는 게 어려워 보일 수 있다. 하지만 사회적 회계는 단순히 회계보고서를 작성하는 절차가 아니다. 한 조직의 활동 전반을 이해하기 위한 도구이다. 이 보고서들을 서로 연결하면 이해관계자들은 달성된 성과가 무엇이고, 개선 가능한 부분이 무엇인지에 대한 통찰력을 얻을 수 있다. 사회적 회계는 사회적 투입물과 사회적 산출물을 재무정보에 통합함으로써 사회적 항목의 중요성을 높이고, 조직의 재무적 맥락에서 그들의 의미를 발견할 수 있다. 세계의 많은 제인펀치센터들이 지역 사회에 잘 봉사하고 있고, 수혜자들로부터 많은 좋은 반응을 얻을 수 있음을 알게 된다. 이러한 반응이 체계적으로 조직되면 감동을 받는다. 또 동시에 후원자들이 제인펀치센터에 투자한

1달러가 8.43달러의 부가가치를 창출하고 자원봉사자가 전체 자원의 거의 30%를 기여했다는 것을 아는 것도 인상적이다. 제7장에서 설명한 것처럼 부가가치의 양과 자원봉사자들의 총 자원기여도는 조직별로 다를 수 있지만, 이러한 수치는 사회적 영향에 대한 생생한 그림을 보여준다. 우리의 요점은 사회적 영향에 대한 통계적 요약이 조직의 성과를 공시하는 데 도움이 될 수 있다는 것이며, 이것은 사회적 조직이 마땅히 적용해야 할 방법이다.

그렇다고 해서 이 말을 질적 사회적 회계(보통 '사회적 감사'라고 부르는)에 대한 비판으로 해석해서는 안된다. 비록 우리는 이 책에서 그러한 접근법을 사용하지 않았지만, 우리는 그 방식도 이해관계자들이 조직의 사명 속에서 자기 역할을 어떻게 인지하는지를 표현하는 중요한 수단으로 본다. 질적 사회적 회계는 신경제학재단과 사회윤리책임연구소 등 기관별로 그 양식이 체계화되면서 신뢰도가 높아졌다. 정량적 접근법이 질적 접근보다 우수한 지 논쟁하는 것은 사회과학에서 보통 그렇듯이 이 상황에서는 무의미한 것이다. 그러한 논쟁은 독단적이고, 경직성을 반영할 뿐 통찰력도 거의 생기지 않는다. 질적 분석을 실시하려면 숫자를 계량할 필요가 있고, 정량적 데이터를 수집하려면 사례분석 참가자와 대화하고 측정치가 그들의 경험과 잘 일치하는지 이해하려 노력해야 하기 때문이다.

사실 이 책에 제시된 모델을 정량적 모델로 언급하는 것은 오해의 소지가 있다. 왜냐하면 정보 수집 절차는 정성적(질적) 기법을 수반하고 더 나아가 제4세대 평가 절차[38]를 차용한 것이기 때문이다. 우리도 그 절차에서 '차용'하였다. 하지만 우리는 그 절차 전체와 그에 수반되는 철학을 채택하지는 않는다. 우리는 우리 기법이 절충적이라는 것을 강조하기 위해 재무제표 작성에 질적 절차를 적용한 것임을 강조한다. 질적 접근법과 통합적 사회적 회계보고서를 결합함으로써 이해와 통찰력이 생겨난다.

모든 사람이 이러한 관점에 동의하는 것은 아니다. 예를 들어 트레이드크래프트는 "사회적 영향을 금융자산과 부채 목록으로 축소시키려 했던 초기의 사회적 회계 접근법을 거부하였다."[39] 이러한 관점은 사회과학에서의 통계학 비판과 일치한다.[40] 그러한 비판은 일리가 있지만, 회계학이든 사회과학 연구든 모든 기법에는 한계가 있다. 트레이드크래프트가 제안하는 것처럼 조직의 성과를 재무적 가치로 축소시키는 사회적 회계의 형식은 인적 요소를 놓칠 수 있다. 사회적 회계에 대한 질적 접근법은 다루기 힘들고, 대표성이 약한 표본추출 방식으로 이뤄질 수 있다. 두 가지 접근 방식 모두 특정 유형의 조직 이야기가 전달되기를 바라는 경영진에 의해 조작될 수 있다. 목표는 완벽함에 있는 것이 아니라 조직에 대한 가치 있는 통찰력을 만드는 다양한 기법을 갖추는 것이다.

이 책에서는 실질적인 회계보고서 작성을 강조해 왔다. 왜냐하면 이러한 접근법이 사회적 회계 분야의 강점에 대해 말하기 때문이다. 이 책에

---

38 1989년 제4세대 평가는 구바와 링컨Guba and Lincoln에 의해 주창된 평가방법론으로서 기존평가가 의존해오던 방식을 넘어 관련된 수많은 인간과 정치, 사회, 문화적 맥락의 요소를 포함하도록 설계된 평가를 말한다.
39 Evans 1997, 87
40 Boyle 2000; Chambers 1997

서 우리는 사회 조직의 필요에 더 부합하는 회계보고서를 작성하는 신뢰성 있는 접근법이 있다는 것을 입증려고 노력했다. 비록 이러한 보고서들이 기존의 어떤 것과도 크게 다르지만, 이 책에 제시한 세 가지 사회적 회계보고서는 영리기업에서 사용되는 전통적인 회계보고서의 변형 양식이다.

- 사회경제영향보고서는 손익계산서의 변형이다.
- 사회경제자원보고서는 재무상태표의 변형이다.
- 통합부가가치보고서는 기존 부가가치보고서를 변형한 것이다.

공동체사회투자수익모델은 사회적 조직을 위해 만들어졌지만, 그 또한 재무회계에서 사용되는 투입/산출 논리에 기반을 두고 만든 것이다. 우리는 둘 사이의 유사성을 얘기하면서도 이들 접근방식에는 전통적인 회계보고서에서는 나타나지 않는 무급노동 추정치와 비화폐거래 사회적 산출물의 추정치가 포함된다는 점도 동시에 강조한다. 사회경제영향보고서는 운영성과표나 손익계산서와 같은 방식으로 로체스터J.A.의 연간 지출이 수입대비 3,110달러 초과했음을 보여준다. 그러나 기존 운영보고서에는 그 기관이 동원한 많은 자원봉사자들의 중요한 공헌은 물론 조직이 창출한 가치에 대한 어떠한 내용도 표시되지 않는다. 마찬가지로 사회경제자원보고서는 해당 기관의 재무상태표 또는 대차대조표처럼 금융부채가 금융자산보다 9만0,669달러 더 많다는 것을 보여준다. 그러나 기존 재무상태표에는 사회경제자원보고서에 표시한 지적 자본의 순잔액이 포함되어 있지 않다. 로체스터J.A.는 59만 7,986달러 가치에 해당하는 중요한 지적 자원(유급 직원 및 자원봉사자 포함)을 다음 회계기간으로 이월하기 때문에 조직의 서비스가 계속 이용가능함을 알게 해준다. 반면 기존재무상태표는 사회경제자원보고서와 유사하게 조직의 활동상황을 포함하고 있지만, 조직의 중요한 이야기를 놓치고 있다.

대부분의 사회적 회계는 재무 회계의 전통에 기반을 두고 있고, 많은 정보를 그 전통에 맞추고 있음에도 위험이 존재한다. 사회적 회계는 아직 개발 초기 단계에 있으며, 새로운 방법은 강도 높은 심사와 비판에 노출되어 있다. 비록 이것이 새로운 도구의 개발에 도움이 되지만, 그것의 사용을 제한할 수도 있다. 처음에 사회적 회계는 실적이 가장 좋은 조직에서만 시도될 수 있다. 이것은 예외적으로 높은 수준의 조직성과에 기초한 벤치마크가 될 위험이 있다.

그러나 이러한 위험에도 한계가 있다. 첫째, 사회적 회계는 각 조직의 상황을 고려하기 때문에 비교하는 데 제약이 있다. 둘째, 사회적 회계는 초기 단계이기 때문에 조직 간 비교를 가능하게 하는 공통 지표가 부족하다. 그 때문에 벤치마크를 하기가 어렵다. 어떤 방법은 적용할 때마다 수정되기 때문에 하나의 사회적 회계 절차를 기반으로 다음단계로 넘어가는 게 어렵다는 점에서 또 다른 위험이 발생한다. 이는 질적 사회적 회계에도 해당되는데, 사용에 따라 그 방법이 조금씩 계속 변경되기 때문이다. 일관성이 부족하면 반복할 때 예상되는 것처럼 더 적은 자원을 사용하는 대신 추가적인 적용을 위해 더 많은 자원을 필요할 수 있다. 그러나 사회적 회계 방법이 더 정교해질수록, 이러한 위험은 공표되는 새로운 정보의 가치에 의해 상쇄될 수 있다. 조직의 가치에 대한 새로운 정보가 후원자와 투자자를 끌어들일 수 있다.

사회적 회계에 관한 자문과정에서 비영리조직의 회원들은 또다른 잠재적 위험을 지적했다. '사회적 성과물의 측정'을 추진하면 후원자들이 그것을 요구하기 시작하고, 사회적 회계가 사회적 조직의 새로운 규범이 되어 더 많은 업무 증가로 이어질 수 있다는 우려가 있었다. 비영리조직에 대한 책임성을 높이는 추세가 있으므로 이것은 타당한 우려 사항이다. 그러나 초기 단계에서 사회적 회계 방법을 적용함으로써, 사회적 조직들은 그들의 요구에 맞는 방식으로 자신의 발전에 영향을 미칠 수 있을 것이다. 여러 위험에도 불구하고, 사회적 회계는 비영리조직과 협동조합이 지역사회에 그들의 가치를 입증하도록 도울 수 있다.

가치를 입증하는 목표를 실현하기 위해서는 해결해야 할 중요한 문제가 있다. 현재 사회적 투입과 산출물을 계산하는 과정에는 한계가 있다. 이 책에서 인용된 예들은 단지 겉으로 드러나는 것만 다루었을 뿐이다. 사회적 산출물은 현재 포착할 수 있는 것보다 훨씬 광범위하며, 건강 및 웰빙, 환경에 미치는 영향, 소수자의 포용성 등의 요소들과 다른 많은 범주를 포함한다. 더 많은 조직이 사회적 회계에 참여하게 되면, 더 광범위한 사회적 변수의 가치를 결정하는 견본(templates)을 만드는 수요가 증가할 것이다.

또 부가가치뿐만 아니라 감소가치를 평가하는 견본을 만드는 수요도 증가할 것이다. 이러한 범주는 시민들이 정부에 납부한 세금을 통해 오염을 청소하는 비용을 부담해야 하는 환경문제, 또는 정부가 사회적 원조와 훈련 비용을 부담하는 해고와 같은 변수에 적합할 수 있다. 사회적 회계는 전통적인 재무제표에서 고려되지 않은 문제들을 살펴볼 수 있는 문을 열어준다.

이 책에서는 사회적 회계에 대한 논의를 사회적 조직에 초점을 맞추었지만, 정부조직과 민간기업 모두에 적용하지 못할 이유가 없다. 정부기관은 사회적 변수의 적정성을 감사하면서도 그것들을 재무제표에서 분리한다. 그 둘을 결합하는 일은 어렵지 않을 것이다. 예를 들어 통합부가가치보고서를 사용하여 민간 기업은 재무자료에 사회적 변수를 포함하도록 확장하고 그들의 사업이 핵심 이해관계자에게 미치는 영향을 강조할 수 있다. 그러므로 사회적 회계는 기업들이 기부의 영향을 판단하는 데 도움을 줄 수 있는 잠재력을 가지고 있다. 기업들은 때때로 가장 잘 알려진 재단에 기부하거나 가장 안전한 재단에 기부한다. 왜냐하면 그들은 어떤 다른 기준을 사용해야 할지 모르기 때문이다. 기부에 의해 창출되는 부가가치를 상세히 기술함으로써 자선활동을 더 합리적인 과정으로 만들 수 있다. 마찬가지로 영리기업에는 법률, 마케팅, 고객서비스 같은 사내 부서가 있다. 이러한 부서에 사회적 회계 체계를 적용하면 기업의 수익에 대한 기여도를 검증할 수 있다.

사회적 산출물과 재무적 산출물을 결합한 사회적 회계보고서는 기존 재무제표의 핵심을 넘어서는 조직적 통찰을 만드는 잠재력이 있다. 우리를 둘러싼 세계가 변화함에 따라, 기존 관행을 개선하는 것은 회계업계의 의무이다. 주요 회계 기관들은 현행 회계의 산업적 패러다임의 한계를 점점 더 인식해가고 있다. 그러나 문제의 핵심은 산업 패러다임에서 정보 패러다임으로의 이행을 넘어선다. 핵심 쟁점은 조직의 개념이다. 즉 그것이 그 자체로 하나의 실체인지 또는 그 결과물에 영향을 미치고, 결과적으로 조직이 영향을 미치는 맥락의 일부인지 여부이다. 사회적 조직의 경우 사회적 영향을 측정하는 것이 중심적인 문제인데도 놀랍게도 기존의 회계보고서는 이를 무시하고 있다.

조직을 맥락의 차원에서 보는 관점에서 이해관계자(영리법인의 주주와 사회조직의 구성원)가 하나인지 아니면 조직에 대한 기여도를 재무제표에 포함해야 할 정도로 중요한 다수의 이해관계자가 있는지 여부는 중요하다. 조직은 지역사회에 영향을 미치고, 공동체는 조직 자양분의 원천이라고 보는 견해는, 많은 이해관계자들을 인지하게 한다. 조직 지도자들이 이 관점을 합리적이라고 인정한다 해도 이론과 실제 사이에는 큰 차이가 있다. 이 책과 실제 적용사례들이 그 차이를 메우는 데 도움이 되길 바란다.

이 책은 중요한 것을 바꾸려고 시도하는 많은 운동과 연대한다. 이 책의 전반적인 목표 중 하나는 사회적 조직에서 사용되는 사회적 회계보고서를 작성하는 것이다. 우리는 다양한 형태의 비영리조직과 협동조합(사회적 경제 조직) 사이에 다리를 놓고, 또 사회적 책임, 사회투자, 그리고 가치에 대한 재해석운동 간에 다리를 놓는다는 목표 속에서 사회적 회계의 역할을 해석해왔다. 보통 회계는 조직의 결과물을 측정하기 위한 기술적 실천으로 간주하지만, 우리는 회계를 현재 변화하는 역사적 상황의 일부로 본다. 회계기관들이 스스로 정보의 시대에 적응하려고

할 때, 그들은 또한 사회 조직이 회계체계가 고려해야 할 독특한 특성을 가지고 있다는 것을 반드시 기억해야 한다. 이 세계의 비영리조직들은 다른 사람의 자원을 사용하는 단순한 사용자가 아니다. 그들은 회계보고서에서 측정해야 하는 가치를 창출한다. 게다가 이러한 가치는 많은 이해관계자들의 기여에서 나온다.

- 헌신적인 직원들
- 자신의 시간을 아낌없이 제공하는 자원봉사자들
- 주변공동체의 수혜자들(그들 자신과 그들의 가족을 위해 더 나은 삶을 만들기 위해 필사적으로 노력하는 사회의 경계에 있는 사람들)
- 납세자들과 그들의 자금을 제공하는 기부자들
- 사회적 진보를 중시하는 더 넓은 사회의 주민들 그리고
- 이들의 노력을 지탱해주는 자연환경

만약 회계가 단순히 비영리조직이나 협동조합에 대해 그럭저럭 활동하고 있다고(혹은 심지어 너무 많은 돈을 쓰고 있다고) 보고한다면, 이야기의 중요한 부분을 놓치고 있는 것이다. 주변 지역 주민들의 삶을 개선하기 위한 투쟁에서 그들은 투자에 대한 사회적 수익을 창출하고 있는가? 그들은 부가가치를 만들어내고 있는가? 그들은 내년에 지역사회 봉사에 필요한 자원을 동원할 수 있는가? 그들은 영향력을 보유하고 있는가? 이러한 질문들이 바로 무엇이 중요한지를 측정하기 위해 회계가 풀어야 할 질문들이다.

6. 토론 주제

1. 이 책에서 제시된 사례연구는 회계의 영역을 넓히고 재무제표에서 일반적으로 배제 되는 항목을 포함하는 재무보고를 다룬다. 이러한 사례 연구를 검토한 결과 회계의 영역을 확장하는 것이 타당하다고 생각하는가? 왜인가 또는 왜 그렇지 않은가?

2. 책임이란 보통 위계적 관계를 포함하는 것으로 간주된다. 당신은 그것을 피할 수 있다고 생각하는가? 그렇지 않다면 한 이해관계자가 지배적인 영향력을 가질 때 사회적 회계에 어떤 영향을 미칠까? 한 이해관계자가 지배할 경우 회계에 대한 다중이해당사자 접근법은 가능한가?

3. 사회적 조직의 사명에 더 잘 맞는 회계보고서를 확대하려는 과거 시도가 실패한 점에 비춰볼 때 사회적 회계는 제 갈 길을 가야 한다는 주장도 있다. 다른 이들은 회계업계의 지배적 기관에게 새로운 접근법이 필요하다고 설득하는 것이 더 나을 것이라고 주장한다. 어떻게 생각하는가?

4. 국내총생산(GDP)에 대한 기준은 사회적 회계와 일치하는가 아니면 완전히 다른 현상인가? 왜인가 또는 왜 그렇지 않은가?

5. 사회적 회계는 어떤 방법으로 사회책임투자 운동(예를 들어 윤리기금)에 정보를 제공할 수 있는가?

6. 이 책에서는 통합회계보고서에 사회환경영향(긍정적 또는 부정적)에 대한 정보를 제시하는 것이 보충적 보고서 형태로 작성하는 것

보다 의사결정에 영향을 미칠 가능성이 더 많다고 주장하였다. 어떻게 생각하는가?

7. 이 책에 제시된 사회적 회계보고서들 중 세 가지는 기존의 재무회계보고서를 응용한 것인데, 하나(공동체사회투자수익 보고서)는 다르다. 당신은 다른 방법보다 그 한 가지 방법을 더 선호하는가? 왜인가? 또는 왜 아닌가?

8. 사회적 회계의 위험과 장점은 무엇인가?

9. "시장에서 서비스를 팔지 않는 사회적 조직(즉, 자체 수입 없이 모두 보조금 등에 의존하는 조직)을 위한 사회적 회계보고서를 만드는 것은 너무 어려워서 효익이 크지 않다. 따라서 시기상조다."라는 말을 어떻게 생각하는가?

10. 이 책은 중요하긴 하지만 전통적인 회계에서는 아직 고려되지 않은 것들을 중시하는 시도를 담고 있다. 이 작업을 더 진전시킬 수 있는 방법에는 어떤 것들이 있는가?

역자 후기

회계의 문법을 혁신하자!

5년 전, 이 책의 원서를 처음 접했다.

오랫동안 다양한 사회적 경제조직에 관여하면서 이들 조직의 실질에 맞는 회계보고 방식은 없을까 고민하던 때였다. 국내 회계업계와 학계에서 관련 문헌이 있는지 검색해보았으나 마땅한 걸 찾지 못했다. 그러다 아마존에서 이 책을 발견했다. 책 제목(What counts:무엇이 중요한가)이 독특하여 '비영리조직과 협동조합을 위한 사회적 회계'란 부제(Social Accounting for Nonprofit and Cooperatives)가 없었다면 그냥 지나쳤을지 모른다. 인터넷사이트에 소개된 책의 목차만으로도 가슴이 떨렸다. 2주 뒤 도착한 책을 펼쳐 관심 가는 내용 위주로 읽어보는데 이 책은 번역해서 더 많은 사람들과 공유하는 게 좋겠다는 생각이 들었다. 회사 일과 병행하다 보니 책 전체를 완역하는 데 꼬박 2년이 걸린 것 같다.

회계 보고에 대한 저자들의 새로운 접근법에 놀라며, 번역하는 틈틈이 책 내용을 지인들과 나누고 SNS를 통해 조금씩 알리려 노력했다. 정식 출판을 하고 싶었지만 바빠서 한동안 손을 놓고 있다가 작년에야 페이스북을 통해 내용을 소개하고 출판할 곳을 본격적으로 물색하기 시작했다. 그런데 예술인들의 활동을 지원하는 한국스마트협동조합 서인형 이사장께서 이에 호응해주어 마침내 국내에서 출판할 수 있게 되었다.

이 책의 출간을 앞두고 한국어판 저자 서문을 위해 저자들 중 한 분(로리 무크)과 가까스로 이메일 연락을 할 수 있었다. 그런데 애석하게도 공저자 중 한 분(잭 쿼터)이 그 사이에 벌써 세상을 떠나셨고, 다른 한 분(베티 제인 리치먼드)은 은퇴하신 후 현업에서 떠난 상황이라고 한다. 로리 무크 교수만 현직에서 사회적 경제 관련 활동을 하고 있었다. 한국어판 저자 서문이 그녀의 이름으로 나오게 된 까닭이다. 로리 무크 교수는 원저를 출간한 이후 관련 논문을 세 편을 더 발표하였다면서 해당 논문을 역자에게 보내주었다. 나중에 기회가 되면 이들 논문도 소개할 수 있었으면 하는 바람이다.

사회적 경제 회계지침의 부재

회계사로서 사회적 경제조직인 협동조합과 비영리법인 등에서 감사를 맡아 일해 온 지 10년이 넘었다. 조직의 이사회나 총회에 참석하고, 경영과 민주적 운영에 관한 의견도 제시했다. 이를 바탕으로 사회적 경제조직의 회계와 세법에 관한 책도 출간하고 강의도 많이 다녔다. 하지만 항상 아쉽고 고민스러웠던 것은 이들 조직에서 제시하는 재무제표가 조직의 실질에 맞지 않는다는 점이었다. 그런데도 대안은 찾지 못하고 있었는데 이 책은 바로 이런 고민에서 출발한다는 점에서 매우 반가웠다.

영리, 비영리를 가릴 것 없이 이사회나 총회 때는 회계보고서가 필수적인 첨부 자료다. 하지만 대부분 잠시 훑고 지나가는 정도로 취급한다. 회계에 익숙한 담당자나 전문가가 아니면 보고서 숫자가 어떤 의미인지 파악하기 어렵기도 하지만, 회계보고서가 조직의 실질과 맞지 않아서 그런 측면도 있다.

현재 우리나라 협동조합이나 비영리조직의 회계 지침은 성격이 전혀 다른 주식회사의 회계 지침을 빌려 쓰고 있다. 사람과 공동체의 이해를 중시하는 조직이 자본과 주주, 이익을 중시하는 영리회사와 같은 회계지침을 쓴다는 건 회계의 기본 개념에도 맞지 않는 일이다.

2018년부터 정부는 기부금 단체에 '공익법인회계기준'을 적용하도록 하고 있다. 의미있는 시도고, 어느 정도 안착되고 있다. 하지만 이 또한 주식회사용 회계 지침과 보고양식을 약간 변형한 데 지나지 않으며, 무엇보다 협동조합은 그러한 회계 지침마저 없다.

현행 사회적 회계의 세 가지 문제

저자들이 책 제목을 <What counts>, 즉 '무엇이 중요한가?'라고 한 건 기존 회계보고서가 정작 조직의 중요한 것을 놓치고 있는 현실, 특히 사회적 경제조직의 실질에 맞지 않는 기존 회계시스템에 대한 근본적 문제제기를 표현한 것이라 생각한다.

1주 1표로 의사결정을 하는 자본과 이익중심의 주식회사와 1인 1표로 의사결정을 하는 사람과 공동체 중심의 사회적 경제의 회계가 같을 수는 없다. 협동조합은 조합원의 복리후생과 지역사회 기여를 목적으로 하고, 비영리법인은 수혜자들의 복지나 사회문제 해결이 조직의 사명이므로, 영리기업과는 존립 목적도, 주된 이해관계자도 질적으로 다르다. 따라서 사회적 경제에서는 회계에 표시해야 할 내용과 방식이 달라져야 하는 게 맞다.

이런 관점에서 보면 현행 사회적 경제의 회계보고서는 몇 가지 중요한 문제를 안고 있다.

첫째, 조직의 이해관계자에게 정말 필요한 정보를 제공하지 못한다.

협동조합이나 비영리법인의 이해관계자는 조합원과 지역사회, 직원과 후원자 등이고, 이들의 관심사는 조직의 이익창출이나 지분가치 증대가 아니라 그들의 구체적 필요(공동소비, 공동구매 또는 공동판매, 고용창출과 안정, 취약계층 지원, 환경과 지역사회의 공동체성 회복 등)를 충족하기 위한 조직 활동에 대한 정보다. 현행 재무적 자산.부채상태표나 이익 중심의 손익계산서 양식으로는 충족될 수 없는 정보이다.

둘째, 협동조합이나 비영리조직에서 일하는 조합원이나 자원봉사자들의 참여와 봉사, 환경보호와 인권증진 활동 등이 제대로 반영되지 못한다. 시장에서 거래되지 않는 활동들이기에 화폐거래가 아니거나 측정이 어렵다는 이유로 회계보고에서 누락되는 것이다. 동일한 활동이 유급노동일 때는 회계에 반영되고 무급노동이면 회계에서 배제된다면, 조합원이나 회원들의 자발적 참여나 봉사활동, 그와 유사한 활동으로 사회적 경제조직이 창출하는 사회적 가치는 회계상 축소 보고될 수밖에 없다. 전체 사회경제에서의 비중과 역할도 과소평가되고, 국가의 자원 배분에서도 왜곡이 발생할 수 있다.

셋째, 사회적 경제조직에서는 특히 인적자원, 경영자와 직원, 조합원,

후원자 등이 조직의 가치창출에서 핵심적인 역할을 한다. 그럼에도 이러한 인적자원을 자산으로 표시하지 않고 주식회사처럼 인건비 등 비용으로 처리한다. 영리기업도 마찬가지지만, 재무자본은 자산으로 표시하여 중시하면서도 가치창출의 주역인 인적자원은 비용으로 처리하여 절감의 대상으로 보는 시각은 사회 윤리적으로는 물론 경제적으로도 문제가 아닐 수 없다. 어떤 조직이든 가치 창출은 자금이나 설비 등 유·무형자산만이 아니라 임직원의 지식과 노하우가 중요하다. 특히 사람을 통해서 사업을 하는 사회적 경제조직은 임직원 더 나아가 조합원이나 후원자, 자원봉사자의 활동을 각각의 역할에 걸맞게 어떻게 회계에 반영할지 고민할 필요가 있다.

역사가 바뀌면 회계도 달라진다

회계는 고정된 것이 아니라 역사와 함께 생겨나 계속 변화한다. 중상주의 시대의 재무상태표에서 시작된 회계는 산업혁명과 철도산업 부흥을 계기로 감가상각이나 충당금회계가 도입되었고, 손익계산서와 현금흐름표로 확장되었다. 그리고 글로벌 자본주의시대가 되면서 통일된 국제회계기준을 도입하여 적용하고 있다. 사회경제 활동의 변천과 함께 이해관계자들의 요구에 의해 회계의 혁신은 계속되고 있다.

자본주의는 성립 이후 수백년동안 개인 소유권을 성역화하고, 자유기업주의를 기치로 생산력 증대와 기술진보를 통해 극단적인 이윤 추구를 해왔다. 이로 인해 지역공동체와 자연환경의 파괴라는 부정적 외부효과를 일으키는 폐해가 드러났고, 자본주의 옹호자들마저 공동체를 위협하는 기업의 사회적 책임을 강조하고, 주주 자본주의에서 이해관계자 자본주의로 바꾸자는 주장이 나온 지 오래다. 최근 세계적으로 ESG경영, 즉 기업의 환경과 사회, 지배구조에서의 책임경영이 강조되고 있는 것은 그 한 표현이다.

회계도 더 이상 투자자의 이익이나 지분가치 증대에 봉사하는 수단에 머물러서는 안된다. 조직과 이해관계자들 간의 상호작용을 모두 담아내는 회계, 다시 말해 자본의 기여만이 아니라 경영자와 직원, 고객, 지역사회와 환경의 기여까지 회계가 담아낼 수 있어야 한다. 이것이 바로 주주 자본주의에서 이해관계자 자본주의로 가는 과정에서 회계가 혁신되어야 하는 이유다.

사회적 경제부터 회계의 문법을 바꾸자

유엔 사회개발협력체 사무총장 보고서(2017)에 따르면, 사회적 경제는 세계총생산(GWP)에서 7% 정도를 기여하고 있다. 앞으로 유엔은 새로운 국제 공동목표로 포용성과 보편성 등 사회적 가치를 포함한 '지속가능개발목표(SDGs, 2016~2030년)'를 수립하여 저성장, 저고용에 대한 해결책으로 사회적 경제를 중시하고 있다. 조금 늦긴 했으나 우리나라의 사회적 경제도 GDP 비중은 아니지만 고용비율에서 1.4% 정도 기여하고 있다.

이런 통계는 모두 기존 회계에 따른 것이어서 과소평가됐을 수 있다. ESG경영, 지속가능개발, 이해관계자 관점이 중시되는 상황에서 사회적 경제의 중요성은 커지고 전체경제에서의 비중도 더욱 확대될 것이다. 자본 중심회계에서 이해관계자 관점 회계로 회계를 혁신하는 일은 사회적 경제에서 시작해서 영리기업으로 확산되어 갈 것으로 역자는 기대한다. 회계의 문법을 근본적으로 혁신하는 길, 그 길이 이 책에 담겨 있다.

저자들은 기존 재무제표의 한계를 넘어 사회경제자원보고서와 사회경제영향보고서 그리고 통합부가가치보고서 등을 제시한다. 새로운 재무제표에 이해관계자의 가치가 어떻게 반영되는지 설명을 따라가다 보면 독자 여러분도 회계에 대한 또 다른 통찰을 얻을 것으로 확신한다.

여의도 사무실에서
공인회계사 유종오

추천사

이 책은 비영리조직 회계에 대해 중요한 논점을 제기한다. 비영리부문에 대해 관심을 갖고 있던 우리는 현행 회계가 비영리조직이 제공하는 수많은 중요한 공헌들을 고려하지 않는다는 점을 오래전부터 알고 있었다.

또한 잘 알다시피 많은 비영리조직들은 자원봉사자에게 크게 의존하고 있고, 그들은 보수를 받지 않기 때문에 그들의 기여를 회계보고서에 정상적으로 표현할 방법이 없다. 이들 보고되지 않은 기여는 중요하다. 독립부문(공공부문과 민간이 아닌-역주)에서 자원봉사자의 기여에 대한 캐나다 수치를 보면 2000년 한 해 21세 이상 성인의 44%(83.9백만 명)가 총 155억 시간, 다시 말해서 9백만 명 이상의 정규직 업무에 상당하는 자원봉사활동을 했음을 알 수 있다.

이런 이유로 이 책은 오늘날 비영리조직들이 직면하고 있는 주요 도전에 대한 매우 시의적절한 분석서이다. 문제는 비영리조직의 사회적 영향과 자원봉사자들의 중요한 기여를 적절하게 평가, 보고하는 방법을 찾는 것이다. 한정된 자원의 시대이자 회계책임에 대한 요청이 증가하는 시기에 비영리조직의 사회적 영향을 반영하는 회계절차를 새로 만드는 일은 아주 중요하다. 이 책에서 필자들은 비영리조직들이 바로 그렇게 할 수 있도록 실질적인 사회적 회계보고서를 제시하면서 이 문제와 씨름한다. 이 책에는 7가지 사례연구를 이용한 네 개의 회계보고서 모델이 제시되어 있다. 이들 새로운 회계보고서에는 자원봉사자들의 공헌 가치, 자원봉사자 개개인의 성장과 자기개발 그리고 서비스 수혜자와 지역사회, 환경에 대한 조직의 영향 등이 포함되어 있다. 다시 말해 이들 보고서는 비영리조직의 중요한 주제를 다룬다.

회계분야는 전통적으로 산업계의 요구에 맞춰 진화해왔다. 산업계도 하나의 중요한 후원자이긴 하지만 비영리조직에는 주주가 없고, 많은 이해관계자들에 봉사한다는 점에서 다르다. 따라서 비영리조직의 특수성을 반영하는 새로운 회계모델이 필요하다. 공동체에 대한 자원봉사자들의 기여와 무급노동을 어떻게 회계보고서에 포함할 수 있는지를 설명하려면 갈 길이 먼데 이 책은 이제 막 그 일을 시작한 것에 불과하다. 하지만 중요한 시작이다.

앨런 J. 아브램슨
비영리부문과 자선프로그램 애스펀인스티튜트 이사, 워싱턴 DC

세계 각국의 찬사

이 책은 세계 여러나라 사회적 경제 리더들로부터 찬사를 받았다. 그 중 일부를 여기에 소개한다.

캐나다에서의 찬사

"이 책의 기초가 된 연구는 우리 조직의 회계보고에 강력한 도구가 되었다. 우리 노력의 결과 창출된 사회적 부가가치의 중요한 성과를 이해관계자들과 잠재적 기부자들에게 충분히 설명할 수 있게 해주었다. 우리는 책에 제시된 다양한 원칙과 우리의 관행을 결합하여, 내부 지침으로 삼고 외부적으로 우리 조직에 대한 더 정확한 이야기를 전달하는 데 도움이 되는 일련의 벤치마크 지표로 '부가가치'에 대한 연간 평가를 도입했다. 우리는 저자들이 실천과 원칙 양 측면에서 제시한 혁신에 박수를 보내며, 이 성과를 업무에서 리더십을 발휘하고자 하는 다른 비영리 조직들에게 추천한다."

샤론 우드 (캐나다 유방암재단 온타리오지부 이사)

"일반적으로 회계에 관한 책은 그다지 재미가 없다. 그러나 이 책은 내 눈을 뜨게 해주었고, 비영리조직과 협동조합, 그리고 사회적 사명을 가진 다른 조직들의 관행을 바꿀 수 있는 문제를 제기한다."

에릭 플라토 (토론토 프런티어대학 재무 및 총무 이사)

이 책은 회계학뿐 아니라 비영리조직과 협동조합에도 큰 기여를 하고 있다. 저자들의 연구는 혁신적이고 독창적이며 훌륭하고 도발적이다. '사회적 회계'는 사회적 기업뿐 아니라 대기업에도 보급할 가치가 있는 혁신이다.

데니스 해리슨 (몬트리올 퀘벡대학교 사회혁신연구센터)

"사회적 회계는 재무회계만큼 중요하다. 이 책은 현장에서 공부하고 가르치는 데 매우 유용하다."

그레그 맥레오드 (케이프 브레튼 대학교 톰킨스 연구소 명예교수)

"이 책은 순식간에 사회적 경제 전공 학생들과 연구자들의 표준교과서가 된 획기적인 책이다. 비영리조직과 협동조합을 관리하고 경영하는 사람들은 이해관계자들에 대한 정기보고서에 사회적 가치에 대한 체계적이고 분석적인 보고서를 결합한 실질적인 지침으로부터 큰 이익을 얻을 것이다. 이 책의 기여는 사회 조직들이 지역사회에 미치는 진정한 영향을 평가하고 전달하라는 요구를 넘어선다. 정책입안자들과 회계전문가들에게 모든 조직이 사회, 환경, 경제적 가치에 대한 평가를 통해 더 큰 사회적 책임을 지우는 새로운 표준 보고체계를 개발하도록 중요 과제를 제시하기 때문이다. 이 책은 명확하고 실용적이며 통찰력 있는 훌륭한 책이다. 경영과 회계 및 비영리조직 연구분야의 고전이 될 것이다."

브렌다게이너 (토론토요크대학 경영대학원 교수)

"더 많은 사람들이 경제활동의 사회적 영향에 대한 관심이 커짐에 따라, 지역사회는 사회적 경제가 사회적 결속력을 형성하는 데 어떤 기여를 하는지 이해하기를 원한다. 이 책은 이러한 욕구를 충족시키려는 사람들에게 중요하다. 이 책의 내용은 이사회 회의실에서, 모든 협동조합의 조합원들 사이에서, 그리고 사실상 모든 같은 생각을 가진 모든 조직의 회원들 사이에서 회자되고, 반영될 필요가 있다."

이안맥퍼슨(박사, 브리티시컬럼비아협동연구소 소장)

"이 책은 시사적이고, 특히 직원과 기부자, 이사진 등 사회조직에서 활동하는 사람들에게 유용할 것이다."

하비 샤흐터 (글로브앤메일 경영서적칼럼니스트, 토론토)

"우리 경제는 부자들을 더 부유하게 만들고, 가난한 사람들을 더 가난하게 만들고, 또 우리의 생태계를 파괴한다. 경제 민주주의와 정치 민주주의가 연관되어 있는 것을 깨닫게 된 지금, 우리는 경제활동의 영향을 이해하고 측정하는 도구들이 절실하다. 이 책은 우리 사회와 세계에 대한 주요한 공헌자로서 우리가 하는 일을 측정하는 유용한 도구를 제공한다. 측정할 수 없는 것은 관리할 수 없다. 이 책은 이 세상을 우리의 아이들과 후대를 위해 더 나은 곳으로 만드는 데 진지한 사람이라면 누구나 반드시 읽어야 할 책이다."

탐 웹 (프로그램 매니저, 경영학 석사: 세인트 메어리 대학교 협동조합 및 신용 조합 프로그램, 글로벌협동주식회사 대표)

"이 책은 훌륭하다. 그것은 사회적 경제를 정당한 방식으로 평가할 수 있는 사려 깊고 유용한 도구를 제시한다! 지역사회 지도자, 정책입안자, 연구자 모두가 읽어야 할 책이다."

앤 암스트롱 (토론토 대학교 로트먼 경영대학원 사회적 기업 계획 이사)

"이 책은 제3부문 종사자, 정책입안자, 자선가, 학생, 연구자 모두에게 훌륭한 자산이다. 비영리 및 협동조합 평가 분야에 대한 세심한 연구와 명확한 분석을 제공하기 때문이다. 엄격하게 개발된 사례 연구에 곧바로 폭넓게 적용할 수 있는 도구를 제공하여 사회적 부문의 성과를 평가하는 방식을 바꾼다. 이 책은 정말 중요하다."

에드워드 잭슨(칼튼대학 칼튼지역사회혁신센터 의장)

"기존 회계 방식은 비영리조직이나 영리목적 회사 모두에 그 조직의 경제적, 환경적, 사회적 기여라는 삼중의 손익을 측정하는 데 어려움을 겪고 있다. 사회적 부가가치에 대한 지표가 가장 어렵다. 철저하게 연구된 이 책은 조직의 사회공헌을 확실하게 회계처리하는 주요 이정표로서 '통합부가가치보고서'를 제시한다. 그것은 미래를 걱정하는 지도자들의 책상에 놓여 있다."

밥 윌러드 (박사, (지속가능성의 우위 저자)

이 책은 비영리조직과 관련하여 중요한 지평을 열었다. 이 책에는 지역사회 투자수익 모델과 사회경제성과보고서, 사회경제자원보고서 그리고 통합부가가치보고서가 포함되어 있다. 이 모든 정보는 후원자들에게 조직의 실제 성과와 실제 자원의 투입요소에 대한 상당히 새로운 정보를 제공한다. 이 도구는 자금의 조달과 지출, 순손익과 같은 기존 정보를 놓치지 않도록 정기 재무제표를 대체하기보다는 보완한다."

제인 가트슨 밀즈 가트슨과 동료들, 〈캐나다기금모금자〉편집자이자 이사

"여러 가지 방식으로 지역사회에 기여하는 협동조합 및 기타 조직은 자신의 성과를 측정하는 데 도움이 되는 실용적인 도구를 거의 알지 못한다. 이 책은 이러한 자원 격차를 해소하고 모든 협동조합과 자원봉사조직의 책장에 있어야 할 핵심 참고서이다. 이 책은 너무 오랫동안 성공 위주의 경제적 척도만을 수용해 온 시장에서 협동조합의 사회적 기여를 측정하고 자신을 차별화하는 데 도움이 될 것이다."

캐롤 헌터 (캐나다 협동조합협회 상임이사)

"이 책은 조직의 경제적 기여뿐만 아니라 사회적 기여의 범위를 밝히고 가치를 부여하는 방법에 대한 매우 중요한 저작이다. 이것은 사회적 목표를 우선시하고 개인적 부의 축적보다는 사람들의 필요를 최우선으로 지향하는 경제에 기여하는 조직들에게 특히 중요하다. 저자들은 조직의 사회적, 경제적 기여가 서로 맞물려 있다는 것을 보여주며, 이를 구체적인 회계보고 방법을 제시한다."

레슬리 브라운 (성 마운트빈센트대학교, 사회인류학부 교수)

"개인적인 차원에서 우리 모두는 비영리조직이나 자원봉사조직으로부터 직간접적인 혜택을 받고 있다. 이러한 조직들이 우리 삶에서 얼마나 중요한지 느낌으로는 알고 있지만, 화폐적 가치에 초점을 맞춘 이 사회에서, 그들의 진정한 가치는 과소평가되어 왔다. 마침내 비영리조직들이 사회에 미치는 영향을 보다 포괄적으로 측정할 수 있는 사회적 회계 도구를 제공하는 책이 나왔다."

아그네스메인하드박사 (토론토 라이어슨대학교 경영대학원, 자원봉사 부문 연구 센터장)

"비영리조직을 위해 새로운 전망을 열어주는 책들은 거의 없다. 그러나 이 책은 예외다. 연구자와 실무자 모두에게 유용한 이 책은 비영리조직의 광범위한 예상 밖 효과에 대한 새로운 관점을 제공할 뿐만 아니라 이를 추적하고 평가할 수 있는 다양한 도구를 제공한다."

레이다트 (트렌트대학교 행정대학원 교수)

"이 책은 비영리조직과 협동조합의 경영자와 관리자들에게 없어서는 안 될 책이다. 그들은 조직이 지역사회에 기여하는 모든 가치를 이해하고 증명하기를 원한다. 전통적인 재무제표와 회계보고서는 비영리조직과 협동조합이 하는 중요한 사회공헌을 인식하지 못한다고 주장한다. 통찰력 있고 실용적인 이 책은 이 조직들이 창출하는 사회 경제적 가치를 계산하고 전달하기 위한 틀을 제공한다."

마이클 홀 박사 (리서치 담당 부사장, 이매진 캐나다)

"이 책의 연구에 참여함으로써 제인핀치지역가족센터Jane/Finch Community and Family Center는 통합부가가치보고서를 적용할 수 있는 직접적인 기회를 얻었다. 이를 통해 우리가 창출하는 부가가치를 알게 됨으로써 우리 후원자들은 우리의 사회적 기여를 평가하는 데 도움을 주었고, 직원과 자원봉사자들에게도 같은 효과를 주었다. 우리는 단순히 자원을 사용하는 것이 아니라, 우리의 서비스를 통해 사회에 가치를 더한다는 것을 깨달아야 한다."

마가리타 멘데즈 (제인핀치센터)

이스라엘에서의 찬사

"이 책의 독창성은 이론적인 주제에 대한 논의와 사례 연구 그리고 상세한 회계시스템 분석을 통합한 데 있다. 이 방식에 대해 일부 독자들이 문제의식을 느낄 수 있다. 그러나 이론과 실제를 연결하는 장점이 있고 사회적 경제 조직의 실무자들에게 중요한 도구를 제공한다."

메나켐 로스너 (하이파 대학교 교수)

스웨덴에서의 찬사

"사회적 책임과 경제활동은 동전의 앞뒷면 같은 거라고 많은 사람들이 말하지만, 구체적으로 이들을 어떻게 측정할 지 얘기하는 사람은 거의 없다. 이 책은 어쩌면 후자를 위한 가장 훌륭한 사례이다. 이 책은 경제적, 사회적 투입요소가 서로 섞이고 변환되고 재변환되는 이해하기 어려운 분야에 대해 실행가능한 정량적 측정 도구를 논증하고 개발했다. 이렇게 함으로써 뛰어난 학부교과서가 된 드문 위업을 성취했고 사례 연구 방법에 상당히 기여했다. 사회적 투입과 자원봉사자 투입의 경제적 효과를 측정하기 위해 제시한 방법론은 특히 주목할 만하며, 매우 유용한 관리 도구가 될 것 같다."

요하낸 스트라이언(세데턴대학, 경영학 교수, 스톡홀름)

영국에서의 찬사

"이 책은 캐나다의 제3부문 조직에 대한 연구와 실무 경험의 경계에서 활동하는 세 명의 저자들이 사회적 회계 이론과 실제의 접점에서 쓴 흥미로운 책이다."

롭 그레이 (스코틀랜드 세인트 앤드류스 대학 경영대학원 사회 및 환경 회계학과 교수)

"조직이 자기의 성과를 평가하고 가치를 입증해야 할 필요성이 커지고 있다. 그러나 대부분 정확히 어떻게 해야 하는지 고민한다. 이 책은 그러한 조직에 귀중한 틀과 지침을 제공한다. 조직이 어떻게 사회적 회계에 접근할 수 있는지에 대한 통찰과 실용적인 제안을 제공하고 우리의 생각을 상당히 진전시킨다."

앙겔라 엘리스 페인 박사(영국 런던 자원봉사 연구소 부소장)

미국에서의 찬사

"나는 수년간 사회적 회계 관행의 사례를 수집하고, 두꺼운 분량의 서류철을 만들었다. 고맙게도 이제 상세하고 효과적으로 작성된 이 책이 이 서류철을 대체할 수 있게 해 주었다."

엘리자베스 K. 키팅 (공인회계사, 하바드대학교 하우저센터 선임연구위원)

"이 책은 실제적 방법론을 이론적으로 뒷받침한 사회적 회계의 주춧돌을 제공한다는 점에서 매우 중요하다. 이 책의 중요성과 가치에 대해 아무리 칭찬해도 지나치지 않다."

토마시나 보크먼(죠지메이슨대학교 교수)

"이 책은 학문적 깊이와 놀라울 정도로 풍부한 내용이 인상적이다. 나는 사회적 회계에 관한 이 훌륭한 공헌에 흥분을 느낀다. 이 책은 교수들이 사회적 책임과 공공행정, 경영대학원의 일반 비영리 조직의 경영과 재무관리 과정을 보완하는 교육 자료로 활용할 수 있을 것이다. 조직의 회계담당자와 외부 컨설턴트들은 이 책에 설명된 사례들이 조직의 이사진과 관리자, 자원봉사자, 자금제공자의 이익을 위해 사회적 회계보고서를 작성하는 데 사용될 수 있다는 것을 알게 될 것이다.

카룬 K(뉴욕 헌터 칼리지 사회사업학부 교수)

"비영리조직들이 우리 사회에 기여하는 지에 이의를 제기하는 매일 새로운 질문들이 제기되는 가운데, 우리 가치를 명확하게 보여줄 수 있는 도구를 확보하는 것이 필수적이다. 이 책은 우리가 이 도전에 맞설 수 있다고 약속한다. 저자들은 지역사회의 질문에 답하는 데 필요한 실탄을 우리에게 제공해준다."

빌 베넷 박사(뉴욕, 로체스터, 지역사회/대학 파트너십 프로젝트 이사)

"이 책은 비영리 조직, 특히 자원봉사자들이 사회에 얼마나 크게 기여하는가를 충분히 평가하는 중요한 문제에 초점을 맞추고 있다. 전통적인 회계 관행은 자원봉사자의 역할이 비영리 조직의 가장 중요한 기여 중 하나임에도 불구하고 이를 간과하는 경향이 있다. 건전한 이론과 회계원칙에 따라서 저자들은 이 분야를 발전시킬 통찰을 전하기 위해 새로운 접근 방식을 제시한다. 동시에 그들은 이 방식이 비영리 조직 실무자와 학술 연구자들 모두에게 가치가 있도록 실천적 관점에서 이 책을 썼다."

제프리 브루드니 박사 (알버트 레빈 클리블랜드 주립대학교 도시학 및 공공서비스학과 교수)

"이 책은 비영리조직의 회계 처리 방식을 다시 생각하게 해준다. 사회적 회계를 무시하면 비영리조직들은 위험에 처하게 되고, 그들이 사회에 더하는 가치는 무시된다. 비영리 경영 분야의 모든 실무자와 연구자들에게 이 책을 적극 추천한다."

페미다 핸디(펜실베니아 대학교 및 요크 대학교 부교수)

"저자들이 지적한 바와 같이, 기존 재무제표는 조직의 재무적 측면과 시장 기반 측정치를 강조하는, 조직 내부에 초점을 맞춘 보고서라고 할 수 있다. 반면 이 책에서 개발소개된 사회적 회계 방법론은 조직의 순 기여, 자원의 사용, 부채와 자산에 대한 더 큰 그림을 제공하면서 포괄범위를 넓혀준다. 특히 이 책은 사회적 임무를 명확히 천명하고, 다수의 중요한 이해관계자 집단을 참여시키고, 많은 수의 자원봉사자를 생산적으로 고용하는 비영리 조직과 관련이 있다. 사회적 회계는 잠재적으로 비영리 조직이 사회에 제공하는 사회적, 경제적 기여에 대해 훨씬 더 풍부하고, 정확하며, 긍정적인 그림을 제공한다."

데니스 영, 버나드 B. 그리고 유제니아 램시 교수 (조지아 주립 대학교 개인기업 및 비영리 기업 이사 연구 프로그램 이사, 국립 비영리 기업 센터장)

"나는 사회적 자본을 분석하고 화폐적인 것을 중시하는 전통적인 기업회계기준이 비영리 부문을 평가하기에 불충분하다고 생각하는 모든 사람들에게 이 책을 강력히 추천한다. 특히 자원봉사자들이 비영리조직에 기여하는 바를 포함한 것이 독창적이다.

수잔 엘리스 (에너자이즈 대표, 필라델피아 펜실베니아)

"최근 몇 년 동안, 사회적 회계에 대한 생각이 부활의 조짐을 보이고 있는데, 이번에는 조직의 수준과 책임 문제에 대해 훨씬 더 많은 관심을 기울이고 있다. 나는 비영리조직 재무 보고에 관심이 있는 모든 사람들이 면밀히 연구해야 할 접근 방식을 이 책에서 발견했다."

로져 로맨 (비영리 경영 및 리더십 편집자, 웨스트버지니아대학교 교수)

"회계 관행은 수세기 동안 특정한 사회적 가치를 반영하는 방향으로 점진적으로 발전해 왔다. 이제 회계는 여기 소개된 중요하고 근거가 충분한 지침을 통해 자원봉사의 가치 측정 면에서 비약적인 발전을 이루었다. 저자들은 회계 이론과 실무에 대한 높은 기여에 더해 이전에는 무시했던 무급 노동의 가치를 포함시키기 위해 회계기준의 수준도 높였다."

존 위트먼 박사 (사회적 가치 컨설턴트, 주 보스턴)

"우리는 협동조합이 재무제표가 제시하는 것보다 훨씬 더 많은 기여를 한다는 것을 이미 알고 있었다. 이 책은 협동조합이 전통적인 회계 방식을 넘어 조합공동체 사회에 어떻게 기여를 하고 있는지 더 많은 이야기를 할 수 있다는 것을 보여준다."

레슬리 미드 (버지니아주 알링턴, 협동교육협회 사무국장)

"어떤 현자는 '측정할 수 있는 것은 관리할 수 있다'고 말했다. 이 책은 비영리 조직 및 협동조합에 사회적 회계를 적용하여 이러한 조직에서 '중요한 것'이 계산되고 명확하게 설명되도록 하려는 야심찬 노력의 결과물이다. 저자들은 비영리조직과 협동조합이 공동체에 미치는 사회적·환경적 영향을 설명하기 위해 애초 개발된 사회적 회계 틀을 확대하여 적용한다."

데니스 니터하우스 (MBA, 시카고 드폴 대학교)

실제 사용자 후기

일반적으로 회계에 관한 책은 그다지 흥미롭지 않다. 그러나 이 책은 우리 눈을 뜨게 하고, 비영리조직과 협동조합, 그리고 사회적 사명을 가진 다른 조직들의 관행을 바꿀 수 있는 문제를 제기한다.

사회적 회계 도입의 장애

나는 '성인 문해력 향상 프로그램'을 위해 캐나다 전역에 걸쳐 수 많은 자원봉사자들을 동원하는 비영리조직인 프런티어대학(Frontier College)의 재무관리 이사이자, 다년간의 경험을 가진 공인관리회계사(CMA)임에도 불구하고, 그동안의 훈련만으로는 프로그램의 모든 측면에서 필요한 정보를 다룰 준비가 되어있지 않았다. 특히 우리 조직의 자원봉사자들의 활동과 사회적 공헌를 회계적으로 다루는 문제는 쉽지 않았다. 자원봉사자가 만들어낸 가치를 반영하기 위한 회계학술모임에 참석하였다. 또 이 책을 읽은 후, 우리 조직에서 활동하는 자원봉사자들의 활동과 다른 사회적 공헌활동을 회계적 틀 내에서 표시하는 것이 가능하고, 사회적 회계는 우리 같은 조직이 지역사회에 미치는 영향을 다루는 문을 열어준다는 것을 깨달았다. 나는 우리 조직의 성과에 대해 더 잘 설명하고 기존 재무제표를 보완하기 위해 이 책에 제시된 통합부가가치보고서를 사용하기로 결정했다. 그러나 학술회의가 끝난 후 내가 직면한 문제(이 책의 독자들이 직면할 수도 있는)는 이러한 방법들을 우리 조직에서 어떻게 구현하느냐 하는 것이었다. 아무리 흥미롭다고 해도 이미 많은 업무량이 있는 상태에서 새로운 프로젝트에 관여하고 싶은 사람은 없다. 나는 아이디어를 구현하기 위해서는 기존 이슈에 대한 해결책으로 이 문제를 다루어야 한다는 것을 깨달았다.

우리의 경우 자원봉사자들이 만들어낸 가치를 검토하는 일이 이사회에서 요청한 문제중 일부를 해결하는 데 도움이 되었다. 우리가 얻은 정보는 의사소통과 기금 마련에 매우 유용했다.

도입을 위한 절차와 성과

나는 경영진과 함께 회계 혁신을 시작하였고, 그러한 수준의 지원을 받았고, 그것이 매우 중요한 역할을 했다. 다음으로 직원 회의에서 그 아이디어를 발표했다. 직원들은 그 제안을 흥미로워했고, 필요한 정보(자원봉사 시간과 업무)는 이미 수집되고 있었기 때문에 그들에게 추가적인 부담은 생기지 않았다. 우리 직원들은 일반적으로 재정이라는 것이 돈의 문제일 뿐, 자원봉사자나 프로그램은 고려하지 않는다고 믿고 있었다. 재무 부서에서 자원봉사자들의 부가가치를 평가하는 아이디어는 조직 내에서 우리의 이미지를 개선하는 데 도움이 되었고, 부서들을 더욱 가깝게 만들었다.

우리는 이미 프로그램 자원봉사자들의 시간을 다루기 위한 시스템을 마련했지만, 프로그램이 아닌 일에 시간을 기부하는 다른 자원봉사자들도 있었다. 바로 이사회 같은 곳에서 일하는 자원봉사자들이다. 우리가 그 시간을 문서화한 것은 아니었지만 이사회 참석을 시간으로 평가하는 것은 어렵지 않았다. 우리 또한 여지껏 이사회나 기금모금, 홍보행사와 같은 다른 회의를 고려한 적이 없었다는 점을 알게 되었다. 우리는 현재 정기적으로 모든 자원봉사자들을 대상으로 관련 정보를 수집하여 그들의 부가가치를 총체적으로 표시되도록 하고 있다.

일단 이러한 절차를 거쳐 숫자를 계산해 낸 후 이사회에 이 사항을 발표하였다. 한 가지 눈에 띄는 사실은 자원봉사활동이 프론티어대학의 모든 기부금의 40%에 달한다는 것이었다. 이는 정부보조금을 포함한 모든 기여금 중 가장 큰 비중이었는데, 부가가치를 이 책의 제안처럼 새로운 방식으로 보지 않고서는 결코 알아차리지 못했을 것이다.

프런티어대학의 중요한 활동은 아이들에게 책을 기부하는 것이다. 통합부가가치보고서를 위한 자료를 구축함으로써, 우리는 이 책의 가치를 사람들에게 알릴 수 있었다. 놀랍게도 이러한 정보는 일반 대중이나 심지어 이사회에도 전달되지 않았다.

또한 우리는 자원봉사자들에게 제공하는 훈련과 지역사회에서 제공하는 학술회의에 가치를 부여할 수 있었다. 프론티어대학은 자원봉사자들을 훈련시키는 데 많은 투자를 하고 있으며, 이것을 인정받는 것이 중요했다.

남는 과제

이러한 사실을 알게 된 이사회의 반응은 매우 긍정적이었다. 그들이 다룬 한 가지 문제는 회계기준의 문제이다. 그들은 정보가 흥미롭다고 생각하면서도, 그 숫자의 일부가 어디에서 왔는지, 그리고 그에 대한 어떤 확립된 회계기준이 있는지에 대해 많은 질문을 하였다. 회계기준을 충족시키기 위해서는 할 일이 더 많지만, 부가가치 회계가 비영리조직이 그들의 사명을 어떻게 충족시키고 있는지를 보여주는 훨씬 더 나은 방법임은 분명하다. 표준을 새로 만들고 그에 영향을 미치며 공공 정책을 만들어가는 것은 비영리 부문의 공동 노력을 필요로 하지만, 나는 앞으로 몇 년 동안 이런 일이 일어날 가능성이 있다고 생각한다.

자원봉사자들이 부가한 가치에 대한 회계처리는 조직의 이야기를 들려주는 데 도움이 될 수 있는 척도라는 점을 분명히 하는 것이 중요하다.

그렇다고 해서 그것이 우리가 현재 수행하는 질적 측정법과 관련된 것을 대체하지는 않는다. 하지만 이것은 우리가 무엇을 하고 있는지에 대한 그림을 훨씬 더 명확하게 보여준다.

에릭 플라토
(프론티어대학 재정행정 이사, 토론토 캐나다)

표.그림 목차

표 2.1 자금의 원천과 및 활동의 지향에 의한 분류
표 4.1 컴퓨터훈련센터에 대한 공동체사회투자 수익(1994-1995)
표 4.2 컴퓨터훈련센터의 2차 산출물
표 5.1 연간 자원봉사 시간(2000~2001)
표 5.2 자원봉사자들의 자기부담비용
표 5.3 사회경제영향보고서
표 5.4 운영성과표와 순부채의 변화
표 5.5 사회경제영향보고서(조직이 환경에 미치는 영향: 직원1인당)
표 5.6 사회경제적자원보고서
표 5.7 자원봉사 시간의 가치 변화
표 5.8 연간 자원봉사시간
표 5.9 재무상태표
표 6.1 기존 부가가치보고서
표 6.2 워터루협동조합의 통합부가가치보고서(일부)
표 6.3 기존 재무제표상의 부가가치
표 6.4 부가가치의 배분: 워터루협동조합의 통합부가가치보고서(일부)
표 7.1 자원봉사 시간
표 7.2 자원봉사 노동의 시장가치 계산
표 7.3 통합부가가치보고서(일부)
표 7.4 통합부가가치보고서(일부)-부가가치의 배분
표 7.5 연간 자원봉사 시간 추정치
표 7.6 자원봉사활동 시간의 시장가치 계산
표 7.7 자원봉사자의 자기부담 비용 추정
표 7.8 통합부가가치보고서(일부)
표 7.9 통합부가가치보고서(일부)-부가가치의 배분
표 7.10 업무별 자원봉사 시간과 시장가치
표 7.11 통합부가가치보고서(일부)-사례1
표 7.12 통합부가가치보고서(일부)-사례 2
표 7.13 통합부가가치 보고서(일부)-부가가치의 분배-사례1
표 7.14 통합부가가치보고서(일부)-부가가치의 배분-사례2
표 7.15 업무별 자원봉사 시간
표 7.16 자원봉사 시간의 시장가치
표 7.17 통합 부가가치보고서 (일부)
표 7.18 통합부가가치보고서(일부)-부가가치의 배분
표 7.19 통합부가가치보고서(일부)-기금 조성과 프로그램 별 구분
표 7.20 통합부가가치보고서(일부)

표 7.21 통합부가가치보고서(일부)-부가가치의 배분
표 8.1 업무별 자원봉사시간 추정
표 8.2 전체 인적 자원에대한 자원봉사시간의 비율 계산
표 8.3 자원봉사 시간의 가치(2000~2001)
표 8.4 자원봉사 시간의 시장가치 계산
표 8.5 전체 자원에 대한 자원봉사 자원의 비율 계산
표 8.6 자원봉사자들의 자기부담 비용 계산

그림 2.1 민간부문과 및 공공부문, 사회적 경제의 관계
그림 4.1 공동체사회투자수익의 연간흐름
그림 5.1 사회경제영향보고서: 핵심이해관계자 그룹에 의한 유입과 유출
그림 5.2 가치를 창출하는 조직의 자원들
그림 6.1 이익의 원천
그림 6.2 부가가치의 원천(기존 부가가치보고서)
그림 6.3 화폐거래 기여분과 비화폐거래 기여분
그림 6.4 입주자와 직원의 총 노동 시간 비율
그림 6.5 통합부가가치보고서
그림 7.1 인적 자원
그림 7.2 보고되지 않는 부가가치 비율
그림 8.1 전체 인적 자원에 대한 자원봉사 자원의 비율
그림 8.2 전체 자원에 대한 자원봉사 자원의 비율
그림 8.3 설문조사 문항
그림 8.3 설문조사 문항 (계속) (단위: 달러)
그림 8.4 부정적 경험 평가 문항
그림 8.5 자원봉사자 개인의 성장과 발전 가치 계산
그림 8.6 프로그램의 일부

참고자료(References) 목록

⟨A⟩

Abt and Associates Inc. 1974. The Abt model. In Social auditing: Evaluating the impact of corporate programs, David Blake, William Frederick, and Mildred Meyers, 149-157. New York: Praeger.

Accounting Standards Steering Committee (ASSC). 1975. The corporate report. London: ASSC.

Akingbola, Kunle. 2002. Government funding and staffing in the nonprofit sector: A case study of the Canadian Red Cross, Toronto Region. Master's thesis, Ontario Institute for Studies in Education, University of Toronto.

- American Accounting Association. 1971. Report of the Committee on Non-Financial Measures of Effectiveness. The Accounting Review Supplement to Vol. XLVI: 165-211.

―――. 1972a. Report of the Committee on Concepts of Accounting Applicable to the Public Sector, 1970-71. The Accounting Review Supplement to Vol. XLVII (October): 75-108.

―――. 1972b. Report of the Committee on the Measures of Effectiveness of Social Programs.

The Accounting Review Supplement to Vol. 47: 337-396.

―――. 1973. Report on the Committee on Environmental Effects of Organizational Behavior.

The Accounting Review Supplement 48: 76-119.

―――. 1989. Report of the Committee on Nonprofit Entities Performance Measures, American Accounting Association Government and Nonprofit Section. Measuring the performance of nonprofit organizations: The state of the art. Sarasota, FL: American Accounting Association.

―――. 1991. Report of the Committee on Accounting and Auditing Measurement 1989-1990.

Accounting Horizons (September): 81-105.

American Association of Retired Persons (AARP). 2000. Notes to the Financial Statements. www.aarp.org/ar/2000/graphics/pdfs/fin_full.pdf (9 June 2002).

American Institute of Certified Public Accountants (Accounting Principles Board). 1970. Basic concepts and accounting principles underlying financial statements of business enterprises. New York: American Institute of Certified Public Accountants.

―――. 1977. The measurement of corporate social performance. New York: American Institute of Certified Public Accountants.

―――. 1978. Statement of position. No. 78-10: Accounting principles and reporting practices for certain nonprofit organizations. New York: American Institute of Certified Public Accountants.

American Red Cross. 2005. Annual report. Washington, DC: American Red Cross.

Amnesty International. 2001. Facts and figures about Amnesty International. www.amnesty.org (19 July 2006).

Andreoni, James. 1990. Impure altruism and donations to public goods: A theory of warm-glow giving. The Economic Journal 100 (June): 464-477.

Anthony, Robert N., and David W. Young. 1988. Management control in nonprofit organizations. 2d ed. Burr Ridge, IL: Irwin.

Association of Chartered Accountants in the United States (ACAUS). 1999. "Why Study Accounting?" www.acaus.org/history/index.html (13 March 2000).

⟨B⟩

Barber, Benjamin. 1998. A place for us: How to make society civil and democracy strong. New York: Hill and Wang.

Bauer, Raymond, and Dan H. Fenn, Jr. 1973. What is a corporate social audit? Harvard Business Review January–February: 37–48.

Baym, Nancy K. 1996. Agreements and disagreements in computer-mediated discussion.

Research on Language and Social Interaction 29 (4): 315–345.

Bebbington, Jan, Rob Gray, and David Owen. 1999. Seeing the wood for the trees: Taking the pulse of social and environmental accounting. Accounting, Auditing & Accountability Journal 12 (1): 47–51.

Becker, Eric, and Patrick McVeigh. 2001. Social funds in the United States: Their history, financial performance and social impacts. In Working capital: The power of labor's pensions, ed. Archon Fung, Tessa Hebb, and Joel Rogers, 44–66. Ithaca, NY: Cornell University Press.

Belkaoui, Ahmed. 1984. Socio-economic accounting. Westport, CT: Quorum Books.

Benson, Dennis. 1999. Return on investment: Public dollars, private dollars, charitable contributions, voluntarism. Paper presented at the 1999 Conference of the National Association of Community Action Agencies, Chicago. www. roma1.org/documents/ ROI/nacaa99.pdf (17 July 2006).

Bilodeau, Marc, and Al Slivinski. 1996. Volunteering nonprofit entrepreneurial services.

Journal of Economic Behavior & Organization 31: 117–127.

Blake, David, William Frederick, and Mildred Meyers. 1976. Social auditing: Evaluating the impact of corporate programs. New York: Praeger.

Blum, Fred. 1958. Social audit of the enterprise. Harvard Business Review March–April: 77–86. Bowen, Howard R. 1953. Social responsibilities of the businessman. New York: Harper.

Boyce, Gordon. 1998. Public discourse and decision-making: An exploration of possibilities for financial, social, and environmental accounting. Paper presented at the APIRA conference, Osaka, Japan. www3.bus.osaka-cu.ac.jp/ARIRA98/archives/htmls/51.htm (21 March 2000).

Boyle, David. 2000. The tyranny of numbers: Why counting can't make us happy. London: HarperCollins.

Brenner, Harvey. 1976. Achieving the goals of the Employment Act of 1946—Thirtieth anniversary review. Washington, DC: U.S. Government Printing Office.

Brinkirhoff, Robert, and Dennis Dressler. 1990. Productivity measurement: A guide for managers and evaluators. Newbury Park, CA: Sage.

Brown, Eleanor. 1999, May. Assessing the value of volunteer activity. Nonprofit and Voluntary Sector Quarterly 28 (1): 3–17.

Brown, Leslie. 2000. The cooperative difference? Social auditing in Canadian credit unions.

Journal of Rural Cooperation 28 (2): 87–100.

———. 2001. Social auditing and community cohesion: The co-operative way. Halifax: Mount Saint Vincent University. Photocopy.

Brudney, Jeffrey. 1990. Fostering volunteer programs in the public sector. San Francisco: Jossey-Bass.

Brunsting, Suzanne, and Tom Postmes. 2002. Social movement participation in the digital age.

Predicting offline and online collective action. Small Group Research 33 (5): 525–54.

Burchell, Stuart, Colin Clubb, and Anthony G. Hopwood. 1985. Accounting in its social context: Towards a history of value added in the United Kingdom. Accounting, Organizations and Society 10 (4): 381–413.

Business Ethics. 2006. Best corporate citizens—methodology. www. business-ethics.com/media/100_Best_Corp_Citizens_Methodology_Detail.pdf (14 July 2006).

⟨C⟩

Calabrese, Michael. 2001. In Working capital: The power of labor's pensions, ed. Archon Fung, Tessa Hebb, and Joel Rogers, 93–127. Ithaca, NY: Cornell University Press.

Cameron, Michael. 1991. Transportation efficiency: Tackling Southern California's air pollution and congestion. Los Angeles: Environmental Defense Fund.

Campbell, Kathryn. 1998. When even your accountant betrays you. CAUT Bulletin ACPPU 45 (9): 28.

Canadian Crossroads International (CCI). CCI home page. 2002. Introduction to CCI. www.cciorg.ca (16 June 2002).

Canadian Institute of Chartered Accountants (CICA). 1980. Financial reporting for non-profit organizations. Toronto: Canadian Institute of Chartered Accountants.

———. 1993a. Reporting on environmental performance. Toronto: Canadian Institute of Chartered Accountants.

———. 1993b. Audits of non-profit organizations: An audit technique study. Toronto: Canadian Institute of Chartered Accountants.

———. 1996. CICA Handbook, Sections 4400–4460. Toronto: Canadian Institute of Chartered Accountants.

———. Canadian Institute of Chartered Accountants home page. 2000. Canadian performance reporting initiative. www.cica.ca/cica/cicawebsite.nsf/public/SPCPRI (23 June 2002).

Carmichael, Isla. 2005. Pension power: Unions, pension funds, and social investment in Canada. Toronto: University of Toronto Press.

Carmichael, Isla, and Jack Quarter, eds. 2003. Money on the line: Workers' capital in Canada.

Ottawa: Canadian Centre for Policy Alternatives.

CERES (Coalition for Environmentally Responsible Economies). CERES home page. 2002. www.ceres.org (27 June 2002).

Chambers, Robert. Whose reality counts? Putting the first last. London: Intermediate Technology.

Cherny, Julius, Arlene Gordon, and Richard Herson. 1992. Accounting—a social institution: A unified theory or the measurement of the profit and nonprofit sectors. New York: Quorum Books.

Chrétien, Jean. 2001. An Accord between the government of Canada and the voluntary sector.

Ottawa: Secretariat, Voluntary Sector Initiative. www.vsi-isbc.ca (25 June 2002).

Christenson, James. 1994. Themes of community development. In Community Development in Perspective, ed. James Christenson and Jerry Robinson, 26–47. Ames, IA: Iowa State University.

City of Toronto. 1993. Toronto's first state of the city report. Toronto: City of Toronto.

Clarkson, Max. 1995. A stakeholder framework for analyzing and evaluating corporate social performance. Academy of Management Review 20 (1): 92–117.

Cleveland, Gordon, and Michael Krashinsky. 1998. The benefits and costs of good child care: The economic rationale for public investment in young children. Toronto: University of Toronto, Centre for Urban and Community Studies, Childcare Resource and Research Unit. Cnaan, Ram, Femida Handy, and Margaret Wadsworth. 1996. Defining who is a volunteer: Conceptual and empirical considerations. Nonprofit and Voluntary Sector Quarterly 25 (3): 364–383.

Cohen, Bronwen, and Neil Fraser. 1991. Childcare in a modern welfare system: Towards a new national policy. London: Institute of Policy Research.

Committee of Planning and Co-ordinating Organizations. 1992. Social report for Metro. Toronto: Toronto: Metro Toronto.

Community Literacy of Ontario. 1998. The economic value of volunteers in community literacy agencies in Ontario. Barrie, Ontario: Community Literacy of Ontario.

Computer Training Center. 1995. Brochure. Toronto: Computer Training Center.

Cooper, Gerry. 2000. Online assistance for problem gamblers. Ph.D. diss., University of Toronto.

Co-operatives Secretariat. 2005. Co-operatives in Canada (2003). Ottawa: Government of Canada.

Co-operative Union of Canada. 1985. Social auditing: A manual for co-operative organizations. Ottawa: Co-operative Union of Canada.

Cornell Cooperative Extension. 1995. Financial operations resource manual, code 817. www.cce.cornell.edu/admin/fhar/form/code0800/817.htm (10 June 2002).

Craig, Jack. 1993. The nature of co-operation. Montreal: Black Rose.

Crawford, Cameron. 2004. Improving the odds: Employment, disability and public programs in Canada. Toronto: Roeher Institute.

Crutchfield, James. 1962. Valuation of fishing resources. Land Economics May: 145–154.

Cutt, James, and Vic Murray. 2000. Accountability and effectiveness: Evaluation in non-profit organizations. London: Routledge.

Dahl, Robert. 1970. After the revolution: Authority in a good society. New Haven: Yale University Press.

Daly, Herman, and John Cobb Jr. 1994. For the common good: Redirecting the economy toward community, the environment and a sustainable future. 2d ed. Boston: Beacon Press. Davidson, James, Margaret Cole, and Anthony Pogorlec.

1997. The economic impact of religions organizations: Results from two recent studies. In Independent sector, the changing social contract: Measuring the interaction between the independent sector and society, 93–112. Washington, DC: The Independent Sector.

⟨D⟩

Day, Kathleen, and Rose Anne Devlin. 1996. Volunteerism and crowding out: Canadian econometric evidence. Canadian Journal of Economics XXIX (1): 37–53.

———. 1997. The Canadian nonprofit sector. In The emerging sector: In search of a framework, ed. R. Hirschhorn, 61–71. Ottawa: Renouf.

———. 1998. The payoff to work without pay: Volunteer work as an investment in human capital. Canadian Journal of Economics 31 (5): 1179–1191.

Dees, Gregory. 1998. Enterprising nonprofits. Harvard Business Review January–February: 55–67.

Defourny, Jacques. 1999. The emergence of social enterprises in Europe. EMES European Networks, Brussels.

Defourny, Jacques, and José L. Monzon Campos, eds. 1992. The third sector: Co-operative, mutual and nonprofit organizations. Brussels: CIRIEC and DeBoeck University.

Deibert, Ronald. 2000. International plug'n play? Citizen activism, the Internet, and global public policy. International Studies Perspectives 1 (3): 255–72.

Devlin, Rose Anne. 2000. Labour-market responses to volunteering: Evidence from the 1997 SGVP. Ottawa: Human Resources Development Canada.

———. 2001. Volunteers and paid labour market. Canadian Journal of Policy Research 2 (2): 62–68.

Dzinkowski, Ramona. 1998. The measurement and management of intellectual capital: An introduction. New York: International Federation of Accountants (IFAC).

⟨E⟩

Eakin, Lynn. 2001. Myths, money and service provision: An overview of the funding of Canada's voluntary sector. Ottawa: Voluntary Sector Initiative.

Ekins, Paul, ed. 1986. The living economy: A new economics in the making. London: Routledge and Kegan Paul.

Ellerman, David. 1990. The democratic worker-owned firm. Boston: HarperCollins.

Estes, Ralph. 1972. Socio-economic accounting and external diseconomies. The Accounting Review April: 284–290.

———. 1976. Corporate social accounting. New York: John Wiley.

Eurosif (European Sustainable and Responsible Investment Forum). 2003. Socially responsible investment among European institutional investors: 2003 report. Paris: Author.

Evans, Richard. 1997. Accounting for ethics: Traidcraft plc, U.K. In Building corporate accountability, ed. Simon Zadek, Peter Pruzan, and Richard Evans, 84–101. London: Earthscan.

Eysenbach, Gunther, John Powell, Marina Englesakis, Carlos Rizo, and Anita

Stern. 2004. Health related virtual communities and electronic support group: Systematic review of the effects of online peer to peer interactions. British Medical Journal 328 (7449): 1166–1171. Federal Transit Administration. 1995. TransitChek® in the New York City and Philadelphia Areas. www.fta.dot.gov/library/program/tchek/TransitChek.htm (23 June 2002).

⟨F⟩

Ferguson, Tom. 1997. Health care in cyberspace: Patients lead a revolution. The Futurist 31 (6): 29–33.

Ferris, James M. 1984. Coprovision: Citizen time and money donation in public service provision. Public Administration Review 44 (4): 324–333.

Financial Accounting Standards Board (FASB). 1978. Statement of financial accounting concepts No. 1 Objectives of financial reporting by business enterprises. Norwalk, CT: FASB.

———. 1980. Concepts statement No. 4 objectives of financial reporting by nonbusiness organizations. Norwalk, CT: FASB.

———. 1993. Statement of financial accounting standards No. 116: Accounting for contributions received and contributions made. www.fasb.org/st/summary/stsum116.shtml (5 June 2002).

———. 2002. Disclosure of information about intangible assets not recognized in financial statements. www.fasb.org/project/intangibles.shtml (14 July 2002).

Finkler, Steven A. 2005. Financial management: For public, health, and not-for-profit organizations, 2nd ed. Upper Saddle River, NJ: Prentice-Hall.

Flamholtz, Eric. 1974. Human resource accounting. Encino, CA.: Dickenson Pub. Co.

———. 1985. Human resource accounting. 2d ed. San Francisco: Jossey-Bass.

———. 1999. Human resource accounting: Advances in concepts, methods, and applications.
3d ed. Boston: Kluwer Academic Pub.

Flinders, Mathew. 2001. The politics of accountability in the modern state. Aldershot, U.K.: Ashgate.

Fountain, Jay. 2001. Using performance measures in K–12. School Business Affairs. www.asbointl.org (11 June 2002).

Freeman, R. Edward. 1984. Strategic management: A stakeholder approach. Boston: Harper Collins.

Freeman, Richard. 1997. Working for nothing: The supply of volunteer labor. Journal of Labor Economics 15 (1): S140–S166.

Friedman, Milton. 1970. Social responsibility of business is to increase its profits. The New York Times Magazine (September 13): 32–33.

⟨G⟩

Gagne, R. L. 1996. Accountability and public administration. Canadian Public Administration
39 (2): 213–225.

Garner, William C. 1991. Accounting and budgeting in public and nonprofit organizations. San Francisco: Jossey-Bass.

Garrison, Ray, George Chesley, and Raymond Carroll. 1993. Managerial accounting. Homewood, IL: Irwin.

Gaskin, Katharine. 1999. Valuing volunteers in Europe: A comparative study of the Volunteer Investment and Value Audit Voluntary Action: The Journal of Active Volunteering Research 2 (1): 35–48.

Gaskin, Katharine, and Barbara Dobson. 1997. The economic equation of volunteering. www.jrf.org.uk/knowledge/findings/socialpolicy/SP110.asp (24 May 2002).

Global Reporting Initiative. 2000. Sustainability reporting guidelines on economic, environmental, and social performance. Boston: Interim Secretariat, Global Reporting Initiative. www.globalreporting.org (5 June 2002).

———. 2005. G3 guidelines. www.grig3.org/guidelines/overview.html (14 June 2006).

Goodman, Patti. 1997. Report on a national survey of home-delivered meals programs in

Canada. Ottawa: The Canadian Association for Community Care.

Government of Ontario. 1996. Greater Toronto Area Task Force Report. Toronto: Queen's Printer for Ontario.

Goyder, George. 1961. The responsible company. Oxford: Basil Blackwell.

Gray, Rob. 1992. Accounting and environmentalism: An exploration of the challenge of gently accounting for accountability, transparency and sustainability. Accounting, Organizations and Society 17 (5): 399–425.

———. 1998. Imagination, a bowl of petunias and social accounting. Critical Perspectives on Accounting 9: 205–216.

Gray, Rob, Dave Owen, and K. T. Maunders. 1987. Corporate social reporting: Accounting and accountability. London: Prentice Hall.

Gray, Rob, Dave Owen, and Carol Adams. 1996. Accounting and accountability: Changes and challenges in corporate social and environmental reporting. London: Prentice Hall.

———. 1997. Struggling with the praxis of social accounting: Stakeholders, accountability, audits and procedures. Accounting, Auditing & Accountability Journal 10 (3): 325–364.

Gray, Rob, and Jan Bebbington. 1998. Accounting and the soul of sustainability: Hyperreality, transnational corporations and the United Nations. Paper presented at the 1998 APIRA conference, Osaka, Japan.www3.bus.osaka-cu.ac.jp/APIRA98/archives/paper24.htm (21 March 2000).

Green, David. 1993. Reinventing civil society: The rediscovery of welfare without politics. London: IEA Health and Welfare Unit.

Greider, William. 1997. One world, ready or not: The manic logic of global capitalism. New York: Simon & Schuster.

Grojer, Jan-Erik, and Agneta Stark. 1977. Accounting, Organizations and Society 2 (4): 349–386.

Gross, Malvern J. Jr., and William Warshauer, Jr. 1979. Financial and accounting guide for nonprofit organizations. New York: John Wiley.

Guba, Egon, and Yvonna Lincoln. 1989. Fourth generation evaluation. Newbury Park, CA: Sage.

Gunderson, Morley. 2001. Multipliers and volunteer activity. Toronto: Centre for Industrial Relations, University of Toronto. Photocopy.

Guthrie, James, Richard Petty, and Ulf Johanson. 2001. Sunrise in the knowledge economy: Managing, measuring and reporting intellectual capital. Accounting, Auditing and Accountability Journal 14 (4): 365–382.

⟨H⟩

Hall, John, ed. 1995. Civil society: Theory, history, comparison. Cambridge: Polity Press.

Hall, Michael, David Lashby, Glenn Gulmulka, and Kathryn Tyron. 2006. Caring Canadians, involved Canadians: Highlights from the 2004 Canada survey of giving, volunteering and participating. Ottawa: Statistics Canada.

Hall, Michael, and Paul Reed. 1995. Shifting the burden: How much can government download to the nonprofit sector. Paper presented at the annual conference of ARNOVA, Cleveland. Hall, Michael, and Keith Banting. 2000. The nonprofit sector in Canada. In The nonprofit sector in Canada: Roles and relationships, ed. Keith Banting, 1-28. Kingston: Queen's School of Policy Studies.

Hall, Michael, Larry McKeown, and Karen Roberts. 2001. Caring Canadians, Involved Canadians: Highlights from the 2000 National Survey of Giving, Volunteering and Participating. Ottawa: Minister of Industry.

Hall, Michael H. et al. (2005). Cornerstones of community: Highlights of the national survey of nonprofit and voluntary organizations. Ottawa: Statistics Canada.

Haller, Axel. 1997. About the decision-usefulness of a value added statement as part of financial statements. Paper presented at the annual congress of the European Accounting Association, Graz, Austria, April 23-25.

Handy, Charles. 1984. The future of work. Oxford: Basil Blackwell.

Handy, Femida, and Hans Srinivasan. 2002. Volunteers in hospitals: Scope and value. Toronto: York University. Photocopy.

Handy, Femida, Ram A. Cnaan, Jeffrey L. Brudney, Ugo Ascoli, Lucas C. Meijs, and Shree Ranade. 2000. Public perception of "who is a volunteer": An examination of the net-cost approach from a cross-cultural perspective. International Journal of Voluntary and Nonprofit Organizations 11 (1): 45-65.

Hatry, Harry P. 1999. Performance measurement: Getting results. Washington, DC: Urban Institute Press.

Harte, G. F., and Dave L. Owen. 1987. Fighting de-industrialisation: The role of local government social audits. Accounting, Organizations and Society 12 (2): 123-141.

Henderson, Helen. 1981. The politics of the solar age: Alternatives to economics. New York: Doubleday.

Henke, Emerson O. 1972. Performance evaluation for not-for-profit organizations. The Journal of Accountancy 133 (June): 51-55.

———. 1989. Accounting for nonprofit organizations. 2d ed. Boston: PWS-Kent Publishing. Henriques, Adrian. 2001. Civil society and social auditing. Business Ethics: A European Review 10 (1): 40-44.

Heritage Credit Union. 1998. Social audit of Heritage Credit Union Limited. Dartmouth, Nova Scotia: Heritage Credit Union. Photocopy.

Hines, Ruth. D. 1988. Financial accounting: In communicating reality, we construct reality. Accounting, Organizations and Society 13 (3): 251-261.

Hirshhorn, Ronald, ed. 1997. The emerging sector: In search of a framework. Ottawa: Canadian Policy Research Networks Inc.

Hodgkinson, Virginia, and Murray S. Weitzman. 1988. Giving and volunteering in the United States: Findings from a national survey. Washington,

DC: Independent Sector.

Hope, Jeremy, and Tony Hope. 1997. Competing in the third wave: The ten key management issues of the information age. Boston: Harvard Business School.

Hopkins, Bruce R. 1987. The law of tax-exempt organizations. 5d ed. New York: Wiley. Human Resources and Social Development. 2006. National Occupational Classification (NOC).www.labourmarketinformation.ca/standard.asp?ppid=43&lcode=E (17 July 2006).

IBM. 2002. Takes Top Spot Among 650 Leading U.S. Public Companies. www-916.ibm.com/press/prnews.nsf/jan/70608688352956448525 6BA30049DEC8 (21 May 2002). Independent Sector. 1997. Nonprofit almanac: Dimensions of the independent sector. SanFrancisco: Jossey-Bass.

———. 2001a. Giving and volunteering in the United States: Key Findings. www.independentsector.org/PDFs/GV01keyfind.pdf (12 June 2002).

———. Independent Sector home page. 2001b. www.independentsector.org/media/ voltimePR. htm (22 June 2001).

———. 2002. Nonprofit almanac in brief. www.independentsector.org (1 June 2002).

———. 2006. Independent Sector. Volunteer value calculation. www.independentsector.org/programs/research/volunteer_time.html (17 June 2006).

Institute of Chartered Accountants in England and Wales (ICAEW). 1992. Business, accountancy and the environment: A policy and research agenda. London: ICAEW.

Institute of Social and Ethical AccountAbility (ISEA). 2000. AccountAbility 1000: Standards guidelines and professional qualifications. London: ISEA. www.accountability.org.uk/ (23 May 2002).

———. 2001. What is social and ethical accounting, auditing and reporting. London: ISEA. www.accountability.org.uk (23 May 2002).

Intel. 2002. Intel home page. 2002. Intel ranked #11 in Business Ethics 2002 List of 100 Best Corporate Citizens. www.intel.com/intel/finance/social.htm (21 May 2002).

Internal Revenue Service. 2001. Revised 2001 tax rate schedules. www.irs.gov/graphics/ estimatepaynts.gif (23 June 2002).

International Accounting Standards Committee (IASC). 1996. Presentation of financial statements. Exposure draft E 53. London: IASC.

International Co-operative Alliance (ICA). 1998. ICA Rules: Section 1 and 2. Geneva: ICA. www.ica.coop/ica/ica/rules/rules1.html (4 June 2002).

———. 2001. Statement on the co-operative identity. Geneva: ICA. www.ica.coop/ica/ica/ica- intro.html (2 July 2002).

International Federation of Red Cross and Red Crescent Societies home page. 2006. www.ifrc.org (14 July 2006).

James, Estelle. 1987. The nonprofit sector in comparative perspective. In The nonprofit sector: A research handbook, Walter W. Powell ed., 397–415. New Haven, CT: Yale University Press.

Jawahar, I. M., and Gary L. McLaughlin. 2001. Toward a descriptive stakeholder theory: An organizational life cycle approach. Academy of Management Review 26 (3): 397–414.

Jeantet, Thierry. 1991. Économie sociale et coopératives. Paris: n.p. Photocopy.

Jonsson, Bo, and Jonathan Rosenbaum, eds. 1993. Health economics of depression. Toronto: Wiley.

Jordan, John. 1989. The multi-stakeholder concept of organization. In Partners in enterprise: The worker ownership phenomenon, ed. Jack Quarter and George Melnyk, 113–131. Montreal: Black Rose.

Junior Achievement. 2006 Worldwide statistics for the 2004–2005 program year. www.ja.org/about/about_who_stats.shtml (14 July 2006).

Junior Achievement of Rochester (JAR). 2001. Audited Financial Statements. Rochester: Junior Achievement of Rochester.

⟨K⟩

Kaplan, Robert, and Anthony Atkinson. 1989. Advanced management accounting. Englewood Cliffs, NJ: Prentice Hall.

Karn, G. Neil. 1983. Money talks: A guide to establishing the true dollar value of volunteer time, Part 1. Journal of Volunteer Administration 1 (Winter): 1–19.

Keane, John. 1998. Civil society: Old images, new visions. Stanford, CA.: Stanford University Press.

Keaveny, David. David's domain: The Tom Lehrer pages. 2001. www.keaveny. demon.co.uk/ lehrer (6 July 2002).

Kendall, Jeremy, and Stephen Almond. 1999. United Kingdom. In Global Civil Society: Dimensions of the nonprofit sector, ed. Lester Salamon et al., 179–200. Baltimore: The Johns Hopkins University Press.

Kenyon, Ron. 1976. To the credit of the people. Toronto: Ontario Credit Union League. Kinder, Peter, and Amy Domini. 1997. Social screening: Paradigms old and new. Journal of Investing (Winter): 12–19.

⟨L⟩

Lager, Fred. 1994. Ben & Jerry's: The inside scoop. New York: Crown.

Land, Kenneth. 1996. Social indicators for assessing the impact of the independent, not-for-profit sector on society. Paper presented at a meeting of Independent Sector, Washington, DC.

Larson, Kermit, Paul Miller, Michael Zin, and Morton Nelson. 1999. Financial accounting principles. Homewood, IL: Irwin.

Lévesque Benoît, and Marguerite Mendell. 2004. L'économie sociale: Diversité des approches et des pratiques. Proposition pour le nouveau programme des ARUC en économie sociale. Working paper for the Chair, Social Sciences and Humanities Research Council.

Lewin, Kurt. 1935. A dynamic theory of personality; selected papers. New York: McGraw-Hill.

Linowes, David. 1972. An approach to socio-economic accounting. Conference Board Record 9 (11): 58–61.

———. 1973. Getting a handle on social audit. Business & Society Review 4: 39–42. Lohmann, Roger. 1992. The commons. San Francisco: Jossey-Bass.

⟨M⟩

Macintosh, John C. 1995. Finding the right fit. CA Magazine 128 (2): 34-38.

———. "Accounting for Nonprofit Organizations in Canada." Atkinson Faculty of Liberal and Professional Studies, York University, Toronto, 2000. Photocopy.

Macintosh, John C., Henry Bartel, and Kim Snow. 1999. The accounting requirements for nonprofit organizations. Paper presented at the International Atlantic Economic Conference, Montreal, Quebec, October 8-10.

MacPherson, Ian. 1979. A history of the co-operative movement in English-Canada: 1900-1945. Toronto: MacMillan.

Mandel, Ernest. 1968. Marxist economic theory. London: Merlin Press.

Mansbridge, Jayne, 1982. Fears of conflict in face-to-face democracies. In Workplace democracy and social change, ed. Frank Lindenfeld and Joyce Rothschild Whitt, 125-137. Boston, MA: Porter Sargent Publishers.

Martin, Lawrence, and Peter Kettner. 1996. Measuring the performance of human programs.Thousand Oaks, CA: Sage.

Martin, Samuel. 1985. An essential grace: Funding Canada's health care, education, welfare, religion and culture. Toronto: McClelland and Stewart.

Mathews, M. Reg. 1997. Twenty-five years of social and environmental accounting research: Is there a silver jubilee to celebrate? Accounting, Auditing & Accountability Journal 10 (4): 481-531.

Mathews, M. Reg, and M. H. B. Perera. 1995. Accounting theory and development. 3d ed.

Melbourne: Thomas Nelson.

Mayne, John. 1999. Addressing attribution through contribution analysis, a discussion paper.Ottawa: Office of the Auditor General.

McLean, Rob. 1995. Performance measures in the new economy. cpri. matrixlinks.ca/ Archive/PMNE/PerfMeasNE5.html (23 January 2001).

Meals on Wheels Association of America. 2001. A brief history of Meals on Wheels.Alexandria, Virginia: Meals on Wheels Association of America. Photocopy.

Medawar, Charles. 1976. The social audit: A political view. Accounting, Organisations and Society 1 (4): 389-394.

Meek, Gary K., and Sidney J. Gray. 1988. The value-added statement: An innovation for U.S. companies? Accounting Horizons 2 (2): 73-81.

Meigs, Walter, Robert Meigs, and Wai Lam. 1988. Accounting: The basis for business decisions. Toronto: McGraw-Hill Ryerson.

Metro Credit Union. 1996. Social audit. Toronto: Metro Credit Union.

———. 1997. Credit union social audits. Toronto: Metro Credit Union.

———. 1998. Credit union social audits. Toronto: Metro Credit Union.

———. 2000. Credit union social audits. Toronto: Metro Credit Union.

———. 2001. Credit union social audits. Toronto: Metro Credit Union.

———. 2003. Credit union social audits. Toronto: Metro Credit Union.

Meuller, Gerhard, Helen Gernon, and Gary Meek. 1994. Accounting: An international perspective. Burr Ridge, IL: Richard D. Irwin.

Mies, Maria. 1986. Patriarchy and accumulation on a world scale: Women in the international division of labour. London: Zed Books.

Milofsky, Carl. 1987. Neighbourhood-based organizations: A market analogy. In The nonprofit sector: A research handbook, ed. Walter W. Powell, 277-295. New Haven, CT: Yale University Press.

Monahan, Patrick, with Elie Roth. 2000. Federal regulation of charities: A critical assessment of recent proposals legislative and regulatory reform. Toronto: Canadian Centre for Philanthropy.

Mook, Laurie, and Jack Quarter. 2006. Accounting for the social economy: The Socioeconomic Impact Statement. Annals of Public and Cooperative Economics 77 (2): 247–269.

Morgan, Gareth. 1988. Accounting as reality construction: Towards a new epistemology for accounting practice. Accounting, Organizations and Society 13 (5): 477–485.

Morley, Michael F. 1981. Value added reporting. In Thomas Alexander Lee, Developments in Financial Reporting, pp. 251–269. Oxford: Philip Allan.

⟨N⟩

National Council of Voluntary Organisations. 2002. The Compact. www.ncvo-vol.org.uk/ main/gateway/compact.html (14 July 2002).

New Economics Foundation. 1998. Briefing paper on social auditing. London: New Economics Foundation.

New York State Office of Tax Policy Analysis. 2002. Handbook of New York State and Local Taxes. New York: New York State Department of Taxation and Finance. www.tax.state.ny.us/Statistics/Policy-Special/Tax%20Handbook/Handbook_2_2002_ Personal_Income_Tax.htm (23 June 2002).

Newman's Own. Newman's Own home page. 2002. Shameless exploitation in pursuit of the common good. www.newmansown.com (12 June 2002).

Nozick, Marcia. 1992. No place like home: Building sustainable communities. Ottawa: Canadian Council on Social Development.

⟨O⟩

Olson, Mancur. 1969. Toward a social report. Washington, DC: U.S. Department of Health, Education and Welfare.

Ontario Community Support Association. 1993. Meals on Wheels History. Toronto: Ontario Community Support Association. Photocopy.

Ontario Network of Employment Skills Training Projects (ONESTEP). 2001. Consolidating a sector: Sustainability and development of human resources in the Ontario community- based training sector. Toronto: ONESTEP.

———. 2006. About us.www.onestep.on.ca/aboutus/whatiscbt.cfm (17 July 2006).

Oregon Department of Human Services. 2002. The DHS mission, goals and outcomes. www.hr.state.or.us/mission.html (11 June 2002).

⟨P⟩

Panel on Accountability and Governance in the Voluntary Sector. 1999. Building on strength: Improving governance and accountability in Canada's voluntary sector. Ottawa: Secretariat on Accountability and Governance in the Voluntary Sector.

Parker, Allan. 1997. The expert view: Ben & Jerry's Homemade Inc. U.S.A. In Building corporate accountability, ed. Simon Zadek, Peter Pruzan and Richard Evans, 129–142. London: Earthscan.

Pearce, John, Peter Raynard, and Simon Zadek. 1995. Social auditing for small organizations: A workbook for trainers and practitioners. London: New Economics Foundation.

Phillips, Susan. 2001. A federal government-voluntary sector accord: Implications for Canada's voluntary sector. Ottawa: Voluntary Sector Initiative Secretariat.

Pietilä, Hilkka. 1993. A new picture of human economy—a woman's perspective. Paper presented at a meeting of the International Interdisciplinary Congress on Women, San Jose, Costa Rica.

Policy Research Initiative. 2005. What we need to know about the social economy: A Guide for Policy Research. Ottawa: Author.

Power, Michael. 1997. The audit society: The rituals of verification. Oxford: Oxford University Press.

Pruzan, Peter. 1997. The ethical dimensions of banking: Sbn Bank, Denmark. In Building corporate accountability, ed. Simon Zadek, Peter Pruzan, and Richard Evans, 63–83. London: Earthscan.

Putnam, Robert. 1993. Making democracy work: Civic traditions in modern Italy. Princeton, NJ: Princeton University Press.

———. 1995. Bowling alone: America's declining social capital. Journal of Democracy 6 (1): 65–78.

———. 1996. The decline of civil society: How come? So what? Ottawa: John L. Manion Lecture.

———. 2000. Bowling alone: The collapse and revival of American community. New York: Simon & Schuster.

Pyle, William, Kermit Larson, and Michael Zin. 1984. Fundamental accounting principles.Homewood, IL: Irwin.

⟨Q⟩

Quarter, Jack. 1992. Canada's social economy: Co-operatives, non-profits, and other community enterprises. Toronto: James Lorimer and Company.

———. 2000. Beyond the bottom line: Socially innovative business owners. Westport, CT: Quorum Books.

Quarter, Jack, Laurie Mook, and B.J. Richmond. What is the social economy? Research Bulletin 13, Centre for Urban and Community Studies, University of Toronto.

Quarter, Jack, Jorge Sousa, Isla Carmichael, and Betty Jane Richmond. 2001a. Comparing member-based organizations within a social economy framework. Nonprofit and Voluntary Sector Quarterly 29 (2): 351–375.

Quarter, Jack, Betty Jane Richmond, Jorge Sousa, and Shirley Thompson. 2001b. An analytic framework for classifying the organizations of the social economy. In The Nonprofit Sector in Canada, ed. Keith Banting, 63–100. Kingston: Queen's University School of Policy Studies/McGill-Queen's University Press.

⟨R⟩

Ramanathan, Kavasseri. 1976. Toward a theory of corporate social accounting. The Accounting Review 51 (3): 516–528.

Rans, Sara. 1989. Community-based training: A field guide. Toronto: The Ontario Network of Employment Skills Training Projects.

Razek, Joseph, Gordon Hosch, and Martin Ives. 2004. Introduction to governmental and not- for-profit accounting. 5d ed. Upper Saddle River, NJ: Prentice Hall.

REDF (Roberts Enterprise Development Fund). 2000. CVE Training Businesses: SROI Report.

REDF. www.redf.org/download/sroi/CVETrain.pdf (8 June 2002).

———. 2001. SROI Methodology. REDF. www.redf.org/methodology (8 June 2002).

———. 2005. A Report from the good ship SROI. www.redf.org/download/sroi/goodshipsroi2.doc (17 July 2006).

Riahi-Belkaoui, Ahmed. 1999. Value added reporting and research: State of the art. Westport, CT: Quorum Books.

Rice, Dorothy P., and Leonard S. Miller. 1995. The economic burden of affective disorders.British Journal of Psychiatry Supplement 27: 34–42.

Richmond, Betty Jane. 1998. Counting on nonprofits: Final report of the Social Accounting Framework Project. London: United Way of London and Middlesex.

———. 1999. Counting on each other: A social audit model to assess the impact of nonprofit organizations. Ph.D. diss., University of Toronto.

Richmond, Betty Jane, and Laurie Mook. 2001. Social audit for Waterloo Cooperative Residence Incorporated (WCRI). Toronto: Report to WCRI.

Roeher Institute. 1992. On target? Canada's employment-related programs for persons with disabilities. Toronto: Roeher Institute.

Rose, Sanford. 1970. The economics of environmental quality. Fortune February: 120–123, 184–186.

Roslender, Robin. 1992. Sociological perspectives on modern accountancy. London: Routledge.

Roslender, Robin, and Robin Fincham. 2001. Thinking critically about intellectual capital accounting. Accounting, Auditing and Accountability Journal 14 (4): 383–398.

Ross, David. 1986. Making the informal economy visible. In The living economy: A new economics in the making, ed. Paul Ekins, 155–166. London: Routledge.

———. 1994. How to estimate the economic contribution of volunteer work. Ottawa: Department of Canadian Heritage.

Ross, David, and Richard Shillington. 1989. A profile of the Canadian volunteer: A guide to the 1987 survey of volunteer activity in Canada. Ottawa: National Voluntary Associations.

———. 1990. Economic dimensions of volunteer work in Canada. Ottawa: Secretary of State. Rothschild-Whitt, Joyce. 1982. The collective organization: An alternative to bureaucratic models. In Workplace democracy and social change, ed. Frank Lindenfeld and Joyce

Rothschild Whitt, 23–49. Boston, MA: Porter Sargent Publishers.

##

Salamon, Lester. 1987. Partners in public service: The scope and theory of government- nonprofit relations. In The nonprofit sector: A research handbook, ed. Walter W. Powell, 99–117. New Haven: Yale University Press.

———. 1995. Partners in public service: Government-nonprofit relations in the modern welfare state. Baltimore: The Johns Hopkins University Press.

Salamon, Lester, and Helmut K. Anheier. 1997. Defining the nonprofit sector: A cross-national analysis. Manchester: Manchester University Press.

Salamon, Lester, Helmut Anheier, Regina List, Stefan Toepler, S. Wojciech Sokolowski, and Associates. 1999. Global civil society: Dimensions of the nonprofit sector. Baltimore: The Johns Hopkins University Press.

Salamon, Lester M., S. Wojciech Sokolowski, and Regina List. 2004. Global civil society: An overview. In Global civil society: Dimensions of the nonprofit sector, Volume two, Lester M. Salamon, S. Wojciech Sokolowski, and Associates, 3–60. Bloomfield, CT: Kumarin Press, Inc.

Schumacher, Ernst Fritz. 1973. Small is beautiful. New York: Harper and Row.

Seetharaman, A., Hadi Helmi Bin Zaini Sooria, and A. S. Saravanan. 2002. Intellectual capital accounting and reporting in the knowledge economy. Journal of Intellectual Capital 3 (2): 128–148.

Seidler, Lee. 1973. Dollar values in the social income statement. In Socio-economic accounting, Ahmed Belkaoui, 167. Westport, CT: Quorum Books, 1984.

Seligman, Adam. 1998. Between public and private: Towards a sociology of civil society. In Democratic civility, ed. Robert Hefner, 79–111. New Brunswick, NJ: Transaction.

Sharpe, David. 1994. A portrait of Canada's charities. Toronto: Canadian Centre for Philanthropy.

Shiva, Vandana. 1989. Staying alive: Women, ecology and development. London: Zed Books.

Shoup, Donald C. 1997. Evaluating the effects of cashing out employer-paid parking: Eight case studies. Transport Policy 4 (4): 201–216.

Shragge, Eric, and Jean-Marc Fontain, eds. 2000. Social economy: International debates and perspectives. Montreal: Black Rose.

Shragge, Eric, Peter MacDougall, Elaine Lachance, and Kathryn Church. 2001. Accountability and evaluation: In which direction? Montreal: Concordia University. Photocopy.

Sillanpää, Maria. 1997. Integrated ethical auditing: The Body Shop International, U.K. In Building corporate accountability, ed. Simon Zadek, Peter Pruzan, and Richard Evans, 102–129. London: Earthscan.

———. 1998. The Body Shop values report: Towards integrated stakeholder auditing. Journal of Business Ethics 17 (13): 1443–1456.

Skinner, Ross M. 1987. Accounting standards in evolution. Toronto: Holt, Rinehart and Winston.

Small, Kenneth A., and Kazimi Camilla. 1995. On the costs of air pollution from motor vehicles. Journal of Transport Economics and Policy XXIX (1): 7–32.

Smith, David Horton. 1997. The rest of the nonprofit sector: Grassroots associations as the dark matter ignored in the prevailing "flat earth" maps of the sector. Nonprofit and Voluntary Sector Quarterly 26 (2): 114–131.

Smith, Steven R., and Michael Lipsky. 1993. Nonprofits for hire: The welfare state in the age of contracting. Cambridge, MA: Harvard University Press.

Snaith, Ian. 1991. The économie sociale in the New Europe. In Yearbook of cooperative enterprise, 61–75.

Social Accountability 8000 home page. 2002. www.cepaa.org (7 July 2002).

Social Investment Forum. 2006. 2005 report on socially responsible investing trends in the United States: 10-year review. Washington: Author.

Social Investment Organization. 2005. Canadian social investment review 2004. Toronto: Author.

Sokolowski, S. Wojciech, and Lester Salamon. 1999. United States. In Global Civil Society: Dimensions of the nonprofit sector, ed Lester Salamon et al., 261–282. Baltimore: The Johns Hopkins University Press.

Statistics Canada. 1995. Households' unpaid work: Measurement and valuation. Ottawa: Minister of Industry.

Stein, Beverley. 1996. Oregon benchmarks experience. In Canadian Council on Social Development, Measuring well-being: Proceedings from a symposium on social indicators: 10–12. Ottawa: Canadian Council on Social Development.

⟨T⟩

The Body Shop. 1996. Social statement 95. West Sussex, U.K.: The Body Shop.

———. 1998. Values report 97. West Sussex, U.K.: The Body Shop.

The Co-operative Bank. 2004. CFS sustainability report 2003. Manchester: Author.

———. 2005. CFS sustainability report 2004. Manchester: Author.

Thompson, Alexander M., and Barbara Bono. 1993. Work without wages: The motivation for volunteer firefighters. The American Journal of Economics and Sociology 52 (3): S149–S166.

Tinker, Tony. 1985. Paper prophets: A social critique of accounting. New York: Praeger. Tocqueville, Alexis de. 1969. Democracy in America. Garden City, NY: Doubleday AnchorBooks.

Townson, Monica. 1986. The costs and benefits of a national child care system for Canada.Ottawa: Canadian Day Care Advocacy Association.

Traidcraft. 2000. Traidcraft 1999/2000 social accounts. www.traidcraft.co.uk/sa2000/ sindex.html (14 May 2002).

Trainor, John, and Jacques Tremblay. 1992. Consumer/survivor businesses in Ontario challenging the rehabilitation model. Canadian Journal of Community Mental Health 11 (2), 65–72.

⟨U⟩

United Nations Human Development Programme (UNDP). 1995. United Nations Human Development Report. New York: Oxford University Press.

United Nations Human Development Report. Human Development Report home page. 2002. hdr.undp.org (26 July 2002).

United Way America. United Way America resources page. 2002. national.unitedway.org/ outcomes/resources.htm (14 July 2002).

UNWCED. 1987. Our common future: A report of the World Commission on Environment and Development. New York: Oxford University Press.

Upton, Jr., Wayne S. 2001. Special report: Business and financial reporting, challenges from the new economy. Norwalk, CT: Financial Accounting Standards Board.

⟨V⟩

Vaccari, Alessandra. 1997. Constructing the social balance: Consumer Cooperative Italy. In Building corporate accountability, ed. Simon Zadek, Peter

Pruzan, and Richard Evans, 171–188. London: Earthscan.

Vaillancourt, François. 1994. To volunteer or not: Canada, 1987. Canadian Journal of Economics 27 (4): 813–826.

Vaillancourt, Yves. 2002. Social economy: Health and welfare in four Canadian provinces.Halifax: Fernwood.

VanCity Credit Union. 1998. The VanCity social report 1997. Vancouver: Author.

———. 2000. The VanCity social report 1998/99. Vancouver: Author.

———. 2002. The VanCity social report 2000/01. Vancouver: Author.

———. 2004. The VanCity social report 2002/03. Vancouver: Author.

Verry, Donald. 1990. An economic framework for the evaluation of child care policy. Paris: Organisation for Economic Cooperation and Development.

⟨W⟩

Waring, Marilyn. 1996. Three masquerades: Essays on equality, work and human rights.Toronto: University of Toronto Press.

———. 1999. Counting for nothing: What men value and what women are worth. Toronto: University of Toronto Press.

WCRI. n.d. WCRI mission statement. Waterloo: WCRI. Photocopy.

WCRI Market Subcommittee. 1998. Market survey. Waterloo: WCRI. Photocopy.

Wheeler, David, and Maria Sillanpää. 2000. The stakeholder corporation. Southport, U.K.: Pitman.

W. K. Kellogg Foundation. W. K. Kellogg Foundation evaluation handbook. 1998. www.wkkf.org/pubs/pub770.htm (14 July 2002).

Wilkinson, Kenneth. 1994. The future of community development. In Community development in perspective, ed. James Christenson and Jerry Robinson, 337–354. Ames, IA: Iowa State University.

Wolfe, Nancy, Burton Weisbrod, and Edward Bird. 1993. The supply of volunteer labor: The case of hospitals. Nonprofit Management and Leadership 4 (1): 23–45.

Worldwide Responsible Apparel Production (WRAP) home page. 2002. www.wrapapparel.org/ infosite2 (27 June 2002).

⟨Z⟩

Zadek, Simon. 1998. Balancing performance, ethics, and accountability. Journal of Business Ethics 17 (13): 1421–1441.

Zadek, Simon, Peter Pruzan and Richard Evans. 1997. Accountable futures. In Building corporate accountability, ed. Simon Zadek, Peter Pruzan, and Richard Evans, 50–60. London: Earthscan.

Zimmerman, Brenda, and Raymond Dart. 1998. Charities doing commercial ventures: Societal and organizational implications. Toronto: The Trillium Foundation and Canadian Policy Research Networks Inc.

위대한 도전, 사회적회계
자본 중심에서 이해관계자 관점으로

초판 발행일 2023년 7월 17일

지   음 로리 무크, 잭 퀴터, 베티 제인 리치몬드

옮   김 유종오

발 행 인 서인형

편   집 김성은

발 행 처 한국스마트협동조합

주   소 (03382) 서울특별시 은평구 은평로 245 은평구사회적경제허브센터 3층

전   화 02-764-3114

이 메 일 contact@kosmart.org

홈페이지 www.kosmart.org

ISBN 979-11-979060-2-2